A

W0415101

ABAQUE (ἄβαξ, ἀβάκιον) : 1. Voir ordre dorique. 2. L'abaque est aussi une table qui sert à faciliter les calculs : il désigne une surface plane gravée de lignes parallèles qui servent de repères pour placer des jetons dont l'emplacement correspond à une valeur chiffrée.

Abaton **(ἄβατον) :** Lieu sacré, habité par une puissance divine et en tant que tel séparé de l'environnement profane. L'accès à l'*abaton* — littéralement, lieu où il est interdit de pénétrer — peut être interdit de manière permanente, surtout lorsque le lieu sacré est un tombeau, ou autorisé dans des cas bien précis, qui prévoient la purification du fidèle, comme par exemple au portique d'incubation• du sanctuaire d'Asclépios à Épidaure. L'*abaton* peut être situé en plein air ou dans un espace fermé : il porte alors souvent le nom d'*adyton*•.

ACADÉMIE (Ἀκαδήμεια) : Le terme, devenu un nom commun, désigne l'école philosophique platonicienne, qui tire son nom du gymnase• boisé de l'Académie proche du sanctuaire du héros Académos, situé au nord-ouest d'Athènes.

ACROLITHE (ἀκρόλιθον) : Étymologiquement, le terme désigne une statue• dont les extrémités sont en marbre. Cette technique était employée pour des statues de culte colossales (*agalma*) dont la tête, les mains et les pieds nus, sculptés en marbre, s'inséraient dans le reste du corps, vêtu, en bois. Les statues chryséléphantines• présentent une variante de cette technique.

ACROPOLE (ἀκρόπολις) : Dans la ville grecque, l'acropole est la « ville haute », noyau primitif autour duquel se développe la ville basse. Les fonctions de l'acropole, variées, ne sont pas partout les mêmes et évoluent avec le temps. Comme son rôle est d'abord défensif, elle est souvent intégrée aux remparts ; mais elle peut aussi, comme à Athènes, se dresser isolée en pleine ville. Forteresse en cas de guerre, elle est en même temps à l'origine le centre du pouvoir politique : les rois• de l'époque mycénienne, puis les tyrans• de l'époque archaïque, y ont leur demeure. L'installation d'une garnison, sous le régime tyrannique, par exemple à Athènes avec Pisistrate et ses fils, permet de tenir en respect la ville basse, vers laquelle émigre le pouvoir politique après la chute de la tyrannie. À ces fonctions, défensive et politique, s'ajoute souvent une fonction religieuse : c'est naturellement sur le lieu le plus élevé de la ville, qui peut être aussi le siège de cultes très anciens, que les temples sont construits en plus grand nombre. Ils fournissent parfois l'occasion, comme à Athènes, d'exalter la puissance et le rayonnement de la cité. Les acropoles les plus célèbres, dans la Grèce classique, étaient celles d'Athènes, d'Argos, de Corinthe — l'Acrocorinthe —, et de Thèbes — la Cadmée — ; pour l'époque hellénistique, Pergame présentait un exemple d'acropole parfaitement aménagée.
L'acropole d'Athènes est la plus connue des acropoles grecques antiques, au point qu'on la désigne simplement comme « l'Acropole » **(fig. 1-2)**. Plateau rocheux large de 300m sur 150m et haut de 50m, accessible d'un seul côté par une pente abrupte, elle avait vocation à être la citadelle de la ville, ce qu'elle fut au moins dès le XIIIe siècle ; forteresse où se retranchèrent les tyrans jusqu'en 510, elle est dès l'époque archaïque couverte d'édifices religieux. Tous ces

Fig. 1 : Athènes, plan de l'Acropole *(d'après J. Travlos)*.

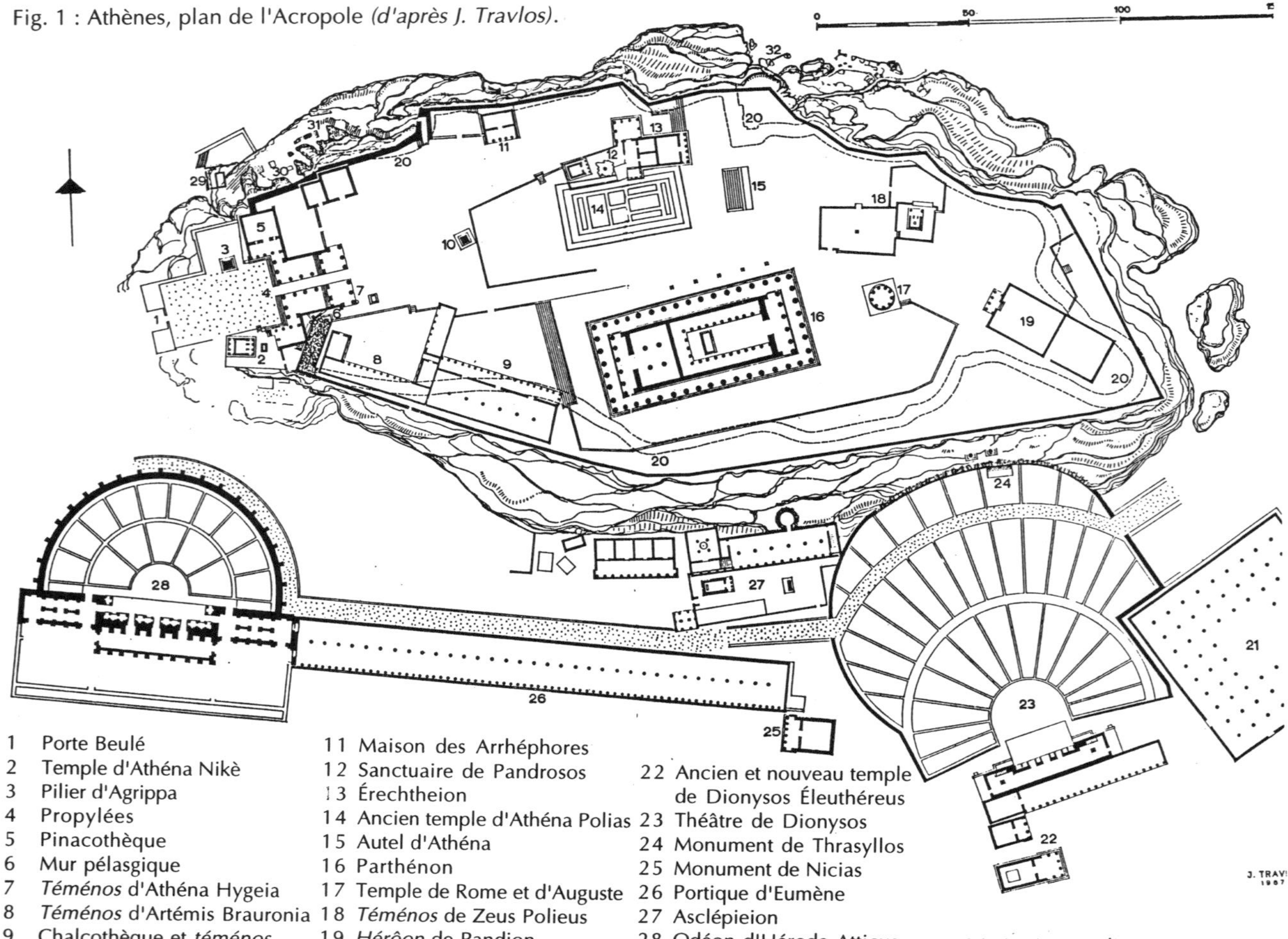

1 Porte Beulé
2 Temple d'Athéna Nikè
3 Pilier d'Agrippa
4 Propylées
5 Pinacothèque
6 Mur pélasgique
7 *Téménos* d'Athéna Hygeia
8 *Téménos* d'Artémis Brauronia
9 Chalcothèque et *téménos* d'Athéna Erganè
10 Statue en bronze d'Athéna
11 Maison des Arrhéphores
12 Sanctuaire de Pandrosos
13 Érechtheion
14 Ancien temple d'Athéna Polias
15 Autel d'Athéna
16 Parthénon
17 Temple de Rome et d'Auguste
18 *Téménos* de Zeus Polieus
19 *Hérôon* de Pandion
20 Mur pélasgique
21 Odéon de Périclès
22 Ancien et nouveau temple de Dionysos Éleuthéreus
23 Théâtre de Dionysos
24 Monument de Thrasyllos
25 Monument de Nicias
26 Portique d'Eumène
27 Asclépieion
28 Odéon d'Hérode Atticus
29 Source Clepsydre
30 Grottes de Pan
31 Ancien escalier
32 Sanctuaire d'Éros et d'Aphrodite des jardins

Fig. 2 : Athènes, restitution de l'Acropole *(d'après J. Austen).*

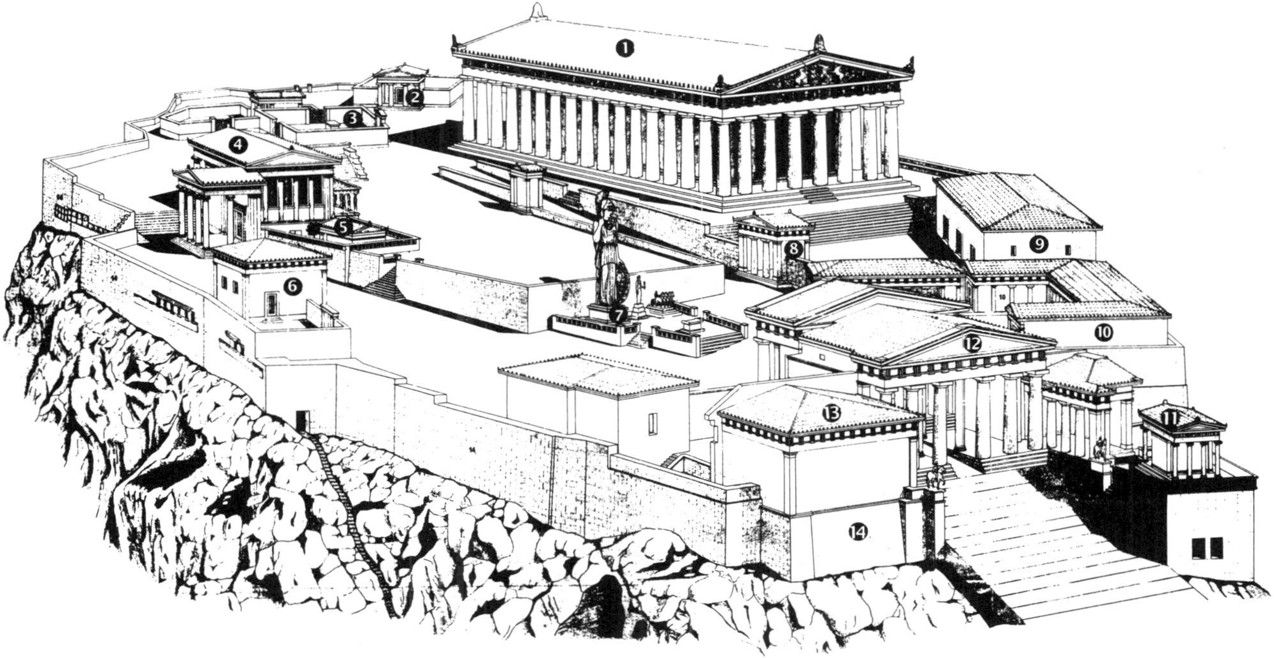

1 Parthénon
2 *Hérôon* de Pandion
3 Sanctuaire de Zeus Polieus
4 Érechtheion
5 Sanctuaire de Pandrosos
6 Maison des Arrhéphores
7 Statue en bronze d'Athéna Promachos
8 Porte monumentale
9 Chalcothèque
10 Sanctuaire d'Artémis Brauronia
11 Temple d'Athéna Nikè
12 Propylées
13 Pinacothèque
14 Mur de Thémistocle

monuments furent détruits lors de l'invasion perse de la seconde guerre médique en 480-479, durant laquelle l'Acropole servit de refuge aux derniers résistants athéniens. Bien que les fortifications aient été très vite reconstruites par Thémistocle, le rôle défensif de l'Acropole avait disparu.
La reconstruction des monuments de l'Acropole se plaça seulement dans la seconde moitié du Ve siècle, à l'initiative de Périclès, qui prit pour maître d'œuvre Phidias : de 447 à 406, les Athéniens virent se dresser le Parthénon **(fig. 1, n°16)**, qui abritait la statue chryséléphantine• d'Athéna Parthénos, les Propylées **(n°4)**, le temple d'Athéna Niké **(n°2)**, l'Érechtheion **(n°13)**, auxquels s'ajoutaient quantité d'œuvres variées, statues de marbre et de bronze, telle l'Athéna Promachos **(n°10)**, bas-reliefs et autres *ex-voto*. Athènes honorait ses dieux, mais manifestait aussi de manière éclatante sa puissance face au reste du monde grec ; la plus grande fête• d'Athènes, les Panathénées, qui était consacrée à la déesse poliade• Athéna et à laquelle étaient associées les cités alliées de la Ligue de Délos, s'achevait sur l'Acropole et sa procession est représentée sur la frise du Parthénon **(fig. 18)**.

ACROTÈRE (ἀκρωτήριον) : Le sommet et les angles d'un fronton• sont en général surmontés d'une figure, en terre cuite ou en marbre, posée sur un socle appelé acrotère. La sculpture, qui reçoit le même nom que son socle, peut représenter un motif végétal, un *gorgoneion* ou une divinité.

ACTEUR : Dans l'histoire du théâtre• grec, le chœur• apparaît avant les acteurs (*hypokritès*, ὑποκριτής), dont le nombre reste réduit, dans la tragédie• aussi bien que dans la comédie• : il n'y en aurait d'abord eu qu'un seul qui se confondait avec le poète ; Eschyle aurait ajouté un second acteur (deutéragoniste) au premier (protagoniste) ; Sophocle aurait innové en introduisant le troisième acteur (tritagoniste). À la différence des choreutes et des chorèges•, les acteurs sont des professionnels dès l'époque classique.
Les changements de costume et de masque permettent aux trois acteurs, tous des hommes, de jouer plusieurs rôles dans la même pièce, aussi bien féminins que masculins. Ce masque qui cache le visage caractérise chaque personnage de la pièce et sert aussi de porte-voix. L'acteur tragique est, à l'époque classique, chaussé de souples bottines, avant d'être par la suite juché sur des chaussures à hautes semelles, les cothurnes•, et il est vêtu d'un vêtement long à manches. L'acteur comique porte un masque bouffon et un costume souvent grotesque.

Depuis la création à Athènes, en 449, du concours d'interprétation (*agôn*•), le protagoniste dirige les autres acteurs en montant la pièce du poète que lui a désigné l'archonte. Les grands acteurs sont traditionnellement honorés à Athènes, en particulier par l'octroi du droit de cité depuis le début du IVe siècle, quand ils sont étrangers, mais certains acteurs, à partir de la seconde moitié du IVe siècle, jouissent aussi d'une grande influence politique, ce qui amena Platon à parler de « théâtrocratie » (*Lois* 701 a-b) ; ils jouent souvent un grand rôle dans l'entourage des rois. Alexandre, auquel son précepteur Aristote avait inculqué son goût pour la tragédie classique, témoigna un attachement particulier pour l'acteur Thettalos. Après la mort du roi de Macédoine (323), l'acteur Archias de Thourioi se mit au service d'Antipater, vainqueur des Grecs révoltés, ce qui lui valut le surnom de « chasseur d'exilés ». L'époque hellénistique voit naître et se développer les associations de technites• dionysiaques, qui regroupent des acteurs ainsi que tous les métiers du théâtre et se font octroyer de nombreux privilèges.

ADJUDICATION : Les cités et les royaumes recouraient fréquemment au système de l'adjudication en mettant aux enchères le droit d'exploiter un terrain qui leur appartenait, ou de lever certaines taxes. À Athènes, les polètes• donnaient ainsi à ferme certains impôts et l'exploitation des mines• du Laurion. Dans l'Égypte lagide, la ferme reprend le système connu à Athènes et assure des rentrées liquides. L'adjudication des fermes s'y fait au nom du roi, avec affichage préalable et cahier des charges ; les acheteurs intéressés devaient s'inscrire à l'avance et faire une soumission écrite en présentant des cautions.

À Délos, à l'époque de l'indépendance (314-166), les hiéropes• procédaient à des adjudications qui affermaient tous les dix ans les domaines d'Apollon et louaient ses maisons tous les cinq ans. La mise aux enchères était évitée quand le détenteur acceptait une augmentation forfaitaire de 10 % de son fermage ou de son loyer. Les hiéropes affermaient chaque année le droit de se livrer à certaines activités, droits de pêche, de pâture, de transport.

ADOPTION : Dans la Grèce antique, l'adoption visait à assurer la pérennité du culte familial et à permettre la transmission des biens en ligne directe. À Athènes, elle n'était autorisée qu'en cas d'absence de fils légitime et la fille, s'il y en avait une, devait épouser le fils adoptif. Celui-ci, choisi souvent dans la famille proche et pouvant être adopté jusqu'à l'âge adulte, jouissait des mêmes droits qu'un fils légitime ; lors de son adoption, il perdait ses droits du côté de son père par le sang, mais conservait ceux qu'il tenait de sa mère.

***Adyton* (ἄδυτον) :** Lieu sacré, inaccessible au profane — littéralement, où il est interdit de pénétrer. L'*adyton* est généralement situé à l'intérieur d'un espace fermé qui le cache au profane, tel que grotte, temple• ou partie de temple. Il peut être fermé en permanence ou accessible dans certaines conditions à certaines catégories de personnes, serviteurs de la divinité et parfois fidèles. À Delphes, l'*adyton*, au caractère nettement chtonien•, se trouvait dans une dépression située dans la partie la plus reculée de la *cella* du temple d'Apollon ; la Pythie y avait accès, alors que les consultants étaient isolés dans un édicule spécial, d'après l'hypothèse généralement admise en l'absence de témoignage archéologique. À Didymes **(fig. 3)**, autre grand sanctuaire oraculaire apollinien, l'*adyton*, à l'intérieur du temple, était une grande cour à l'air libre, à laquelle on accédait depuis le *pronaos* par deux couloirs en pente ; seul le personnel se rendait dans l'*adyton*, les consultants demeuraient dans le *pronaos*.

Fig. 3 : Didymes, plan du temple d'Apollon (ionique diptère, IIIe siècle).

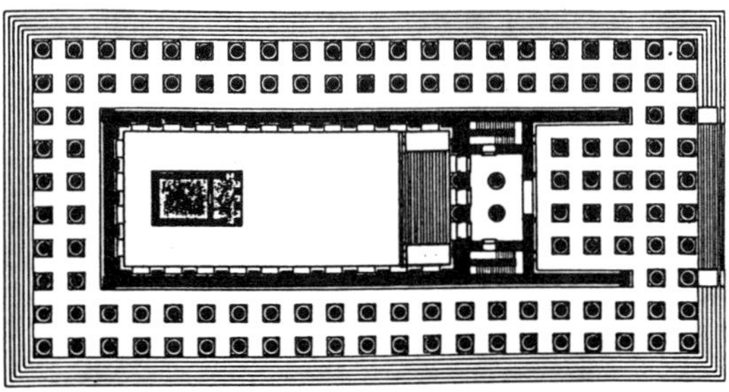

AÈDE (ἀοιδός) : À l'époque archaïque, musicien itinérant qui chantait des poèmes épiques en s'accompagnant de la cithare•. Les poèmes homériques évoquent quelques figures d'aèdes qui se produisaient lors des fêtes ou à la cour des grands ; les Grecs se représentaient Homère lui-même comme un aède aveugle.

AFFRANCHISSEMENT : L'affranchissement, qui donne la liberté à l'esclave•, peut revêtir diverses formes. La cité peut affranchir à titre exceptionnel un esclave, en récompense de services exceptionnels : son maître reçoit alors une indemnité compensatoire. L'esclave peut aussi racheter sa liberté à son maître grâce au pécule qu'il a amassé. Il peut enfin être affranchi par une simple déclaration ou par le testament• de son maître, comme Épicure le fit à sa mort en 270 pour quatre esclaves.
La procédure d'affranchissement par vente fictive à une divinité permet à l'esclave affranchi d'avoir le dieu pour garant, ainsi que l'attestent à Delphes de nombreux actes d'affranchissement, inscrits notamment sur le mur polygonal à l'époque hellénistique **(fig. 39, n°329)**. À Athènes, le maître présente l'esclave au polémarque• pour l'affranchir et les affranchis sont enregistrés comme métèques•. Certains affranchis pouvaient amasser une fortune considérable, comme Pasion et Phormion, les deux grands banquiers du IVe siècle.

ÂGES OBSCURS : Cette expression imagée désigne la période appelée aussi Moyen Âge grec, qui va de l'écroulement du monde mycénien à la « Renaissance » grecque du VIIIe siècle, reprise amorcée dès le IXe siècle ; sa durée varie selon les auteurs, en fonction des critères d'appréciation. Au sens large, les Âges obscurs vont de 1180 à 750, période pendant laquelle nous ne connaissons pas de témoignage inscrit ; au sens étroit, ils s'étendent seulement de 1100 à 900, période la plus obscure. L'archéologie permet de constater la dépopulation brutale de la Grèce, avec une durée et une intensité variables suivant les régions : ainsi la coupure est d'une cinquantaine d'années seulement sur le site de Lefkandi dans l'île de l'Eubée. Diverses explications sont présentées pour expliquer cette régression démographique et culturelle : migrations, crise politique, catastrophes naturelles.

***Agôgè* (ἀγωγή) :** Terme qui désigne le système d'éducation• spartiate, totalement pris en main par l'État en vue de faire du futur citoyen un bon soldat. L'*agôgè* allait de sept à vingt ans ; elle était placée sous l'autorité d'un magistrat particulier, le pédonome•. Les enfants, répartis en « bandes », les *agélai*, que commandaient des garçons plus âgés, les irènes, recevaient une éducation par classes d'âge, scandée par des rites de passage. À partir de douze ans, ils quittaient complètement leur famille pour vivre en commun avec leurs camarades : c'était le début de l'*agôgè* véritable, au cours de laquelle, mal vêtus et mal nourris, ils subissaient un dur dressage dans lequel l'aspect intellectuel de l'éducation était réduit au minimum, au profit d'une formation morale et physique, qui visait à développer en eux les qualités militaires, ruse, hardiesse et courage ; la préparation militaire elle-même devait intervenir très tôt. À la fin de l'*agôgè*, les jeunes gens étaient mellirènes, puis irènes ; parmi ceux qui ont suivi l'*agôgè*, une élite se voit réserver la cryptie•, temps de retraite à la campagne au cours duquel les irènes s'en prenaient aux hilotes•. Cette éducation collective, à caractère totalitaire, avait en vue le bien de la seule communauté spartiate ; elle devint de plus en plus rigoureuse avec le déclin de Sparte, à partir du IVe siècle.

L'héritier présomptif du roi de Sparte était seul dispensé de l'*agôgè*, dont Plutarque définit ainsi la nature dans la *Vie d'Agésilas* (1, 2-3) : « Comme la royauté revenait à Agis d'après la loi, Agésilas paraissait promis à vivre en simple particulier ; il reçut l'éducation appelée *agôgè* à Lacédémone, qui comporte un régime dur et pénible, mais qui enseigne l'obéissance aux jeunes. C'est pourquoi, dit-on, Simonide qualifie Sparte de "dompteuse de mortels", car, grâce à ses coutumes, elle rend les citoyens absolument soumis aux lois et bien dressés, comme des chevaux domptés dès le début. »

***Agôn* (ἀγών) : 1.** L'*agôn* est à la fois concours• et combat. Il désigne une compétition ou une lutte dont les règles sont connues et acceptées par les concurrents. L'émulation liée à la compétition est un des traits fondamentaux de la pensée grecque, à tel point que l'on parle souvent de la mentalité agonistique des Grecs, forgée dès le VIIIe siècle par l'*Iliade* et l'*Odyssée* d'Homère. Le terme s'applique au concours où les concurrents se disputent pour la gloire le prix dans différentes épreuves ; on évite en général de le traduire en français par le mot « jeu » qui, insistant sur l'aspect ludique du spectacle, désigne une réalité plus romaine que grecque. L'*agôn* panhellénique• offre l'occasion aux Grecs de se rencontrer en partageant des valeurs communes lors du grand rassemblement populaire que constitue la panégyrie•. **2.** Dans la comédie•, l'*agôn* a un autre sens : il présente l'affrontement des deux camps opposés.

AGONOTHÈTE (ἀγωνοθέτης) : L'agonothète est chargé, seul ou avec d'autres, d'organiser un concours (*agôn*•). À Athènes, Démétrios de Phalère a remplacé la chorégie• par l'agonothésie vers 315-310. Avec le développement de l'évergésie (évergète•) au cours de l'époque hellénistique, l'agonothète finance souvent lui-même les concours et l'agonothésie devient ainsi une liturgie•.
Dans l'Antiquité tardive, de nombreux passages d'auteurs chrétiens témoignent du succès des organisateurs de spectacles dans l'Orient grec : les agonothètes, qui peuvent être des enfants, font l'objet d'acclamations hyperboliques, car ils font don au peuple de divertissements appréciés.

***Agora* (ἀγορά) :** Toute ville grecque est pourvue d'une *agora*, cadre nécessaire aux activités de la cité. À l'époque archaïque, le centre politique se déplace, quitte l'acropole• pour l'*agora*, place publique située dans la ville basse, aménagée autour de lieux de culte anciens. Sur cette place, dont le nom, chez Homère, signifie « assemblée du peuple », les citoyens tiennent leurs séances ; le conseil, les magistrats et les tribunaux s'y réunissent : l'architecture civile naît sur l'*agora*, avec des édifices qui répondent aux fonctions politiques, administratives et judiciaires de la cité. À cette fonction politique est étroitement liée la fonction religieuse, puisque toutes les activités de la cité sont placées sous la protection des divinités poliades• et des héros• : les édifices publics abritent les autels des dieux, quantité de petits sanctuaires, autels, enclos et tombeaux sont dispersés sur la place ; des manifestations religieuses se déroulent sur l'*agora*.
À l'époque classique, apparaît la fonction commerciale de l'*agora*, qui devient la place du marché et se couvre de constructions légères : les paysans des environs, qui y apportent leurs denrées, et les artisans, qui viennent écouler leurs produits, se regroupent par quartiers spécialisés : c'est sur l'*agora* que les hommes viennent faire leurs emplettes, flâner de boutique en boutique, s'informer, rencontrer des amis. Souvent, les activités commerciales deviennent tellement envahissantes qu'elles chassent l'assemblée du peuple : ainsi, à Athènes, dès la réforme

démocratique de Clisthène, l'*ekklèsia*• se réunit sur la colline voisine de la Pnyx **(fig. 9)** ; c'est seulement pour les votes d'ostracisme•, où un *quorum* est nécessaire, que l'*ekklèsia* se réunit encore sur l'*agora*. L'*agora*, la place publique par excellence, où tout le monde passe, devient le lieu privilégié des démagogues• : les philosophes du IVe siècle condamnent cette évolution et souhaitent le retour à l'*agora* primitive.

Fig. 4 : Athènes, plan de l'*agora* au IIe s. ap. J.-C. *(d'après J. Travlos).*

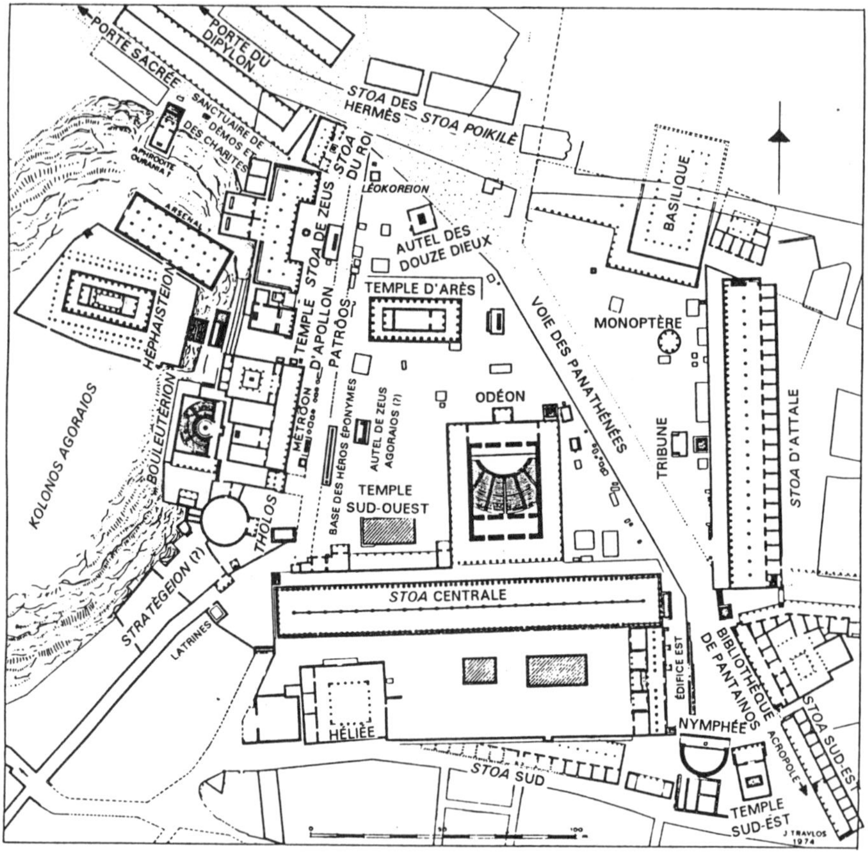

Les villes qui ont bénéficié d'un programme d'urbanisme, à partir du IVe siècle, comme Milet **(fig. 10)** ou Priène, ont intégré dans un plan orthogonal une *agora* nettement dessinée, où chaque monument trouve une place appropriée. Dans les villes, en revanche, où le cadre architectural n'a pas été conçu dès l'origine comme un ensemble, l'*agora*, avec ses aménagements successifs, qui parfois lui donnent un air disparate, reflète l'histoire de la cité : l'*agora* d'Athènes, dont les monuments illustrent l'évolution de la démocratie athénienne, a valeur d'exemple **(fig. 4)**.

Le site est d'abord, aux époques mycénienne et géométrique, un lieu de sépultures, puis d'habitations et d'ateliers. Avec Solon, la vie politique quitte l'acropole pour la ville basse et, comme le site est un carrefour de routes, il est aménagé en place et commence, surtout avec la réforme de Clisthène, à se couvrir d'édifices, sur le côté ouest principalement, qui seront détruits par les Perses lors de la seconde guerre médique. À partir de Cimon, qui cherche aussi à délimiter la place par des plantations d'arbres, le côté ouest de l'*agora* est restauré, d'importants édifices sont bâtis sur les côtés sud et nord, tel le Pœcile, ou *stoa Poikilè*, ornée de tableaux. À la fin de l'époque classique cependant, la place ne semble pas encore bâtie de manière équilibrée : alors que le côté est n'abrite qu'un seul ensemble important, au nord, qui n'a été encore que partiellement fouillé, et à l'ouest et au sud surtout, les édifices se succèdent, étroitement juxtaposés les uns aux autres. L'*agora* prend sa forme définitive à la fin du IIe siècle, avec les colonnades ou *stoai*• qui viennent la délimiter ; le centre, resté vide d'édifices, ne sera occupé qu'à partir de l'époque romaine, avec l'odéon• d'Agrippa et le temple d'Arès. Les bâtiments de l'*agora*, groupés sur les côtés ouest et sud, tous de dimensions modestes et dépourvus de luxe, ont une fonction politique et judiciaire, comme le *bouleutèrion*•, où se réunit le conseil des Cinq Cents, la *tholos*•, où siègent les prytanes, le *stratègeion*, lieu de réunion des stratèges, et l'Héliée•, le tribunal populaire d'Athènes ; d'autres ont une destination religieuse, comme la *stoa* de Zeus et le temple d'Apollon Patrôos, ou, en arrière, sur la hauteur du Kolonos Agoraios, l'Héphaïsteion, consacré à Héphaïstos et à Athéna. La séparation ne peut d'ailleurs être nette entre le civil et le religieux, car nombre d'autels, de statues et d'enclos se rapportent à la religion civique ; à la *stoa* royale, l'archonte roi juge les procès d'impiété, tandis que les archives de la cité sont conservées dans le Mètrôon, sous la protection de la Mère des dieux ; c'est depuis l'autel des douze dieux, lieu d'asile et l'un des principaux points de culte de l'*agora*, qu'est mesurée la distance entre Athènes et les villages de l'Attique, tandis que sur la base des héros éponymes•, vénérés par les tribus clisthéniennes, sont placardés les avis officiels. Lieu de rassemblement, la place était traversée du nord-ouest au sud-est par la voie des Panathénées, empruntée par la procession lors de la plus grande fête• d'Athènes, et elle fut utilisée pour les représentations des Grandes Dionysies.

AGORANOME (ἀγορανόμος) : Dans les cités grecques, les agoranomes étaient chargés de la police des marchés, installés sur l'*agora*, la place publique ; ils devaient y maintenir l'ordre et réprimer les fraudes et, en l'absence de magistrats spécialisés, les astynomes• et les sitophylaques•, assurer aussi la police des rues et veiller au commerce des grains. Les agoranomes athéniens, tirés au sort pour un an, étaient dix, cinq à Athènes et cinq au Pirée.

À la fin de la guerre lamiaque (322), les agoranomes héritent des attributions des astynomes, que l'on voit reparaître en 287/6. À l'époque impériale, les agoranomes continuent d'exercer leurs fonctions à l'*agora* commerciale, aussi bien à Athènes qu'au Pirée. Ils publient le règlement de l'*agora* et veillent à le faire respecter. Avec le développement de l'évergétisme• à l'époque impériale, il devient habituel que le bâtiment qui abrite la balance publique, le *zygostasion* (ζυγοστάσιον), soit construit aux frais de l'agoranome.

AISYMNÈTE (αἰσυμνήτης) : 1. En cas de crise, l'aisymnète est un arbitre désigné par les parties et chargé de trouver un accord. À l'époque archaïque, il rétablit la concorde dans la cité en promulguant un code de lois, comme Pittacos à Mytilène. **2.** Dans certaines cités, notamment en Asie mineure, l'aisymnète est le titre d'un magistrat régulier.

***Akinakès* (ἀκινάκης) :** L'*akinakès* est une dague courte et large, à deux tranchants, que les Perses portaient contre la cuisse droite dans un fourreau, terminé au bas de la gaine par une bouterolle et attaché à un ceinturon. C'était l'arme nationale des Perses achéménides, qu'ils avaient empruntée aux Mèdes.

Hérodote rapporte dans ses *Histoires* (III, 64) comment Cambyse mourut en 522 des suites d'une blessure accidentelle causée par son *akinakès* : « comme il bondissait à cheval, la bouterolle de son *akinakès* se détacha, et l'*akinakès* mis à nu le frappa à la cuisse ».

ALABASTRE (ἀλάβαστος, ἀλάβαστρον) : Le terme désigne, dans le vocabulaire de la céramologie, un petit vase à parfum arrondi en bas, avec un étroit goulot **(fig. 13, n°21)**. Sa forme allongée le distingue de l'aryballe• globulaire.

ALLIANCE : symmachie•

***Alsos* (ἄλσος) :** L'*alsos* est le bois sacré, englobé en général dans le sanctuaire• d'une divinité. Les arbres devaient y pousser librement, sans jamais être taillés, sous peine de sacrilège. Ces fourrés impénétrables manifestent bien la valeur sacrée de la nature. Dans le cas du sanctuaire oraculaire de Dodone, en Épire, les chênes du sanctuaire de Zeus ont, de plus, pouvoir de rendre des oracles• : les prêtres du lieu donnaient la réponse du dieu en interprétant le bruit des feuilles agitées par le vent.

AMBASSADE : Les cités grecques, ne possédant pas à l'étranger d'ambassadeurs permanents pour les représenter, envoyaient des ambassades auxquelles étaient assignées toujours des missions bien précises, comme négocier un traité d'alliance ou de paix ou demander du secours, ou autre. Les ambassadeurs étaient des personnages en vue, jamais tirés au sort, toujours désignés parmi les premiers personnages de la cité dont ils devaient défendre les intérêts : ainsi, Athènes a envoyé Démosthène ou Eschine en ambassade auprès de Philippe de Macédoine. En aucun cas, ils ne devaient outrepasser leurs instructions : sans quoi, ils couraient le risque de se voir à leur retour intenter un procès par la cité mécontente. Comme les objectifs de chaque mission étaient limités, plusieurs ambassades étaient souvent nécessaires pour que l'on parvienne à un accord. Les membres de l'ambassade recevaient une somme d'argent (*éphodion*), destinée à couvrir les frais de leur voyage, qui pouvait être fort long, surtout à partir de l'époque hellénistique où les cités grecques ont envoyé des ambassadeurs auprès des souverains des grands royaumes.

AMBROISIE (ἀμβροσία) : Dans les poèmes homériques, l'ambroisie, nourriture des dieux, est toujours associée à la boisson divine, le nectar ; elle y est aussi évoquée comme une sorte de parfum qui rend le corps resplendissant et incorruptible.

AMPHICTIONIE, AMPHICTIONS, AMPHICTYONIE, AMPHICTYONS (ἀμφικτιονία, ἀμφικτίονες, ἀμφικτυονία, ἀμφικτύονες) : D'après l'étymologie, les membres d'une amphictionie habitent à l'entour d'un centre ; il s'agit d'une association à caractère religieux de peuples autour d'un ou deux sanctuaires communs. L'amphictionie ionienne, dont on suppose souvent l'existence à l'époque archaïque, avait ainsi deux centres, le sanctuaire du Panionion au cap Mycale près de Milet et celui d'Apollon à Délos.

L'amphictionie pyléo-delphique avait pour origine l'amphictionie des Thermopyles qui réunissait des peuples de Thessalie et de la périphérie thessalienne autour du sanctuaire de Déméter Pylaia à Anthéla, près des Thermopyles. L'amphictionie apparaît à Delphes au début du VIe siècle avec la « première guerre sacrée » ; elle continua à s'intéresser au sanctuaire d'Anthéla tout en prenant en charge celui d'Apollon à Delphes. Cette amphictionie pyléo-delphique, la plus connue, s'occupait notamment de l'administration du sanctuaire d'Apollon, de l'entretien du temple et de l'organisation du concours• des Pythia à Delphes. Elle groupe douze peuples et cités de Grèce centrale et de la région de l'Attique, qui peuvent déléguer leur représentation, comme le fait la Doride, petit canton de la Grèce centrale, qui se fait remplacer par Sparte. Son conseil se réunissait deux fois par an, à l'automne et au printemps, en deux sessions ou pylées. Ce conseil• des Amphictions (*synédrion*) est formé des hiéromnémons• et des pylagores•. Il est le théâtre de luttes d'influences : au IVe siècle, Philippe II de Macédoine en prend le contrôle après la victoire sur les Phocidiens au terme de la « troisième guerre sacrée » (356-346), puis les Étoliens affirment leur puissance pendant le IIIe siècle. La montée de la puissance romaine accentue l'effacement politique de l'amphictionie pendant le reste de la période hellénistique.

> Eschine, dans le *Contre Ctésiphon* (§§ 109-110), rappelle la force des serments qui lient entre eux les Amphictions ; ils furent prêtés à la fin de la première guerre sacrée (600-590), après l'anéantissement des voisins sacrilèges de Delphes, les Cirrhéens et les Cragalides, et la consécration de leurs terres aux dieux de Delphes : « ils prononcèrent un grave serment, s'engageant à ne pas cultiver eux-mêmes la terre sacrée et à ne le permettre à aucun autre, mais à venir au secours du dieu et de la terre sacrée avec leur main, leur pied, leur voix et de toute leur force ».

À Délos, au Ve et au IVe siècles, les amphictions forment un collège de magistrats athéniens chargé de l'administration du sanctuaire. Ils apparaissent d'abord de 478 à 404, pendant la ligue de Délos, puis de nouveau au IVe siècle.

AMPHIPROSTYLE (ἀμφιπρόστυλος) : Un temple• amphiprostyle présente sur les deux façades un portique à un rang de colonnes dégagées.

AMPHORE (ἀμφορεύς) : Grand vase à la panse ventrue et à l'embouchure étroite, pourvu de deux anses symétriques, qui servait à transporter et à conserver le vin et l'huile surtout, plus rarement des aliments solides. Les amphores communes, qui se terminent en pointe, devaient être appuyées contre un mur, enfoncées dans le sable ou calées dans un anneau **(fig. 5-6)** ; souvent, un timbre• imprimé sur l'anse donnait des indications, sur la provenance ou la date.

À Athènes, il existait deux grands types d'amphores décorées, tous deux pourvus d'un pied, l'amphore à col **(fig. 13, n°1)** et l'amphore à panse (**n°2**), selon que l'épaule et le corps sont nettement séparés ou non ; les amphores panathénaïques (**n°3**), de grandes dimensions et toujours ornées de la même manière, avec les représentations, d'un côté, d'Athéna debout, et de l'autre, de l'épreuve remportée, contenaient l'huile des oliviers sacrés d'Athéna et étaient attribuées en prix lors du concours des Grandes Panathénées. Outre les amphores en terre cuite, de très loin les plus répandues, on peut mentionner pour mémoire des amphores en marbre, en bronze ou en métal précieux.

Fig. 5 : Quelques types d'amphores.

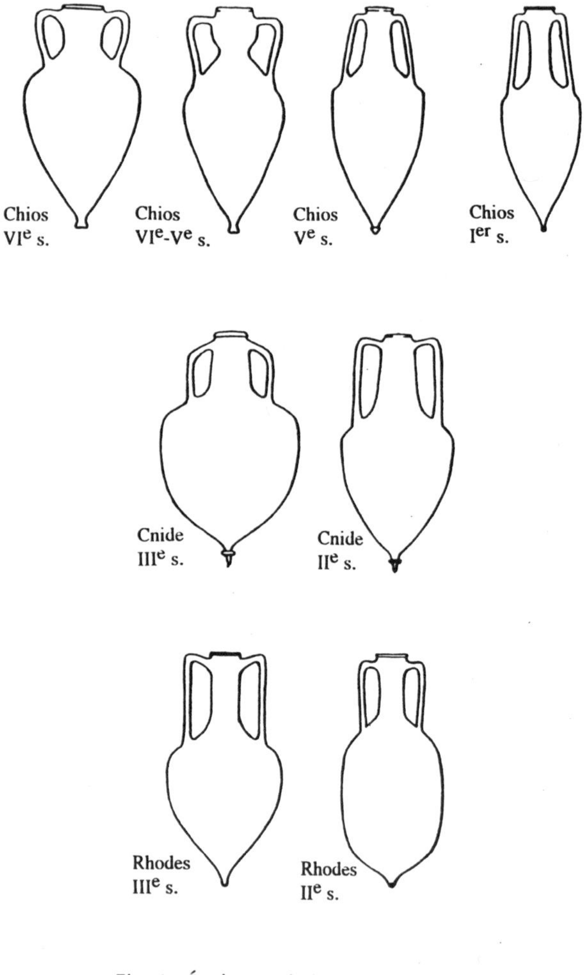

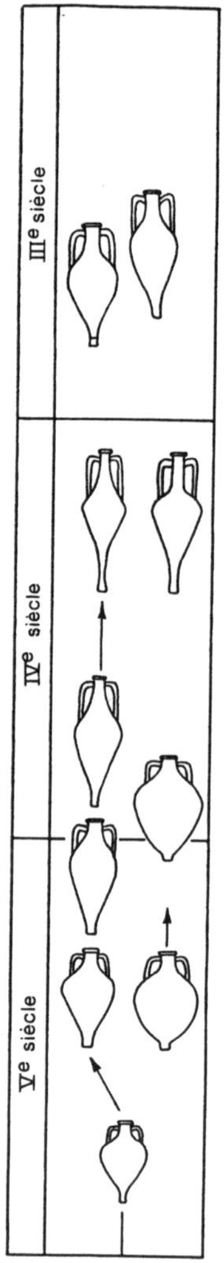

Fig. 6 : Évolution de la forme des amphores thasiennes
(d'après Y. Garlan).

***Analemma* (ἀνάλημμα) :** L'*analemma* est un mur de soutènement qui, dans le théâtre•, ceint le *koilon*.

***Anathèma* (ἀνάθημα) voir offrande•**

***Andrôn* (ἀνδρών) :** Dans la partie de la maison• (*oikos*•) qui est réservée aux hommes, l'*andrôn* désigne la salle où les hommes mangent et reçoivent leurs amis. Dans la littérature archéologique, le terme est appliqué à la pièce principale, qui sert de salle de banquet et peut recevoir, à partir du IVe siècle, un sol en mosaïque.

ANTE : Ce terme d'architecture désigne l'extrémité d'un mur après son intersection avec un autre mur. Dans le temple• appelé *in antis*, les antes qui prolongent les murs latéraux encadrent deux colonnes.

ANTÉFIXE : Les antéfixes sont des plaques en terre cuite ou en marbre, souvent ornées d'une palmette, qui terminent chaque rangée de tuiles en décorant la corniche, au-dessus du chéneau• **(fig. 14)**.

***Antidosis* (ἀντίδοσις) :** L'*antidosis* est l'échange des biens ; on y procède quand un citoyen estime qu'il a été injustement désigné pour une liturgie•. Dans ce cas, il pouvait proposer le nom d'un autre riche citoyen et demander que celui-ci assume la liturgie ou bien échange ses biens avec les siens. Si l'autre citoyen refusait la proposition, le tribunal populaire désignait celui qui assumerait la liturgie.

***Aparchè* (ἀπαρχή) :** Offrande, généralement de poils pris sur le front de la victime, par laquelle on commençait un sacrifice•. Prémices offertes aux dieux, que l'on prélevait sur toutes sortes de produits, notamment les récoltes et le butin pris à l'ennemi, et qui représentaient généralement le dixième de l'ensemble ; pour un sens particulier de l'*aparchè* dans la Ligue de Délos au Ve siècle, voir hellénotames•, *phoros*•. L'*aparchè* était aussi le don d'une partie de leur chevelure fait à une divinité, surtout Artémis, par les jeunes gens avant le mariage.

***Apella* (ἀπέλλαι, attesté au pl.) :** L'*apella* est le nom officiel de la séance de l'assemblée de Sparte, qui s'appelle elle-même *ekklèsia*•. Elle réunit les *Homoioi*•, citoyens spartiates de plein droit, et se réunit sous la présidence des éphores•, ordinairement une fois par mois en plein air. Ses attributions sont nombreuses : élection des *gérontes* (*gérousia*•) et des éphores, décision et conduite de la guerre, mais elle est étroitement contrôlée par les magistrats. Elle n'avait pas le droit de délibérer, mais seulement celui de voter.

***Aphlaston* (ἄφλαστον), aplustre :** L'aplustre est un ornement en bois qui décorait la poupe des navires. Il était formé par les extrémités des bordages ou par celles des préceintes qui se rejoignaient pour former une sorte d'éventail, comme celui de la poupe sculptée en bas-relief vers 200 au pied de l'acropole de Lindos à Rhodes. Cet appareil de planches recourbées est souvent figuré sur des trophées• pour symboliser une victoire navale ; il peut être tenu par une Nikè, divinité de la victoire. L'aplustre est aussi un symbole monétaire.

APOBATE (ἀποβάτης) : Cet écuyer se livre à des exercices d'acrobatie en sautant d'un cheval ou d'un chariot en pleine course pour y remonter. Les Grandes Panathénées (fêtes•) comportent une course d'apobates en char **(fig. 18)**, ainsi que les Amphiareia, concours célébré à Oropos en l'honneur d'Amphiaraos.

APODECTE (ἀποδέκτης) : À Athènes, le collège des dix apodectes, tirés au sort à raison d'un par tribu•, a des compétences d'ordre financier : il tient le compte des rentrées et des engagements de la cité et distribue les recettes entre les différentes caisses en collaboration avec le conseil.

***Apoikia* (ἀποικία) : colonie•**

***Apophora* (ἀποφορά) : hilotes•, *Homoioi*•, *klèros*•**

APOTROPAÏQUE (ἀποτρόπαιος) : Un objet ou un geste apotropaïques sont destinés à écarter les maux. Dès l'époque archaïque, les représentations du masque grimaçant de la Gorgone, ou *gorgoneion*, du phallos, des yeux ont valeur apotropaïque et prophylactique.

ARBITRE : Le recours à un arbitre (diaitète, διαιτητής), très ancien, est connu surtout à partir de l'époque classique à Athènes. Les Athéniens âgés de soixante et soixante-et-un ans qui ne sont pas magistrats sont tenus d'être arbitres publics ; ils sont répartis en dix sections qui correspondent aux dix tribus•. Dans les actions privées (*dikè*•), les Quarante• transmettent souvent la cause à un arbitre ; l'arbitre public, tiré au sort dans la section qui correspond à la tribu de l'accusé, rend une sentence si la conciliation qu'il tente d'abord a échoué ; l'Héliée• juge en appel. Il existe aussi des arbitres privés, désignés de gré à gré pour arbitrer un différend entre deux citoyens. Dans les rapports entre cités, l'arbitrage international permet de régler pacifiquement un litige et il est habituellement prévu dans les clauses des traités ; il ne faut pas le confondre avec l'institution des juges• étrangers.

L'arbitrage international des litiges territoriaux a connu une évolution : il est rendu jusqu'au IIIe siècle par des souverains ou par des tribunaux régionaux ou fédéraux. À partir du IIIe siècle apparaissent comme arbitres des citoyens d'une tierce cité, avant les magistrats romains qui rendent ces arbitrages à l'époque impériale. Les arbitres internationaux rendaient le jugement pour trancher le litige et établissaient sur le terrain la délimitation de la frontière•. Il existe de nombreux exemples d'arbitrages renouvelés, comme entre Messène et Sparte ou entre Priène et Samos pour la pérée• samienne. Une partie de la *chôra*• limitrophe pouvait être placée sous l'administration commune des deux contestants.

***Archè* (ἀρχή) :** *Archè* signifie en grec commandement et commencement. Le terme désigne la magistrature et, employé au pluriel (*archai*, ἀρχαί), les magistrats, aussi appelés archontes•. Ils sont distingués des épimélètes•, qui doivent se conformer aux instructions qu'ils ont reçues. À Athènes, les magistrats subissent un examen préalable, la dokimasie•, et sont soumis à leur sortie de charge à une reddition• de comptes ; ils sont 500 dans le conseil et il en existe environ 700 autres. Les magistratures sont annuelles, collégiales, non cumulables et non itératives, à l'exception des magistratures militaires, comme la stratégie•, qui est indéfiniment renouvelable. Les magistrats peuvent être aidés par des assesseurs (parèdres) et des subalternes comme les greffiers•.
Dans l'histoire d'Athènes au Ve siècle, l'*archè* désigne aussi l'impérialisme de la cité, qui ne se contente plus de l'hégémonie• au sein de la ligue• de Délos, mais constitue un empire en transformant ses alliés en sujets. Cette thalassocratie, ou domination sur la mer, est, selon l'analyse de Thucydide dans *la guerre du Péloponnèse*, l'objectif de la politique de Périclès, qui entraîne l'affrontement avec Sparte.

Employé au sens de commencement, l'*archè* est le principe, l'élément premier qui fait l'objet des recherches des philosophes• pré-socratiques.

ARCHÉGÈTE (ἀρχηγέτης) : L'archégète est le fondateur d'une cité ou d'un groupe. C'est le rôle que joue Apollon Archégète dans les fondations de colonies•, par le biais de l'oracle• de Delphes.

ARCHÉOLOGIE (ἀρχαιολογία) : Dans l'œuvre de Thucydide, l'Archéologie est la partie du livre I de *la guerre du Péloponnèse* qui couvre l'histoire de la Grèce, des origines aux temps modernes pour Thucydide (chapitres 2-21) ; cette partie traite rapidement des événements qui séparent les guerres médiques de la guerre du Péloponnèse, car ils sont repris plus en détail dans la Pentékontaétie•. Thucydide cherche à établir l'importance de la guerre du Péloponnèse, comparée à toutes les autres, et dégage les moments les plus importants de l'histoire évanouie des époques anciennes, marquées par la piraterie, les migrations, les puissances maritimes de Minos et d'Agamemnon. Dans cette longue digression, l'historien applique systématiquement des méthodes scientifiques pour l'établissement des faits ; il reconstitue le passé grâce à l'utilisation critique des témoignages poétiques et des trouvailles archéologiques ainsi qu'à la comparaison avec d'autres peuples.

ARCHER : L'usage de l'arc est connu dans l'armée homérique, où l'arc simple, en bois, est réservé aux simples soldats. L'*Iliade* (IV, 105-112) décrit aussi un autre type d'arc, plus puissant, déjà connu à l'époque mycénienne•, un arc composite fait de deux cornes, dont la corde est en nerf de bœuf. La morale hoplitique (hoplite•) proscrit l'usage de l'arc à la guerre et le réserve aux barbares•, surtout Perses et Scythes. Les archers scythes, esclaves publics d'origine barbare, sont chargés de la police dans l'Athènes classique. Le développement des troupes légères pendant la guerre du Péloponnèse amorce une évolution qui consacre à l'époque hellénistique l'importance des archers : la Crète en particulier fournit d'excellents archers mercenaires•, que l'on rencontre dans les armées hellénistiques.

ARCHITHÉORE (ἀρχιθέωρος) : L'architheore était, à Athènes, chargé d'une liturgie à caractère religieux, l'architheorie : cette liturgie consistait à financer et à diriger une ambassade, la théorie•, chargée d'une mission particulière envers les dieux, telle que la consultation d'un oracle ou la représentation de la cité à un concours panhellénique.

Fig. 7 : Architrave (a) et frise (b) doriques (Athènes, portique ouest des Propylées) *(d'après R. Ginouvès, R. Martin).*

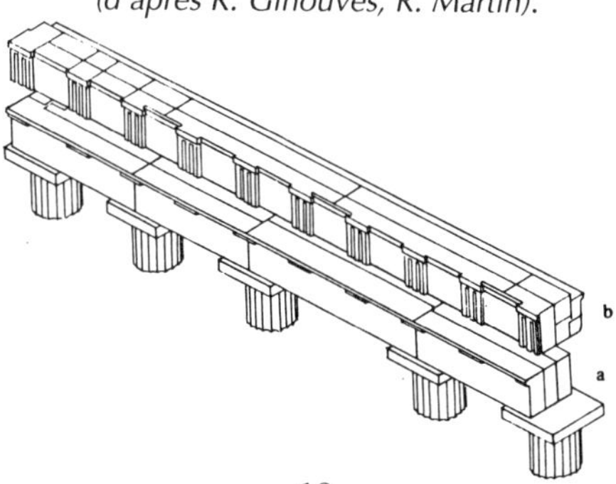

ARCHITRAVE : Dans l'architecture grecque, l'architrave est placée au-dessous de la frise, avec laquelle elle forme l'entablement, et au-dessus des chapiteaux ; dans l'ordre dorique•, l'architrave est une poutre lisse **(fig. 7)** ; dans l'ordre ionique•, elle se subdivise en trois bandeaux lisses ou fasces **(fig. 8)**.

Fig. 8 : Architrave ionique à trois fasces (a) (Athènes, Propylées) *(d'après R. Ginouvès, R. Martin)*.

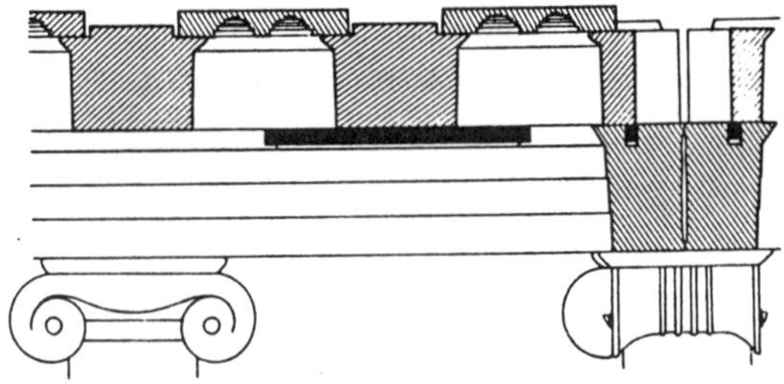

ARCHIVES : Les archives peuvent être publiques ou privées. Elles jouent un rôle croissant dans les cités grecques à partir du IVe siècle. À Athènes, le secrétaire du conseil doit copier les documents officiels. Les archives de la cité sont déposées dans le sanctuaire du Métrôon sur l'*agora* **(fig. 4)** depuis la restauration démocratique de 403/2.

Une inscription de Paros, des années 175-150, nous fait connaître des magistrats, les *mnèmones* (μνήμονες), chargés de conserver ou de publier les archives de la cité ; ils sont aussi attestés à Thasos, colonie parienne, avec la même fonction d'archivistes publics. À Paros, les archives étaient conservées dans la sanctuaire d'Apollon Pythien. Pour éviter toute falsification, ce règlement prescrit de déposer des copies authentifiées dans un bâtiment indépendant, le sanctuaire d'Hestia.

À Cyrène, les nomophylaques• sont chargés de l'archivage dans un bâtiment approprié à la basse époque hellénistique.

Les textes d'archives pouvaient avoir une publicité provisoire en étant transcrits sur des planches de bois passées à la chaux et exposées, comme les décrets athéniens l'étaient devant la base des héros éponymes sur l'*agora*• **(fig. 4)**.

Les dépôts d'archives étaient répandus dans tout le monde hellénistique, sous forme de papyrus, dont il ne reste souvent que les crétules, pastilles d'argile crue qui les scellaient et qui ont cuit avec la chaleur de l'incendie qui a fait disparaître les textes. La maison des sceaux à Délos abritait l'un de ces dépôts d'archives, qui fut incendié en 69. Ces archives y étaient avant tout constituées de documents et d'actes privés ; elles étaient confiées à un banquier de l'île.

ARCHONTE (ἄρχων) : L'archonte est par définition le détenteur d'une *archè*•, celui qui détient un pouvoir. De manière générale, ce terme vague sert à désigner les magistrats d'une cité ; pris dans un sens précis, il s'applique à une catégorie particulière de magistrats, le plus souvent éponymes•, que l'on rencontre dans tout le monde grec et dont les fonctions varient selon les cités.

À Athènes, dès avant la réforme de Clisthène, il existe neuf archontes, élus dans les deux premières classes censitaires : l'archonte éponyme, appelé simplement l'archonte, était alors le véritable chef de la cité. La réforme de Clisthène, puis le

remplacement de l'élection par le tirage au sort en 487/486, diminuent les pouvoirs des archontes, qui n'ont plus à l'époque classique que des fonctions religieuses et judiciaires ; cette magistrature toujours prestigieuse de par ses origines aristocratiques, mais qui a perdu dans les faits beaucoup de son pouvoir, est ouverte à la troisième classe censitaire en 457/456.
L'archonte éponyme, toujours chef nominal de la cité et dont l'année porte le nom, instruit les affaires de droit civil concernant la famille et ses biens, telles que les litiges concernant les successions, et les introduit devant le tribunal ; il s'occupe aussi de certaines fêtes récentes, comme les Grandes Dionysies et les Thargélies. L'archonte-roi, héritier des anciens rois d'Athènes, instruit les actions d'impiété — telle celle qui fut intentée contre Socrate —, préside l'Aréopage•, et organise les fêtes instituées par les ancêtres, comme les Lénéennes et les Anthestéries. Le polémarque•, qui à l'origine commandait l'armée, mais a perdu ce pouvoir au profit des stratèges• depuis 487/486, organise les cérémonies en l'honneur des divinités guerrières et des soldats morts au combat ; il instruit les affaires qui mettent en cause des non-Athéniens, métèques et étrangers. Quant aux six archontes thesmothètes, apparus au VIIe siècle seulement, ils ont des fonctions juridictionnelles et président dans beaucoup de sortes d'affaires ; les causes qui leur incombent dans la seconde moitié du IVe siècle sont des actions publiques, sauf les *dikai emporikai* (*dikè*•), les actions minières et les actions contre les esclaves. À ces neuf archontes Clisthène ajoute un secrétaire des thesmothètes, qui permet la représentation des dix tribus nouvellement créées. Les archontes, élus, puis tirés au sort pour un an, entrent à leur sortie de charge dans le conseil de l'Aréopage.

ARÉOPAGE (Ἄρειος πάγος) : Dans la topographie d'Athènes, l'Aréopage est la colline d'Arès, située à l'ouest de l'Acropole et au sud de l'*agora*, entre l'Acropole et la Pnyx **(fig. 9)** ; le terme est employé couramment comme abréviation pour le conseil de l'Aréopage.

C'est sur l'Aréopage, « colline d'Arès » ou plus exactement « rocher d'Arès », que les dieux, selon la légende, jugèrent Arès pour un meurtre qu'il avait commis ; Oreste y aurait été ensuite jugé par un tribunal de citoyens athéniens pour le meurtre de sa mère Clytemnestre. Eschyle, dans les *Euménides*, dernière tragédie• de sa trilogie l'*Orestie*, représente le passage de la justice ancienne, fondée sur la loi du talion, à une justice civique qui s'exerce grâce au tribunal de l'Aréopage fondé par Athéna : les Érinyes, divinités de la vengeance, se transforment en Euménides, divinités bienveillantes.

Le conseil, formé de tous les archontes sortis de charge, qui en sont membres à vie, comptait environ 150 aréopagites. Il siégeait sur la colline de l'Aréopage pour juger les homicides où la victime était un citoyen athénien.
À l'époque archaïque, ce conseil était la principale institution d'Athènes. Ce conseil aristocratique, qui jouissait de pouvoirs politiques et judiciaires étendus, fut d'abord composé d'Eupatrides• ; à partir de Solon, ses membres furent recrutés parmi les archontes sortis de charge. Il contrôla le gouvernement de la cité après les guerres médiques, jusqu'à la réforme d'Éphialte (462) qui le priva de la plupart de ses pouvoirs politiques et judiciaires, répartis entre l'*ekklèsia*•, le conseil• des Cinq-cents et le tribunal populaire (Héliée•). L'Aréopage ne conserve que la juridiction dans les affaires d'incendie, d'empoisonnement et de meurtre volontaire d'un citoyen avec préméditation, mais ce conseil vénérable garde un grand prestige (Pseudo-Aristote, *Constitution d'Athènes* 57, 3), qui fait de lui la plus haute autorité morale de la cité.

***Arétè* (ἀρετή) :** La notion d'*arétè*, qui signifie la « valeur », a une grande importance dans la pensée et la formation (*paideia*•) des Grecs. Dans Homère, elle constitue l'idéal d'excellence du héros, ce qui fait sa vertu ou sa gloire, et, plus largement, la perfection des choses et des dieux. Dans la civilisation communautaire de la *polis*•, le mot désigne le mérite du citoyen. Les philosophes, surtout Platon, utilisent le terme en l'insérant dans un système conceptuel.
Les *arétai* de la divinité, au sens de bienfaits, sont énumérées dans les arétalogies (voir prière•) à partir de l'époque hellénistique ; le mot en vient à signifier à partir du IVe siècle, le miracle• qu'opère la divinité bienfaisante.

ARISTOCRATIE (ἀριστοκρατία) : D'après l'étymologie, l'aristocratie est « le pouvoir des meilleurs ». Les théories politiques du IVe siècle présentent une évolution de la cité grecque où un gouvernement aristocratique remplace la monarchie• et précède la démocratie• ; l'aristocratie se serait muée en oligarchie•, elle-même renversée par un tyran•. Les grandes lignes de ce schéma évolutif sont souvent reprises : l'âge d'or du pouvoir de la noblesse date de la période archaïque. Cependant il ne faut pas appliquer sans discernement cette grille d'analyse ; l'évolution varie d'une cité à l'autre et, dans l'Athènes démocratique, la noblesse garde un grand prestige : les orateurs• influents au Ve siècle y sont des Eupatrides•. L'aristocratie terrienne défend des valeurs illustrées par les épopées homériques : l'idéal du héros est le modèle de l'homme grec. La technique de la guerre• explique le pouvoir de l'aristocratie : le héros homérique peut entretenir un char•, avec son équipage, qui le transporte sur le lieu du combat ; les premiers hoplites• paraissent avoir été des nobles, mais le développement d'une infanterie lourde, grande consommatrice d'hommes, suppose l'élargissement assez rapide du recrutement, au-delà des seuls aristocrates, et un changement dans l'équilibre politique. La religion conserve le mieux trace de l'importance de l'aristocratie dans la cité : les grandes familles (*génos*•) fournissent toujours les prêtres de certains cultes, tels les Eumolpides, les Kérykes et les Philaïdes lors des mystères• d'Éleusis ; le cadre gentilice des phratries• est largement répandu.

ARMÉE : L'évolution des techniques et les changements des cadres sociaux et politiques déterminent différentes conceptions de la guerre• dont l'armée grecque porte trace.
Dans l'épopée d'Homère, l'armée, appelée alors *laos*, peut affronter collectivement l'armée adverse en une mêlée générale, mais elle est le plus souvent simple spectatrice des combats singuliers que se livrent les champions selon les règles de l'*agôn*• : le héros est amené en char sur le champ de bataille ; il descend pour combattre son adversaire, avec la lance de jet, puis avec l'épée au corps à corps, après un échange d'apostrophes injurieuses. Son armement peut conserver des vestiges de l'époque mycénienne•, notamment le casque en cuir couvert de dents de sanglier porté par Ulysse (*Iliade* X, 261-265). Dans l'*Iliade*, l'organisation de l'armée grecque reflète les différentes strates qui composent le monde homérique : on peut y retrouver un souvenir lointain de l'époque mycénienne dominée par les Achéens, mélangé à un rappel des Âges obscurs• et à des allusions à l'organisation de la Grèce du VIIIe siècle contemporaine d'Homère, notamment dans le « Catalogue des vaisseaux » (*Iliade* II, 494-785).

L'apparition au VIIe siècle de l'armement de l'hoplite• forge une armée nouvelle. Cette réforme hoplitique suppose une grande cohésion dans les rangs des fantassins lourds : chaque hoplite protège en effet son voisin avec le bouclier qu'il porte au bras gauche. L'armée hoplitique est donc une armée où chaque soldat est tenu d'être solidaire des autres. Cette armée est aussi grande consommatrice d'hommes : le recrutement des hoplites s'élargit hors des cercles restreints de l'aristocratie•, pour s'étendre à la paysannerie riche. L'idéal de l'armée hoplitique est incarné à Athènes par les marathonomaques, anciens combattants de Marathon en 490 qui réussirent à repousser les Perses de Datis lors de la première guerre médique. Cependant cette armée de fantassins lourds voit rapidement se développer une flotte• où les épibates, hoplites embarqués, sont très minoritaires par rapport aux rameurs : dès 480, à Salamine, les trières• sauvent les Athéniens de la domination du Grand Roi perse Xerxès. L'armée est, dans les cités archaïques et classiques, le reflet de la cité.
À Sparte, la cité elle-même est tout entière une caserne. Les citoyens spartiates sont entraînés au maniement des armes et habitués aux vertus guerrières : les élégies de Tyrtée composées au VIIe siècle et connues de tous vantent le courage et le dévouement à la patrie ; la cryptie• développe la ruse et l'instinct de survie qui complètent l'éducation de l'élite spartiate.
Les dernières années du Ve siècle voient une évolution dans l'armée. À Athènes, l'armée de terre héritière de Marathon est toujours composée de citoyens répartis entre infanterie lourde des hoplites et cavalerie recrutée dans les deux premières classes (cens•). La cité assure l'entraînement de cette armée grâce à l'éphébie•. Les deux hipparques• dressent chaque année la liste du millier de cavaliers, qui subissent la dokimasie• devant la *boulè*• et sont répartis par tribus• en dix escadrons commandés chacun par un phylarque. La solde est d'une drachme par jour. Cette armée civique voit se développer les troupes légèrement armées des peltastes• et de nombreux mercenaires• viennent grossir ses rangs. Cette évolution, précipitée par la guerre du Péloponnèse (431-404), s'accentue au IVe siècle. Les stratèges• deviennent alors des professionnels de la guerre qui échappent souvent au contrôle de l'*ekklèsia*.

ARMEMENT : archer•, cavalier•, hoplite•, peltaste•

ARRHÉPHORES (ἀρρηφόροι) : À Athènes, les deux arrhéphores sont désignées par l'archonte roi sur les quatre petites filles de bonne naissance âgées de sept à onze ans élues par le peuple à main levée. Elles logent sur l'Acropole, près du temple d'Athéna Polias **(fig. 1, n°11)**. À partir de la fête des Chalkeia, en novembre, elles commencent à tisser le *péplos* offert à Athéna lors des Grandes Panathénées.

> Pausanias (*Description de la Grèce* I, 27, 3) décrit ainsi le rite des Arrhéphories accompli par les arrhéphores : « lorsque la fête est arrivée, elles accomplissent de nuit de tels rites. Elles mettent sur leur tête ce que la prêtresse d'Athéna leur donne à porter, sans que ni celle qui donne ne connaisse la nature de ce qu'elle donne ni celles qui portent n'en sachent rien. Il y a dans la ville une enceinte sacrée de l'Aphrodite que l'on appelle des Jardins, non loin de là, où l'on descend par un passage souterrain naturel **(n°32)**. C'est par là que descendent les jeunes filles. En bas, elles laissent ce qu'elles portent et prennent autre chose qu'elles emportent enveloppé. Et à partir de ce moment on les libère, tandis qu'on les remplace sur l'acropole par d'autres jeunes filles. »

ARYBALLE (ἀρύβαλλος) : Petit vase à parfum, propre, à l'origine, à la céramique corinthienne, avec un goulot étroit et un large rebord ; l'aryballe peut être globulaire ou piriforme **(fig. 13, n°19-20)**. Sur les vases attiques, les athlètes sont souvent représentés avec un aryballe globulaire.

***Asébeia* (ἀσέβεια) : impiété•**

ASSEMBLÉE : *agora*•, amphictionie•, *apella*•, *ekklèsia*•, *koinon*•

ASSEMBLÉE DU PEUPLE : *agora*•, *apella*•, *ekklèsia*•

ASSOCIATION : hétairie•, thiase•

ASTRAGALE (ἀστράγαλος) : 1. L'osselet, « petit os du tarse », est utilisé dans différents jeux, où l'on se sert en général d'osselets de mouton et de chèvre, mais on connaît aussi des osselets plus précieux, de gazelle, ou en ivoire.

Il s'agit d'abord de jeux d'adresse, prisés des femmes et des enfants. Les hommes préféraient les jeux de hasard, avec quatre osselets, dont les combinaisons portaient différents noms ; la combinaison des quatre osselets qui tombent chacun sur une face différente s'appelait coup d'Aphrodite, ou de Vénus ; ce coup gagnant permettait de désigner le roi du festin lors des banquets•. Cette combinaison en est venue à symboliser le succès et la chance : on rencontre ce motif figuré sur des jas d'ancre, où les quatre osselets appellent sur le navire la protection d'Aphrodite qui préside à la bonne fortune.

Les astragales retrouvés dans certains sanctuaires sont-ils des offrandes d'adolescents au sortir de l'enfance, présentées à des divinités courotrophes• ? Étant donné l'importance de certaines trouvailles (environ 25000 osselets dans l'antre corycien, le sanctuaire de Pan et des Nymphes situé près de Delphes), ne s'agit-il pas plutôt d'osselets prélevés sur l'animal sacrifié ? On connaît enfin l'utilisation des osselets dans la divination, sans pouvoir préciser les rites de cette astragalomancie.

2. Dans le vocabulaire de l'architecture, l'astragale désigne une moulure• **(fig. 16z)**, qui tire son nom de sa ressemblance avec un cordon d'osselets quand cette baguette est décorée du motif des perles et pirouettes **(fig. 27a ; fig. 33, n°6)**.

***Asty* (ἄστυ) : 1.** La ville opposée à la *chôra*•, la campagne. **2.** Une des trois régions (*Asty*, Paralie et Mésogée) délimitée en Attique par la réforme de Clisthène **(fig. 48)** : elle comprenait la ville d'Athènes, le Pirée et la plaine environnante, bordée par les montagnes d'Aigaléôs à l'ouest et de l'Hymette à l'est.

L'*asty*, la ville, compose avec la *chôra*•, la campagne, le territoire de la *polis*•. C'est dans l'*asty* que sont réunies les fonctions politiques et militaires et l'essentiel des fonctions religieuses de la *polis*. L'assemblée du peuple, le conseil, les magistrats, les tribunaux tiennent leurs séances sur l'*agora*•, seul élément indispensable de l'*asty*, ou à proximité, les principaux sanctuaires se trouvent sur l'*agora* et l'acropole•, l'agglomération elle-même est, surtout à partir de l'époque classique, entourée d'un rempart. À ces fonctions s'ajoute une fonction économique avec l'*agora*, place du marché, où les artisans de la ville et les paysans de la *chôra* viennent écouler leurs produits. L'*asty* enfin possède presque toujours les édifices caractéristiques de l'éducation et du mode de vie grecs, la palestre•, le gymnase• et le théâtre•.

La ville reflète dans son architecture l'histoire de la cité : dans les villes les plus anciennes, comme Athènes **(fig. 9)**, apparemment construites de manière anarchique, les maisons sont collées les unes aux autres, les rues sont étroites et sinueuses, le dégagement nécessaire manque le plus souvent aux édifices publics ; seules certaines zones, comme l'acropole, peuvent être aménagées avec un soin particulier. Les villes plus récentes, comme le Pirée **(fig. 37)**, Milet **(fig. 10)**, Priène ou les fondations hellénistiques, sont construites selon le plan ionien, mis au point par Hippodamos de Milet, plan préétabli en damier, où chaque case, attribuée à une fonction précise, est remplie au fur et à mesure des besoins.

Fig. 9 : Athènes, plan de la ville.

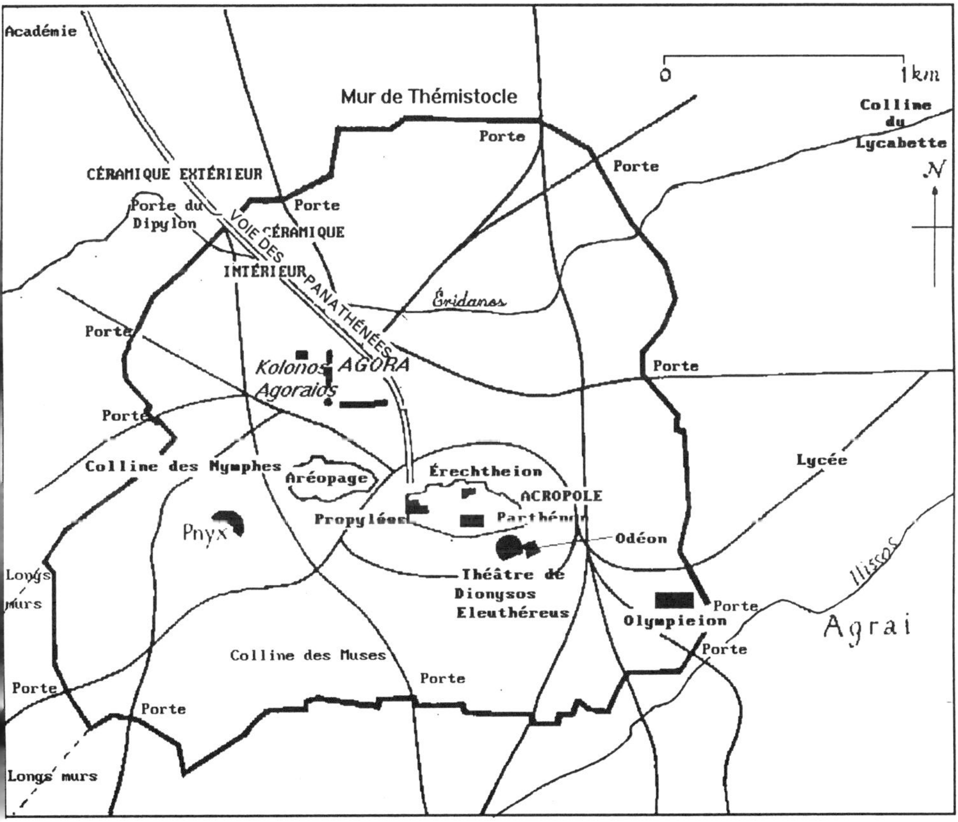

Fig. 10 : Milet, plan de la ville *(d'après G. Kleiner).*

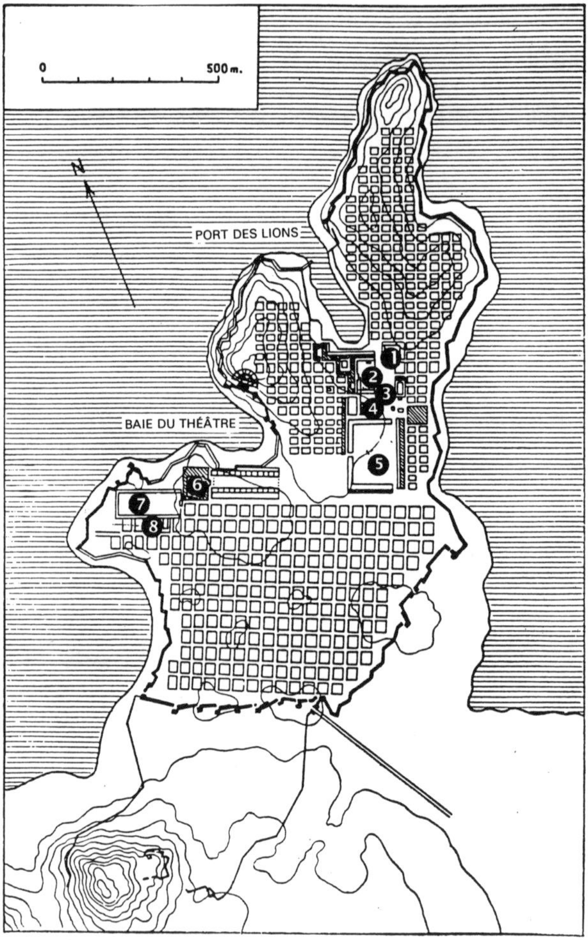

1 *Delphinion*
2 *Agora* du nord
3 Gymnase hellénistique
4 *Bouleutèrion*
5 *Agora* du sud
6 Stade et gymnases
7 Gymnase
8 Temple d'Athéna

ASTYNOME (ἀστυνόμος) : Les astynomes sont des magistrats chargés de veiller au respect des règlements de voirie dans la ville (*asty*•). Dans de nombreuses cités grecques, les astynomes étaient chargés de la police de la rue et de la police des mœurs ; leurs fonctions étaient proches de celles des agoranomes• et des gynéconomes•. Ils formaient à Athènes un collège de dix membres tirés au sort, un dans chaque tribu. Cinq étaient en fonction dans la ville même d'Athènes et cinq au Pirée. Ce collège des dix astynomes doit notamment maintenir les rues propres et interdire les empiètements de constructions sur la voie publique ; ils avaient aussi des obligations religieuses. Ils devaient laver les statues du sanctuaire d'Aphrodite Pandémos.

Dans la *Politique* (VI, 8, 1321 b), Aristote définit ainsi la charge des astynomes : elle « concerne la surveillance des propriétés publiques et privées dans la ville, pour que le bon ordre soit respecté, la conservation et la réparation des constructions qui menacent ruine et des rues, et la surveillance des bornes mitoyennes, pour qu'elles ne fassent pas l'objet de contestations, et toutes les autres obligations similaires relevant de ce service ». À Athènes, les prérogatives des astynomes sont confiées aux agoranomes• entre la fin de la guerre lamiaque (322) et 287/6, où les astynomes reparaissent. Des inscriptions décrivent les prérogatives des astynomes dans d'autres cités qu'Athènes, notamment à Thasos au Ve siècle et à Pergame à l'époque hellénistique et impériale.

ASYLIE (ἀσυλία) : Ce droit, au sens le plus large, protège contre le droit de représailles• ou de prise et les actes de piraterie et il permet de recourir aux magistrats. L'asylie est une sorte d'immunité accordée par une cité à des étrangers ou à une autre cité pour les honorer : le bénéficiaire est ainsi à l'abri, lui-même et ses biens, de toute saisie ou contrainte par corps, qui étaient ordinairement exercées à l'encontre des concitoyens de débiteurs défaillants ou bien en temps de guerre. Certains sanctuaires bénéficient de l'asylie pour tous les biens et les personnes qui s'y trouvent : l'asylie est droit d'asile pour les esclaves fugitifs ou tout coupable poursuivi, à condition qu'il ne souille pas par un crime de sang la pureté du sanctuaire.

La reconnaissance de l'asylie du territoire d'une cité se rencontre notamment à Téos en Ionie, garantissant la libre circulation des habitants de Téos dans les cités qui avaient reconnu son asylie. Les Téiens envoient en 204/3 des ambassadeurs dans plusieurs cités du monde grec pour annoncer la consécration de leur cité à Dionysos et demander la reconnaissance comme « sacrés et asyles » de leur ville et de leur territoire. Ils cherchent à éviter les actes de piraterie• : leurs ambassadeurs visitent notamment les Étoliens et les Crétois, qui se livraient à cette piraterie. Dans ce cas, l'asylie est prise en un sens restreint, car elle ne protège pas contre le droit de représailles et ne permet pas l'accès aux magistrats.

Voir honneur•.

ATÉLIE (ἀτέλεια) : L'atélie est une exemption du paiement des taxes ou des liturgies•. Elle peut être totale ou partielle. Ce privilège, parfois héréditaire, est surtout accordé à des étrangers, qui peuvent être métèques•.

ATHLÈTE (ἀθλητής) : Les concurrents des concours• sont des athlètes, mais on tend à réserver l'expression à ceux qui participent aux épreuves gymniques : différentes formes de course à pied (stade•, double stade ou *diaulos*, course de fond ou *dolichos*, course en armes, course au flambeau ou lampadédromie•), saut en longueur, lancer du disque et du javelot, lutte, où le but est de projeter l'adversaire à terre, pugilat• et pancrace•, où tous les coups sont permis. Les athlètes ne sont en principe pas des professionnels, mais la nécessité d'un entraînement poussé, accompagné d'un régime particulier suivant la spécialité, aboutit à une spécialisation : on connaît pour le Ve siècle un athlète fameux de Thasos, Théogénès, dont la renommée fut telle qu'on lui rendit un culte héroïque après sa mort. À l'époque impériale, l'engouement pour les spectacles et le perfectionnement des études médicales produisent des professionnels de l'athlétisme.

ATHLOTHÈTE (ἀθλοθέτης) : Magistrat chargé de préparer les concours•. À Athènes, un collège de dix athlothètes, désignés pour quatre ans, avait en charge l'organisation des Grandes Panathénées pentétériques et la remise des prix.

ATIMIE (ἀτιμία) : À l'origine, l'atimie prive de toute protection légale celui qui en est frappé : pour conserver la vie, il est contraint de se retrancher de la communauté en s'exilant. Dans la cité classique, l'atimie désigne la privation, partielle ou totale, des droits de citoyen. Elle peut suspendre pour un temps l'exercice des droits civiques, par exemple dans le cas des débiteurs de la cité jusqu'au remboursement complet de leur dette, ou encore priver définitivement le citoyen de tous ses droits (atimie totale) ou d'une partie (atimie partielle). Le citoyen frappé d'atimie totale ne peut plus prendre part à la vie civique : il est exclu de l'assemblée•, du conseil• et des tribunaux•.

ATLANTE (Ἄτλαντες au pluriel) : À l'image du Géant Atlas dont il tire son nom, l'atlante est une statue• virile colossale qui soutient de ses épaules un entablement.

AULÈTE (αὐλητής) : ***aulos•***

***Aulos* (αὐλός) :** Instrument de musique à vent, parfois appelé à tort « flûte », proche de la clarinette ou du hautbois. L'*aulos* généralement est double et comporte deux chalumeaux, composés chacun d'un tuyau cylindrique en roseau, bois, ivoire ou os, et d'une anche que le musicien tient enfoncée dans sa bouche. La *phorbeia*, bande de cuir ou de tissu qui entourait la tête et était percée d'un trou à hauteur des lèvres pour laisser passer les anches, avait pour fonction de limiter la déformation des joues, peu appréciée esthétiquement par les Grecs, et d'augmenter la puissance du souffle et donc de l'instrument. L'*aulos* permit à l'origine de jouer d'un octave seulement, puis de deux. Les occasions de se produire étaient fréquentes pour l'aulète, le joueur d'*aulos* : en effet, le son de l'*aulos* accompagnait les sacrifices•, les funérailles•, les banquets• et rythmait le pas des armées ; il accompagnait aussi le dithyrambe• et les chœurs de tragédies et de comédies ; certains concours musicaux enfin comprenaient des épreuves réservées à l'*aulos*.

AURIGE : Conducteur de char•, à la guerre dans les temps homériques, dans les épreuves des concours hippiques par la suite.

AUTEL : Dans le culte, l'autel est seul indispensable, contrairement au temple•, qui apparaît après lui : il permet en effet d'accomplir le sacrifice•, puisque c'est sur l'autel que l'on brûle partiellement ou en totalité (holocauste) la victime qui est destinée aux dieux.

> L'exemple d'Olympie montre la place éminente de l'autel **(fig. 41)** : pendant longtemps il y eut seulement l'autel de Zeus entouré du bois sacré de l'Altis, sans statue de culte ni temple.

On distingue deux sortes d'autels, le *bômos* et l'*eschara*. Le *bômos* est un autel élevé, normalement dédié aux dieux d'en-haut ; l'*eschara* est un foyer, placé au-dessus d'un trou, pour que le sang de la victime, destinée aux morts, aux héros ou aux dieux d'en-bas, coule directement dans le sol. Le *bômos* n'exige pas à l'origine de construction particulière : il peut être formé d'un simple amoncellement de terre ou de branchages et, dans bien des cas, être constitué essentiellement de l'accumulation des cendres des victimes : tel est l'autel de

Zeus à Olympie. Le plus souvent cependant, surtout à partir de l'époque classique, le *bômos* est construit en pierre, selon des formes diverses, ronde, carrée, rectangulaire ; on y accède parfois par un escalier, comme à l'autel ionique de Poséidon au cap Monodendri, près de Milet, daté des années 540, et, à l'époque hellénistique, au Grand Autel de Pergame ou à l'autel de Poséidon et d'Amphitrite à Ténos **(fig. 11)**.

Fig. 11 : Ténos, restitution de l'autel de Poséidon et d'Amphitrite
(d'après R. Ginouvès, A.-M. Guimier-Sorbets).

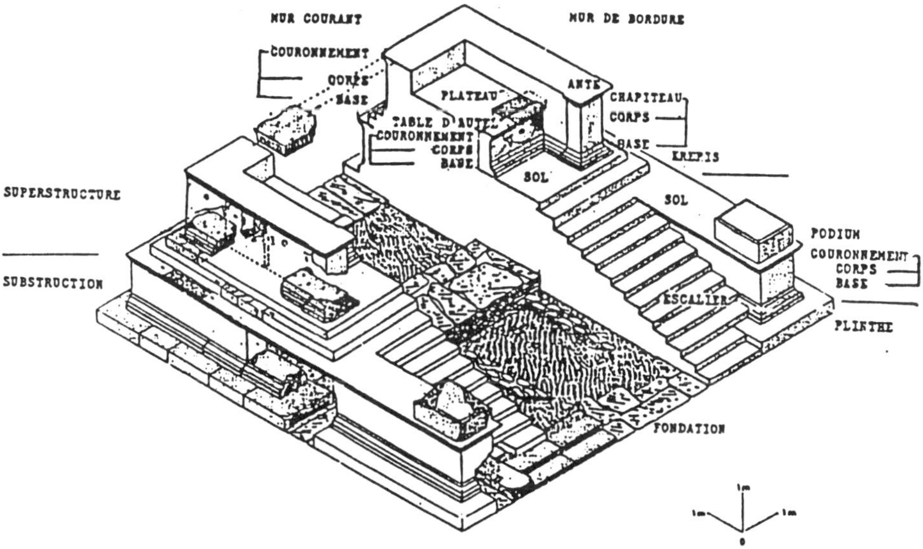

Dans les sanctuaires, les autels se dressent en plein air, devant l'entrée principale du temple, quand il y en a un ; on rencontre aussi des autels à la campagne ou en ville, dans les rues ; les maisons possèdent leurs autels domestiques pour le culte familial.

AUTOCHTONIE : L'autochtonie était revendiquée par les Athéniens, qui prétendaient être des autochtones (*autochthones*, αὐτόχθονες), avoir toujours vécu sur la terre de l'Attique, à l'abri des mélanges de population entraînés par les invasions. Lié à la terre, le serpent symbolise à leurs yeux l'autochtonie. À ce titre, un serpent sacré d'Athéna était nourri sur l'Acropole, dans l'Érechtheion **(fig. 1, n°13)**.

AUTONOMIE (αὐτονομία) : L'autonomie signifie pour une cité la liberté de se gouverner selon ses lois propres. Cette notion se répand à partir de la paix du Roi (386) dans les traités, où la garantie de l'autonomie est destinée théoriquement à empêcher l'établissement d'un impérialisme. Dans les faits, les cités les plus puissantes, comme Sparte après 386, se réclament de l'autonomie, qui mène au morcellement politique, pour affaiblir leurs adversaires.

B

BACCHANTE (βάκχη) : ménade•

BAIN : Les Grecs usaient des fontaines comme bain-douche et utilisaient différents types de baignoires à la maison. À partir de la fin du Ve siècle, les gymnases• sont en général équipés d'un bain (le *loutron*) **(fig. 23, x)** et des bains publics apparaissent à la même époque. Le bain joue aussi un rôle lors du mariage• et dans l'entretien des statues• de culte.

BALSAMAIRE : Le mot, qui signifie vase à onguent, désigne un vase en bronze ou en verre, à partir de l'époque hellénistique, qui est muni d'une grande anse mobile et qui est en général décoré.

BANNISSEMENT : À Athènes, le bannissement est une peine prévue par la loi pour un homicide involontaire et parfois pour trahison. Il existe aussi, pour les affaires portées devant l'Aréopage•, la possibilité d'échapper à une condamnation à mort par un exil volontaire qui s'accompagne d'une atimie• totale et de la confiscation des biens. L'ostracisme• est un bannissement de dix ans qui ne punit pas un délit, mais a une signification politique.
L'exil pour raisons politiques affecte aussi souvent des partis tout entiers. Dans les cités qui connaissent la *stasis*•, les adversaires politiques étaient bannis en masse, jusqu'à leur revanche : les démocrates exilés d'Athènes, sous la conduite de Thrasybule, arrivent à rétablir la démocratie en chassant les Trente du Pirée en 403. L'ordre de rappeler les bannis, intimé par Alexandre en 324, fut peu compris par les cités grecques, qui voyaient dans le bannissement un remède à leurs dissenssions internes.

BANQUE : Le banquier est d'abord un changeur, qui, moyennant une commission, convertit la monnaie étrangère en monnaie locale sur une table qui donne, en grec, son nom à la banque (*trapéza*, τράπεζα). Étant donné la variété des systèmes monétaires (monnaie•), le rôle du changeur est important ; il perçoit une commission, ou agio sur le change. Les banquiers traitaient toutes les affaires d'argent : opérations de change, prêts à des clients, avec prise d'hypothèque• et de garanties, en employant leur propre argent ou celui qu'ils empruntaient eux-mêmes, prise d'argent en dépôt, placements. Le banquier avait aussi la garde des contrats commerciaux, dont il est souvent témoin. L'activité bancaire pouvait être le fait de sanctuaires (banques sacrées), d'États qui donnent à une banque le monopole du change (banques publiques) ou de simples particuliers qui, à Athènes, sont en général des métèques•, comme Phormion et Pasion, devenu l'homme le plus riche de la ville (vers 430-370).

La découverte à Délos de milliers d'empreintes de sceaux, ou crétules, dans la maison de banquiers confirme le rôle de dépositaire des contrats dévolu au banquier. Ces crétules d'argile, cuites par l'incendie qui a ravagé la maison en 69, scellaient des documents déposés dans un coffre et détruits par le feu.

Dans l'Égypte lagide, les banques royales approvisionnaient le trésor royal en percevant des taxes par l'intermédiaire de percepteurs, les logeutes (*logeutai*, λογευταί).

BANQUET : Il faut distinguer le banquet sacrificiel et le banquet amical, la beuverie, qui suit le dîner. En effet, tout sacrifice• qui n'est pas un holocauste est suivi d'un banquet au cours duquel les assistants reçoivent une part de la viande qui a été rôtie ; ce banquet à valeur religieuse, qui scelle l'union de la communauté dans le culte rendu à ses dieux, est pour les Grecs, à l'alimentation plutôt pauvre, l'une des rares occasions de manger de la viande : les sacrifices prestigieux, telle l'hécatombe• des Grandes Panathénées, étaient donc hautement appréciés.

Le banquet profane, le *symposion*, est une réunion à boire qui vient après le dîner : les convives, tous des hommes, couronnés de feuillage, sont allongés sur des lits, en appui sur le coude gauche, et boivent dans des coupes **(fig. 13, n°15)** posées devant eux sur des tables basses ; le vin coupé d'eau est puisé par les serviteurs dans un cratère **(n°7-10)** à l'aide d'une louche. Le déroulement du banquet est réglé par le symposiarque, élu par les convives : la réunion à boire en effet, qu'égaie déjà la présence de courtisanes, est animée par des distractions variées, des devinettes, des jeux, tel que le cottabe•, une conversation dans laquelle chacun développe à son tour un thème choisi, des chansons ou des numéros de baladins, de danseurs ou de musiciennes. Ce divertissement, qui permettait d'apprécier la beauté et l'esprit des convives, tenait une place importante dans la vie des jeunes gens de la haute société athénienne. Les représentations de banquets sont fréquentes dans la céramique grecque, particulièrement la céramique attique du Ve siècle ; Platon et Xénophon, dans leurs ouvrages intitulés *Le Banquet*, nous présentent des banquets de la fin du Ve siècle, auxquels est censé assister Socrate, et dont la conversation porte sur le thème de l'amour.

BARBARE (βάρβαρος) : Le terme est venu d'une onomatopée, destinée à rendre le caractère incompréhensible pour les Grecs du langage des étrangers, comparé à celui des oiseaux : est donc barbare celui qui ne parle pas grec, alors que le terme *xénos* (ξένος) désigne celui qui est étranger à la cité, mais qui parle grec.

À partir des guerres médiques et pendant toute l'époque classique, le Barbare est, aux yeux des Grecs, avant tout le Perse, le Mède ; avec la conquête d'Alexandre, la réalité recouverte par ce mot connaîtra une grande extension. À l'origine, aucune intention péjorative n'existe dans l'emploi du terme : les Grecs s'opposent aux Barbares dans la mesure où ils ont clairement conscience de former une communauté qui se distingue culturellement de celle que forment tous les non-Grecs confondus. Dès le Ve siècle cependant, et surtout au IVe siècle, perce bien souvent une nuance de mépris pour le Barbare, Perse ou sujet du roi de Perse, représenté comme un être lâche et faible, amolli par les plaisirs et cruel, indigne d'être libre, en un mot, un esclave. La théorie de l'infériorité naturelle des Barbares trouve ses défenseurs au IVe siècle, avec Isocrate, qui prône la conquête par les Grecs unis d'une partie de l'Asie Mineure, et Aristote, selon lequel les Barbares sont nés pour obéir à un maître. Les Barbares fixés en Grèce sont nombreux dès l'époque classique, qu'ils aient été achetés comme esclaves•, ou qu'ils soient venus s'y fixer, surtout dans des ports comme le Pirée, pour des raisons commerciales ; les Barbares, d'après la formule « ceux dont le langage est incompréhensible », ne pouvaient se faire initier aux Mystères• d'Éleusis.

***Barbiton* (βάρβιτον, βάρβιτος) :** Instrument de musique à cordes, d'origine asiatique. Si l'on se fie aux représentations sur les vases attiques, la caisse est de forme oblongue, imitant la carapace de tortue, tandis que les bras, très longs, amorcent une fermeture avant d'être prolongés par deux appendices verticaux et parallèles. Les femmes jouaient du *barbiton* dans le gynécée, au même titre que de la lyre• ou de l'*aulos*• ; dans les scènes de *kômos*• figurées sur les vases, on le trouve dans les mains de danseurs ivres, de même que, dans les scènes dionysiaques, il est l'un des instruments favoris des satyres•. Le *barbiton,* à son grave, fut très utilisé à l'époque archaïque pour accompagner la poésie lyrique de Lesbos et d'Ionie ; il semble n'avoir plus été en faveur à partir du IVe siècle.

***Basileus* (βασιλεύς) : roi•**

BÉOTARQUE (βοιωτάρχης) : *koinon*•

BÉTYLE : Le bétyle est une pierre sacrée qui fait l'objet d'un culte d'origine sémitique. Les modernes emploient parfois aussi le mot pour désigner les pierres qui faisaient l'objet d'un culte en Grèce (litholatrie). Apollon Agyeus est figuré sous forme d'une colonne conique, que l'on a retrouvée par exemple à Cyrène à l'époque hellénistique.

Le culte des pierres brutes est attesté notamment en Arcadie, au centre du Péloponnèse, région qui passait pour le conservatoire des plus anciennes traditions. La mythologie transmet, dans un certain nombre de légendes, le souvenir de croyances de cette nature : Cronos, qui voulait éviter de se faire détrôner par l'un de ses enfants, aurait avalé une pierre enveloppée de langes à la place de son fils Zeus, que sa mère Rhéa put sauver par ce subterfuge. On montrait dans le sanctuaire d'Apollon à Delphes une telle « pierre de Cronos ». C'est une autre pierre, l'*omphalos,* qui, à Delphes, symbolisait le centre du monde et était pieusement enveloppée d'un filet de laine enduit d'huile, l'*agrènon.*

BIBLIOTHÈQUE (βυβλιοθήκη, βιβλιοθήκη) : Les rouleaux des papyrus ou des parchemins étaient entreposés sur les rayons de bibliothèques privées ou publiques.

La bibliothèque est une institution qui témoigne de l'attachement des rois hellénistiques à la culture grecque. La plus célèbre bibliothèque est celle d'Alexandrie, fondée sous l'impulsion de Démétrios de Phalère dans l'enceinte du palais de Ptolémée Ier. Elle aurait été enrichie de la bibliothèque du philosophe Aristote, bien que la question soit discutée.

La bibliothèque d'Aristote, constituée dans le troisième quart du IVe siècle, fut la plus importante bibliothèque privée. À la mort du philosophe, en 322, elle revient à son successeur, Théophraste, qui la lègue à son élève Nélée de Skepsis. Deux versions s'opposent : Nélée aurait vendu la bibliothèque d'Aristote à Ptolémée II après 283 ; ou bien, selon Strabon (*Géographie* XIII, 1, 54, p. 609), la bibliothèque aurait été entreposée à Skepsis en Troade dans de mauvaises conditions de conservation, jusqu'au début du Ier siècle, où elle est achetée par Apellikon de Téos, qui l'emporte à Athènes ; lorsqu'il prend Athènes en 86, Sylla fait transporter la bibliothèque à Rome. Il est possible de concilier les deux versions : Nélée a peut-être vendu au Musée d'Alexandrie la bibliothèque de documentation d'Aristote et de Théophraste, mais il a emporté à Skepsis les ouvrages ésotériques d'Aristote, notes de cours et papiers, qui auraient réapparu au Ier siècle.

Cette bibliothèque d'Alexandrie offrit la possibilité aux pensionnaires du Musée• de bénéficier d'exceptionnelles conditions de travail et compta jusqu'à 700 000 rouleaux ou *volumina*, dont un certain nombre en double. Aristote donna le modèle du classement des livres, qui fut adopté à Alexandrie. Les bibliothécaires se recrutaient parmi les pensionnaires du Musée, comme le philologue Zénodote d'Éphèse, le premier bibliothécaire, ou l'astronome Ératosthène. Au IIe siècle, les rois de Pergame favorisent à leur tour le développement d'une bibliothèque dans leur capitale : les ouvrages y sont transcrits sur parchemin, qui tire son nom de la ville de Pergame, de préférence au papyrus, produit en Égypte. En 47, lors du siège d'Alexandrie par César, la célèbre Bibliothèque est endommagée par l'incendie de la ville ; elle s'enrichit ensuite, grâce à Antoine, des collections de la bibliothèque de Pergame.
À l'époque hellénistique, les bibliothèques des cités et des gymnases faisaient souvent appel à l'évergétisme• pour la construction et l'entretien du bâtiment ainsi que pour leur approvisionnement en livres.

***Bômos* (βωμός) : autel•**

BORNE : La plupart des bornes retrouvées, quand elles portent une inscription plus précise que le simple nom de borne (*horos*, ὅρος), délimitaient des sanctuaires et des domaines sacrés. Elles pouvaient aussi délimiter des espaces publics, comme l'*agora*• à Athènes. Les bornes hypothécaires sont un cas particulier de délimitation de domaines privés (hypothèque•). Plus rarement, les bornes délimitent une frontière• politique.

***Bothros* (βόθρος) :** Le *bothros*, trou creusé dans le sol, renferme des offrandes offertes à une divinité dans son sanctuaire, comme la *favissa*•. Ces offrandes peuvent être animales ou végétales. À Athènes, par exemple, au mois de Skirophorion (juin-juillet), les femmes enterraient en l'honneur de Déméter des cochons de lait mêlés à des semailles lors de la fête des Thesmophories, pour obtenir une bonne moisson.

***Boulè* (βουλή) : conseil•**

BOULEUTE (βουλευτής) : Membre d'une *boulè*, ou conseil•, dans les cités grecques.

***Bouleutèrion* (βουλευτήριον) :** Édifice où se réunissent les bouleutes **(fig. 4)**. Voir conseil•.

***Boustrophédon* (βουστροφηδόν) :** Dans certaines inscriptions archaïques, le sens de lecture des lignes est alternativement de gauche à droite et de droite à gauche ; le terme de *boustrophédon* est alors employé par comparaison avec un bœuf qui tourne d'un sillon à un autre.

C

CADASTRE : L'établissement d'un inventaire foncier permet de connaître le découpage des parcelles d'une cité. Des inscriptions de Larissa en Thessalie dressent le cadastre de la cité thessalienne de Larissa selon un ordre topographique sous le règne de Philippe V. La recherche de la répartition des lots (voir *klèros*•)

peut procéder par enquête sur le terrain et étude des photographies aériennes : on a ainsi pu dégager le caractère égalitaire de l'attribution des parcelles dans la colonie• de Métaponte en Grande Grèce.

***Calathos* (κάλαθος) :** Le *calathos* est une corbeille associée à la ciste• dans les mystères de Déméter. Cette haute corbeille devient une coiffure divine. À Chypre, elle est portée par la Grande Déesse de l'île dans ses représentations de l'époque classique. Cet attribut de Déméter a aussi été adopté par les divinités syriennes comme couvre-chef pour signifier leur caractère agraire. Le *calathos* est alors représenté à la mode phénicienne, comme une corbeille haute, au galbe évasé, dont la base s'élargit en forme de tore et les flancs s'ornent d'épis de blé dressés.

CALENDRIER : Il convient de parler de calendriers grecs au pluriel, car chaque cité possède son propre calendrier, divisé en mois lunaires qui portent des noms différents suivant les cités ; de même, le commencement de l'année est placé à des dates différentes. À Athènes, l'année est divisée en mois lunaires « creux », de 29 jours, et mois lunaires « pleins », de 30 jours. Comme les douze mois lunaires comptent seulement 354 jours, le décalage avec l'année solaire (365 jours 1/4) était annulé grâce à l'adjonction, certaines années, d'un treizième mois intercalaire. Cette décision était prise par les magistrats dans chaque cité. Les mois étaient en général nommés d'après les fêtes religieuses : l'hécatombe• des Grandes Panathénées a donné à Athènes son nom au premier mois de l'année, Hékatombaion, qui commence vers notre mois de juillet.

Nom	*Fête*	*Mois correspondants*	*Divinité principale*
1. Hékatombaion	Panathénées	juillet-août	Athéna
2. Métageitnion	Métageitnia	août-septembre	
3. Boèdromion	Boèdromies	septembre-octobre	
4. Pyanepsion	Pyanepsies	octobre-novembre	Apollon
5. Maimaktèrion		novembre-décembre	Zeus Maimaktès
6. Poseidéon		décembre-janvier	Poséidon
7. Gamèlion	hiérogamie	janvier-février	Héra
8. Anthestérion	Anthestéries	février-mars	Dionysos
9. Élaphèbolion		mars-avril	Artémis Élaphèbolos
10. Mounichion		avril-mai	Artémis Mounichia
11. Thargèlion	Thargélies	mai-juin	Apollon et Artémis
12 Skirophorion	Skirophories	juin-juillet	Athéna

Mois athéniens

Chaque mois est divisé en trois parties. Les années portent le nom de magistrats éponymes, à Athènes l'archonte• éponyme ; à Argos, la prêtresse d'Héra.
Un second calendrier est utilisé à Athènes pour la convocation de l'*ekklèsia*• : l'année y est divisée à l'époque classique en dix prytanies•, qui portent chacune le nom du héros• éponyme de la tribu.

À partir de l'époque classique, la célébration des concours• panhelléniques d'Olympie tend à servir de point de repère absolu. Ces concours célébrés tous les quatre ans à partir de 776 déterminent des périodes de quatre ans appelées olympiades•, qui fournissent la base d'une chronologie commune.

CANÉPHORE (κανηφόρος) : Lors des fêtes religieuses, jeune fille qui portait sur la tête une corbeille contenant les objets nécessaires au sacrifice.

CARYATIDE (καρυᾶτις) : En architecture, colonne anthropomorphe, sculptée en forme de jeune fille drapée, soutenant l'entablement d'un édifice. À Delphes, au VIe siècle, deux caryatides ornaient notamment la façade du trésor• de Siphnos **(fig. 39, n°122)**, au bord de la Voie sacrée ; vers la fin du Ve siècle, le portique occidental de l'Érechtheion d'Athènes **(fig. 1, n°13)** est soutenu par des Caryatides. Le terme, à l'origine, aurait désigné les jeunes filles du bourg de Caryes en Laconie, qui tenaient sur leur tête une corbeille lors de fêtes en l'honneur d'Artémis.

CASQUE : Le casque est connu à l'époque mycénienne, comme le casque en défenses de sanglier dont Homère a conservé le souvenir. Le plus ancien casque archaïque conservé date des années 700. Ce casque trouvé dans une tombe d'Argos avec une cuirasse d'hoplite• est fait de plaques de bronze soudées et surmonté d'un grand cimier. Les casques suivants, au VIIe siècle, sont martelés dans une plaque de bronze d'un seul tenant et sont du type corinthien **(fig. 12, n°7)** : ils couvrent le crâne, les joues et le nez, puis sont munis de protège-joues, les paragnathides, après Alexandre **(n°8)**.

Fig. 12 : Typologie des casques *(d'après P. Dintsis).*

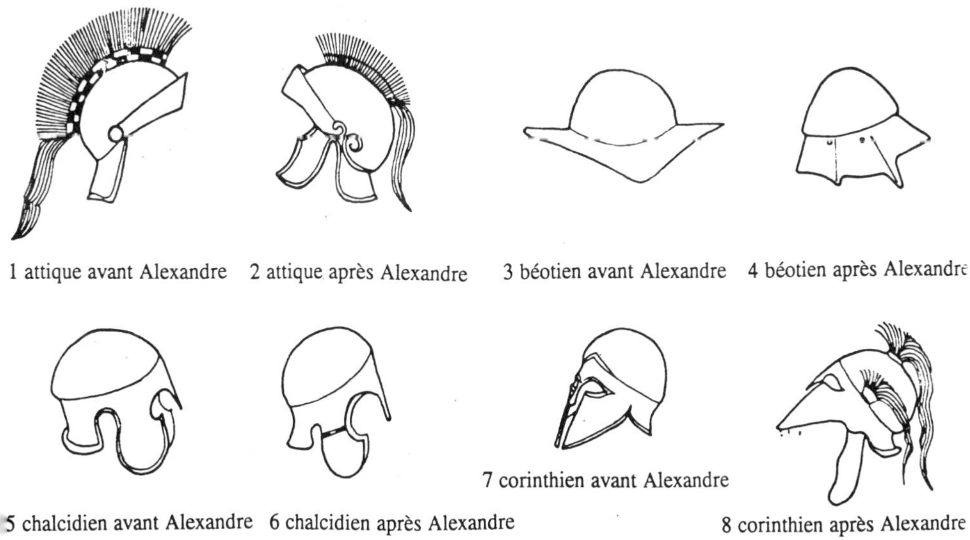

D'autres formes de casques apparaissent à l'époque archaïque : le casque chalcidien dégage les oreilles **(n°5-6)** ; le casque attique laisse le visage et les oreilles découverts **(n°1-2)** ; il a une visière, un couvre-nuque, un cimier et, après Alexandre, des protège-joues, les paragnathides ; de lui dérive, à partir du Ve siècle, le type pseudo-attique **(n°18-19)** ; le casque béotien apparaît aussi au Ve siècle, avec ses larges bords **(n°3)**, qui se rabattent après l'époque d'Alexandre **(n°4)** ; le casque en forme de tiare imite la tiare perse rabattue en bonnet phrygien **(n°20-21)** ; ce type se développe surtout à partir du IVe siècle. Il existe aussi des casques en forme de masque **(n°11)**.

suite fig. 12 : Typologie des casques *(d'après P. Dintsis)*.

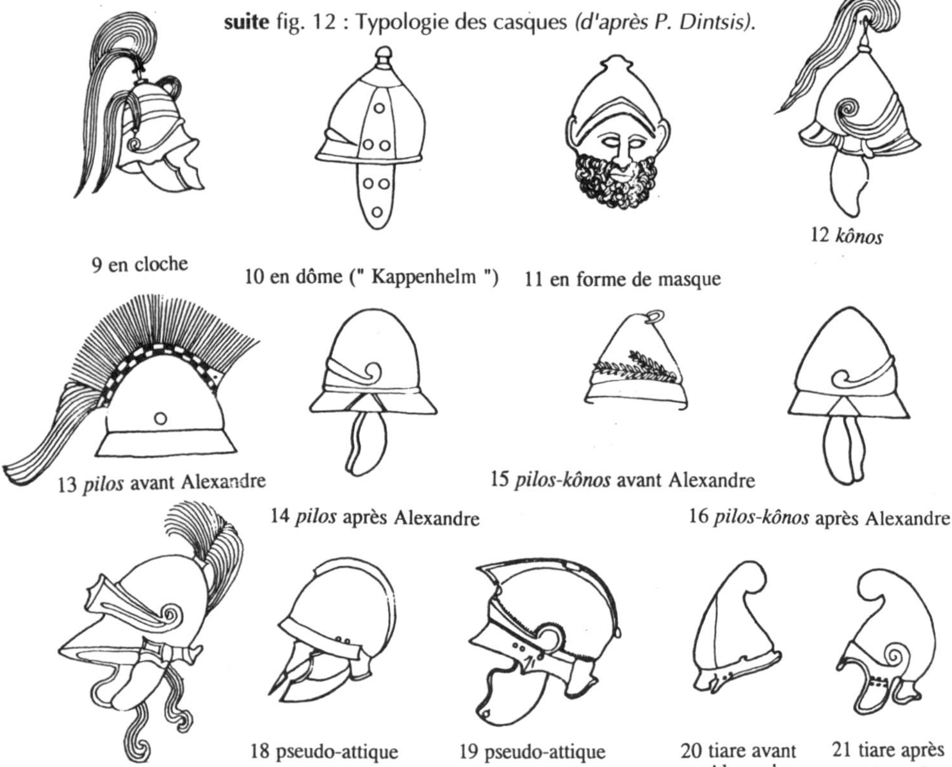

9 en cloche — 10 en dôme (" Kappenhelm ") — 11 en forme de masque — 12 *kônos*

13 *pilos* avant Alexandre — 14 *pilos* après Alexandre — 15 *pilos-kônos* avant Alexandre — 16 *pilos-kônos* après Alexandre

17 pseudo-corinthien — 18 pseudo-attique avant Alexandre — 19 pseudo-attique après Alexandre — 20 tiare avant Alexandre — 21 tiare après Alexandre

Le casque macédonien, qui apparaît au Ve siècle, a une forme particulière **(n°15)** ; il porte le nom de *kônos* (κῶνος), qui signifie aussi la pomme de pin. Il a une forme ogivale, en *pilos*•, qui protège le crâne **(n°13)** ; il est généralement muni d'un rebord, qui fait visière à l'avant et couvre-nuque à l'arrière. À partir d'Alexandre, il est muni de paragnathides de forme découpée **(n°12,14,16)**. Les rois portent des casques ciselés, avec des figures et des médaillons, et ceints d'un diadème ou d'une couronne.

Cella : **temple•**

CENS : La répartition des Athéniens en quatre classes censitaires déterminées par leurs revenus annuels est attribuée à la constitution• de Solon (Pseudo-Aristote, *Constitution d'Athènes* VII, 2-4). Le corps civique est divisé, par degré décroissant de revenus, entre les pentacosiomédimnes•, les chevaliers•, les zeugites• et les thètes•. La fortune déterminait à l'origine l'accès aux magistratures ; encore à l'époque classique, seuls les pentacosiomédimnes pouvaient devenir stratèges•.

CÉRAMIQUE (κεραμική) : Dans l'Antiquité grecque, la terre cuite était une matière extrêmement répandue, dans laquelle étaient fabriqués des vases essentiellement, mais aussi, par exemple, des coffrets à bijoux, des accessoires nécessaires au tissage ou des éléments d'architecture. Les usages des vases eux-mêmes étaient très divers, selon la forme et l'époque : on distinguait principalement la céramique commune, non décorée, à usage local, qui servait de vaisselle courante, et la céramique à décor figuré, plus précieuse et largement exportée en-dehors du monde grec ; la destination de certains vases pouvait même n'être que funéraire.

Par leurs représentations très riches, les vases grecs à décor figuré sont des témoins irremplaçables sur leur époque ; en tant que catégorie de trouvaille très abondante dans les fouilles, ils nous renseignent sur les échanges et les courants commerciaux et constituent un élément sûr de datation. Aux VIIe et VIe siècles, dans le domaine de la céramique décorée, on constate ainsi le quasi-monopole de la céramique corinthienne ; à partir du milieu du VIe siècle, la céramique attique, avec sa technique des figures noires, puis sa technique inversée des figures rouges qui se détachent sur le fond noir, succède à la céramique corinthienne sur les marchés occidentaux, de même que sur les côtes orientales de la mer Égée, où elle supplante les productions ioniennes et de la Grèce de l'Est ; à partir de la fin du Ve siècle, une fabrication locale se developpe de nouveau en-dehors de l'Attique.

Les vases, une fois tournés, séchés et polis, étaient décorés par le peintre, puis cuits au four : pour les vases attiques, la cuisson, très délicate, se faisait en plusieurs phases, dans un four dont la température atteignait jusqu'à 950°, avec divers phénomènes d'oxydation et de réduction, qui, faisant passer la suspension argileuse déposée sur certaines zones du vase du rouge au noir, permettaient d'obtenir le fameux « vernis » noir attique.

Les formes, bien adaptées à l'usage, permettent de classer les vases en quelques grandes catégories. Parmi les vases à conserver, certains étaient imposants, tel le *pithos*, grande jarre qui contenait les grains ou l'huile ; l'amphore• **(fig. 13, n°1-3)** et la *pélikè* **(n°4)**, variété de l'amphore, servaient à contenir des aliments solides ou liquides ; les formes du cratère, grand vase ouvert où l'on mélangeait le vin et l'eau, connurent une faveur inégale selon les époques, depuis le *dinos* **(n°5)**, qu'on posait sur un support, et le *stamnos* **(n°6)**, jusqu'aux cratères à colonnettes **(n°7)**, à volutes **(n°8)**, en calice **(n°9)** ou en cloche **(n°10)**. Les vases à verser comprenaient l'hydrie **(n°11-12)**, que les femmes utilisaient à la fontaine et qui servait, avec ses deux anses horizontales et sa grande anse verticale, à la fois à transporter l'eau et à la verser, l'*œnochoè* **(n°13)**, caractérisée par son embouchure trilobée, et l'*olpè* **(n°14)**. La coupe **(n°15)**, à la vasque très ouverte, est de loin le plus répandu parmi les vases à boire, devant le *skyphos* **(n°17)** et le

Fig. 13 : Tableau des principales formes céramiques.

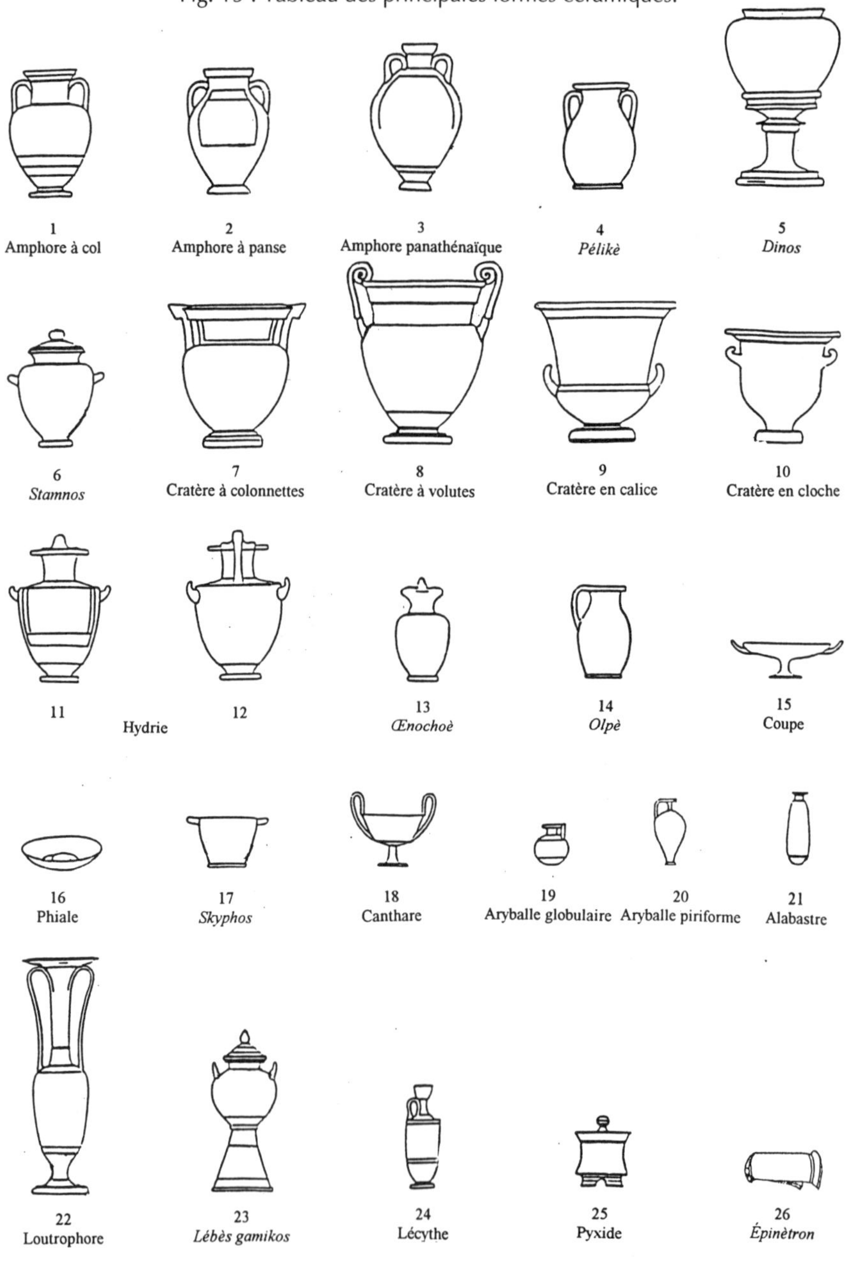

canthare **(n°18)**. Certaines catégories de vases correspondaient à un usage très particulier : l'aryballe• **(n°19-20)** et l'alabastre• **(n°21)**, en faveur dans la céramique corinthienne, contenaient de l'huile parfumée ; la loutrophore• **(n°22)** et le *lébès gamikos* **(n°23)** intervenaient dans les cérémonies du mariage•, tandis que le lécythe **(n°24)** à fond blanc et décor polychrome, dressé sur la tombe, était à destination funéraire. En terre cuite aussi étaient fabriqués d'autres objets d'usage courant, comme la pyxide **(n°25)**, sorte de boîte à onguents, munie d'un couvercle, ou l'*épinètron* **(n°26)**, accessoire féminin utilisé dans le travail de la laine.
À Athènes, les ateliers étaient regroupés principalement dans le quartier du Céramique, près de la porte du Dipylon **(fig. 34)**. Cet artisanat de qualité, qui pouvait atteindre, par l'harmonie de ses formes, la justesse et l'expressivité de son dessin, à l'œuvre d'art, fournissait à Athènes une bonne partie de ses exportations. Certains peintres et potiers ont signé leurs œuvres, surtout dans le dernier quart du VIe siècle et dans la première moitié du Ve siècle ; la carrière de quelques-uns, s'étalant sur plusieurs décennies, a même pu être reconstituée, telle celle d'Euphronios, actif comme peintre, puis comme potier, de 530 à 480 environ.

CÉRÉALES : La consommation de céréales tient, dans l'alimentation des Grecs, une place primordiale qui explique l'importance de leur commerce dans l'approvisionnement des cités. Les Grecs connaissent le blé, blé dur et blé tendre, l'orge et le millet, mais le riz, à peine connu par l'intermédiaire des Perses, est d'un usage très limité. Cette nourriture de base se consomme sous forme de pain de blé, préparé à partir de la farine moulue, et de galette (*maza*) d'orge, obtenue à partir des grains pilés et grillés. Autres préparations possibles, la bouillie de gruau de blé et les gâteaux.
En Grèce, la culture des céréales alterne avec la jachère, selon un assolement biennal. Les semailles se font à l'automne, après un labour avec l'araire de bois ; la moisson a lieu en mai pour l'orge et en juin pour le blé, avec une faucille ; les animaux piétinent la récolte entassée sur l'aire et on vanne ensuite les grains pour les séparer de la balle. La terre est conçue comme une force de régénération et de fécondation.

À Athènes, au mois de Skirophorion (juin-juillet), les femmes enterrent en l'honneur de Déméter des cochons de lait mêlés à des semailles lors de la fête des Thesmophories, qui garantit une heureuse moisson.

À l'époque classique, la cité d'Athènes ne suffit pas à ses besoins en céréales, même si elle possède deux importantes plaines, celles du Pédion et d'Éleusis, où, selon la légende, fut inventée la culture du blé ; leur production était insuffisante pour nourrir la population de l'Attique, que l'on a récemment estimée à 170 000 habitants en 431. Bien que cette agriculture soit dominée par la trilogie blé-vigne-olivier, elle reste marquée par un déficit permanent en céréales, dont les importations constituent une part importante des importations globales ; les céréales proviennent surtout de la Thrace et des rives du Pont Euxin en suivant la « route du blé » par voie de mer. Les autres grandes régions productrices sont l'Italie du Sud, l'Égypte et, en Grèce propre, la Béotie et la Thessalie.
Athènes doit maîtriser à son profit les courants d'échange. Le commerce du blé s'effectue au Pirée, dans le port• commercial de Cantharos **(fig. 37)**. Les métèques• sont les principaux agents de ce commerce, qui est surveillé au nom de la cité par les sitophylaques•. La cité est attentive à prévenir toute disette et toute spéculation sur les cours du blé. Les lois sur les importations de blé

interdisent au IVe siècle à tout citoyen et métèque de transporter du blé ailleurs qu'à Athènes ; l'*emporos* débarquant au Pirée devait en laisser au moins les deux tiers sur place ; les prêts maritimes consentis par les citoyens et les métèques ne pouvaient être garantis par une cargaison de céréales que si celle-ci avait Athènes pour destination.

L'installation de clérouques• est aussi une première solution choisie par Athènes pour assurer des liens plus aisés avec les régions productrices de blé et instaurer des relations stables qui favorisent le commerce.

Pour contrôler la route du blé, Athènes s'intéresse particulièrement à Byzance, qui commande le Bosphore, point de passage de la route entre la Propontide et le Pont Euxin. Sa position de dépendance alimentaire contraint Athènes à imposer aux cités son impérialisme maritime. Lors de la constitution de la seconde confédération maritime, l'adhésion de Byzance est la bienvenue.

L'importance vitale de l'approvisionnement par le Pirée est manifeste lors de la guerre du Péloponnèse (431-404).

La stratégie de Périclès sacrifie la campagne (*chôra*•) à l'élément urbain (*asty*•). Dans les premières années de la guerre, de 431 à 425, les incursions des Spartiates en Attique font baisser la production céréalière ; Athènes résiste car son approvisionnement vient de son empire, par le Pirée. Les Spartiates appliquent une stratégie hoplitique traditionnelle, fondée sur le lien étroit entre l'*asty* et la *chôra* : si celle-ci tombe, l'autre ne peut tenir bien longtemps par manque de ravitaillement. L'agriculture souffre encore plus pendant la dernière phase de la guerre, appelée « guerre de Décélie », entre 412 et 404. L'une des motivations de l'expédition de Sicile en 415 fut bien l'espoir de conquérir la région de production du blé occidental.

La capitulation athénienne en 404 est due en partie à la menace de la famine, car Lysandre s'est emparé de Byzance et des Détroits. D'après Xénophon, les Athéniens se réjouissent en détruisant les Longs Murs au rythme de l'*aulos*, soulagés de voir s'éloigner le spectre de la faim.

Sparte, au contraire, n'a jamais été poussée à se tourner vers l'extérieur ; elle est restée auto-suffisante jusqu'à l'effondrement de sa puissance au IVe siècle, dû en grande partie à des facteurs internes. Sa position de dépendance a contraint Athènes à regarder vers l'extérieur, aussi bien politiquement qu'économiquement. L'impérialisme athénien se nourrit de cette dépendance alimentaire, qui contribue à le fortifier.

CHAPEAU : *kausia*•, pétase•, *pilos*•

CHAR : Le monde mycénien connaît les chars à usage militaire, mentionnés dans des inventaires en linéaire B. Cette charrerie est placée sous le contrôle du palais. Le guerrier et le cocher recevaient chacun une armure. Dans l'*Iliade*, les chars permettent d'amener les héros sur le lieu du combat, qui se livre à pied ; le char est devenu un simple moyen de transport. La réforme hoplitique réduit le char à un rôle mineur dans la guerre. Cyrène fait exception en conservant l'usage de chars de guerre à deux ou quatre chevaux pour le transport de troupes.

Énée le Tacticien définit le rôle de ces chars (*Poliorcétique* XVI, 14) : « On rapporte que Cyrène et Barkè, et certaines autres cités, envoyaient, par de longues routes carrossables, des expéditions de secours sur des chars à deux et à quatre chevaux. Quand les chars étaient arrivés à l'endroit convenable, et s'étaient rangés en files, les hoplites qui en descendaient et se mettaient en ordre de bataille se portaient immédiatement, puisqu'ils étaient tout frais, contre l'ennemi. »

Le char joue à partir de l'époque archaïque un rôle essentiel dans les grands concours•, où les épreuves hippiques étaient les plus disputées par l'aristocratie. Le vainqueur était le propriétaire de l'attelage conduit par l'aurige•. Du prestige de ces courses restent notamment témoins Pindare dans ses *Épinicies*• et l'Aurige de Delphes, qui conduisait le quadrige en bronze que le tyran de Géla, Polyzalos, a consacré à Delphes vers 470 pour commémorer une victoire aux Pythia. Deux grands types de char dominaient les courses dans l'hippodrome : les biges, à deux chevaux reliés au timon par un joug, et les quadriges (*téthrippon*, τέθριππον), où les deux chevaux centraux étaient attelés au timon par un joug, tandis que les deux autres étaient des chevaux de volée, simplement attelés par des traits. Le cocher était vêtu de la longue tunique (*xystis*, ξυστίς) que l'on voit sur l'Aurige de Delphes.

CHÉNEAU : Le chéneau, que l'on peut aussi appeler sima, est la tuile de rive ou la tuile d'égout qui présente une mouluration et souvent, pour le chéneau d'égout, des têtes de lion en guise de gargouilles **(fig. 14)**.

Fig. 14 : Chéneau surmonté d'une antéfixe (a) (Samothrace, Arsinoeion) *(d'après R. Ginouvès, R. Martin).*

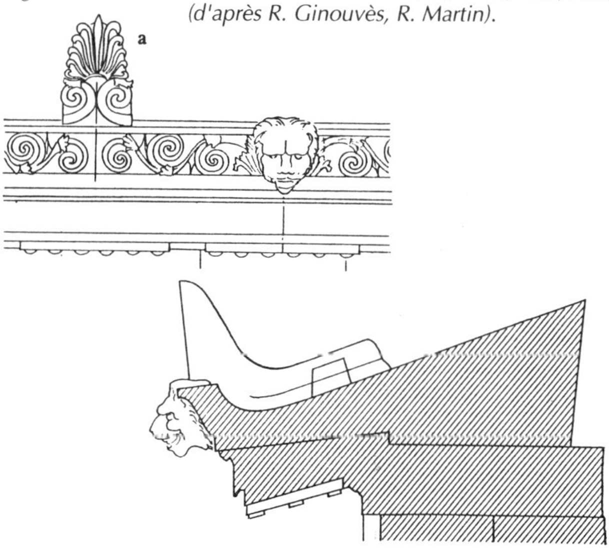

CHEVALIER : Les chevaliers (*hippeis*) forment la seconde des quatre classes censitaires (cens•) créées peut-être par la réforme de Solon ; il convient de les distinguer des cavaliers de l'armée• athénienne, qui se recrutent dans les deux premières classes censitaires. Cette classe est formée des Athéniens qui jouissaient d'un revenu foncier de trois cents mesures (voir poids• et mesures), soit trois cents médimnes de grains ou trois cents métrètes de liquides, selon l'auteur de *la Constitution d'Athènes* (VII, 2-4), qui évoque aussi une autre origine, tirée de l'étymologie : il s'agirait des propriétaires qui avaient les moyens d'entretenir un cheval.

CHILIARQUE (χιλίαρχος) : 1. Officier commandant un bataillon de mille hommes, ou chiliarchie. Les chiliarchies sont connues dans l'armée macédonienne et dans celle des Lagides. **2.** Comme à la cour des Perses, le chiliarque est aussi, à partir d'Alexandre chez les Macédoniens, le titre aulique porté par le chancelier ou le vizir du roi ; ce titre, pris par Perdiccas après la mort d'Alexandre, lui donnait l'autorité sur tous les satrapes• d'Asie.

Chiton **(χιτών) : tunique•**

CHLAMYDE (χλαμύς) : manteau•

CHŒUR (χορός) : Groupe qui chantait et dansait lors de cérémonies à caractère religieux. Les chœurs, qui pouvaient être des chœurs d'hommes, de jeunes garçons ou de jeunes filles, interprétaient, accompagnés par la cithare•, des œuvres lyriques dans des circonstances particulières, telles les odes• triomphales de Pindare et de Bacchylide, ou lors de fêtes régulières comme les Gymnopédies de Sparte ; ils intervenaient aussi dans les œuvres dramatiques, qui leur réservaient une place de choix, avec accompagnement de l'*aulos*•. Ainsi, à Athènes, le chœur chantait et dansait en l'honneur de Dionysos dans le dithyrambe•, lors des Lénéennes et des Grandes Dionysies ; les membres du chœur, les choreutes, cinquante à l'origine, évoluaient sur l'*orchestra* **(fig. 45).** Le chœur jouait un rôle important au Ve siècle dans la tragédie•, la comédie• et le drame satyrique•, où des parties chantées leur étaient réservées ; les choreutes, masqués comme les acteurs, évoluaient eux aussi dans l'*orchestra* (voir théâtre•).
Le chœur tragique, de douze membres à l'origine, passa à quinze avec Sophocle ; il était divisé en deux demi-chœurs et dirigé par le coryphée. Il jouait dans l'intrigue un rôle suffisamment important pour donner parfois son titre à la pièce, comme dans *Les Perses* d'Eschyle ou *Les Troyennes* d'Euripide. Dans la comédie ancienne, le chœur, composé de vingt-quatre choreutes, était essentiel à la pièce à laquelle il donnait son nom et, dans la parabase, il s'adressait même directement aux spectateurs au nom du poète ; son rôle décline considérablement par la suite. Dans les drames satyriques, qui étaient représentés à la suite d'un ensemble de trois tragédies, les membres du chœur étaient costumés en satyres. Les choreutes étaient des citoyens, qui étaient recrutés et entraînés par le chorège•.

Chôra **(χώρα) : 1.** La campagne par opposition à la ville (*asty*•). Éléments urbain et rural sont intimement liés pour composer la cité• classique, où l'idéal du paysan citoyen imprègne la culture politique.

> L'exploration archéologique de la *chôra* peut permettre d'aboutir à des conclusions importantes sur le peuplement dans le monde colonial. Les recherches menées récemment sur la *chôra* de Cyrène qui s'étendait sur le plateau intermédiaire ont abouti à la découverte de fortins (*pyrgoi*) et de tombes rupestres qui indiquent que la population était certainement hellénisée, voire grecque, comme l'indique la comparaison avec la ville même de Cyrène.

2. Dans les royaumes hellénistiques, la *chôra* désigne aussi la campagne dont la propriété éminente appartient au roi•, qui peut l'administrer directement ou la concéder.

CHORÈGE, CHORÉGIE (χορηγός, χορηγία) : La chorégie était la liturgie• à caractère religieux dont était chargé le chorège. Chaque année, les autorités d'Athènes, principalement l'archonte éponyme•, choisissaient des chorèges parmi les plus riches habitants d'Athènes, citoyens et métèques•, pour assurer le recrutement et l'entraînement des chœurs• qui se produisaient dans les concours lyriques et dramatiques, lors des Panathénées, des Thargélies ou des fêtes en l'honneur de Dionysos.

L'archonte désignait lui-même les chorèges pour les chœurs de tragédies• et, jusque vers le milieu du IVe siècle, pour les chœurs de comédies• des Dionysies. De leur côté, les tribus• notifiaient à l'archonte les noms des chorèges qu'elles avaient choisis pour les chœurs d'hommes et d'enfants des concours dithyrambiques des Dionysies et des Thargélies, ainsi que, à partir de la seconde moitié du IVe siècle, pour les chœurs de comédies des Dionysies. Aux concours dithyrambiques des Dionysies, c'était la tribu que l'on proclamait victorieuse et il y avait un chorège par tribu ; aux concours dithyrambiques des Thargélies, c'était le chorège qui était déclaré personnellement vainqueur et il y avait un seul chorège pour deux tribus.

Le chorège devait recruter les membres d'un chœur, les choreutes, le chef de chœur et l'aulète• qui les accompagnerait et, responsable de la mise en scène, subvenir à tous les frais occasionnés par la préparation du chœur, comme le paiement des masques et des costumes ou des répétitions. Cette charge, très lourde, faisait appel à l'esprit de compétition et trouvait sa contrepartie dans la gloire qui retombait sur le vainqueur. Un trépied• était attribué comme prix au chorège ou à la tribu qui remportait la victoire lors des concours dithyrambiques des Dionysies et des Thargélies : le chorège dédiait à la divinité ce trépied, qu'il faisait placer dans un monument spécial, dit monument chorégique. La rue des Trépieds à Athènes était bordée de monuments chorégiques élevés par des chorèges vainqueurs.

Un monument chorégique d'un autre type a été construit au milieu du IVe siècle dans l'enceinte du Dionysion de Thasos : ce bâtiment abritait sur une base en arc-de-cercle les statues de Dionysos et d'allégories, la Tragédie, la Comédie, le Dithyrambe et la Sérénade nocturne (*Nyktérinos*).

La charge de chorège fut donc pendant longtemps un moyen de se faire connaître et apprécier de ses concitoyens : c'est ainsi que Périclès fut le chorège des *Perses* d'Eschyle en 472. Cependant, au IVe siècle, avec l'évolution de la situation d'Athènes, cette charge, comme du reste les autres liturgies, était supportée de plus en plus difficilement par les Athéniens ; à la fin du siècle, elle fut supprimée et les frais de préparation des chœurs furent assurés par la cité.

CHOROGRAPHIE (χωρογραφία) : Dès l'époque hellénistique, la chorographie est la géographie régionale, distincte de la *géographia* (γεωγραφία), qui est une description générale du monde habité, l'*œcoumène*.

Parmi les *Périples* composés par des chorographes à l'usage des voyageurs, on mentionnera le *Périple de la mer Érythrée*, qui date de l'époque impériale.

CHRÉMATISTIQUE (χρηματιστική) : La chrématistique signifie « l'art de gagner de l'argent », opposé à l'acquisition naturelle ou « économie », par Aristote dans *la Politique*. Le philosophe réprouve cet appétit immodéré pour la richesse qui accompagne le développement du commerce• au IVe siècle.

CHRESMOLOGUE (χρησμολόγος) : Personnage qui prédisait l'avenir grâce à sa connaissance des recueils d'oracles•.

L'un des chresmologues les plus célèbres fut l'Athénien Onomacrite, installé à la cour de Xerxès, à qui il prédisait la victoire dans la seconde guerre médique en s'appuyant sur de vieilles prophéties ; pendant la guerre du Péloponnèse, nombreux furent les chresmologues qui trouvaient du crédit auprès des gens simples en justifiant après coup les événements grâce à des oracles appropriés.

CHRYSÉLÉPHANTINE (χρυσελεφαντίνη) : L'adjectif, qui signifie « en or et en ivoire », s'applique à des statues• dont les parties nues étaient en ivoire et les vêtements en bois recouvert d'une feuille d'or, comme l'étaient les statues cultuelles de Zeus à Olympie et d'Athéna Parthénos dans le Parthénon athénien, sculptées par Phidias.

CHTHONIEN, CHTONIEN (χθόνιος) : Dans la religion grecque, l'adjectif s'applique aux divinités des Enfers, auxquelles la mythologie assigne un séjour souterrain, par opposition aux divinités ouraniennes, qui habitent le Ciel.

CIPPE : Le cippe est un monument de pierre de hauteur moyenne, souvent à usage funéraire.

CISTE (κίστη) : 1. La ciste est une corbeille qui, avec le *calathos*•, joue un rôle cultuel dans les mystères d'Éleusis et le culte de Déméter en général. **2.** On appelle « tombe• à ciste » une petite tombe aménagée, dont les parois et la couverture sont constituées de dalles.

CITÉ : *polis*•

CITHARE (κιθάρα) : La cithare est,comme la lyre•, un instrument de musique à cordes d'égale longueur, mais elle diffère de la lyre par sa caisse de résonance en ébénisterie ; celle-ci, en forme de trapèze évasé vers le haut, se prolonge par deux bras reliés par une traverse, autour de laquelle s'enroulent les cordes, généralement au nombre de sept ; le musicien pince les cordes au moyen du plectre•, tenu dans la main droite. La cithare, instrument complexe, traditionnellement associé à Apollon, était normalement réservée aux virtuoses ; les dimensions de cet instrument de concert et le nombre de ses cordes augmentèrent progressivement. L'enseignement de la cithare n'était pas dispensé dans les écoles, où les enfants apprenaient à jouer de la lyre. Des épreuves de cithare, réservées dans les faits à des professionnels, avaient leur place dans les concours musicaux : le citharède chantait en s'accompagnant de la cithare, le cithariste jouait seulement. Le nom de cithariste était donné aussi au maître qui apprenait aux enfants à jouer de la lyre.

CITHARÈDE (κιθαρῳδός) : cithare•

CITHARISTE (κιθαριστής) : cithare•

CITOYEN, CITOYENNETÉ : *agôgè*• ; *apella*• ; atimie• ; citoyenne• ; démocratie• ; *ekklèsia*• ; esclave ; *Homoioi*• ; isopolitie• ; mariage• ; métèque ; oligarchie• ; *polis*• ; *politeia*• ; tribu•

CITOYENNE : Le terme de citoyenne (*politis*, πολῖτις) est rare en grec, au contraire du terme masculin, citoyen (*politès*, πολίτης). Cette rareté d'emploi témoigne de l'importance secondaire de la femme dans la *polis*•. La femme a besoin d'un *kyrios*• ; elle peut cependant transmettre à ses fils la citoyenneté si le mariage• est contracté avec un citoyen, notamment dans l'Athènes classique.

CLEPSYDRE (κλεψύδρα) : Horloge à eau, qui consistait en un vase percé dans sa partie inférieure d'un ou de plusieurs trous pour laisser s'échapper l'eau en une durée donnée. La clepsydre était utilisée dans les assemblées et les tribunaux athéniens pour veiller à ce que le temps de parole attribué aux orateurs soit identique ; elle a été plus largement en usage dans la vie quotidienne dès le Ve siècle, semble-t-il, où elle permettait de diviser le temps en douze parties égales, du lever au coucher du soleil.

CLÉROUQUE, CLÉROUQUIE (κληροῦχος, κληρουχία) : Une clérouquie était constituée par un groupe de citoyens, les clérouques, qu'Athènes installait sur un sol confisqué à une cité étrangère ; chaque clérouque recevait une parcelle de terrain, un *klèros*•. La clérouquie se distinguait de la colonie• en ce qu'elle ne formait pas une communauté indépendante et en ce que ses membres restaient citoyens de leur cité d'origine : elle était en fait une sorte de garnison athénienne permanente.
Les clérouquies répondaient à deux besoins : d'une part, donner des terres aux citoyens les plus pauvres, qui étaient alors promus, puisqu'ils devaient pouvoir servir comme hoplites, du rang de thètes• à celui de zeugites•, et, d'autre part, établir des points de surveillance dans des zones sensibles, auprès de cités conquises ou alliées. Les clérouquies apparurent à la fin du VIe siècle dans les îles de Lemnos et Imbros, où leur rôle, à proximité des Détroits, était avant tout stratégique, et en Eubée, sur le territoire de Chalcis ; les clérouquies d'Eubée furent renforcées au Ve siècle à la suite de la révolte de l'île, en 446. Athènes perdit ses clérouquies en 404, mais récupéra très vite ses clérouquies anciennes de Lemnos, Imbros et Skyros. La charte de la seconde Confédération maritime lui interdisait de fonder des clérouquies sur le sol de cités alliées : elle en fonda alors dans des territoires conquis, notamment en Chersonnèse de Thrace.
Les clérouques dans le royaume lagide sont liés au mercenariat•. Le roi concède des terres à des soldats, qu'il s'attache ainsi. L'institution clérouchique se développe en Égypte, surtout après la bataille de Raphia en 217, où des indigènes sont armés à la macédonienne et se voient attribuer des tenures modestes. Le clérouque ne reçoit en principe que la jouissance du lot de terre qui lui est concédé, dont la propriété éminente reste au roi. Cependant le statut de la terre clérouchique va peu à peu se rapprocher de celui de la terre privée. À la fin du IIIe siècle, seuls les fils du clérouque peuvent hériter du *klèros* ; au Ier siècle, la tenure peut revenir à des femmes ; enfin, vers le milieu du Ier siècle, la tenure revient naturellement au plus proche parent, quand le clérouque meurt sans avoir fait de testament•. Le roi a intérêt à maintenir des clérouques pour cultiver des terres, alors que le phénomène de l'*anachôrèsis* (ἀναχώρησις), ou abandon des terres, se développe, à cause des excès de la taxation et de sa rigidité.

COLACRÈTE (κωλακρέτης) : À Athènes, ces magistrats étaient, à l'origine, chargés de dépecer les victimes des sacrifices•. À l'époque classique, ils jouent le rôle de trésoriers en fournissant des fonds pour les repas au prytanée•, pour le *misthos*• des héliastes ou pour des travaux publics. Ils disparaissent à la fin du Ve siècle.

COLONIE : Le terme de colonie évoque aussitôt pour nous modernes les notions de dépendance et de colonialisme. Les Grecs ont connu la colonisation sous une forme toute différente. La colonie grecque est fondée par une métropole•, mais elle est avant tout une cité•, qui garde en général des liens avec la métropole, sans qu'il y ait pour autant de dépendance politique. Après sa fondation par un

oikiste•, la colonie reste liée à sa métropole par des liens religieux, qui peuvent se manifester régulièrement par l'envoi de théores• ou, de manière exceptionnelle, par l'appel à l'arbitrage de la métropole dans une situation de crise.
La fondation de colonies se répand à l'époque archaïque, pour quasiment s'interrompre à la fin du VIe siècle. Il convient de distinguer nettement la colonie (*apoikia*) du simple établissement commercial (*emporion*•), qui n'est pas une cité. En ce sens, il est erroné de parler d'une colonisation de l'âge des héros•, qui garderait dans les légendes le souvenir des fondations entreprises à l'époque mycénienne ; en effet ces fondations, qui sont antérieures à l'existence des cités, ne sauraient être qualifiées de cités. On réservera donc le terme de colonies aux cités qui sont fondées à partir du VIIIe siècle, dans le mouvement de colonisation de l'époque archaïque, qui voit les Grecs s'établir sur une grande partie du pourtour de la Méditerranée et de la mer Noire **(carte 3)**.
En un sens différent, on qualifie de colonies militaires les établissements, souvent forcés, de soldats grecs et macédoniens en Orient après la conquête par Alexandre de l'empire perse (334-323). En Égypte lagide, les colons militaires sont qualifiés de clérouques•. Les rois séleucides établirent des colonies militaires par conscription, essentiellement de Macédoniens. On connaît aussi ces colons militaires (*katoikoi*, κάτοικοι) dans le recrutement de l'armée attalide.

COMÉDIE (κωμῳδία) : La comédie tire son nom du chant du *kômos*• et rappelle cette origine dans son déroulement : après le prologue et l'entrée du chœur• (*parodos*), le spectateur assiste à la dispute entre acteurs (*agôn*•) et à l'exposé de ce que pense le poète (parabase) par la bouche du coryphée ; dans cette dernière partie, au contraire de la tragédie•, le public est directement interpellé. Plaisanteries, brocards et allusions à l'actualité caractérisent la comédie ancienne, illustrée par Aristophane (vers 446-vers 385), dont nous avons conservé onze comédies sur la quarantaine qu'il aurait écrites. Avec une grande verve inventive, Aristophane s'attaque au démagogue• Cléon dans *les Cavaliers* (424) et aux sophistes•, parmi lesquels il range Socrate dans *Les Nuées* (423). Après lui, la comédie nouvelle, avec le prolifique Ménandre (342-293), s'attache à l'étude des caractères dans une intrigue compliquée, où le rôle du chœur s'efface.

COMMERCE : céréales• ; *emporion*• ; *kapèlos*•

CONCOURS : L'importance des concours dans la vie civique est liée à la mentalité agonistique des Grecs (voir *agôn*•). On distinguera les nombreux concours locaux des quatre grands concours panhelléniques• qui forment la période• ; ils sont dits stéphanites, car le prix du vainqueur est une couronne•, au contraire des concours chrématistes, dont le prix a une valeur marchande. Ces concours comprennent différentes épreuves, classées en épreuves gymniques, hippiques et musicales.

La reconnaissance d'un concours par une cité ou une confédération prend la forme d'un décret d'acceptation de la demande transmise par des théores•. Une stèle inscrite à Délos conserve le texte de l'acceptation du concours des Ptolémaia d'Alexandrie par la confédération des Nésiotes en 279 : le décret des Nésiotes décide d'accepter le concours, d'envoyer des théores à Alexandrie lorsqu'il sera célébré, de reconnaître qu'il est isolympique, c'est-à-dire égal aux Olympia d'Olympie, de décerner aux vainqueurs originaires de la confédération des Nésiotes les mêmes honneurs qu'aux olympioniques, de donner cette fois une couronne d'or pur de 100 statères à Ptolémée Sôter et d'ériger une stèle à Délos près de l'autel de Ptolémée Sôter ainsi que dans un sanctuaire de chaque cité de la confédération ; trois théores sont enfin désignés, chargés de se rendre à Alexandrie pour y sacrifier à Ptolémée Sôter au nom de la confédération et remettre la couronne au roi Ptolémée II.

Deux des grands concours de la période sont célébrés tous les quatre ans et appelés pour cette raison pentétériques : les Olympia à Olympie et les Pythia à Delphes ; deux autres ont une périodicité tous les deux ans et sont dits triétériques : les Isthmia à l'Isthme de Corinthe, et les Néméa à Némée dans le nord du Péloponnèse. Pour permettre l'arrivée des concurrents et des spectateurs, l'organisme qui présidait à chacun de ces concours envoyait des ambassadeurs sacrés, les théores, proclamer une trêve sacrée pendant la durée du concours, qui suspendait les hostilités (hiéroménie•).

Les Olympia, les Isthmia et les Néméa comprennent des épreuves gymniques et hippiques, auxquelles les Pythia ajoutent des épreuves musicales.

L'épreuve la plus prestigieuse est la course de quadriges à l'hippodrome, qui permet au propriétaire de l'attelage victorieux de remporter la victoire, célébrée par des épinicies•. Dans les épreuves gymniques, c'est la course simple, sur une distance d'un stade• (environ 180 m), qui a le plus de renom ; mais il existe aussi des épreuves de saut en longueur, de lancer du disque et du javelot et de lutte ; les cinq épreuves mentionnées sont réunies pour former le *pentathlon*• ; s'y ajoutent le pugilat• et le pancrace•, sorte de catch très violent. Les épreuves musicales, réservées aux Pythia, ont servi de modèle à celles des Grandes Panathénées d'Athènes ; elles comprennent à Delphes la récitation d'un hymne qui chante la victoire d'Apollon sur Python, le « nome• pythique ».

La couronne réservée aux vainqueurs a une valeur éminente : elle est faite du feuillage de plantes consacrées au dieu local, l'olivier sauvage de Zeus à Olympie, le laurier d'Apollon à Delphes, le pin à l'Isthme et l'ache, une sorte de céleri sauvage, à Némée. La victoire est attribuée au dieu lui-même : l'olympionique, ou vainqueur aux Olympia, déposait sa couronne en hommage à Zeus qui lui avait attribué la victoire. Les concours ont un aspect religieux très important, car ils sont célébrés en l'honneur du dieu dont le sanctuaire est proche ; cet aspect religieux des grands concours explique l'interdiction de les célébrer édictée par l'empereur Théodose Ier en 394 ap. J.-C.

La victoire rejaillit sur la cité tout entière d'où est originaire le vainqueur. Au retour triomphal de l'olympionique, on ouvre une brèche dans la muraille pour marquer qu'il est le vrai rempart de la cité ; il reçoit des honneurs exceptionnels, comme la nourriture gratuite au prytanée• à Athènes. Les grands concours ont enfin une importance capitale dans l'élaboration d'un sentiment panhellénique d'appartenance à la communauté grecque. À Olympie, seuls pouvaient concourir les Grecs ; le grand rassemblement (ou panégyrie•) des spectateurs et des concurrents venus de toute la Grèce était l'occasion de réunir un public pour entendre des lectures et des discours. C'est aux Olympia qu'Hérodote aurait lu son *Enquête* et qu'Isocrate a prononcé son *Discours panégyrique* qui exalte l'idée d'union sacrée des Grecs contre les barbares perses dans les années 380.

CONFÉDÉRATION : *koinon*• ; ligue• ; symmachie•

CONSEIL : Notre mot « conseil » traduit généralement les termes *boulè* (βουλή) et *synédrion* (συνέδριον). *Boulè* signifie précisément « avis », « réflexion », « décision », d'où « conseil » au sens d'« assemblée délibérante » ; *synédrion* désigne l'assemblée de ceux qui siègent ensemble, qui délibèrent ensemble ;

quelques autres termes, comme *gérousia* (γερουσία), désignent des réalités propres à une cité ou à une confédération particulière.

Toutes les cités grecques possèdent un ou même plusieurs conseils, aux dénominations variables. Chez Homère, les rois• recevaient les avis de nobles vieillards réunis, comme dans le conseil aristocratique de l'époque archaïque ; celui-ci, formé d'anciens ou de magistrats sortis de charge, conseillers à vie, comme l'Aréopage• d'Athènes, dispose dans les cités de pouvoirs étendus. Les réformes démocratiques diminuent généralement les pouvoirs de ce conseil, qui peut même disparaître au profit d'un conseil à recrutement populaire.

Sparte se distingue avec son conseil des anciens ou *gérousia*, qui subsiste en pleine époque classique : la *gérousia* est composée de trente membres, les deux rois et vingt-huit *gérontes* âgés de plus de soixante ans, que l'*apella*• élit par acclamation ; les *gérontes*, élus à vie, sont irresponsables et disposent de pouvoirs encore importants, bien que les éphores• soient alors les personnages les plus puissants du régime spartiate : ils élaborent les projets de lois qui sont soumis à l'*apella* et peuvent même casser le vote de l'*apella* si celui-ci leur déplaît ; réunis en haute cour de justice avec les éphores, ils peuvent juger les rois.

Les conseils démocratiques de l'époque classique doublent, ou remplacent, les conseils d'origine aristocratique ; ils jouissent essentiellement du pouvoir de préparation des lois, le pouvoir probouleumatique•. À Athènes, l'Aréopage, tout en gardant son prestige, est dépossédé de ses pouvoirs au profit du conseil démocratique de la *boulè* des Cinq-Cents.

La *boulè* d'Athènes ou conseil des Cinq-Cents résulte, telle qu'elle fonctionne à l'époque classique, des réformes de Clisthène à la fin du VIe siècle. Sa composition reflète fidèlement celle de la cité, puisque chacune des dix tribus• est représentée par cinquante bouleutes, tirés au sort parmi des candidats préalablement élus dans les dèmes•. Les bouleutes doivent être âgés d'au moins trente ans ; nul ne peut être bouleute plus de deux fois dans sa vie. La *boulè* siège tous les jours, sauf les jours de fêtes ; la permanence est assurée, pendant la durée d'une prytanie•, par les cinquante prytanes•, tous membres de la même tribu ; la présidence de la *boulè* et de l'*ekklèsia*• est exercée par l'épistate• des prytanes jusqu'en 377, puis par l'épistate des proèdres•.

> Le secrétaire du conseil, qui a le titre de secrétaire de prytanie, devient annuel à partir des années 360. Vers 350, il est choisi dans un dème appartenant à une tribu différente chaque année, selon un ordre immuable de succession des tribus. Cette rotation tribale est appelée « loi de Ferguson », du nom de l'épigraphiste qui l'a mise en évidence. Certaines années, la rotation tribale s'interrompt et le compte est remis à zéro.

La *boulè*, réunie dans le *bouleutèrion*• sur l'*agora* d'Athènes **(fig. 4)**, a d'abord pour fonction de préparer l'ordre du jour de l'*ekklèsia*. Dotée du pouvoir probouleumatique•, elle examine chaque projet de décret, qu'elle soumet ensuite en tant que *probouleuma*• au vote de l'*ekklèsia* ; ses pouvoirs ont été accrus, au détriment de l'Aréopage, par la réforme d'Éphialte en 462/461. La *boulè* a par ailleurs d'importantes fonctions administratives, qu'elle seule peut exercer en raison de son caractère permanent : au Ve et encore plus au IVe siècle, elle participe à la gestion des affaires de la cité par le contrôle qu'elle exerce sur les magistrats (dokimasie•, reddition• de comptes) et par le biais de commissions spécialisées recrutées en son sein, comme, par exemple, celles des euthynes, qui reçoivent les plaintes en reddition de comptes déposées contre des magistrats, et des *trièropoioi*, chargés de contrôler les constructions navales. Plus largement, elle joue un rôle dans la politique étrangère d'Athènes et dans ses relations avec les cités alliées : au Ve siècle, la gestion du *phoros*• fait d'elle une intermédiaire entre les cités alliées et les hellénotames• ; au IVe siècle, elle joue un rôle probouleumatique envers le *synédrion* des alliés.

Les communautés de cités ou de peuples que liait un objectif précis, militaire, comme dans le cas des deux symmachies• dirigées par Athènes aux Ve et IVe siècles ou de la Ligue de Corinthe créée par Philippe de Macédoine, ou religieux, comme dans le cas de l'amphictionie• pyléo-delphique, possédaient un conseil, souvent appelé *synédrion*, qui avait pour charge de s'occuper des affaires communes ; dans les faits, les pouvoirs de ces conseils étaient diminués, ou presque annihilés, par l'influence prépondérante que pouvait y exercer la cité ou le peuple hégémonique.

Les États fédéraux ou *koina* possédaient souvent, d'après ce que nous font connaître les sources, un conseil, nommé plutôt *synédrion*, dont la composition et les pouvoirs variaient considérablement d'un *koinon*• à l'autre. Ces conseils constituaient un organisme à caractère délibératif, comme les conseils des cités auxquels ils se superposaient sans les supprimer, lorsqu'il existait une assemblée fédérale, à laquelle ils soumettaient des projets de décrets ; leur importance grandissait lorsque l'assemblée se réunissait rarement, ou lorsqu'elle n'existait pas. Leur compétence portait essentiellement sur les affaires communes, politique étrangère, guerre, et aussi parfois finances.

CONSTITUTION : Le même terme de *politeia*• désigne en grec la constitution d'une cité, la qualité de citoyen, le droit de cité et le régime politique. La constitution est en effet intimement liée à la nature de la *polis*•. Cette notion fait l'objet de la réflexion politique d'Aristote, qui note au IVe siècle la variété et la variabilité des constitutions ; le philosophe dégage aussi un cycle des différents régimes politiques. Aristote et son école ont décrit de nombreuses constitutions dans une série d'ouvrages dont ne subsiste que *La Constitution des Athéniens*, souvent attribuée, à tort, à Aristote lui-même : cet ouvrage est une mine de renseignements sur l'évolution politique et les institutions d'Athènes ; il révèle la double démarche de la réflexion de l'école aristotélicienne, génétique et descriptive.

La classification des constitutions est nettement présentée par Hérodote dans une discussion qu'il prête aux chefs perses après le massacre des Mages (*Histoires* III, 80-82), selon trois catégories : démocratie•, oligarchie•, monarchie•. Platon modifie cette classification en ajoutant aristocratie• et tyrannie• dans *les Lois* (712 c) ; dans la *République*, son classement retient cinq régimes, avec deux différences par rapport à son autre classement : monarchie et aristocratie sont groupées en un régime idéal (445 d) et la timocratie, ou timarchie, est introduite sous ces noms inventés par Platon (545 b) ; ils désignent un régime fondé sur la recherche des honneurs dont les modèles se trouvent en Crète et à Sparte. La succession devient la suivante : un régime idéal (monarchie, aristocratie), la timocratie, l'oligarchie, la démocratie, la tyrannie. Aristote présente le classement en quatre ou cinq comme traditionnel ; il le modifie en formulant dans la *Politique* (III, 5) un classement en six constitutions : trois régimes droits (royauté•, aristocratie, *politeia* ou régime constitutionnel) et trois déviations (tyrannie, oligarchie, démocratie). Le régime qu'Aristote appelle *politeia* est une démocratie censitaire bien proche de l'oligarchie.

CORÉ : *korè, kouros*•

CORINTHIEN (ordre) : L'ordre corinthien, apparu dans la seconde moitié du Ve siècle en Grèce continentale, est le plus récent des trois grands ordres• architecturaux grecs (voir dorique•, ionique•) ; il n'est en fait que le développement de l'ordre ionique, dont il conserve la colonne et l'entablement **(fig. 15)**. Seul, le chapiteau diffère de celui de l'ordre ionique : légèrement évasé vers le haut, il est orné de luxuriantes feuilles d'acanthe **(fig. 16)**. L'ordre corinthien demeure un ordre mineur dans l'architecture grecque, où il n'est jusqu'à l'époque hellénistique qu'un ordre intérieur.

CORYPHÉE (κορυφαῖος) : chœur• ; comédie•

COSMÈTE (κοσμητής) : À Athènes, le cosmète était le magistrat, élu par ses concitoyens, qui dirigeait les éphèbes• pendant la durée de leur service ; il se faisait aider par les sophronistes.

COTHURNE (κόθορνος) : Devenu pour nous modernes la chaussure juchée sur de hautes semelles qui aurait distingué les acteurs tragiques, le cothurne était en fait à l'époque classique une bottine d'usage courant, montant à mi-jambes, surtout portée par les femmes dans le gynécée•, ou par les acteurs•. Au théâtre, les chaussures à semelles surhaussées se répandent à partir de l'époque hellénistique, avant que la semelle n'atteigne une hauteur disproportionnée à l'époque impériale.

Le cothurne pouvait se mettre indifféremment au pied droit ou au pied gauche, ce qui avait valu à Théramène, l'homme politique du Ve siècle, son surnom, d'après Plutarque (*Vie de Nicias* 2, 1) : « comme il ne cessait de pencher du côté de l'un puis de l'autre parti en politique, il fut surnommé le Cothurne ».

COTTABE (κότταβος) : Ce jeu était pratiqué en Grèce à la fin des banquets• : le convive, en appui sur le coude gauche, tenait entre deux doigts de la main droite, par l'anse, la coupe dans laquelle il ne restait plus que quelques gouttes de vin et tâchait, en prononçant le nom de la personne aimée, de lancer ces gouttes à l'endroit précis qu'il s'était fixé pour cible.

COURONNE : La forme et la matière des couronnes varient en fonction de leurs usages : le même mot *stéphanos* (στέφανος) désigne aussi bien une couronne de rameau feuillu qu'un bandeau de tissu.
Lors des sacrifices•, les prêtres, les sacrifiants et les victimes étaient ordinairement couronnés. Le port de la couronne était autorisé lors des fêtes• à tous ceux qui avaient le droit de stéphanéphorie• d'après les règlements cultuels.
À Athènes, l'orateur• qui haranguait l'assemblée• était ceint d'une couronne ; de même, les spectateurs lors des concours• théâtraux en l'honneur de Dionysos étaient couronnés. La couronne est aussi la seule récompense des vainqueurs aux concours dits stéphanites, les quatre grands concours panhelléniques de la période• ; elle est faite de rameaux d'olivier sauvage de Zeus aux Olympia d'Olympie, du laurier d'Apollon aux Pythia de Delphes, de pin aux Isthmia de l'Isthme de Corinthe et d'ache aux Néméa de Némée. Le vote d'une couronne est aussi l'un des honneurs• habituels décernés aux bienfaiteurs ; à Athènes, au IVe siècle, le conseil• sorti de charge recevait une couronne, qu'il consacrait à une divinité, pour récompense de sa bonne gestion. La couronne peut être de feuillage ou d'or, suivant l'importance de l'honneur accordé. La couronne de feuillage est distincte du diadème, de la *mitra*• et du *strophion*•.

Fig. 15 : Schéma d'élévation de l'ordre corinthien.

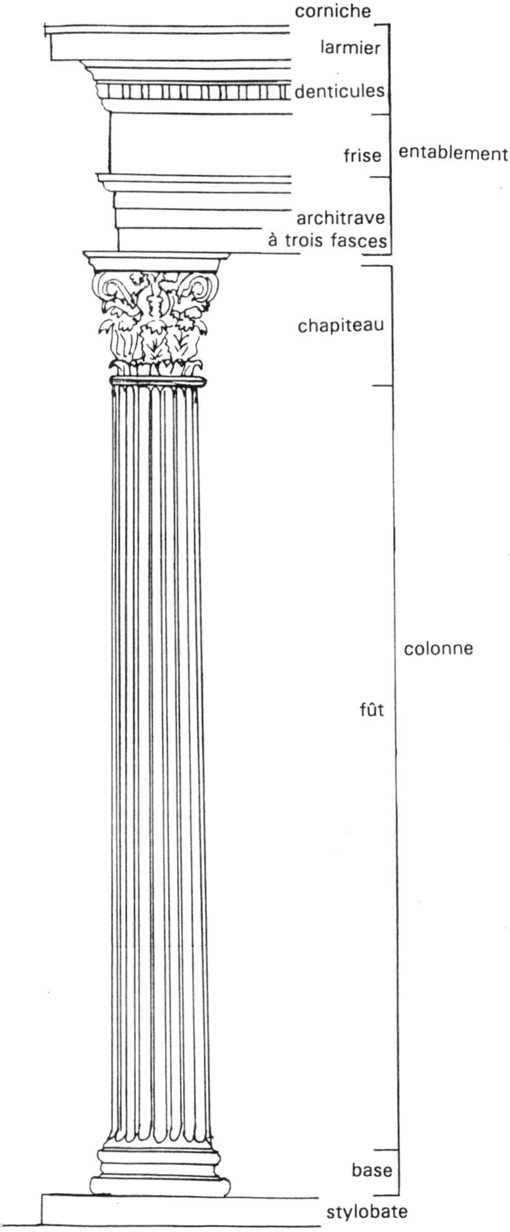

Fig. 16 : Chapiteau corinthien
(d'après R. Ginouvès).

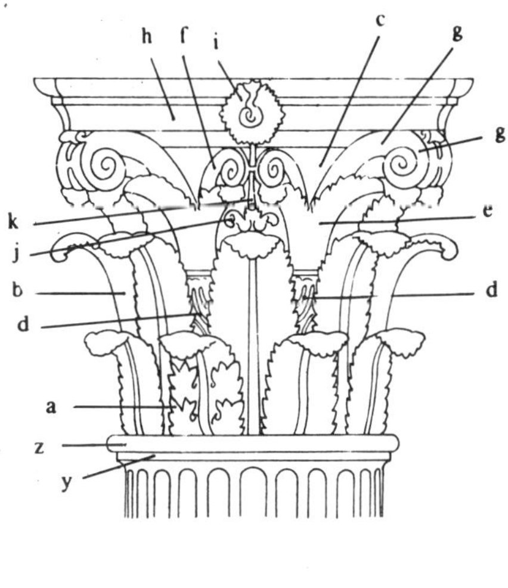

y : listel ; z : astragale ; a : couronne inférieure de feuilles ; b : couronne supérieure ; c : corbeille ; d : gaine ; e : calice ; f : crosse médiane ; g : crosse angulaire ; h : abaque ; i : motif axial (fleuron).

Le diadème (διάδημα) désigne tous les bandeaux et bandelettes qui ceignent la chevelure. À partir de l'époque hellénistique, le diadème est l'un des insignes du roi : cette bandelette entoure le crâne et ses extrémités, les lemnisques, nouées sur la nuque sont souvent frangées.

COUROS : *korè, kouros*•

COUROTROPHE (κουροτρόφος) : Se dit d'une divinité nourricière, d'une déesse-mère et, généralement, de tout personnage féminin représenté en train d'allaiter un enfant ou de le porter dans ses bras.

CRATÈRE (κρατήρ) : céramique•

CRIOPHORE (κριοφόρος) : Le criophore est un porteur de bélier.

CROTALE (κρόταλον) : Les crotales, utilisées dans les cultes de Dionysos et de Cybèle, étaient un instrument de musique à percussion proche des modernes castagnettes.

CRYPTIE (κρυπτεία) : La cryptie était la dernière épreuve de l'*agôgè*•, à laquelle était soumise l'élite des irènes. D'après Plutarque (*Vie de Lycurgue* 28), les jeunes gens, qui accomplissaient à la campagne un temps de retraite initiatique, d'une durée d'un an, sans armes ni vivres, devaient se cacher, comme l'indique le nom « cryptie », pendant le jour et ils sortaient la nuit pour guetter et égorger des hilotes•.

CYNIQUE (κυνικός) : Le sens de cet adjectif dérive en français moderne du terme qui s'applique à l'école philosophique cynique : son nom est tiré du sobriquet de son fondateur, Diogène de Sinope, surnommé le Chien (né entre 412 et 403, mort entre 324 et 321). L'ascèse, ou entraînement, cynique vise à rendre l'homme endurant et à lui donner la maîtrise de soi pour atteindre un idéal d'apathie, d'absence de passion.

D

DADOUQUE (δᾳδοῦχος) : Le dadouque est, étymologiquement, celui qui porte la torche : traditionnellement recruté dans la famille sacerdotale des Kèrykes, il est l'un des premiers dignitaires qui officient dans les Mystères• d'Éleusis.

***Daimôn* (δαίμων) :** Le *daimôn* est une puissance divine mystérieuse, un influx d'essence divine (*Agathos Daimôn*), inférieur aux Olympiens.

Cette notion peu précise, qui est rarement invoquée dans le culte, joue un rôle important dans la philosophie : en 399, Socrate est accusé d'introduire un culte nouveau dans la cité, celui de son « démon » ; le philosophe, lors de son procès, souligne l'importance de cette voix divine, qui est le seul maître qu'il reconnaisse.

DÉCRET : Le décret (*psèphisma*, ψήφισμα) exprime le vote (*psèphos*, ψῆφος), les décisions d'une assemblée•, de la cité, d'un dème•, d'un contingent de soldats... À Athènes, les décrets sont pris selon la procédure du *probouleuma*• : tout citoyen peut proposer un projet de décret, qui est examiné par le conseil• et présenté ensuite devant l'assemblée. Après le vote, le décret est souvent inscrit sur pierre, sous une forme quelquefois abrégée. Les décrets peuvent porter sur différents objets : finances, ravitaillement, questions cultuelles. La majeure partie de ceux qui sont conservés par des inscriptions est honorifique. Le décret honorifique décerne des honneurs• qui peuvent être de routine (éloge, couronne•) ou les plus élevés (statue•, nourriture au prytanée•, proédrie•).

À Athènes, ces textes se présentent sous une forme qui s'est fixée. D'abord, le **préambule**, qui contient éventuellement une *formule d'invocation* (« À la bonne Fortune », par exemple), puis l'*intitulé*, qui permet de dater le décret (archonte éponyme, prytanie...) et la *formule de sanction* (« il a plu à... ; un tel a fait la proposition ») ; les **considérants** (« attendu que... ») détaillent ensuite les raisons qui motivent les décisions ; la **formule hortative** (« afin donc que... ») tend éventuellement à encourager l'émulation dans la recherche des honneurs ; la **formule de résolution** (« plaise à... ») introduit l'énoncé des **décisions**. Un amendement et des documents annexes peuvent suivre le décret.

DÉMAGOGUE (δημαγωγός) : Le terme désigne, littéralement, « celui qui conduit le peuple » ; en fait, il revêt une connotation nettement péjorative chez ceux qui l'emploient, car il s'applique, et cela surtout à partir de la guerre du Péloponnèse, à tous ceux qui sont censés mener par la flatterie le peuple réuni en assemblée souveraine : chez ses adversaires politiques, Thucydide ou Aristophane, Cléon est l'exemple type de l'orateur démagogue, habile à exploiter la crédulité et la versatilité de la foule. Le terme n'a gardé de nos jours qu'un sens péjoratif.

DÉMARQUE (δήμαρχος) : Ce magistrat principal du dème• athénien est élu ou tiré au sort pour un an ; il est chargé de convoquer et de présider l'assemblée du dème, de garder le registre, de gérer les finances ; il a des fonctions religieuses lors des fêtes particulières du dème. Le terme de « démarque » peut aussi signifier le chef du peuple, car *dèmos*• est employé pour désigner le peuple aussi bien que le dème.

DÈME (δῆμος) : Ce terme, qui traduit un des sens du mot grec *dèmos*•, est employé uniquement pour désigner une circonscription territoriale. La réforme de Clisthène en 508/7 a réparti la population athénienne selon son lieu de résidence en plus d'une centaine de dèmes, qui sont des circonscriptions administratives dotées d'assemblées, de magistrats (démarque•) et de cultes. Regroupés par trittyes•, les dèmes sont intégrés dans les tribus• clisthéniennes **(fig. 48)**. De simples bourgades ou quartiers qu'ils étaient, ils deviennent l'unité de base de la cité. Le registre du dème tient lieu de registre d'état-civil : les démotes, membres du dème, y sont inscrits à leur majorité légale de dix-huit ans et chaque Athénien ajoute à son nom et à celui de son père (patronyme) le nom du dème auquel il est rattaché héréditairement (démotique), ainsi Socrate, fils de Sophroniskos, du dème d'Alopékè.

La centaine de dèmes qui regroupe la population civique de l'Attique a ses propres héros•, ses cultes et ses fêtes. La légende patriotique veut que ces héros locaux, Thésée à leur tête, se soient dressés contre l'envahisseur perse en 490, en combattant aux côtés des Athéniens à Marathon. Ces héros ne sont pas des entités abstraites ; ils sont au plus près de la vie de chaque habitant du dème, liés aux traditions ancestrales de leur terre.

L'existence de dèmes est attestée dans d'autres cités qu'Athènes. Ainsi, la cité de Cos est divisée en dèmes depuis sa refondation en 366 ; chaque dème y a son organisation propre, avec un démarque, une *ekklèsia* et des trésoriers (*tamiai*, ταμίαι). La cité d'Alexandrie, en Égypte, est divisée aussi en dèmes.

DÉMIURGE (δημιουργός) : 1. Le mot grec, dans les poèmes d'Homère, désigne, en bonne part, l'artisan, le spécialiste, en particulier charpentier, médecin•, aède•, devin•, héraut•. **2.** Dans l'Athènes du roi légendaire Thésée, les Démiurges constituaient la troisième classe du peuple, celle des artisans, distincte de celles des Eupatrides• et des Géomores•. **3.** Le terme en est venu à signifier le Créateur chez Platon et les philosophes. **4.** Dans le monde dorien, certains magistrats, avec des attributions variées, ou certains citoyens distingués portaient ce titre, sous la forme dialectale de « damiurge », notamment à Andanie en Élide, à Delphes, à Théra, Samos, Rhodes en mer Égée, ou encore à Cnide.

DÉMOCRATIE (δημοκρατία) : La démocratie est, étymologiquement, le régime où le peuple (*dèmos*•) a le pouvoir ; le mot apparaît dans la première moitié du Ve siècle, alors qu'Athènes, avec la réforme de Clisthène (508/7), s'est déjà dotée d'institutions que nous qualifions de démocratiques, mais que les contemporains désignaient par le mot d'isonomie•. Les penseurs politiques du IVe siècle distinguent la démocratie des deux autres formes de gouvernement, l'aristocratie• et la monarchie•. Le terme peut aussi signifier le gouvernement populaire de la masse des pauvres, par opposition à l'aristocratie, gouvernement d'une élite.
La démocratie est l'un des principaux régimes de la Grèce classique ; le modèle est fourni par Athènes dont le régime connaît, après la réforme d'Ephialte (462/461) et sous la conduite de Périclès, une orientation, si l'on ne considère que les citoyens, authentiquement démocratique. Cet exemple est suivi dans le monde grec par d'autres cités, dont les institutions fonctionnent selon la même philosophie politique ; à l'époque classique, la démocratie s'oppose principalement à l'oligarchie•, surtout à partir de la guerre du Péloponnèse, qui marque le début des affrontements, caractéristiques de la *stasis*•, qui dressent les uns contre les autres démocrates et oligarques au cours du IVe siècle.
Dans une démocratie, le peuple souverain s'exprime directement lorsqu'il se réunit en assemblée : cette assemblée, qui porte à Athènes le nom d'*ekklèsia*•, détient théoriquement tous les pouvoirs, elle vote les lois et décide de la guerre ou de la paix ; tous les citoyens ont le droit d'y participer et d'y prendre la parole, contrairement à ce qui se passe dans les assemblées du peuple sous régime oligarchique. Un conseil•, la *boulè* à Athènes, où sont équitablement représentés les citoyens, a pour fonction de préparer le travail de l'assemblée ; la justice est assurée par des tribunaux• populaires et les magistratures•, qui sont toutes, ou presque, accessibles aux citoyens sans distinction de naissance ou de fortune, sont soumises au contrôle populaire. Parfois, ceux qui exercent certaines charges reçoivent une indemnité, le *misthos*•.

***Dèmos* (δῆμος) :** Ce mot peut avoir différents sens. **1.** Chez Homère, le mot signifie le plus souvent le pays, le territoire, en un sens qui déborde le cadre local : le *dèmos* s'applique au territoire lié à une communauté. Il en vient à désigner parfois les gens du peuple, au sens d'une communauté de type personnel, non territorial. **2.** On retrouve à l'époque classique cette pluralité de significations : à Athènes, *dèmos* peut signifier le peuple athénien dans son ensemble (la cité d'Athènes), le menu peuple (les pauvres), l'assemblée du peuple (l'*ekklèsia*•), le pouvoir du peuple (la démocratie•) et le dème•. Personnifiant l'État athénien, *Dèmos* reçoit un culte associé aux Charites. Dans sa signification sociale, le mot peut s'appliquer à la populace opposée à l'élite de l'aristocratie•.

Dans un sens politique, appliqué au régime où le peuple est souverain, la démocratie, il en vient à désigner le parti démocratique par opposition à l'oligarchie•. Dans son sens de topographie administrative, le terme insiste sur le lien communautaire qui unit entre eux les démotes, les membres du dème.

DEVIN : Personnage qui pratique la divination• grâce à ses connaissances techniques ou grâce à un don divin de prophétie. Dans le mythe, Calchas, Tirésias et Cassandre sont les devins les plus célèbres ; dans les temps historiques, les devins intervenaient régulièrement, non seulement dans les sanctuaires, mais aussi dans la vie publique des cités, puisque tout acte officiel débutait par un sacrifice qui requérait une interprétation des présages ; les devins étaient consultés aussi avant chaque bataille, qui n'était normalement engagée que lorsque les présages étaient favorables. Par l'importance de leur rôle, ils étaient donc amenés à conseiller personnellement les grands, comme les rois de Sparte, ou des personnalités, tel le stratège athénien Nicias, qui étaient en mesure de s'attacher leurs services. Certains se rapprochaient des chresmologues• par leur connaissance des recueils d'oracles et leur capacité à commenter les événements. On considérait le don de prophétie, envoyé par les dieux, comme la forme la plus élevée de la divination, parce qu'elle était regardée comme la seule infaillible : il pouvait être accordé de manière permanente, comme à Cassandre dans la tragédie, ou dans une circonstance unique ; dans les sanctuaires oraculaires (voir oracle•), des devins, telle la Pythie à Delphes, répondaient sous l'inspiration de la divinité aux questions posées par les fidèles.

Le magicien• peut aussi être devin. Les rites de la divination magique sont de plusieurs sortes, suivant le mode de contact : contact direct avec la divinité, médium en transe, rêves divinatoires, utilisation d'un objet, souvent un récipient plein d'eau avec un peu d'huile, contact avec les morts (nécromancie).

DIADÈME (διάδημα) : couronne•

DIADOQUE (διάδοχος) : Le mot, qui signifie l'héritier, désigne les compagnons d'Alexandre qui se disputent son héritage après sa mort en 323 ; ces diadoques sont distingués des épigones•, qui leur succèdent. Certains fondent les principales dynasties des grands royaumes hellénistiques : Antigone le Borgne celle des Antigonides, Ptolémée celle des Lagides, Séleucos celle des Séleucides.

DIDASCALIE (διδασκαλία) : La didascalie est le compte rendu sommaire d'un concours dramatique, dressé par l'archonte et conservé dans les archives. Y figurent le nom de l'archonte, le nom des poètes et des pièces présentées, le nom des protagonistes ; l'énumération des poètes suit le classement obtenu. Ces didascalies étaient gravées sur pierre : on a retrouvé à Athènes une liste des vainqueurs aux concours scéniques et musicaux des Grandes Dionysies des origines aux années 315-310. Il existait aussi des recueils de didascalies.

***Dikastèrion* (δικαστήριον) : tribunal•**

***Dikè* (δίκη) :** Selon une distinction usuelle à Athènes, par opposition à la *graphè*•, la *dikè* est une action privée, intentée en justice lorsque seuls des intérêts privés sont en cause. Beaucoup de *dikai* étaient en premier soumises à un arbitre• ; l'appel pouvait se faire ensuite devant une section de l'Héliée• comprenant 201 ou 401 juges. La *dikè* ne peut être intentée que par l'intéressé, citoyen majeur en possession de tous ses droits, ou son représentant légal ; s'il y a condamnation, l'amende revient en principe au demandeur ; si l'accusateur n'obtient pas au moins le cinquième des suffrages, il est condamné à verser une amende égale au sixième de la somme en litige. L'autorité civique ne prend pas en charge l'exécution de la sentence.

Au milieu du IVe siècle sont créées à Athènes les *dikai emporikai* (δίκαι ἐμποριкαί), ou actions commerciales, qui sanctionnent sur le plan du droit contractuel les infractions à la législation commerciale, qu'elles soient commises par un citoyen, un métèque ou un étranger de passage. La procédure en était accélérée : le jugement devait intervenir dans le délai d'un mois. Les litiges commerciaux sont du ressort des thesmothètes•.

DÎME (δεκάτη) : La consécration à des divinités du dixième du butin était usuelle après une victoire : la dîme du butin fait par les Grecs après la victoire de Platées (479) fut consacrée sous forme d'offrandes, en particulier dans le sanctuaire d'Apollon à Delphes où fut dédié un trépied• en or supporté par une colonne serpentine en bronze **(fig. 39, n°407)**.

DIŒCÈTE (διοικητής) : Ce terme général qui désigne tout administrateur a un sens particulier dans l'Égypte lagide : le diœcète, à Alexandrie, a une fonction de ministre ou de vizir, avec compétence sur les rentrées fiscales du royaume. Il peut jouer un rôle capital, comme Sosibios, qui sauve l'Égypte de l'invasion du roi séleucide Antiochos III en recrutant de toute urgence des mercenaires• grecs et en enrôlant des indigènes dans l'armée victorieuse à Raphia (217).

***Diolkos* (δίολκος) :** Chemin de halage des bateaux entre le golfe de Corinthe et le golfe Saronique.

DITHYRAMBE (διθύραμβος) : Le dithyrambe est un chant choral en l'honneur de Dionysos à l'origine. Selon Aristote dans *la Poétique* (4, 1449 a 10-11), le dithyrambe serait à l'origine de la tragédie• ; il constitue une transposition littéraire du *kômos*•. Il a peut-être été inventé au VIIe siècle à Lesbos, d'où le poète Arion de Méthymne l'aurait introduit à Corinthe ; il fut admis à Athènes parmi les épreuves des concours dionysiaques avant la fin du VIe siècle. À l'époque classique, il était exécuté par un chœur• de cinquante choreutes qui évolue dans l'*orchestra*• autour de l'autel au son de l'*aulos*•. Dix chœurs d'adultes et dix chœurs de jeunes garçons, à raison d'un par tribu, concouraient lors des fêtes dionysiaques à Athènes. Les *Dithyrambes* de Bacchylide illustrent l'exploitation de thèmes mythiques.

DIVINATION : La divination ou mantique (*mantikè*, μαντική) était une partie essentielle, et tout à fait officielle, de la religion antique ; elle reposait sur la croyance que les dieux pouvaient révéler aux hommes, de différentes manières, ce qui leur était caché dans le passé et, plus généralement, dans l'avenir. Le recours à la divination était habituel et attendu, de la part des particuliers ou des cités, dès lors qu'on se trouvait devant un dilemme que la raison seule ne permettait pas de trancher.

Les Grecs distinguaient deux sortes de divination : la divination inductive, due à une connaissance technique, à la science des signes, et la divination inspirée, supérieure à la précédente, due à la possession divine. La divination inductive, dont on trouve des exemples chez Homère, reposait sur l'interprétation par le devin• de différents types de phénomènes, au premier rang desquels venaient les

prodiges, les *térata* (τέρατα), signes extraordinaires évidemment envoyés par les dieux, mais rarissimes par nature.Toutes sortes de phénomènes ordinaires pouvaient être observées et interprétées par les devins, qui savaient en tirer des présages : on citera, parmi les formes de divination les plus répandues, l'ornithomancie, interprétation du vol des oiseaux, la hiéroscopie, examen des entrailles des animaux sacrifiés, ou l'empyromancie, observation de la flamme et de la fumée du sacrifice ; avec la cléromancie, divination par les sorts, dés ou osselets, et la clédonomancie, divination par des signes apparemment fortuits, on s'en remettait au hasard, qui ne requérait pas la médiation d'un devin.
La divination inspirée, due à la présence d'un dieu à l'intérieur même de celui qu'il possède (*enthousiasmos*, ἐνθουσιασμός), était la forme de divination la plus haute. Elle était censée pouvoir s'emparer de n'importe qui, de manière permanente ou momentanée : de la divination diurne, qui était immédiate, on distinguait la divination nocturne, constituée surtout par l'oniromancie, l'interprétation des songes, envoyés par les dieux à n'importe quel mortel, mais parfois obscurs et nécessitant l'intervention d'un devin. La divination inspirée était en quelque sorte institutionnalisée dans certains sanctuaires• oraculaires, où la divinité, le plus souvent Apollon, s'emparait de l'esprit d'un membre de son personnel, auquel il était censé dicter les réponses à faire aux fidèles venus le consulter : la Pythie de Delphes était ainsi le porte-parole d'Apollon.

***Dokana* (δόκανα) :** Les *dokana* sont deux poutres reliées par des traverses qui représentaient à Sparte les Dioscures, jumeaux divins. Les *dokana* accompagnaient les deux rois de Sparte en campagne.

DOKIMASIE (δοκιμασία) : Examen d'aptitude auquel étaient soumis, à Athènes, les nouveaux magistrats et généralement les nouveaux membres de toute catégorie civique, par exemple les éphèbes• : il permettait de vérifier que chacun réunissait les conditions requises, telles que le droit de cité, l'âge, la classe censitaire ou la moralité, pour entrer à bon droit dans ses fonctions. Les instances responsables de la dokimasie étaient les tribunaux de l'Héliée• ; la *boulè*• était chargée de la dokimasie des archontes• et des nouveaux bouleutes•, qui était suivie par un second examen de qualification effectué par les héliastes.

DORIQUE (ordre) : L'ordre dorique est le plus ancien ordre architectural dans le monde grec ; il est élaboré au cours du VIIe siècle et mis au point surtout au VIe siècle. Il est l'ordre de loin le plus répandu, presque le seul en Grèce propre, particulièrement dans le Péloponnèse, en Italie du sud et en Sicile. Plusieurs caractéristiques de l'ordre dorique s'expliquent par le souvenir de l'architecture de bois, matériau primitif des temples grecs. La colonne, dépourvue de base, repose directement sur le stylobate (στυλοβάτης) ; relativement trapue, car le rapport du diamètre maximal à la hauteur est de cinq ou six, elle est creusée généralement de vingt cannelures peu profondes **(fig. 17a)**. Le chapiteau **(fig. 17b)** est composé de l'échine, à l'origine très aplatie puis de plus en plus droite, et de l'abaque, parallélépipédique, partie qui sert de support à l'entablement ; celui-ci est formé d'une architrave•, poutre de pierre sans décor, et d'une frise, faite d'une alternance de triglyphes (τρίγλυφος), panneaux rectangulaires creusés de rainures verticales, et de métopes (μετόπη), panneaux carrés pouvant être ornés d'un décor sculpté **(fig. 7)**. Le tympan du fronton•, enfin, peut être lui aussi orné d'un décor sculpté **(fig. 21-22)**.

Fig. 17a : Schéma d'élévation de l'ordre dorique.

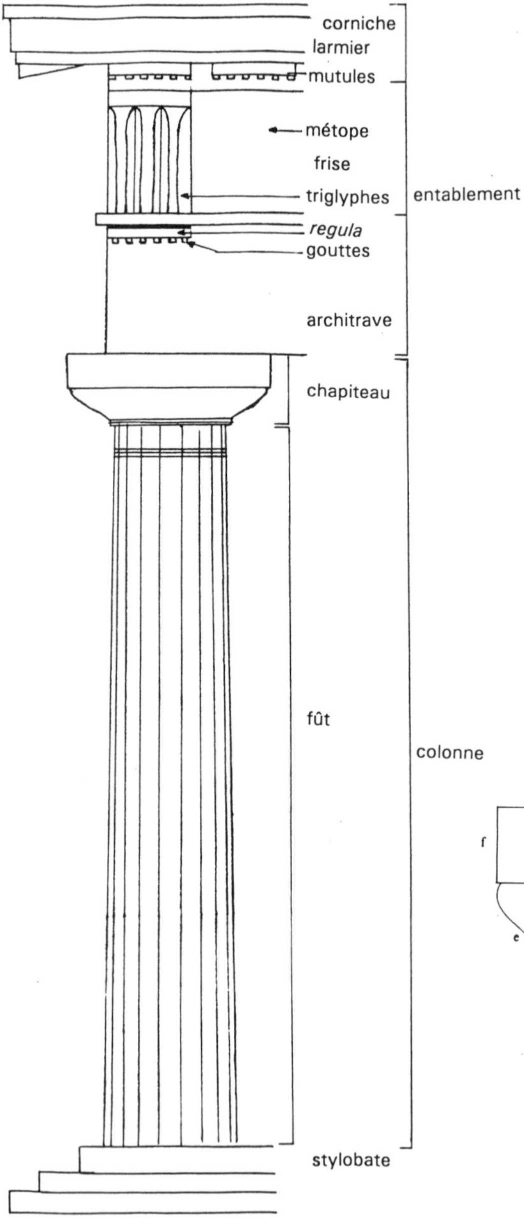

Fig. 17b : Chapiteau dorique (Olympie, temple de Zeus) *(d'après R. Ginouvès).*

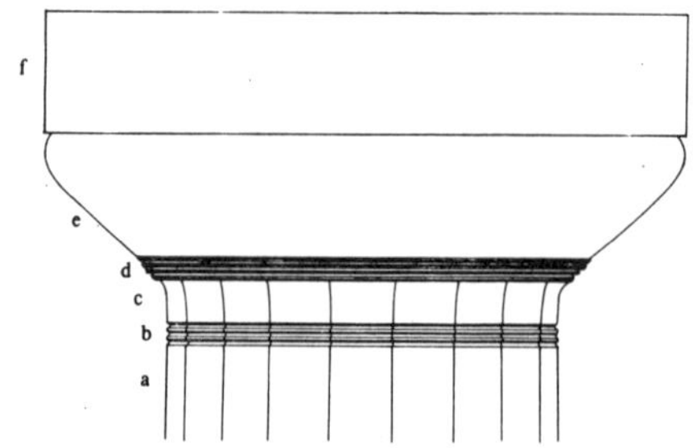

a : sommet du fût ; b : filets ; c : collet ;
d : annelets ; e : échine ; f : abaque.

DOT : La dot (*proïx*, προΐξ) de la femme peut être constituée d'argent liquide, de biens immobiliers (terrain, maison), d'un *éranos*•, d'un prêt sur hypothèque•. Le *kyrios*• de la femme la remet à l'époux lors du mariage•. La dot doit être restituée en cas de répudiation ou si la femme meurt sans enfant ou reste veuve sans vivre au foyer des enfants qu'elle avait eus du défunt. L'époux garantissait par hypothèque sur ses biens propres le reversement éventuel de la dot, comme l'attestent notamment de nombreuses bornes• inscrites à Athènes et des inscriptions de Ténos dans les Cyclades ; à Athènes, l'hypothèque était proportionnée au montant de la dot, selon l'évaluation qui en est faite (*apotimèma*, ἀποτίμημα) ; à Ténos au contraire, l'hypothèque placée sur les biens du mari est générale.

DRACHME (δραχμή) : monnaie• ; poids• et mesures

DYNASTE (δυνάστης) : Le dynaste est, à partir du IVe siècle, en Orient, celui qui détient le pouvoir et se comporte en souverain, bien qu'il n'ait pas le titre de roi•. Mausole, satrape• de Carie, se comporte ainsi sur ses domaines en roitelet tout en reconnaissant pour la forme la souveraineté du Grand Roi. Attale Ier, d'abord simple dynaste de Pergame comme ses prédécesseurs, prend le titre de roi après sa victoire aux sources du Caïque (238?).

E

ÉDUCATION : L'éducation grecque repose sur des valeurs qui sont exaltées dans les poèmes d'Homère. L'idéal homérique est incarné dans des héros aussi différents qu'Achille et Ulysse. L'éthique de l'exploit combine ruse et courage. L'éducation a des fondements aristocratiques qui définissent le *kalos kagathos*•. Cette éducation grecque est essentielle, car elle permet de distinguer le Grec du barbare• ; elle s'identifie à la civilisation, comme l'indique le terme de *paideia*• qui la désigne.

L'éducation s'inscrit aussi dans une société d'hommes, dans un compagnonnage de guerriers qui constitue le milieu éducateur par excellence. Ainsi se comprend la possibilité d'une relation pédérastique entre l'éraste, qui joue le rôle actif dans la relation amoureuse, et l'éromène, qui est aimé. Les lieux de l'éducation sont les gymnases• et les banquets•, d'où sont bannies les femmes honnêtes.

L'éducation traditionnelle est dispensée aux enfants à partir de sept ans, quand ils quittent le gynécée•. Elle repose sur la pratique des exercices physiques, à laquelle préside le pédotribe• ; l'apprentissage élémentaire de la lecture et de l'écriture est confié au grammatiste• et celui de la musique au cithariste•.

Une éducation supérieure est réservée, à partir du Ve siècle, aux jeunes gens riches d'Athènes. Cet enseignement de la rhétorique est développé par les sophistes•. À Sparte, l'éducation, qui porte le nom d'*agôgè*•, est un dressage, une formation militaire qui répond à la vocation guerrière de la cité.

ÉGIDE (αἰγίς) : L'égide est la peau de la chèvre Amalthée, donnée par Zeus à Athéna, qui la porte comme une cuirasse. L'égide est bordée de serpents et ornée du *gorgoneion*, figure grimaçante de la Gorgone.

***Eirènè* (εἰρήνη) : paix•**

EISANGÉLIE (εἰσαγγελία) : Action judiciaire destinée, à Athènes, à réprimer les crimes politiques, tels que le complot contre la démocratie, la trahison ou la corruption par l'ennemi. En l'absence de ministère public, n'importe quel citoyen peut déposer une action en eisangélie, sans être, en cas d'insuccès, exposé à une amende ; l'accusation peut être portée soit devant la *boulè*•, soit devant l'*ekklèsia*•. Dans le premier cas, si la *boulè*, après un premier vote, n'a pas acquitté l'accusé, elle peut transmettre l'affaire à l'Héliée• ou à l'*ekklèsia*, auxquels revient le jugement définitif ; dans le second cas, l'*ekklèsia*, ayant estimé qu'il y a lieu de poursuivre l'affaire, peut soit juger elle-même, se constituant en haute-cour de justice, pour laquelle le *quorum* de six-mille présents est nécessaire, soit transmettre l'affaire à l'Héliée. En 430, l'*ekklèsia* transmit l'accusation intentée contre Périclès à un tribunal de l'Héliée ; en 406 en revanche, elle jugea elle-même, et condamna à mort, les stratèges vainqueurs aux Arginuses. Cette procédure se répand au IVe siècle, se substituant souvent à la procédure des *graphai*•.

En 415, les auteurs de la mutilation des hermès et de la parodie des mystères furent poursuivis par voie d'eisangélie : le conseil ou l'assemblée émettent un vote préalable sur la culpabilité de l'accusé,avant de transmettre l'affaire au tribunal. À partir de la restauration de la démocratie en 403, l'eisangélie fut réservée aux procès politiques et la *graphè asébeias* (γραφὴ ἀσεβείας) aux affaires de sacrilège.

***Eisphora* (εἰσφορά) :** Impôt direct sur le capital à caractère exceptionnel, connu surtout pour Athènes. L'*eisphora* fut très rarement levée jusqu'à la guerre du Péloponnèse, à partir de laquelle elle devint relativement fréquente en raison des difficultés financières d'Athènes ; au IVe siècle cependant, il fallait toujours un vote pour décider de la levée de l'*eisphora*, destinée surtout à financer des expéditions militaires. Cet impôt frappait, selon leur richesse déclarée par eux-mêmes, et progressivement par classe censitaire•, tous les citoyens athéniens, sauf les thètes• ; les métèques•, qui y étaient eux aussi assujettis, versaient ensemble le sixième du montant global de l'*eisphora* versée par les citoyens.
Une réforme intervient en 378/377, à l'initiative de Callistrate : à la suite d'une estimation globale du capital imposable des Athéniens, les citoyens assujettis à l'*eisphora*, dont on ignore le nombre exact, sont répartis en cent groupes, les symmories•, qui sont censés représenter chacun une portion égale de cette richesse et, par conséquent, verser chacun la même somme ; à l'intérieur de chaque symmorie, le principe pour le paiement de l'*eisphora* est la proportionnalité, chacun devant verser, pour que le pourcentage voulu de la richesse globale des Athéniens soit atteint, une somme correspondant à un pourcentage précis de sa propre fortune. Cette réforme est complétée peu après par la *proeisphora*•, qui vise à faciliter la rentrée de l'impôt en imposant aux trois-cents plus riches citoyens, c'est-à-dire aux trois plus riches citoyens de chaque symmorie, de faire l'avance à l'État de la somme globale qu'ils devront ensuite recouvrer, à leurs risques et périls, sur leurs concitoyens.

On distinguera l'*eisphora* de la souscription militaire : la souscription est décrétée par la cité en cas de besoin, en sus de la levée de l'*eisphora*. Les donateurs s'engageaient devant l'assemblée sur le montant de leur contribution volontaire.

***Ekklèsia* (ἐκκλησία) :** Dans le monde grec, *ekklèsia* est le nom donné le plus fréquemment à l'assemblée du peuple. On trouve parfois d'autres termes, comme *agora*•, qui désigne généralement la place publique, *apella*•, qui désigne à Sparte la séance de l'assemblée, ou, dans certaines cités doriennes, comme Argos, *Haliaia*. L'assemblée du peuple est un organisme commun à toutes les cités grecques, qu'elles vivent sous le régime de l'oligarchie• ou de la démocratie• ; dans les cités auxquelles est imposée la tyrannie•, le pouvoir personnel d'un seul fausse le fonctionnement des institutions.

À l'origine, les hommes d'armes, peu nombreux, ceux qui peuvent acquérir et entretenir le char• et les chevaux avec lesquels ils se rendent sur le champ de bataille pour y affronter leurs ennemis à pied, auraient formé la première assemblée en se réunissant autour de leur chef : telle est l'assemblée homérique des guerriers. Le changement se serait produit au début du VIIe siècle, avec la révolution hoplitique : les hoplites•, beaucoup plus nombreux, puisqu'ils sont recrutés sur la base d'un revenu moins élevé et que des charges moins lourdes leur incombent, constituent une sorte de classe moyenne, cependant que la nouvelle tactique, répudiant les exploits individuels de l'aristocratie•, exige le regroupement des fantassins en une formation dont la cohésion fait la force, la phalange•. L'assemblée du peuple serait donc issue de cette assemblée des soldats, puisque l'armée en campagne n'est rien d'autre qu'une réunion de citoyens qui ont pris les armes pour défendre leur cité. Ce caractère militaire a disparu généralement dans les assemblées du peuple d'époque classique, sauf dans des cités très particulières, comme Sparte, où l'*apella* réunit des citoyens qui avant tout sont des soldats ; dans certaines régions, comme la Macédoine jusqu'à Alexandre,les assemblées de l'armée conservent tardivement leur caractère militaire, mais leur histoire est différente, puisque ces régions sont généralement sous régime monarchique.

L'assemblée du peuple est donc un élément constitutif fondamental de la cité grecque classique, avec le conseil• et les magistrats• ; sa composition et son rôle varient cependant, selon que la cité est aristocratique, oligarchique ou démocratique. Dans les deux premiers types de cités, tous les citoyens n'accèdent pas toujours à l'assemblée. Le critère d'exclusion varie selon les cités : en Thessalie, par exemple, les paysans, les artisans et les marchands ne pouvaient entrer à l'assemblée ; à Thèbes, avant l'établissement de la démocratie au IVe siècle, il fallait n'avoir pas exercé la profession d'artisan depuis au moins dix ans. À l'époque classique le plus souvent, le critère d'exclusion est fondé sur la fortune : ainsi, à Athènes, lors des révolutions oligarchiques de 411 et de 404, on établit un *numerus clausus*, en retenant comme citoyens « actifs » les Cinq-Mille ou les Trois-Mille ; en 322, la constitution censitaire d'Antipater prive de la plénitude de leurs droits politiques un bon nombre de citoyens athéniens. Dans les régimes oligarchiques, l'assemblée dispose de pouvoirs faibles, limités par ceux du conseil dont, bien souvent, elle ne fait qu'entériner les décisions ; les citoyens ont le droit de voter, mais ne peuvent pas toujours prendre la parole, comme, par exemple, dans l'*apella* spartiate. Dans les cités démocratiques au contraire, tous les citoyens accèdent à l'*ekklèsia*, et peuvent y prendre librement la parole : l'assemblée, dans ce régime de démocratie directe, est véritablement l'organe fondamental de la cité. Elle est souveraine et compétente dans tous les domaines ; elle vote lois et décrets sur les propositions de la *boulè*.

L'*ekklèsia* d'Athènes nous est assez bien connue grâce aux sources, particulièrement grâce à *la Constitution d'Athènes* longtemps attribuée à Aristote. Elle serait issue, comme dans les autres cités grecques, de l'assemblée des

soldats ; avec Solon, tous les citoyens, y compris les thètes•, y ont accès. Ses pouvoirs, qui devaient être limités, augmentent considérablement avec Clisthène, en 508-507, qui établit un régime dit d'isonomie• ; cette réforme démocratique est complétée par celle d'Éphialte en 462-461, qui fait de l'*ekklèsia* l'organe souverain d'Athènes.
Tous les citoyens athéniens ont accès à l'*ekklèsia* à partir de dix-huit ans, ou vingt ans quand ils accomplissent le service de l'éphébie•. L'*ekklèsia* se réunit sur la Pnyx, colline voisine de l'*agora,* quatre fois par prytanie• **(fig. 9)** ; aux quarante réunions ordinaires s'ajoutent des réunions exceptionnelles en cas de crise. La première assemblée de la prytanie, l'assemblée « principale », est consacrée aux grandes questions, comme la défense, l'approvisionnement de la cité, le renouvellement de la confiance accordée aux magistrats ; les trois assemblées suivantes sont chargées d'expédier les affaires courantes. L'assemblée est présidée jusqu'en 377 par les prytanes• et leur président, puis par les proèdres• et leur président. Après le sacrifice d'ouverture et la lecture du *probouleuma*•, le projet de décret présenté par la *boulè,* a lieu la délibération, au cours de laquelle chacun peut prendre la parole. L'*isègoria*• est en effet caractéristique des assemblées démocratiques, surtout à Athènes : l'éloquence politique, avec des orateurs• comme Périclès au Ve siècle ou Démosthène au siècle suivant, joue dès lors un rôle grandissant, même si le nombre des intervenants est restreint dans les faits ; des adversaires du régime condamnent la dérive, imputable aux démagogues•, qui flattent les passions de la foule et la conduisent à leur gré. Le vote se fait à main levée, sauf dans des cas graves, comme le vote d'ostracisme•. Bien que la participation à l'*ekklèsia,* dans un régime de démocratie directe, soit un devoir civique, nombreux sont les citoyens, retenus par leur travail, à Athènes même ou le plus souvent à la campagne, qui ne peuvent participer régulièrement aux séances de l'assemblée : le *quorum* de six mille présents pour les assemblées importantes est la preuve que, bien souvent, ce chiffre n'est pas atteint. L'absentéisme est donc la plaie de l'*ekklèsia,* où prédomine finalement le petit peuple de la ville. Au IVe siècle, la misthophorie• tente de porter un remède à la désaffection dont souffre l'*ekklèsia* : le *misthos*• *ekklèsiastikos* est institué, au moins pour les premiers arrivés, d'une obole, puis de trois, et enfin d'une drachme pour les assemblées ordinaires, d'une drachme, puis d'une drachme et demie pour l'assemblée principale (voir monnaie•). On constate aussi, jusqu'au moment où est appliquée la constitution censitaire d'Antipater, un empiètement des pouvoirs de l'*ekklèsia* sur la *boulè,* puisqu'il arrive que l'*ekklèsia* délibère sur une question qui n'a pas fait l'objet d'un *probouleuma.*
L'*ekklèsia* dispose de pouvoirs très importants : elle est souveraine dans tous les domaines de la législation intérieure et de la politique extérieure. Elle vote les lois• et les décrets• qui ont force de loi, les *psèphismata,* sur proposition de la *boulè* ; elle vote la guerre et la paix, décide de la conduite des armées en temps de guerre, vote la levée de l'*eisphora*•. Elle élit les magistrats qui sont recrutés par élection, comme les stratèges• ; elle possède aussi des attributions judiciaires particulières dans les affaires où est mise en jeu la sécurité de l'État, comme dans la procédure de l'eisangélie•.

***Embolon* (ἔμβολον) :** Sur les navires de guerre, notamment les trières•, l'éperon (*embolon*) en bronze constitue à la proue l'arme navale par excellence. À l'époque archaïque, l'éperon est toujours constitué par une extrémité de la quille et renforcé par une poutre oblique qui amortissait le choc sur les doubles préceintes inférieures. L'éperon à trois branches apparaît au début du IVe siècle en position plus ou moins inclinée, au niveau de la flottaison.

***Emporion* (ἐμπόριον) : 1.** Le terme *emporion*, place de commerce, est employé pour désigner les établissements commerciaux fondés par les Grecs qui n'ont pas le statut civique des colonies•, mais servent de lieu d'échanges, de comptoir, tels le port d'Al Mina, fondé par les Eubéens à l'embouchure de l'Oronte sur la côte syrienne, ou celui de Naucratis dans le delta du Nil. **2.** Le sens de « place de commerce » est souvent retenu pour qualifier aux époques classique et hellénistique un espace délimité précisément dans le port marchand d'une cité, qui est réservé aux transactions et aux activités liées **(fig. 37, n°11)**. **3.** Par extension, le mot en vient à désigner l'ensemble du port : l'*emporion* d'Athènes s'entend de la ville du Pirée dans son ensemble.

Des magistrats spéciaux, les épimélètes de l'*emporion*, sont chargés d'assurer la police ; au nombre de dix à Athènes, où ils sont attestés pour la première fois en 375/4, ils surveillent toutes les activités commerciales dans l'*emporion*, réservent pour le marché athénien les deux tiers des céréales• importées au Pirée et reçoivent les dénonciations de certaines fraudes.

Le monde de l'*emporion* regroupe les commerçants qui pratiquent le commerce lointain, essentiellement par voie de mer, appelés *emporoi*, ceux qui transportent leurs propres marchandises sur leurs navires, les humbles portefaix, les nauclères• et ceux qui prêtent leurs capitaux pour des prêts maritimes.

***Enktèsis* (ἔγκτησις) :** Le droit d'*enktèsis* (*enktèsis gês kai oikias*) est le droit de propriété foncière, réservé aux seuls citoyens d'une cité. Les étrangers, comme les métèques• à Athènes, ne peuvent donc vivre de l'exploitation d'une terre qu'ils possèderaient : ils sont artisans ou commerçants. Le droit d'*enktèsis* est très rarement accordé aux étrangers : à l'époque classique, les Athéniens l'accordent, pour des raisons stratégiques ou économiques, à certains étrangers désireux de fonder un sanctuaire à l'une de leurs divinités.

***Épendytès* (ἐπενδύτης) :** Ce terme, qui signifie vêtement de dessus, à proprement parler, ou pardessus, a été employé à époque moderne pour désigner différentes pièces d'habillement qui couvrent un vêtement de dessous : la gaine qui emprisonne à l'avant le bas du corps de l'Artémis d'Éphèse ou la tunique courte sans manche d'une étoffe plus lourde que celle de la tunique• longue sur laquelle elle est passée.

ÉPHÈBE, ÉPHÉBIE (ἔφηβος, ἐφηβεία) : L'éphébie est la seule institution éducative (*paideia*•) véritablement publique dans les cités grecques. Attestée dès les années 372, l'éphébie athénienne n'est connue précisément qu'à partir des années 335, quand Épikratès, l'ami politique de l'orateur Lycurgue, organisa la préparation militaire des jeunes hommes de dix-huit à vingt ans pour restaurer l'armée après la défaite de Chéronée (338). Cette institution, qui tient lieu de service militaire obligatoire, forme les jeunes Athéniens après une dokimasie• qui vérifie leur qualité de citoyen et leur âge. Des magistrats élus sont chargés de veiller à la formation des éphèbes : un cosmète•, dix, puis douze sophronistes ; ils sont assistés de deux pédotribes•, ou maîtres de gymnastique, et d'instructeurs chargés d'enseigner le maniement des armes (hoplomaque), de l'arc, du javelot, de la catapulte. Les éphèbes athéniens se distinguaient, jusqu'au deuxième siècle ap. J.-C., par le port d'une chlamyde (manteau•) noire et du pétase• lors de certaines fêtes. Ils prêtaient un serment• solennel de fidélité à la patrie et à la démocratie dans le sanctuaire d'Aglaure. Leur première année était consacrée à l'entraînement au Pirée, dans les forteresses d'Aktè et de Mounichie **(fig. 37)**. La seconde année commençait par une revue au théâtre de Dionysos et par une prise d'armes. Ensuite, ils étaient chargés de surveiller le territoire et étaient cantonnés dans différentes forteresses de l'Attique.

Le texte du serment• des éphèbes athéniens est connu par des compilateurs antiques et par une inscription du IVe siècle, dont le texte est original et le style volontairement archaïque : « Je ne déshonorerai pas les armes sacrées et je n'abandonnerai pas celui qui est à côté de moi, là où je serai en ligne ; je combattrai pour les lois divines et humaines et je ne transmettrai pas une patrie amoindrie, mais une patrie augmentée et supérieure en ce qui dépend de moi et avec tous, et j'obéirai aux chefs à chaque fois avec conscience, ainsi qu'aux règles établies et à celles que l'on établira à l'avenir avec conscience ; si on les renverse, je ne le permettrai pas en ce qui dépend de moi et avec tous, et j'honorerai comme sacrées les coutumes ancestrales. En ont connaissance les dieux : Aglaure, Hestia, Ényô, Ényalios, Arès et Athéna Areia, Zeus, Thallô, Auxô, Hègémonè, Héraclès, les bornes de la patrie, les blés, les orges, les vignes, les oliviers, les figuiers. »

À partir du IIIe siècle, l'éphébie se transforme en perdant de son caractère militaire pour devenir une formation culturelle et sportive où le maniement des armes est relégué au second plan. Elle devient annuelle et onéreuse, réservée aux riches ; à partir de 119/8, elle s'ouvre même aux riches étrangers.
D'autres cités qu'Athènes ont connu la même évolution de l'éphébie, qui devient plus élitiste et plus sportive que militaire au cours de l'époque hellénistique.

ÉPHÈTES (ἐφέται) : Magistrats de l'Athènes archaïque, les éphètes forment à l'époque classique un corps permanent de cinquante-et-un juges. Leur compétence s'exerce en matière criminelle, notamment pour les affaires où le meurtrier est inconnu ou pour les meurtres de non-citoyens et d'esclaves. Ils siègent, en fonction de la nature des affaires, en différents lieux où ils forment des tribunaux• de sang (Delphinion, Palladion, Prytanée, tribunal de Phréattys) (Pseudo-Aristote, *Constitution d'Athènes* 57, 3-4).

ÉPHORAT, ÉPHORE (ἐφορεία, ἔφορος) : Les origines de l'éphorat à Sparte étaient controversées dès l'Antiquité, puisque les uns attribuaient la création de cette magistrature à Lycurgue, et d'autres, au roi Théopompe ; on pense généralement que l'éphorat, qui n'est pas mentionné par la grande *rhétra*•, apparut au VIIIe siècle et devint essentiel dans les institutions spartiates au VIe siècle, sous l'impulsion peut-être de l'éphore Chilon : ses pouvoirs auraient alors été augmentés pour contrecarrer un éventuel développement du pouvoir royal, au moment où les régimes tyranniques• fleurissent dans le monde grec.
Les éphores étaient au nombre de cinq, élus pour un an par l'*apella*• ; le président de leur collège était le magistrat éponyme de Sparte. L'absence, pour leur recrutement, de condition de fortune ou de naissance est une marque démocratique du régime ; d'après certains, leur pauvreté les rendait même corruptibles. En revanche, leur petit nombre et l'étendue de leurs pouvoirs apparentent le régime à l'oligarchie• : leurs pouvoirs sont en effet considérables à l'époque classique, excessifs même selon Aristote. Ils convoquent et président l'*apella*, et, dans cette cité souvent en guerre, ils sont les maîtres de la politique étrangère : ils

reçoivent les ambassades, décident s'il y a lieu, ou non, de donner suite à leurs propositions et de les transmettre à l'*apella* ; en temps de guerre, ils font le choix de la tactique à suivre, désignent celui des deux rois• qui conduira l'armée et le surveillent tout au long de la campagne, puisque deux d'entre eux restent en permanence à ses côtés. Leurs pouvoirs judiciaires, qui sont considérables, s'étendent jusqu'aux rois : l'histoire de Sparte est jalonnée par des conflits entre les éphores et les rois, qui tentaient parfois, à l'occasion de victoires militaires, de jouer un rôle personnel ; réunis à la *gérousia*• en haute-cour, les éphores jugent les rois. Les éphores contrôlent enfin étroitement la vie sociale de la cité, particulièrement l'éducation• (*agôgè*•), essentielle dans cet État totalitaire.

***Épiblèma* (ἐπίβλημα) :** L'*épiblèma* est une pièce d'étoffe épaisse, littéralement mise par dessus, jetée sur le manteau• de certaines corés• archaïques, ayant fonction d'écharpe.

ÉPICLÈRE (ἐπίκληρος) : La fille épiclère était tenue, en l'absence de frères, de transmettre à ses fils la fortune paternelle, le *klèros*•, dont elle était dépositaire : comme le bien devait, selon le droit grec, rester dans la famille du père, la jeune fille était contrainte d'épouser son plus proche parent du côté paternel. Tant qu'elle n'était pas mariée, la fille épiclère était placée, à Athènes, sous la protection de l'archonte éponyme• ; celui-ci instruisait les procès, jugés devant l'Héliée, qui pouvaient être suscités par les prétentions de plusieurs prétendants à la main d'une riche héritière. Si la fille épiclère était déjà mariée au moment où elle héritait de son père, un jugement de l'Héliée pouvait l'obliger à rompre ce mariage et à épouser son plus proche parent du côté paternel. L'obligation faite aux filles épiclères d'épouser leur plus proche parent n'était cependant pas toujours respectée : dans la Sparte du IVe siècle, nombreuses étaient les filles épiclères que leur père mariait en-dehors de la famille à de riches Spartiates.

ÉPICLÈSE (ἐπίκλησις) : L'épiclèse est un qualificatif divin qui correspond à un lieu ou à une fonction de la divinité. Les épiclèses manifestent le nombre et la proximité des dieux.

Pour le lieu, on connaît Zeus Idaios, de la montagne de l'Ida de Crète, où Zeus aurait été caché par sa mère Rhéa, confié à la garde des Corybantes, qui faisaient résonner des boucliers pour couvrir les vagissements de l'enfant et cacher sa présence à son père Cronos. Pour la qualité, on citera Athéna Parthénos, la Vierge, qui est la déesse honorée sur l'Acropole• d'Athènes dans le Parthénon, ou encore un nom tiré d'une invocation, celui d'Iacchos, personnification du cri poussé par la procession qui va d'Athènes à Éleusis célébrer chaque année les Grands Mystères• ; cette divinité est identifiée à un fils de Déméter ou de sa fille Coré-Perséphone.

ÉPIGAMIE (ἐπιγαμία) : Privilège accordé par une cité à une personne étrangère d'épouser l'un de ses ressortissants.

Dans la confédération chalcidienne, le droit d'épigamie était accordé réciproquement aux citoyens de toutes les cités membres de la confédération.

ÉPIGONE (ἐπίγονος) : Les épigones sont les descendants des diadoques•, étymologiquement « ceux qui sont nés après eux ».

ÉPIMÉLÈTE (ἐπιμελητής) : Comme l'indique son nom, l'épimélète est celui qui s'occupe d'un service particulier, qui veille à un travail précis : cette charge a le plus souvent un caractère technique, qui fait de l'épimélète, à travers tout le monde grec, un magistrat spécialisé dans le domaine de l'administration civile, où il peut assumer des fonctions variées. L'épimélète peut être seul à accomplir sa tâche, ou, dans le cas de services importants, faire partie d'un collège de magistrats. Ainsi, à Athènes, l'épimélète des fontaines doit veiller à la construction et à l'entretien des fontaines et, plus généralement, au respect des lois en usage concernant les eaux ; les dix épimélètes de l'*emporion*• sont chargés de faire respecter la réglementation en vigueur sur le commerce maritime. Le titre est si général et vague, comme du reste celui d'archonte•, que Démétrios de Phalère put être appelé, à la fin du IVe siècle, « épimélète de la cité » ; représentant du roi de Macédoine Cassandre, il établit entre 317 et 307 un régime censitaire qualifié de tyrannie. Certains magistrats chargés de fonctions à caractère religieux sont appelés aussi « épimélètes » : à Athènes, les plus connus étaient ceux qui participaient à l'organisation des processions des Grandes Dionysies et des Mystères• d'Éleusis. Enfin, des personnages, qui n'ont pas reçu de mandat de la cité, mais d'une tribu•, d'une phratrie•, d'une association, peuvent aussi porter le titre d'épimélète.

ÉPINICIES (ἐπινίκια) : 1. Les épinicies sont une cérémonie religieuse d'actions de grâce qui suivait une victoire aux concours•. Cette cérémonie comprenait chant et banquet. **2.** Le terme d'épinicies désigne en particulier les odes• triomphales. Ces poèmes spécialement composés pour célébrer un vainqueur aux concours ont constitué une production très abondante de la lyrique chorale à la fin du VIe siècle et dans la première partie du Ve. Ils consistaient en une cantate accompagnée de danse. La célébration du vainqueur se faisait en deux temps : une ode improvisée était représentée dans le sanctuaire où la victoire venait d'être proclamée et une ode majeure était commandée pour une représentation dans la patrie du vainqueur.

Parmi les auteurs d'*Épinicies*, il faut citer surtout Pindare, qui écrivit des odes en l'honneur des vainqueurs aux grands concours panhelléniques•. Celles qui sont parvenues jusqu'à nous ont été classées sous ce titre suivant les quatre grands concours par les philologues alexandrins, bien que certaines ne célèbrent pas des vainqueurs aux grands concours de la période•. Les épinicies de Simonide sont classées par épreuve.

***Épinomia* (ἐπινομία) :** L'*épinomia* est le droit de pâture sur les pâturages communs, qui peut être concédé par une cité à son créancier en échange d'avantages financiers.

Une convention d'Orchomène en Béotie concède à Eubôlos d'Élatée, son créancier, une *épinomia* de quatre ans pour 220 têtes de gros bétail et 1000 de petit bétail. Pour éviter tout abus, Eubôlos doit enregistrer ses bêtes chaque année auprès du trésorier et du *nomônas*, magistrat qui administre les pâturages publics.

ÉPIPHANIE (ἐπιφάνεια) : Dans la religion grecque, l'épiphanie est l'apparition, dans toute sa majesté, d'une divinité dont l'action est souvent salvatrice pour la cité.

Lors de la guerre d'Aristonicos, qui voit l'affrontement entre ce prétendant à la succession d'Attale III et les Romains pour la possession du royaume de Pergame, un décret de la ville carienne de Bargylia mentionne une épiphanie de la déesse poliade• Artémis Kindyas qui aurait sauvé la ville dans les années 129.

ÉPISÈME (ἐπίσημον) : L'épisème de bouclier est l'ornement figuré qui décore la face externe du bouclier.

ÉPISTATE (ἐπιστάτης) : Épistate, « celui qui se tient devant », est le titre un peu vague porté dans le monde grec par des magistrats ou responsables de groupes ou d'institutions. À Athènes, l'épistate des prytanes• est le chef des prytanes et, jusqu'en 377, le président de la *boulè*• et de l'*ekklèsia*• ; en 377, on lui retire la présidence de la *boulè* et de l'*ekklèsia*, pour la confier à l'épistate des proèdres• ; les deux épistates sont tirés au sort parmi les prytanes ou les proèdres pour présider pendant un jour, une seule fois dans leur vie. Les épistates des temples sont responsables de l'administration des biens sacrés des sanctuaires ; les épistates des travaux publics sont membres de commissions extraordinaires, chargées de la construction de remparts, de ports ou d'autres édifices publics. Dans les royaumes hellénistiques enfin, l'épistate est un représentant du roi dans les cités, investi de pouvoirs civils et militaires.

ÉPONYME (ἐπώνυμος) : L'éponyme est celui qui donne son nom, à un groupe plus ou moins important d'individus ou, dans chaque cité, à l'année. L'ancêtre éponyme est souvent mythique, comme Ion, l'ancêtre éponyme des Ioniens, ou les dix héros• éponymes des tribus clisthéniennes d'Athènes. Chaque cité possède un magistrat ou un prêtre éponyme, qui donne son nom à l'année pendant laquelle il exerce sa fonction, et d'après lequel sont datés les décrets : à Athènes, le magistrat éponyme est l'un des archontes• ; à Sparte, c'est l'un des éphores•.

ÉPOPTE, ÉPOPTIE (ἐπόπτης, ἐποπτεία) : mystagogue, myste, mystères•

***Éranos* (ἔρανος) : 1.** L'*éranos* est le repas où chacun apporte sa part, comme l'atteste Homère. **2.** Le mot désigne aussi, à Athènes et à Rhodes, une association religieuse dont les membres paient leur écot lors de banquets en commun qui suivent le sacrifice. Ces associations, qui apparaissent au IVe siècle, se développent au cours de l'époque hellénistique et à l'époque impériale. Les éranistes, membres de l'*éranos*, se réunissent pour célébrer le culte d'une divinité. **3.** L'*éranos* est enfin un prêt sans intérêt, consenti par des amis, qui s'entraident ainsi pour différents objectifs, par exemple pour payer une rançon, une dot•, les charges liées à une liturgie•.

***Eschara* (ἐσχάρα) : autel• ; maison• ; sacrifice•**

ESCLAVAGE, ESCLAVE : Les sources antiques présentent différentes vues partielles de l'esclavage, souvent déformées par les règles de chaque genre littéraire : les orateurs attiques du IVe siècle insistent sur la situation juridique des esclaves ; les auteurs comiques caricaturent la réalité quotidienne ; les tragiques reflètent les réflexions des philosophes. Quant aux documents figurés, ils présentent un type iconographique de l'esclave, aux vêtements grossiers, aux traits épais, les cheveux coupés courts. Il convient de retenir de ces documents quelques notations récurrentes, qui peuvent confiner au stéréotype, et la multiplicité des images qui reflète une réalité diverse.
L'esclave est d'abord une marchandise, un objet de propriété. La réalité est ancienne : les tablettes mycéniennes attestent les formes au masculin (*doero*) et au féminin (*doera*), correspondant aux mots classiques *doulos* (δοῦλος) et *doulè* (δούλη), sans que l'on puisse préciser la condition de ces esclaves. Homère présente l'esclavage des non-libres (*dmôes*, δμῶες) comme conséquence de la guerre• ou de la piraterie• ; il est presque toujours monopole royal et l'esclave est

rattaché à l'*oikos*•, car lui-même n'a pas d'*oikos* en propre. Il est plusieurs façons de devenir esclave, par la naissance, par prise de guerre, par piraterie, par abandon d'enfants, ou pour dettes. À l'époque classique, toutes les cités ne connaissent pas la même situation : à Athènes, Solon a interdit la vente des débiteurs insolvables comme esclaves ; les esclaves y sont donc d'origine étrangère, le plus souvent barbare•.

La situation des esclaves est variable : à part la privation de liberté, il y a loin de l'unique esclave domestique d'une famille humble d'Athènes (nourrice ou pédagogue•) aux esclaves envoyés exploiter les mines• du Laurion ou condamnés à tourner la meule. On connaît même des esclaves, plus tard affranchis, qui firent fortune dans la banque• au IVe siècle, comme Pasion et Phormion. L'esclavage urbain est souvent lié à l'artisanat familial ; l'esclave amasse alors un pécule qui pourra lui permettre d'obtenir son affranchissement•. Au contraire de Sparte, les esclaves ne constituent pas un danger pour Athènes ; tout au plus assiste-t-on à quelques fuites collectives dans les mines du Laurion, la première en 415-413, quand la cité subit la défaite de l'expédition de Sicile.

Xénophon, d'après les *Revenus* (IV, 23), paraît supposer un prix moyen de 180 drachmes pour l'esclave. Il indique par ailleurs que la location d'un esclave pour les mines rapportait à son propriétaire une obole par jour (IV, 14), ce qui revient à amortir son prix d'achat en 3 ans et 4 mois. Cette forte rentabilité s'explique sans doute par l'insuffisance de l'offre, peut-être aussi par le risque que représentaient les conditions de travail dans les mines•, qui usaient rapidement les esclaves et devaient entraîner une forte mortalité.

Le statut du propriétaire varie également. La cité peut posséder des esclaves publics, comme les archers• scythes à Athènes. Le statut même de l'esclave est différent suivant les cités. À Sparte, les hilotes• sont attachés à la glèbe, comme les pénestes• en Thessalie ou certains dépendants en Crète. Ce sont plutôt des dépendants que des esclaves : ils sont propriété de l'État et leur origine très ancienne est liée à la soumission de populations indigènes.

Les esclaves athéniens, qui sont un bien meuble, n'ont pas de famille légale ; leur maître a sur eux droit de vie et de mort, mais il est retenu par la crainte de l'*hybris*• et par son intérêt à conserver l'esclave ; le châtiment habituel est le fouet. Seul recours de l'esclave : se réfugier dans le sanctuaire de Thésée ou devant l'autel des Euménides sur l'Aréopage. Dans le domaine de la religion, l'esclave participe au culte familial et peut même, s'il parle grec, se faire initier aux mystères• d'Éleusis. En matière de justice, il peut intervenir dans les affaires de dénonciation d'un traître, d'un sacrilège, d'un prévaricateur, ainsi que dans les procès commerciaux à partir du IVe siècle. Dans les autres cas, la torture est nécessaire pour tout témoignage d'esclave.

L'esclavage est partout en Grèce une réalité habituelle ; on estime qu'au Ve siècle un habitant sur deux était esclave à Athènes, où le citoyen ordinaire avait un serviteur et deux servantes ; à Sparte, les hilotes étaient neuf fois plus nombreux que les Spartiates. Le commerce des esclaves se pratiquait sur des marchés situés sur les voies commerciales ; à la basse époque hellénistique, l'île de Délos joua ce rôle de plaque tournante.

ETHNIQUE (ἐθνικόν) : L'ethnique est l'adjectif qui indique la cité ou l'*ethnos* du Grec. Sa mention suit normalement celles du nom, du patronyme et, éventuellement, du démotique.

Dans le cas de villes homonymes, comme les nombreuses Antioches, Laodicées, Apamées, Séleucies, Apollonia, la détermination que donne l'ethnique est souvent insuffisante pour connaître la cité précise indiquée, car les ethniques sont eux-mêmes souvent homonymes. Rarement, la forme de l'ethnique distingue les citoyens de deux villes homonymes : *Attaleus* (Ἀτταλεύς) pour la ville d'Attaleia sur la côte de Pamphylie (moderne Antalya), *Attaléatès* (Ἀτταλεάτης) pour la petite Attaleia de Lydie, proche de Thyatire ; *Hérakleios* (Ἡρακλεῖος) pour Héraclée de Lucanie, *Hérakléôtès* (Ἡρακλεώτης) pour les autres Héraclées. L'ethnique peut aussi être précisé par une mention géographique qui précise la situation de la cité, comme pour Antioche auprès du Méandre (moderne Alabanda), dont l'ethnique comporte cette détermination (Ἀντιοχεὺς ὁ πρὸς τῷ Μαιάνδρῳ).

***Ethnos* (ἔθνος) :** Le sens premier de « groupe » a donné le sens de « peuple ». Dans les poèmes d'Homère, *ethnos* est un terme générique, qui peut désigner un groupe, un contingent ou l'armée, dont l'unité ne dépend pas essentiellement de critères ethniques ; l'*ethnos* est l'expression d'une communauté autonome à base personnelle, qui partage un territoire et une même origine avec une hiérarchie interne. On voit que le critère ethnique n'est pas déterminant, car les membres d'un même *ethnos* peuvent être répartis entre différents contingents et un même contingent peut regrouper des membres de plusieurs *ethnè*, comme celui d'Achille, avec Myrmidons, Hellènes et Achéens (*Iliade*, II, 684).
Au cours du VIIIe siècle s'élabore le régime de la *polis*•, appelé à se répandre et à devenir la forme d'organisation typique du monde grec, largement diffusée; mais à côté des *poleis*, et plus ancien qu'elles, subsiste le système de l'*ethnos*. Cette forme de communauté, dont les membres sont unis par des liens ethniques et religieux, est le type d'organisation politique privilégié des régions montagneuses, Grèce du nord-ouest, Grèce centrale et nord du Péloponnèse, car elle convient, bien plus que le cadre fermé de la cité, au genre de vie des sociétés pastorales, que les besoins de leurs troupeaux contraignent à de perpétuels déplacements, marqués par des haltes de village en village. Un culte commun, tel celui d'Apollon à Thermos pour les Étoliens, scelle l'unité des membres de l'*ethnos*.
Jusqu'au IVe siècle, les *ethnè*, lorsqu'ils n'ont pas évolué vers le régime de la cité, restent majoritairement en retrait par rapport aux cités les plus actives. Leur type de structure est souvent un facteur qui favorise l'établissement d'institutions fédérales : l'*ethnos* s'organise en *koinon*•, tel celui des Étoliens au IVe siècle. La Thessalie offre l'exemple d'un *ethnos* à structure tribale qui réunit les cités thessaliennes dans le cadre d'un *koinon*. Même lorsque les cités ont fait disparaître la réalité institutionnelle de l'*ethnos*, le sentiment d'appartenance à un même groupe subsiste.

EUPATRIDES (Εὐπάτριδαι) : Les « bien nés » constituent l'aristocratie foncière d'Athènes. Après avoir contrôlé le gouvernement de la cité à l'époque archaïque avant la tyrannie•, les Eupatrides conservent le droit d'accéder aux plus importantes magistratures classiques : la stratégie• est réservée aux pentacosiomédimnes• grands propriétaires en Attique et l'archontat• ne s'ouvre aux zeugites• qu'en 457/6. Certains sacerdoces restent réservés aux Eupatrides : trois grandes familles d'Éleusis fournissent, pour célébrer les mystères•, le hiérophante (Eumolpides), le dadouque (Kérykes) et la prêtresse de Déméter (Philaïdes). Dans la politique d'Athènes, les Eupatrides conservent une grande influence ; les principaux orateurs• sont issus de leurs rangs : Périclès se rattache par sa mère à la grande famille des Alcméonides.

***Euthynai* (εὔθυναι) : reddition• de comptes**

ÉVERGÈTE (εὐεργέτης), ÉVERGÉTISME : Les bienfaiteurs, traduction exacte d'évergètes, prennent une importance croissante dans la vie des cités à partir de la fin du Ve siècle. Le phénomène de l'évergétisme marque l'époque hellénistique, où certains rois reçoivent ce surnom, tel le couple des rois Évergètes en Égypte, Ptolémée III et Bérénice.

Il convient de distinguer l'emploi du terme d'évergète, qui peut, dès la période classique, qualifier dans une cité des citoyens bienfaiteurs, de l'octroi du titre officiel, décerné par décret et donné d'abord seulement aux étrangers, avec les honneurs• afférents, qui sanctionne la reconnaissance publique pour des bienfaits publics, tels que distribution gratuite de céréales, construction d'un édifice ou fondation•. À partir du IIe siècle, le titre est aussi octroyé par la cité à certains de ses citoyens, riches notables dont les dons subviennent aux besoins de la communauté. Athènes présente une particularité : du Ve au Ier siècle, aucun décret n'y accorde à un citoyen le titre d'évergète. L'évergète étranger reçoit en général également le titre de proxène• et quelquefois certains privilèges, comme le droit de cité (*politeia*•) ou le droit de propriété (*enktèsis*•).

ÉVHÉMÉRISME : L'évhémérisme tire son nom d'Évhémère, qui écrivit vers 300 une *Histoire sacrée* qui racontait un voyage dans l'île fabuleuse de *Panchaïa*. Cette fable présentait les dieux grecs comme des hommes divinisés après leur mort. L'évhémérisme, qu'il ne faut pas confondre avec l'athéisme, présente une explication rationnelle de la religion ; il est influencé par le culte des souverains qui se répand à l'époque hellénistique.

***Ex-voto* : offrande•**

EXÈDRE (ἐξέδρα) : Ensemble de bancs monumental, constitué par des sièges disposés sur trois côtés, ou en forme d'arc-de-cercle. L'exèdre peut être à l'air libre ou dans une salle couverte, le plus souvent à l'intérieur d'un gymnase• : le quatrième côté donne alors sur un portique• et la pièce peut servir de salle de conférences.

EXÉGÈTE (ἐξηγητής) : À l'instar des chresmologues•, les exégètes possédaient un savoir technique, la connaissance de recueils sacrés, sur laquelle ils s'appuyaient pour interpréter les oracles et les phénomènes extraordinaires. À Athènes, les exégètes, l'un choisi par le peuple, l'autre désigné par la Pythie de Delphes, tous deux appartenant aux Eupatrides•, étaient chargés de faire respecter le droit sacré concernant les purifications et les rituels ancestraux ; à partir de la fin du IVe siècle, des exégètes appartenant à la famille sacerdotale des Eumolpides sont attestés dans la célébration des Mystères d'Éleusis.

F

***Favissa* :** Dans le vocabulaire archéologique, une *favissa* est une fosse où les offrandes anciennes, ou endommagées, étaient mises au rebut dans le sanctuaire, afin de laisser la place à de nouvelles offrandes.

FEMME (statut juridique) : citoyenne• ; dot• ; épiclère• ; gynéconome• ; *kyrios*• ; mariage•

FÊTE : La fête est un ensemble de rites qui sont célébrés à date fixe par la communauté tout entière. Elle trouve sa place dans le cycle des cérémonies fixé par le calendrier• liturgique de chaque communauté, calendrier sacré scandé par des célébrations uniquement religieuses. Chaque cité a son propre calendrier, qui manifeste le caractère communautaire de la fête.

À Athènes, la déesse poliade• est honorée par différentes fêtes. Certaines révèlent la personnalité divine d'Athéna Polias, marquée par les notions de fécondité et de fertilité.

Les Arrhéphories révèlent un rituel fécondant : au mois de Skirophorion (juin-juillet), les Arrhéphores•, jeunes Athéniennes de bonne famille, avant de sortir de charge, déposent dans la terre des objets voilés, symboles de fertilité et de fécondité, et transmettent aux nouvelles Arrhéphores les objets de même nature enterrés un an auparavant ; les nouvelles Arrhéphores mêlent ces objets à des semailles et les dispersent au pied de l'Acropole.

Les Plyntéria sont un rituel purificateur, cathartique, en Thargélion (mai-juin) : le *xoanon* d'Athéna Polias est baigné dans la rade du Phalère par des prêtres qui se transmettent cette charge héréditairement. Le temple de l'Érechtheion est alors purifié **(fig. 1, n°13)**.

On peut rapprocher d'Athéna Polias l'Athéna Ergané, déesse des activités artisanales, dont le temple s'élève en contre-bas de l'Acropole, dominant l'*agora* **(fig. 4)** ; Athéna Ergané le partage avec le dieu des forgerons, Héphaïstos. La fête des Chalkeia, en Pyanopsion, est une fête des forgerons et des artisans du bronze, dont les ateliers sont importants à Athènes.

La grande fête d'Athéna est à Athènes celle des Panathénées et, surtout, des Grandes Panathénées, qui s'accompagnent de concours•. Tous les ans des fêtes, les Panathénées, sont célébrées en l'honneur d'Athéna, sans concours. Mais cette fête prend un éclat particulier tous les quatre ans grâce à un concours ouvert à tous les Grecs. Ces Grandes Panathénées manifestent le prestige d'Athènes incarnée par sa divinité poliade. Elles sont célébrées le premier mois de l'année civile athénienne, en Hékatombaion (juillet-août) et leur organisation est confiée à des magistrats spécialement désignés. Les Grandes Panathénées culminent avec la procession• qui clôt la fête, le 28 Hékatombaion, après le concours. Le document essentiel pour connaître leur déroulement reste la frise continue du Parthénon **(fig. 18)**.

La procession part de la porte du Dipylon, dans le quartier du Céramique **(fig. 34)**, traverse l'*agora* et gravit l'Acropole. Elle comprend les citoyens, les métèques• et des étrangers. En tête viennent les magistrats de la cité. Cette procession accompagne le char en forme de navire qui porte à Athéna Polias l'offrande du *péplos* tissé et brodé par la prêtresse d'Athéna et deux Arrhéphores• avec des aides, les Ergastines ; au terme de la procession, l'archonte-roi, magistrat qui conserve de nombreuses attributions religieuses, revêt du *péplos* le *xoanon* d'Athéna Polias dans l'Érechtheion.

À l'issue de la cérémonie ont lieu sur le grand autel d'Athéna Polias deux sacrifices successifs. Le premier, modeste, est le plus ancien : il consiste à sacrifier quatre vaches et quatre brebis, dont les parts sont distribuées selon un ordre hiérarchique aux magistrats de la cité. Le second est une hécatombe•, qui a donné son nom au mois d'Hékatombaion, suivi d'une distribution égalitaire des parts. Ce second sacrifice est le résultat d'une évolution de la mentalité religieuse : les animaux sacrifiés sont fournis par les cités sujettes d'Athènes dans la ligue de Délos ; le sacrifice manifeste donc la force de l'impérialisme athénien.

Fig. 18: Athènes, plan de la frise continue du Parthénon.

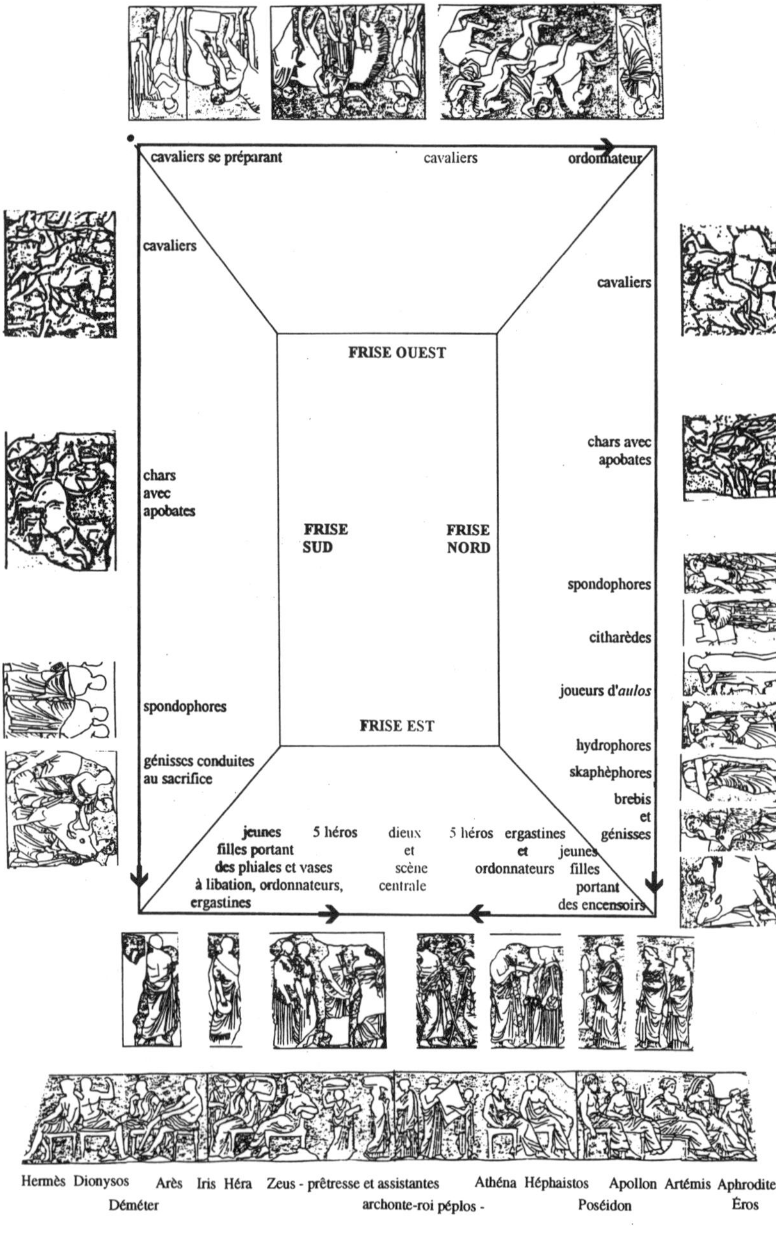

Les concours se déroulent du 22 au 27 Hékatombaion. Ils comprennent des épreuves musicales, dans l'odéon• construit par Périclès : concours de cithare• et de chant accompagné de cithare, d'*aulos*• et de chant avec *aulos* et concours de rhapsodes•, qui récitent les poèmes d'Homère. Également des épreuves gymniques, qui se déroulent d'abord au Pirée, le port d'Athènes, puis au stade• à partir de sa construction au IVe siècle. Un concours hippique aussi, avec différentes épreuves, notamment des exercices de voltige, à l'hippodrome. Pour rehausser ces concours, les Athéniens introduisent une course de trières au cap Sounion et une course aux flambeaux (lampadédromie•) qui part du faubourg de l'Académie. Le prix décerné au vainqueur a une valeur marchande importante : c'est de l'huile produite par les oliviers sacrés qui poussent dans les propriétés d'Athéna ; elle est contenue dans une amphore• « panathénaïque », qui figure d'un côté une Athéna Promachos, brandissant la lance, et rappelle de l'autre l'épreuve dans laquelle a triomphé le vainqueur **(fig. 13, n°3)**.

Le calendrier civique peut s'enrichir de nouvelles fêtes lors de la reconnaissance de cultes nouveaux.

À Athènes, Asclépios a d'abord fait l'objet d'un culte privé. Ce dieu du salut physique, qui soigne les malades, a vu son culte introduit à Athènes en 421/420, au moment de la paix de Nicias, par une confrérie où le poète tragique Sophocle, renommé pour sa piété, tenait une place importante. Cette confrérie installa le culte, à titre privé, sur le flanc sud de l'Acropole, à proximité d'un sanctuaire des Nymphes localisé à l'emplacement de sources **(fig. 1, n°27)**. L'introduction de ce culte du salut individuel est sans doute une conséquence du désarroi des Athéniens, très durement frappés par une épidémie de typhus (la « peste » d'Athènes) au début de la guerre du Péloponnèse, en 430-429, qui a emporté un quart de la population, y compris Périclès lui-même. On peut estimer que les Athéniens se sentirent alors abandonnés par les divinités poliades. Dès le début du IVe siècle, les Athéniens inclurent ce culte dans le calendrier religieux de la cité, lui donnant le statut de culte civique, qui n'était plus réservé à une confrérie : apparaissent alors dans le calendrier des fêtes civiques les Épidauria et les Asclépieia ; le sanctuaire est étendu. Une loi sacrée du début du IIIe siècle atteste que le culte s'était complètement intégré dans les pratiques religieuses : elle mentionne le sacrifice, devenu « traditionnel », des médecins• publics en l'honneur d'Asclépios et d'Hygie. Dès le début de l'époque hellénistique on peut constater, en comparant les mentions d'Asclépios avec celles d'Athéna, que le culte du dieu avait pris le pas sur celui de la déesse poliade dans la piété populaire, qui lui faisait une plus grande place qu'à Athéna elle-même.

FIBULE : La fibule est une agrafe métallique qui permet de retenir sur l'épaule un vêtement.

FONDATION : Les évergètes• ont souvent fait une fondation pour doter des cités de constructions onéreuses, en particulier de gymnases• : l'évergète, souvent un roi, donne à la cité bénéficiaire un capital en nature, par exemple une cargaison de céréales, en vue d'édifier et d'entretenir une fondation ; les denrées données sont vendues. Une partie du capital réuni est utilisée pour financer les travaux de construction ; le reliquat est placé pour produire des intérêts qui servent à l'entretien du bâtiment une fois qu'il est achevé.

La fondation peut aussi être constituée grâce à une souscription publique, comme l'illustre la constitution à Samos vers 260 d'un fonds permanent pour des distributions de céréales. La cité place le fonds des souscripteurs en emprunts garantis, qui lui procurent un revenu annuel affecté à l'achat des quantités de céréales distribuées aux Samiens.

FORTERESSE, FORTIFICATION : La Grèce connaît à l'époque mycénienne les imposantes fortifications de Mycènes ou de Tirynthe, qui sont abondonnées lors des Âges obscurs. Les cités qui s'épanouissent au VIIe siècle, s'entourent souvent d'enceintes fortifiées, dont l'exemple le plus imposant a été découvert à l'ancienne Smyrne ; cette enceinte, d'après de nouveaux éléments de datation, remonterait au VIIe siècle. À partir de l'époque classique, on limite l'emploi de la brique crue pour l'édification de murailles en pierre. L'importance prise par la poliorcétique• répond aux perfectionnements que le IVe siècle et l'époque hellénistique apportent à l'art des fortifications.

Fig. 19a : Athènes et Le Pirée, plan des fortifications
(d'après R. Martin).

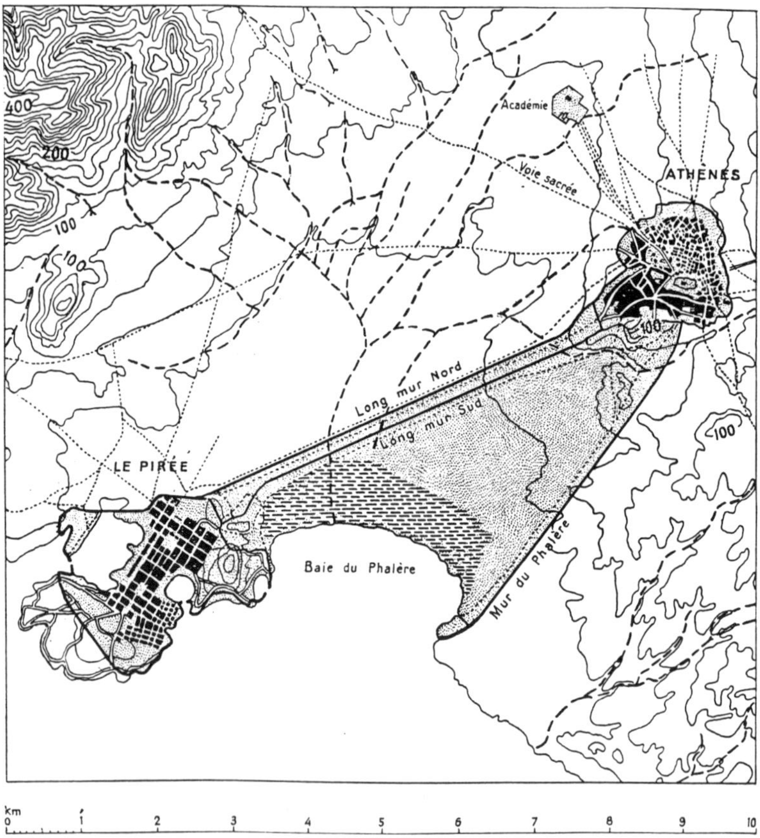

Fig. 19b : Athènes, coupe du système défensif près du Dipylon
(d'après Y. Garlan).

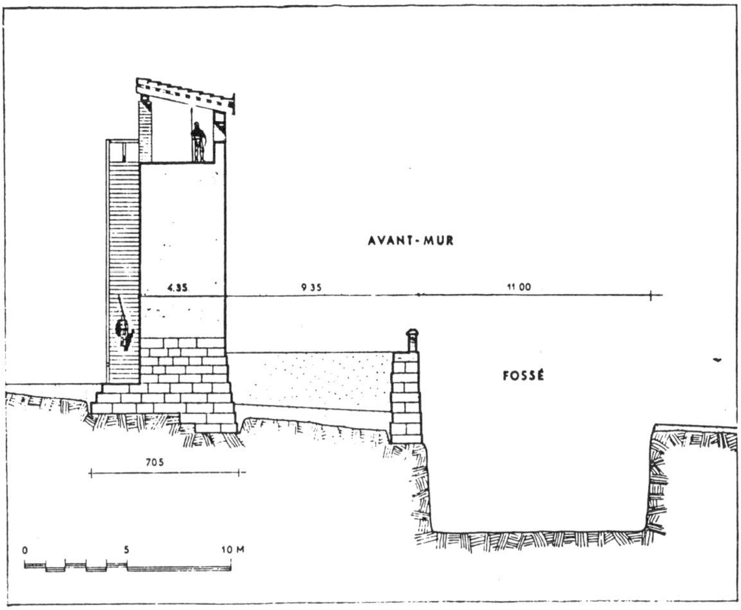

Les fortifications retrouvées à Athènes, après l'époque mycénienne, remontent au Ve siècle. Aucun reste archéologique n'a été découvert de l'enceinte mentionnée par Thucydide, qui aurait été détruite par les Perses en 480/479 (*Guerre du Péloponnèse* I, 89, 3). Après la bataille de Platées (479), Thémistocle fit construire une enceinte autour de la ville en y remployant le matériau des édifices détruits par les Perses. La fortification du port du Pirée fut ensuite dirigée par le stratège Cimon ; deux des Longs Murs, le mur du Phalère et le mur nord furent mis en chantier vers 457 ; Périclès, à partir de 445/4, ajouta le long mur sud pour ménager un couloir de circulation entre la ville et son port **(fig. 19a)**. À la fin de la guerre du Péloponnèse, en 404, les Spartiates obligèrent les Athéniens à démolir leurs fortifications. En 394, Conon s'employa à relever l'enceinte de Thémistocle, qui fut renforcée après la défaite de Chéronée (338) grâce au creusement de nouveaux fossés dont la trace a été retrouvée près de la porte du Dipylon **(fig. 19b)**.

La fortification est très liée à une certaine forme de cité dans la pensée politique grecque. Par opposition à Sparte, cité dépouvue de fortification, Athènes fonde son impérialisme sur trois piliers, la flotte, le trésor de la ligue et la fortification de la ville reliée au port. Le débat sur la nécessité de fortifier la ville se nourrit de cette opposition entre deux modèles.

Platon prend position pour le modèle spartiate lors de la fondation d'une ville idéale, dans *Les Lois* (VI, 778 d-779 a) ; il s'oppose à la construction d'une muraille « qui, d'abord, n'est d'aucune utilité pour la santé dans les cités, et, en outre, a coutume de disposer les habitants à la mollesse en les invitant à se réfugier là sans livrer combat contre l'ennemi, à ne pas chercher le salut dans des gardes continuelles de nuit et de jour, mais à croire qu'une fois barricadés derrière des murailles et des portes ils n'auront qu'à dormir pour être sûrement protégés, comme s'ils n'étaient pas nés pour peiner et ignoraient que la facilité, au contraire, naît en réalité de la peine que l'on se donne ».

Les fortifications se développent aussi au IVe siècle pour surveiller la *chôra*•. Les forteresses de l'Attique, où étaient cantonnés les éphèbes• lors de leur seconde année de formation, témoignent d'un changement dans la stratégie défensive de la cité par rapport au siècle de Périclès : l'ennemi doit, au IVe siècle, être arrêté aux frontières de l'Attique ; par exemple, la puissante forteresse d'Éleuthères commande la route de la Béotie. De nombreuses cités défendent ainsi leur territoire grâce à des forteresses, appelées *phrourion* (φρούριον), *chôrion* (χωρίον) ou *teichos* (τεῖχος). L'extension prise par les enceintes urbaines s'explique par le souci de défendre des terres agricoles qui permettront à la cité de résister à un long siège. On trouve aussi, essentiellement dans les îles de l'Égée et en Cyrénaïque, de nombreuses tours isolées que l'on appelait *pyrgoi* (πύργοι). La fonction de ces tours fait l'objet de discussions : elles pouvaient servir à engranger les récoltes pour les mettre à l'abri ; on remarque qu'elles protégeaient les petites vallées isolées, où elles pouvaient servir de refuges aux travailleurs des champs ; ces tours témoignent peut-être aussi de l'ostentation de certains propriétaires fonciers qui voulaient étaler aux yeux de tous leur richesse.

FRONTIÈRE : Le territoire civique se définit dans les limites de ses frontières. Des inscriptions permettent de connaître des délimitations minutieuses faites par des arbitres• internationaux, qui jouaient un grand rôle dans les relations entre cités. La défense de la frontière est assurée par un réseau de forteresses• et de fortins, dont l'Attique offre un bel exemple ; des patrouilles de soldats (*péripoloi*) y stationnaient, notamment lors de la seconde année de l'éphébie•.

FRONTON : Le fronton est le mur triangulaire, appelé tympan, avec une corniche en encadrement **(fig. 20)**. Il ferme le comble sur le côté d'un bâtiment dont le toit est en double pente. Le fronton triangulaire présente deux rampants en pente. Cette corniche rampante est normalement surmontée par un chéneau• rampant, qu'on appelle aussi sima• rampante ; la sima est une tuile qui présente souvent un décor sur le rebord. Des acrotères• ornent habituellement le faîte et les angles inférieurs du fronton. Dans les temples, le fronton peut être historié et présenter des figures tympanales en bas-relief.

Les frontons du Parthénon, de l'atelier de Phidias, présentaient ainsi la légende de la naissance d'Athéna sur la façade principale, à l'est, et la légende de la dispute de l'Attique entre Athéna et Poséidon sur la façade ouest **(fig. 21-22)**.

***Fulcrum* :** Le *fulcrum*, qui désigne le lit en latin, signifie, chez les archéologues, l'accoudoir du lit, qui est en général orné d'appliques de bronze ou d'ivoire.

Fig. 20 : Athènes, coupe axonométrique de l'angle nord-est du Parthénon *(d'après G. Niemann).*

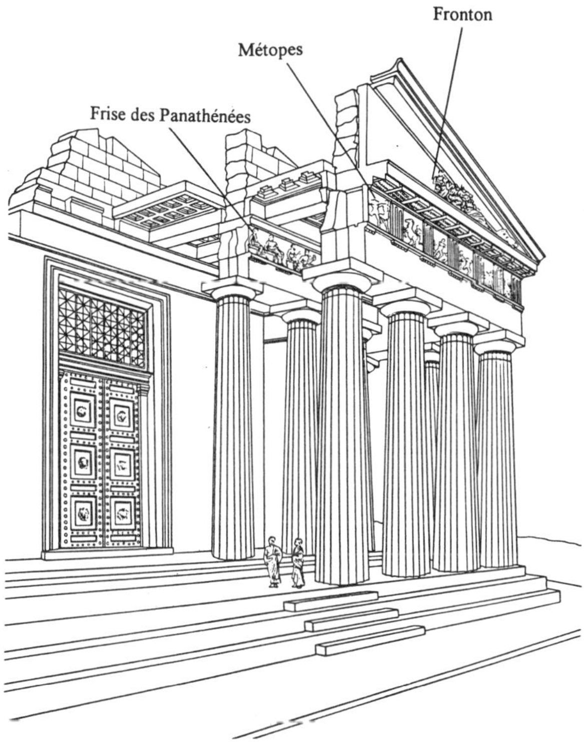

Fig. 21 : Athènes, fronton est du Parthénon : la naissance d'Athéna *(d'après E. Berger).*

A-B-C : Hélios et son char ; D : Dionysos ; E : Déméter ; F : Coré ; G : Ilithyie (?) ; a-c : Arès et son char ; b : Iris ; d : Héphaïstos ; e : Héra ; f : Zeus ; g : Athéna ; H : Poséidon ; i-k : Amphitrite et son char ; j : Hermès ; l : Apollon ; K : Léto (?) ; L : Artémis (?) ; M : Aphrodite ; N-O : Séléné et son char.

Fig. 22 : Athènes, fronton ouest du Parthénon : la dispute d'Athéna et de Poséidon *(d'après E. Berger)*.

A : Ilissos ; B-C : Cécrops et une de ses filles ; D-F : deux filles de Cécrops ; E : Érysichthon ; G : Nikè ; H-I : Hermès et son char ; K : Triton (?) ; L : Athéna ; M : Poséidon ; N : Iris ; O : Amphitrite ; P-Q-R : femme avec deux enfants ; S-T-U-V-W : personnages royaux ou héros attiques.

FUNÉRAILLES : La sépulture était un droit sacré pour le mort, dont les plus proches parents avaient la charge d'organiser les funérailles. Celles-ci nous sont bien connues grâce aux vases peints, sur lesquels sont représentées différentes scènes de la cérémonie : on citera ici seulement les grands vases du Dipylon, du VIIIe siècle, illustrant l'exposition et le convoi funèbre du mort au milieu des lamentations des proches, et les lécythes attiques à fond blanc **(fig. 13, n°24)**, de la seconde moitié du Ve siècle, sur lesquels sont souvent figurées la stèle et les offrandes au mort. Le défunt, une fois lavé et enveloppé d'un linceul, était exposé pendant une journée sur un lit d'apparat, veillé par sa famille et visité par des proches : c'était la *prothèsis* ; le lendemain matin, toujours entouré par ses proches qui formaient un cortège dont la marche était rythmée par le son de l'*aulos*•, il était porté au cimetière, situé en-dehors de la ville, comme la nécropole• du Céramique à Athènes **(fig. 34)** : c'était l'*ekphora*. Il était alors soit inhumé dans un cercueil de bois ou de terre cuite, soit inciné sur un bûcher, les cendres étant recueillies dans une urne. La famille purifiait ensuite la maison, souillée par la mort, et donnait un banquet funèbre. Le fils, avec la fortune de son père, héritait aussi du culte familial, notamment du culte des défunts de sa famille, qu'il devait assurer : le troisième, le neuvième et le trentième jour après les funérailles avaient lieu des banquets et des sacrifices en l'honneur du défunt, que l'on renouvelait aussi chaque année au jour anniversaire de la mort.

Le troisième et dernier jour de la fête des Anthestéries, au mois d'Anthestérion (février-mars), on confie à la terre des pots emplis d'une bouillie pour apaiser les Kères, âmes des morts.

Le deuil est marqué par un certain nombre de manifestations extérieures, que l'on retrouve partout dans le monde grec et qui sont parfois limitées par des lois somptuaires. Plus le défunt est d'un rang élevé, plus sa famille a tendance à exagérer les marques de douleur, par le recours notamment à des pleureuses professionnelles, qui se lacèrent le visage et déchirent leurs vêtements : des lois limitent les manifestations ostentatoires de deuil, comme celle de Solon à Athènes ; les gynéconomes• veillent à la bonne tenue des femmes. La tombe•, à l'intérieur de laquelle la famille a déposé les objets familiers du défunt, le plus

souvent vases et bijoux, jouets dans le cas d'un enfant, est arrosée de libations et signalée par un monument, dont la forme varie selon les époques et les régions. Des lois somptuaires, comme celle de Démétrios de Phalère à Athènes à la fin du IVe siècle, restreignent parfois l'étalage de luxe auquel donnent lieu certains monuments funéraires. La tombe est surmontée généralement d'une stèle : celle-ci est étroite et haute à l'époque archaïque, couronnée d'une palmette ou d'un sphinx et ornée de la représentation gravée et peinte du mort ; avec le temps, la stèle, sur laquelle sont désormais représentés plusieurs personnages de la famille entourant le mort, gagne en largeur et en profondeur, et souvent est surmontée d'un fronton, qui fait d'elle, à Athènes à la fin du IVe siècle, un véritable édicule. Le monument funéraire n'est pas nécessairement une stèle, il peut être un vase monumental en marbre, un lécythe, ou un animal à fonction apotropaïque•, comme le lion.
Un cas particulier est constitué par les funérailles des soldats morts à la guerre. Les corps étaient toujours rendus par les vainqueurs aux vaincus, car le droit de sépulture était sacré. La cité offrait à ses concitoyens morts pour elle des funérailles publiques, au cours desquelles était fait leur éloge funèbre : l'exemple le plus célèbre en est l'oraison prononcée par Périclès à la fin de la première année de la guerre du Péloponnèse (Thucydide, II, 35-46). Les morts étaient enterrés tous ensemble sur le champ de bataille ; l'emplacement était signalé par un monument, tel le lion funéraire érigé après la bataille de Chéronée (338), qui était censé veiller sur les morts thébains. À Athènes, à la différence de ce qui se passait généralement ailleurs, les morts étaient ramenés dans la cité et enterrés dans un monument élevé sur les fonds publics ; c'est exceptionnellement que les morts de Marathon avaient été enterrés sur le champ de bataille même. Un magistrat était spécialement chargé des cérémonies à organiser en leur honneur : cette charge incombait, à Athènes, à l'archonte polémarque•.

G

***Génos* (γένος) :** Le *génos* regroupe les descendants d'un même ancêtre, qui sont du même sang par la lignée paternelle. Ces grandes familles patriarcales (*génè* au pluriel) célèbrent des cultes propres au lignage et gardent à l'époque classique le monopole de certaines fonctions religieuses, comme la prêtrise athénienne d'Athéna Polias, qui revenait à une femme du *génos* des Étéoboutades. Comme la notion implique l'ancienneté du clan, l'assimilation des *génè* aux Eupatrides• se fait tout naturellement à Athènes.

GÉOMORES (γεωμόροι) : À l'époque archaïque, les géomores étaient des propriétaires terriens, qui formaient généralement l'aristocratie locale gouvernant la cité de manière oligarchique, comme à Syracuse et à Samos ; à Athènes au contraire, les géomores étaient les paysans, par opposition aux Eupatrides•.

***Gérousia* : conseil•**

GORYTE (γωρυτός) : Le goryte est l'étui d'origine scythe destiné à contenir l'arc et les flèches. On le faisait en général en cuir, mais il pouvait être plaqué en métal richement décoré sur la face externe.

On a retrouvé, dans la tombe dite de Philippe II lors des fouilles de la nécropole royale de Vergina, une plaque de goryte en or ornée d'un décor au repoussé qui illustre la maîtrise de l'orfèvrerie gréco-scythe.

GRAMMATISTE (γραμματιστής) : éducation•

***Graphè* (γραφή) :** Dans la justice athénienne, la *graphè* est une action publique, qui se distingue de la *dikè*•. En général, puisqu'il n'existe pas de ministère public, tout citoyen peut intenter une *graphè*, car les intérêts de la cité sont en jeu ; en cas de meurtre ou de blessure avec préméditation, seule la victime ou ses proches parents ont ce droit. Si le tribunal inflige une amende, celle-ci revient à la cité. L'accusateur de bonne foi qui n'obtient pas condamnation ne risque pas de peine, sauf s'il obtient moins du cinquième des suffrages exprimés ou s'il se désiste de son accusation avant les débats ; il encourt alors une amende de 1000 drachmes et se voit interdire d'intenter une action analogue.
L'action d'illégalité (*graphè paranomôn*, γραφὴ παρανόμων) peut être intentée par tout citoyen à l'encontre de l'auteur d'un décret• ou d'une loi• en contradiction avec une loi existante. L'affaire est portée devant un tribunal présidé par les thesmothètes•. En cas de condamnation de l'accusé, le décret est abrogé ; la peine peut être une amende ou la condamnation à mort.

GUERRE : Dans le monde grec, la guerre (*polémos*, πόλεμος) est l'état naturel, alors que la paix• n'est qu'une trêve : Athènes est en guerre à l'époque classique en moyenne deux années sur trois. Selon Héraclite (fragment 53), « Polémos est le père de tout, le roi de tout : les uns, il les a révélés dieux, les autres, hommes ; les uns, il les a faits esclaves, les autres, libres ». La guerre est intimement liée à la vie de la cité et l'armée• traditionnelle est civique. On a même pu dire que la guerre fondait la cité, en voyant dans le souvenir de la bataille de Marathon (490) à Athènes une illusion qui entretenait l'impérialisme de la cité.
Dans l'épopée d'Homère et par la suite, la guerre obéit à des règles agonistiques (*agôn*•). Le héraut• annonce le début des opérations ; on célèbre un sacrifice• avant le combat ; tout franchissement de frontière est précédé et suivi d'un sacrifice. Le combat vise à faire reconnaître la supériorité sur l'adversaire : l'érection d'un trophée• sur le champ de bataille signifie la victoire.
La guerre a aussi une fonction économique. Dans le monde homérique, elle constitue l'un des modes d'échange, avec le troc, et reçoit sa légitimation dans l'*Iliade*. Les biens pris à la guerre sont en effet la propriété du vainqueur, qu'il s'agisse de biens mobiliers, d'animaux ou d'esclaves. Hérodote, dans ses *Histoires* (IX, 82), rapporte l'importance des profits pour les Grecs après la victoire de Platées en 479 sur l'armée perse du général Mardonios.
Les lois de la guerre constituent un code d'honneur qui est communément partagé dans le monde grec, même s'il est trop souvent enfreint, notamment pendant la guerre du Péloponnèse (431-404). Ces lois supposent la solidarité civique des hoplites•, qui doivent rester fermes dans la bataille et enterrer leurs morts. La parole donnée doit être respectée, ainsi que les trêves sacrées qui permettent la célébration des grands concours panhelléniques (hiéroménie•). Le combat hoplitique se déroule sur un terrain plat, choisi d'un commun accord. Le choc frontal des deux armées et le corps-à-corps qui s'ensuit entraînent de

lourdes pertes en vies humaines. Les dieux ne sont pas oubliés après la victoire : il est d'usage de leur consacrer une partie du butin, sous forme de dîme• : les Grecs, après la bataille de Platées, consacrèrent dans le sanctuaire de Delphes un trépied d'or soutenu par une colonne serpentine **(fig. 39, n°407)**, à Olympie un Zeus en bronze et une statue de Poséidon dans son sanctuaire de l'Isthme, d'après Hérodote (IX, 81).

À partir du Ve siècle apparaissent quelques changements dans la tactique qui ont des conséquences importantes, au IVe siècle, sur la conduite de la guerre. Le développement de la poliorcétique• coïncide avec l'adoption du bélier et des techniques de sape ; des soldats plus légers que les hoplites, les peltastes•, s'adaptent à la conduite d'incursions rapides. Le développement de la marine de guerre donne aux trières• un rôle majeur dans les opérations. Enfin le mercenariat• a tendance à remplacer l'appel aux citoyens.

La guerre hellénistique est caractérisée par le recours massif aux mercenaires, qui sont employés dans les armées• des grands royaumes.

Polybe (*Histoires* V, 107, 2-3) voit dans le recours aux indigènes dans l'armée les prémisses d'une guerre nouvelle entre indigènes égyptiens et Gréco-Macédoniens d'Égypte. Lorsque Sôsibios en 217 arme à la macédonienne des Égyptiens qu'il intègre dans une phalange, il pare au plus pressé pour arrêter l'avancée du roi de Syrie Antiochos III. La bataille livrée à Raphia est une victoire de Ptolémée IV sur Antiochos III, mais obère l'avenir : « Ce roi, en armant les Égyptiens en vue de la guerre contre Antiochos, avait pris une décision acceptable pour le présent,mais il avait mal calculé l'avenir : car, remplis d'orgueil par leur succès à Raphia, ils ne pouvaient plus supporter l'autorité et ils cherchaient un chef et une personnalité, se croyant capables de se suffire à eux-mêmes. Et c'est ce qu'ils finirent par faire peu de temps après. »

GYMNASE (γυμνάσιον) : Le gymnase est le lieu de l'éducation grecque, inséparable de la formation civique, la *paideia*•. Ce monument public, ou placé sous la tutelle de la cité, offre la possibilité de pratiquer les exercices physiques et, de plus en plus à partir de la fin de la période classique, d'éduquer son esprit. L'abondance des gymnases retrouvés témoigne de leur importance dans le monde grec ou hellénisé, de Delphes **(fig. 23-24)**, où les Grecs situaient le centre du monde, jusqu'aux confins de la Bactriane, à Aï-Khanoum en Afghanistan. Certaines cités importantes possèdent plusieurs gymnases, comme Athènes.

Un gymnase se compose de deux grandes parties, la palestre• et les pistes de course **(fig. 25)**. La palestre est une cour carrée bordée d'un portique, sur laquelle s'ouvrent différentes salles ; la principale est l'*apodytérion* (ἀποδυτήριον), qui est le vestiaire, pourvu de bancs, où pouvaient se faire les massages, se dérouler les discussions, et qui servait peut-être de salle de lutte ; le *konima* (κόνιμα) abrite le dépôt de sable fin et tient peut-être lieu de salle de massages ; l'*exédra* (ἐξέδρα) est une salle d'apparat, destinée à des réunions et des conférences. Les pistes de course se répartissent en une piste à l'air libre, la *paradromis* (παραδρομίς), qui a normalement la longueur d'un stade entre la marque de départ (*aphésis*, ἄφεσις) et la marque d'arrivée (*terma*, τέρμα), et le xyste (ξυστός, ξυστόν), piste couverte, à l'abri d'un long portique. Le sens du terme *sphairistèrion* (σφαιριστήριον) fait l'objet d'un débat : soit il s'agit d'un espace à l'air libre pour le jeu de balle, soit d'une salle couverte où pugilistes et pancratiastes s'exerçaient avec un sac rempli de sable. Le gymnase de Delphes offre l'exemple d'un bain rond, le *loutrôn* (λουτρών), contigu à l'ensemble de la palestre sur la terrasse inférieure **(fig. 23, x)**.

Fig. 23 : Delphes, plan du gymnase *(École française d'Athènes)*.

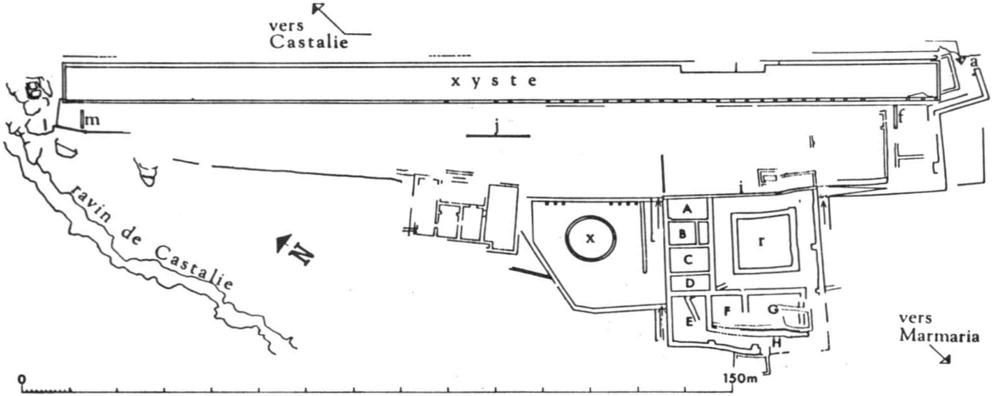

a : Entrée sud.
f et m : Lignes de départ et d'arrivée de la *paradromis*.
r : Cour péristyle de la palestre.
x : Bassin du *loutron*.
A-H : Salles de la palestre.

Fig. 24 : Delphes, maquette du gymnase *(M. Wurch-Kozelj, T. Kozelj)*.

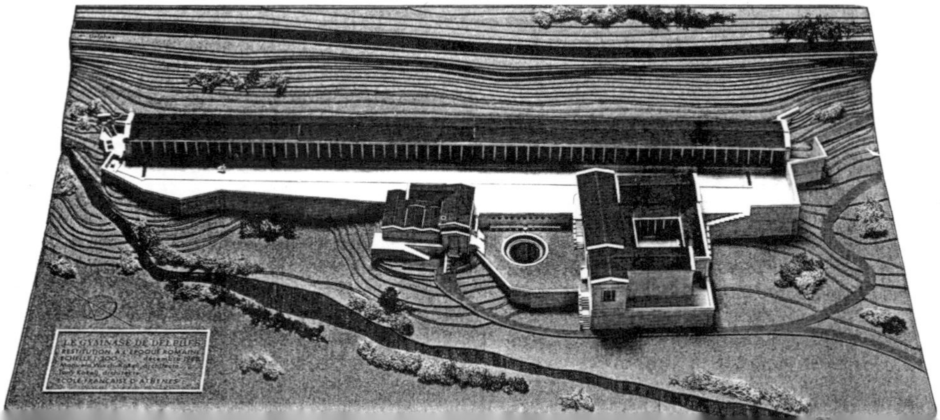

Fig. 25 : Priène, plan du gymnase *(d'après J. Delorme)*.

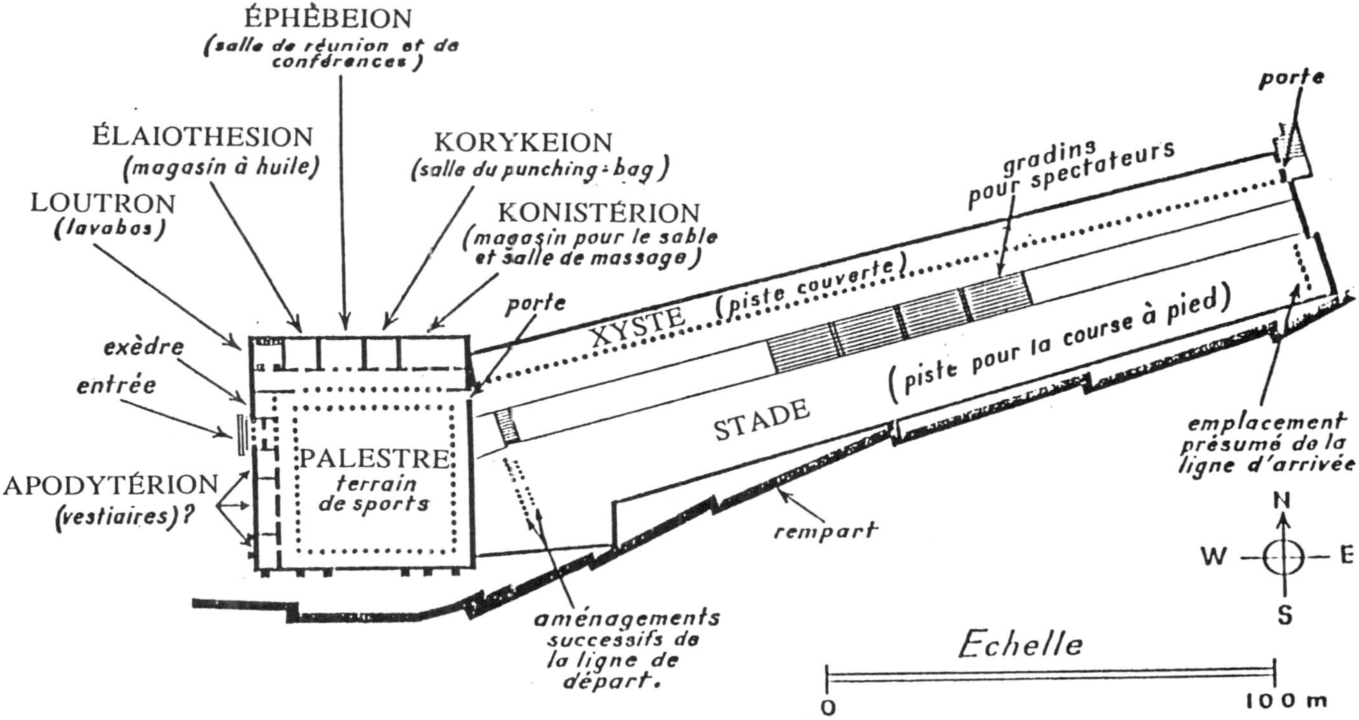

Le gymnase est, grâce à ses équipements, le lieu qui permet de s'entraîner physiquement pour les épreuves d'athlétisme. Les soins du corps y ont une importance primordiale : les exercices se pratiquent dans la nudité totale ou presque totale (d'où le nom de gymnase, du grec *gymnos*, γυμνός) ; les athlètes se frictionnent avec de l'huile avant et après l'exercice et, après l'entraînement, enlèvent avec le strigile• la couche de poussière qui les couvre. Le pédotribe• est chargé d'enseigner la culture physique ; il peut être rétribué par la cité, comme à Téos et à Milet, ou payé par les parents. Il enseigne une gymnastique hygiénique, où l'effort est précédé d'exercices d'assouplissement et d'échauffement.
Le gymnase est une institution civique qui, habituellement, appartient à la cité, qui assure son entretien. Quand il n'y a pas de cité, comme dans la *chôra*• égyptienne, ce sont les associations d'anciens du gymnase qui soutiennent les gymnases en s'y réunissant souvent. À la tête du gymnase se trouve le gymnasiarque•, qui veille à son bon fonctionnement. Le gymnase joue un rôle pour l'entraînement militaire, car les éphèbes• s'y entraînent. Le gymnase est aussi le centre de la formation et de la vie des adolescents avant l'éphébie (*paides*, παῖδες), des jeunes gens après l'éphébie (*néoi*, νέοι) et des anciens du gymnase. Ils peuvent s'y entraîner, écouter les conférenciers de passage. La vie du gymnase est aussi réglée par la célébration de cultes propres : les concours des Héracleia et des Hermeia honorent les deux divinités tutélaires Héraclès et Hermès.
L'importance du gymnase pour les cités est bien perçue par les évergètes•. Les rois attalides de Pergame ont ainsi constitué des fondations• pour édifier certains gymnases : à la suite d'interventions du Milésien Eirénias, Eumène II a fondé un gymnase à Milet où son culte est célébré avec une fête, les Euméneia, fixée le jour anniversaire de sa naissance.

GYMNASIARQUE (γυμνασίαρχος) : Le chef du gymnase• est un magistrat qui exerce la gymnasiarchie. Cette magistrature a des aspects onéreux qui l'apparentent à une liturgie• : le gymnasiarque peut, à ses frais, procéder à des distributions de l'huile qu'il est chargé de fournir, ou entretenir les bâtiments du gymnase ; à Athènes, aux Ve et IVe siècles, les gymnasiarques doivent assumer la liturgie particulière de la lampadarchie qui consiste à subvenir à l'organisation de lampadédromies•.

> À l'époque hellénistique, les gymnasiarques sont souvent de grands évergètes•, comme Diodoros Pasparos qu'une série de décrets honore à Pergame dans les années 70-60 : il remet en état le gymnase de Pergame en y faisant ériger ou, selon la restitution qui nous semble préférable, réparer des statues• de culte des rois de Pergame. L'honneur• que reçoit le gymnasiarque est à la hauteur de ses bienfaits : les *néoi* du gymnase votent pour Diodoros une statue de culte placée dans l'*exédra* où se dressait la statue de culte de Philétairos ; le gymnasiarque est ainsi associé à un culte traditionnel dans le gymnase de Pergame.

En tant que magistrat, le gymnasiarque exerce son autorité sur le personnel du gymnase et sur ceux qui le fréquentent, *paides*, éphèbes et *néoi*, ayant ainsi dans la plupart des cités certaines des fonctions qui incombent à Athènes au sophroniste puis au cosmète•. Le gymnasiarque a pour attribut la baguette (*rhabdos*) qui symbolise son commandement et il veille à la bonne marche du gymnase ; il est chargé de l'organisation des concours et de la célébration des cultes du gymnase.

GYMNOSOPHISTE (γυμνοσοφίστης) : Le terme désigne des sages qui vivaient nus ; il est employé, notamment par Plutarque dans la *Vie d'Alexandre* (64), pour désigner ceux qui animent la révolte des Indiens lors de la conquête d'Alexandre ; il semble qu'il s'agisse des « Brahmanes » dont parlent Arrien et Diodore de Sicile.

GYNÉCÉE (γυναικωνῖτις) : Les maisons• grecques sont habituellement pourvues d'un gynécée, qui est la partie de l'habitation réservée aux femmes ; il se trouve le plus souvent à l'étage. Les femmes s'y livrent à leurs occupations, filer, tisser, coudre, ou chanter en s'accompagnant d'un instrument : sur de nombreux vases attiques du Ve siècle sont représentées de telles scènes féminines. Seules les maisons pauvres n'ont pas de gynécée.

GYNÉCONOME (γυναικονόμος) : Le gynéconome est, dans certaines cités, le magistrat chargé de surveiller les mœurs, plus particulièrement celles des femmes ; il intervient dans les funérailles•, où il doit faire respecter les lois somptuaires, limiter l'étalage de luxe et de douleur ostentatoires. L'existence de gynéconomes, souvent au nombre de trois, est attestée plutôt dans les cités à tendance conservatrice, comme Thasos ou Thespies.

H

HARMOSTE (ἁρμοστής) : Les harmostes gouvernaient les garnisons établies par Sparte dans les cités qui lui étaient soumises, cités périèques• ou cités étrangères. Ils imposèrent l'obéissance aux volontés de Sparte au moment où celle-ci exerça son autorité en Grèce après la défaite d'Athènes à la fin de la guerre du Péloponnèse, et ils soutinrent notamment les gouvernements oligarchiques favorisés ou imposés par Sparte : à Athènes, la tyrannie des Trente bénéficia du soutien de l'harmoste installé sur l'Acropole ; à Thèbes, les oligarques étaient soutenus par l'harmoste établi sur la Cadmée.

HÉCATOMBE (ἑκατόμβη) : L'hécatombe était un sacrifice prestigieux, au cours duquel étaient immolés cent bœufs : les Panathénées étaient célèbres pour leur hécatombe. Le terme finit par désigner tout sacrifice sanglant important.

Hécatompédon **(ἑκατόμπεδον) :** Ce terme, qui signifie « cent pieds », qualifie des édifices archaïques d'une longueur de cent pieds (poids• et mesures). Le premier *hécatompédon* de l'Héraion de Samos, daté du début du VIIIe siècle, mesurait 32,86 m sur 6,50 m.

HECTÉMORE (ἑκτημόριοι, au pluriel) : Dans l'Athènes archaïque, les hectémores étaient des paysans dépendants, des « sizeniers », travaillant sur une terre qu'ils possédaient par héritage, mais qui devaient verser à leurs créanciers le sixième de leur récolte ; ils étaient susceptibles d'être réduits en esclavage s'ils ne pouvaient s'acquitter de cette redevance. La condition d'hectémore, intermédiaire entre celle du citoyen et celle de l'esclave•, fut supprimée par Solon, qui libéra la terre de toute dépendance. La question se pose de l'origine des hectémores, Athéniens endettés risquant l'esclavage en cas d'insolvabilité, ou groupe de paysans doté depuis longtemps d'un statut particulier.

HÉGÉMONIE (ἡγεμονία) : Les traités d'alliance passés entre cités, les symmachies•, accordaient la conduite des opérations et le commandement des armées alliées, c'est-à-dire l'hégémonie, à l'une des cités qui recevait officiellement le titre d'*hègémôn* ; cette hégémonie était librement consentie par les autres cités, qui renonçaient volontairement et dans un objectif précis à leur souveraineté. Lorsque cette hégémonie était ressentie comme abusive, elle était désignée par le terme d'*archè*•. Ainsi, lors de la seconde guerre médique (480-479), Sparte avait obtenu des cités alliées l'hégémonie sur terre et sur mer ; dans l'alliance entre Athènes et Thèbes qui précéda la bataille de Chéronée (338), Thèbes obtenait l'hégémonie sur terre, le commandement sur mer était partagé. Les alliances durables passées entre plusieurs cités constituaient une ligue•, au sein de laquelle l'une d'entre elles détenait une hégémonie sans partage de par sa situation prééminente : Sparte détenait ainsi l'hégémonie dans la Ligue péloponnésienne, de même qu'Athènes dans la Ligue de Délos ; l'hégémonie de cette dernière finit par être ressentie par ses alliés comme une *archè*.

HÉLIASTE (ἡλιαστής) : Héliée•

HÉLIÉE (Ἡλιαία) : L'Héliée était le plus grand tribunal• populaire d'Athènes, l'un des organes essentiels de la démocratie. Créée peut-être par Solon dans le cadre de sa réforme des institutions, cette cour de justice qui siégeait à ciel ouvert, en plein soleil, d'où son nom (*Hèliaia*, de *hèlios*), recevait à l'origine les appels déposés contre les sentences des magistrats, qui auparavant étaient irrévocables ; la similitude de son nom avec celui des assemblées• du peuple dans certaines cités doriennes a pu faire croire qu'elle n'était même que l'*ekklèsia* réunie en cour de justice. Ses pouvoirs sont bien connus à partir de la réforme d'Éphialte (462/461), qui les a augmentés : l'Héliée, abritée sur l'*agora*, dans un bâtiment carré, est alors, à l'époque classique, le principal des tribunaux populaires, une institution souveraine, qui joue un rôle essentiel dans la vie athénienne **(fig. 4)**.
L'Héliée était composée de six mille juges, tous citoyens âgés de plus de trente ans, tirés au sort chaque année, sous le contrôle des archontes, à raison de six cents par tribu. Ce tribunal était le seul des tribunaux populaires à pouvoir réunir une cour aussi nombreuse ; il était cependant très rare que l'Héliée se rassemble au grand complet. Le plus souvent en effet, les juges, les héliastes, étaient répartis en plusieurs jurys, entre lesquels leur répartition était opérée au dernier moment, selon un système destiné à lutter contre la fraude et les tentatives de corruption. Chaque tribunal comptait ordinairement 501 membres ; dans les procès importants, plusieurs sections étaient réunies, de manière à former un tribunal de 1501 juges, 2001 juges ou plus. Les héliastes, ou dikastes, car chaque tribunal de l'Héliée était un *dikastèrion*, recevaient une indemnité de présence, le *misthos*• *hèliastikos*, de deux, puis trois oboles par séance à l'époque classique. Les compétences de ces sections de l'Héliée étaient étendues et variées, puisqu'elles couvraient le droit privé, les *dikai*•, jugées en appel de la sentence prononcée par l'arbitre•, et le droit public, les *graphai*•, ainsi que des causes renvoyées par la *boulè* et l'*ekklèsia*, comme l'eisangélie•, qui allaient jusqu'à faire de ce tribunal populaire un organe à caractère politique. Les affaires étaient instruites par les magistrats, qui présidaient les tribunaux. Une journée entière était nécessaire pour une *graphè*, tandis que plusieurs *dikai* pouvaient être jugées en une seule journée. L'accusateur et l'accusé devaient prononcer eux-mêmes leur discours, qui pouvait avoir été écrit par un professionnel, le logographe•. Les héliastes se

prononçaient ensuite par un vote secret, au moyen d'un jeton de bronze, à la tige pleine pour l'acquittement, creuse pour la condamnation.
Les sources sur l'Héliée au Ve et surtout au IVe siècle sont nombreuses : on mentionnera surtout *Les Guêpes* d'Aristophane et *La Constitution d'Athènes* du Pseudo-Aristote. D'après les opposants au régime démocratique, hostiles au système du *misthos*, les héliastes ne venaient juger que par appât du gain, bien que l'indemnité ait été en fait modique, ou parce qu'ils étaient saisis par la passion judiciaire. C'est surtout au IVe siècle, où l'Héliée siège environ 300 jours par an, que cette « frénésie » de procès, auxquels n'échappent pas même les plus grands stratèges et hommes politiques athéniens, semble gagner Athènes.

HELLANODICE (ἑλλανοδίκης) : Ces magistrats, les « juges des Grecs », car à l'origine seuls des Grecs étaient admis à concourir, étaient chargés de l'organisation et de la présidence des concours panhelléniques• à Olympie. Leur nombre varia jusqu'au milieu du IVe siècle, date à partir de laquelle ils furent toujours dix. Ils étaient choisis lors de chaque olympiade•, dix mois avant l'ouverture des concours, dans l'aristocratie d'Élis, la ville qui contrôlait le sanctuaire de Zeus. Leur tâche consistait, avant le concours, à mettre en état les bâtiments nécessaires au déroulement des épreuves et à surveiller l'entraînement des athlètes ; durant le concours, vêtus d'une tunique pourpre qui était le signe de leur autorité, ils recevaient les serments des concurrents, surveillaient les épreuves et attribuaient les prix.

HELLÉNOTAMES (ἑλληνοταμίαι au pluriel) : Les hellénotames, étymologiquement « les trésoriers des Grecs », étaient chargés de gérer le trésor fédéral de la ligue de Délos. Cette magistrature, réservée à des Athéniens, au nombre de dix, qui exerçaient leurs fonctions pendant un an, fut créée dès la fondation de la confédération. Les hellénotames recevaient de la *boulè*, qui le leur transmettait, le *phoros*• versé tous les ans par les alliés. Ils étaient chargés de la gestion de cette somme, assurant normalement les dépenses militaires de la Ligue. À partir de 450/449, les hellénotames durent verser au trésor d'Athéna, dès que la perception était achevée, le soixantième de la somme, l'*aparchè*, qui avait été calculé par les logistes• ; le reliquat des dépenses militaires ordinaires allait aussi aux grands travaux de l'Acropole : on voit ainsi comment, à partir du milieu du Ve siècle, le trésor fédéral, géré par les hellénotames, et le trésor d'Athéna ont tendance à être confondus par les Athéniens.

HÉRAUT : Le héraut (*kèryx*, κῆρυξ) introduit, à Athènes, les orateurs• à l'assemblée• et au conseil• et proclame les honneurs• lors des concours• théâtraux. Les cités chargent aussi leur héraut d'être leur ambassadeur auprès d'autres cités, en particulier pour demander une trêve, car il est protégé par son inviolabilité. Le héraut sacré (*hiérokèryx*) joue un rôle dans certaines cérémonies cultuelles : lors des mystères• d'Éleusis, cette charge revenait héréditairement à un membre de la famille éleusinienne des Kérykes, qui fournissait aussi le dadouque•. La mythologie garde trace de l'importance du héraut, dont l'attribut est le *kèrykeion* (κηρύκειον), porté par Hermès, le messager des dieux. Le *kèrykeion* est le bâton en forme de caducée, orné de deux serpents entrelacés.

HERMAÏQUE (pilier), HERMÈS (Ἑρμαϊκός, Ἑρμῆς) : Les hermès, ou, plus précisément, les fûts hermaïques, étaient des piliers quadrangulaires que surmontait à l'origine la tête du dieu Hermès ; le dieu était toujours représenté avec une barbe en pointe, selon un type de représentation canonique très anciennement fixé. Le fût était pourvu d'un phallus en érection à valeur apotropaïque• et, au sommet de chaque face latérale, d'un tenon en saillie, là où prendraient place les épaules. Comme Hermès était le dieu des routes et des frontières, ces fûts étaient dressés le long des chemins, aux carrefours, devant les maisons ou les édifices publics. Les hermès se trouvaient dans tout le monde grec.

Les plus anciens apparaissent en Attique dans le dernier tiers du VIe siècle ; le tyran Hipparque les fit planter dans la campagne au bord des routes qui conduisaient de la ville vers les dèmes•. Ces premiers hermès avaient une fonction pratique : ils portaient une inscription métrique qui indiquait au voyageur le point de la route et donnait un conseil de vertu. Après la chute de la tyrannie en 510, les hermès portèrent le nom du dédicant inscrit sur le fût. Au nord de l'*agora* d'Athènes, des hermès étaient disposés sur deux rangs entre le portique des hermès et le portique peint (*stoa Poikilè*) **(fig. 4)**. L'importance pour la cité des effigies hermaïques est manifestée par deux épisodes de l'histoire du Ve siècle.

L'*agora* d'Athènes abritait dans le portique des hermès trois hermès dédiés par les stratèges à la suite de la victoire remportée par Cimon sur les Perses à Éion en 476/5, comme le rapporte Eschine dans le discours *Contre Ctésiphon* (183) : « À leur retour ici, ils demandèrent au peuple une récompense, et le peuple leur accorda des honneurs qui passaient à cette époque-là pour importants : l'érection de trois hermès de pierre dans le portique des hermès, à condition qu'on n'y inscrivît point leurs noms, pour éviter que l'inscription ne parût glorifier les stratèges plutôt que le peuple. »

L'épisode de la mutilation des hermès en 415 révèle l'attachement du peuple d'Athènes à ses hermès. Cette mutilation, perpétrée par des membres d'hétairies•, est perçue comme un signe de mauvais augure pour l'expédition qui s'apprête à partir pour la Sicile, car le pilier hermaïque avait valeur apotropaïque.

Dès les années 500, un culte est attesté pour les hermès. Ce n'est qu'à partir du IVe siècle, et surtout à l'époque hellénistique, que se répandent les hermès juvéniles, à côté des hermès archaïsants qui restent barbus, ainsi que les hermès féminins, dépourvus évidemment de l'attribut viril. C'est alors que les hermès commencent à apparaître au-dessus des tombes. L'hermès devient aussi le symbole de la vie du gymnase•, où il était souvent dédié à Hermès qui est, avec Héraclès, l'une des deux divinités tutélaires des athlètes.

HÉROS (ἥρως) : Le héros est un homme rangé au rang des dieux, qui reçoit un culte héroïque : c'est un mort dont la vie a été glorieuse et bénéfique pour la communauté, aussi lui rend-on un culte. Le centre du culte est l'*hèrôon*, le tombeau du héros. Souvent le culte héroïque a le même rituel que celui des dieux : tout dépend de l'importance du héros. La mythologie privilégie certaines figures héroïques, comme celles d'Héraclès, fils de Zeus et d'Alcmène, et de Thésée, dont la geste est presque aussi célèbre, ou encore de Jason, parti avec les Argonautes conquérir la Toison d'or, ou de Persée, qui put décapiter Méduse, monstre dont la vue seule pétrifiait qui le regardait.

La différence entre dieu et héros était nette, comme l'indique la distinction entre deux figures d'Héraclès, le héros et le dieu, qui faisaient l'objet de cultes distincts à Thasos ; au dire d'Hérodote (*Histoires* II, 44), les Phéniciens auraient installé dans l'île le culte du dieu, avant l'arrivée des Grecs ; les colons venus de Paros auraient ensuite introduit le héros grec Héraclès, sous son aspect de fils d'Alcmène et de Zeus.

Le mot héros est usité dans les épopées d'Homère comme terme de politesse et de respect ; il manifestait sans doute, lors de la composition des poèmes homériques au VIIIe siècle, l'éloignement dans l'âge héroïque de la matière de l'épopée. Même si le culte des héros homériques est ignoré dans ces poèmes, sans doute volontairement, il est très ancien : la découverte fortuite de tombes mycéniennes et la survivance de souvenirs par-delà les Âges• obscurs ont favorisé l'expansion de cultes héroïques lors de la « Renaissance » grecque du VIIIe siècle. Dans cette naissance du culte héroïque, l'épopée d'Homère joua sans doute un rôle déterminant. Selon cette théorie, les Grecs du VIIIe siècle, influencés par l'*Iliade* et l'*Odyssée*, attribuèrent naturellement à des héros homériques certaines de ces tombes. Il en va ainsi à Mycènes : à partir de la fin du VIIIe siècle on y honore dans un sanctuaire Agamemnon, roi légendaire de la ville et chef de l'expédition contre Troie. On connaît aussi au sud de Sparte le sanctuaire, fondé à la même époque, de Ménélas et d'Hélène, couple royal de la Sparte homérique. Pour les héros qui ne sont pas homériques, Homère lui-même est le témoin de ce phénomène qui se développe au VIIIe siècle. Il mentionne dans l'*Iliade* (II, v. 546-551) l'institution à Athènes du culte d'Érechthée, créé par Athéna et attesté aussi dans l'*Odyssée* (7, 80). Le culte de ce roi mythique d'Athènes était situé sur l'Acropole, où on lui attribuait les vestiges d'un palais mycénien ; à l'époque classique, l'Érechtheion abritait à la fois le culte d'Érechthée et celui d'Athéna **(fig. 1, n°13)**.

On a trouvé, sur des sites mycéniens, des *ex-voto* post-mycéniens qui attestent un culte funéraire distinct d'un culte familial. C'est à Mycènes, site du Péloponnèse qui a donné son nom à la civilisation mycénienne, que les trouvailles de cette nature sont les plus abondantes, notamment dans le cercle A des tombes ; d'après l'étude de la céramique qui contenait les offrandes, on peut dater les débuts de ce culte du 3e quart du VIIIe siècle.

Une trouvaille faite en 1980 à Lefkandi, dans l'île de l'Eubée, atteste sans doute l'apparition la plus ancienne de ce type de pratiques cultuelles en Grèce. On a fouillé un bâtiment destiné au culte héroïque (*hèrôon*), de 45m sur 10m, qui abritait la tombe d'un guerrier avec ses armes et d'une femme parée de bijoux d'or ; quatre chevaux avaient été sacrifiés à l'entrée de la tombe. Le sacrifice des chevaux évoque le rituel homérique de l'ensevelissement des guerriers tombés dans la guerre de Troie. Ces funérailles princières du « héros de Lefkandi » eurent lieu avant l'instauration du culte héroïque abrité par le bâtiment qui englobe la tombe : le culte héroïque, qui dura peu de temps, daterait des années 1000, en plein « Moyen Âge grec », ce qui peut s'expliquer par la situation particulière de Lefkandi, relativement épargnée lors des Âges obscurs.

Délos offre un exemple moins exceptionnel que Lefkandi de culte héroïque, qui rejoint les trouvailles de Mycènes. On connaît dans le sanctuaire d'Apollon à l'époque classique le culte héroïque des « Vierges Hyperboréennes », qui, selon la légende, étaient venues apporter à Apollon des offrandes envoyées par le peuple mythique des Hyperboréens, situé à l'extrême-nord de la terre ; on célébrait à Délos un culte en leur honneur sur leur tombeau. Les fouilles ont montré qu'il s'agit en fait d'une tombe circulaire d'époque mycénienne, qui reçut des offrandes dès l'époque archaïque **(fig. 40, n°32)**. Les deux tombeaux des Vierges hyperboréennes mentionnés par Hérodote (*Histoires* IV, 33-35) et retrouvés à Délos illustrent le processus qui voit l'instauration à l'époque archaïque d'un culte héroïque à l'emplacement de vestiges mycéniens **(n°32 et 41)**.

Dans la religion civique, les héros occupent une place importante. Il existe un rapport entre le culte du héros et le développement de la communauté civique. Les fondateurs d'une cité sont vénérés comme des héros. S'il s'agit d'une colonie, fondée par une métropole, en général après consultation de l'oracle de Delphes, le chef des colons, l'oikiste•, est enterré après sa mort sur l'*agora* de la nouvelle cité dont il est le fondateur, le *ktistès•* ; un culte est célébré sur sa tombe ou son cénotaphe, placés au centre de l'espace civique. On a ainsi retrouvé à Cyrène le tombeau de Battos, vénéré sur l'*agora*, et à Thasos, celui de Télésiclès, venu de Paros, dans les Cyclades, fonder la cité de Thasos au nord de la mer Égée.
Les héros sont épichoriques, attachés au sol, qu'ils protègent : selon la légende, Thésée, l'auteur mythique du synécisme• d'Athènes, aurait aidé les Athéniens à repousser les Perses lors de la bataille de Marathon (490). L'importance politique des héros est bien illustrée à Athènes, où dix héros, choisis par la Pythie sur une liste de cent, sont devenus les héros éponymes des dix tribus• de la cité clisthénienne.
Enfin, le développement du culte royal à partir d'Alexandre favorise l'instauration de cultes héroïques.

La création par Alexandre du culte du héros Héphaistion illustre ce processus. Après la mort de son ami en 324, le roi consulte l'oracle d'Ammon en Égypte pour savoir s'il doit l'honorer comme un héros ou comme un dieu. En conformité avec la réponse de l'oracle, Alexandre impose à ses sujets le culte héroïque d'Héphaistion, sans pouvoir veiller à l'application de sa décision, car il meurt lui-même la même année.

***Hestiasis* (ἑστίασις) :** À Athènes, cette liturgie• consiste à offrir un banquet aux membres de sa tribu• lors de certaines fêtes, comme les Grandes Dionysies et les Panathénées.

HÉTAÏRE (ἑταίρα) : La courtisane, appelée hétaïre, est distinguée de la prostituée (*pornè*). Les hétaïres, entretenues par leur amant, pouvaient accumuler richesse et protections. Au IVe siècle, l'hétaïre Phryné fournit la matière de nombreuses anecdotes ; elle dédia sa statue dans le sanctuaire d'Apollon à Delphes, œuvre de Praxitèle, l'un de ses amants.

L'auteur anonyme du discours *Contre Nééra*, rangé dans les plaidoyers civils de Démosthène, insiste sur les antécédents galants de Nééra, qui en font une parfaite hétaïre : toute jeune, elle est l'esclave d'une marchande de filles qui loue ses charmes ; elle participe notamment à un banquet• avec des hommes, signe indubitable pour les Grecs d'une vie légère qui suffit à la faire qualifier d'hétaïre ; puis sa maîtresse lui fait exercer son métier à Corinthe, où elle achète sa liberté grâce aux dons de ses amants avant de mener une vie de débauches à Athènes.

HÉTAIRIE (ἑταιρεία) : L'hétairie est l'association des *hétairoi•*, compagnons. Le terme peut s'appliquer parfois à un cercle à vocation philosophique avec une certaine coloration politique, comme celui de Socrate et de ses amis. En un sens politique, dans l'Athènes classique, les hétairies sont des clubs politiques, qui regroupent essentiellement des aristocrates partisans de l'oligarchie•. Ces groupes politiques supposent l'union entre les membres et le secret.

Les informations les plus complètes que nous ayons sur l'action de ces groupes se rapportent à l'affaire qui éclata en 415 dans un contexte de crise, alors que les Athéniens avaient décidé de faire partir une expédition en Sicile. Le discours *Sur les Mystères*, prononcé par l'orateur Andocide pour sa défense quelques années plus tard, montre comment l'hétairie de Léogoras avec des membres d'autres hétairies commet un sacrilège et un attentat contre la religion civique en mutilant les hermès• d'Athènes en pleine nuit. L'action provocatrice des sacrilèges est perçue comme subversive, d'après Thucydide (*La guerre du Péloponnèse* VI, 27, 3) : « elle paraissait (...) avoir un lien avec une conjuration qui visait à faire une révolution et à renverser la démocratie ».

***Hétairos* (ἑταῖρος) : 1.** Le terme désigne à l'origine des compagnons d'armes. Dans l'*Iliade*, les *hétairoi* sont des camarades de combat qui ont le même âge et sont unis par un fort compagnonnage. Dans l'armée macédonienne, les *hétairoi* (appelés parfois hétaires ou hétaïres au masculin) constituent la garde à cheval, corps d'élite de l'armée d'Alexandre. En un sens moins technique, le terme est aussi employé pour exprimer le compagnonnage sous les armes. **2.** Les *hétairoi* sont aussi les membres d'une même hétairie•, club politique à Athènes ou groupe en Crète qui réunit des citoyens de plein droit.

Une grande inscription de la première moitié du Ve siècle, dite code de Gortyne, distingue dans cette cité crétoise les *hétairoi*, citoyens qui portent les armes et siègent à l'assemblée du peuple, des *apétairoi*, hommes libres aussi qui n'ont pas ces droits du citoyen.

***Hiéra* (ἱερά) :** Ce mot, neutre pluriel de *hiéron*, « sacré », signifie « choses sacrées », et désigne tous les objets qui jouent un rôle, d'une manière ou d'une autre, dans le culte d'une divinité.

HIÉRODULE (ἱερόδουλος) : Les hiérodules étaient des esclaves consacrés à une divinité, dans le sanctuaire de laquelle ils vivaient. Ils s'acquittaient de tâches variées, par exemple cultiver la terre. Dans certains sanctuaires d'Aphrodite, les hiérodules étaient des courtisanes sacrées.

HIÉROGAMIE (ἱερὸς γάμος) : L'expression *hiéros gamos* n'est attestée que par sept auteurs en-dehors des lexicographes. La hiérogamie est une fête appelée aussi *Théogamia* ou *Gamèlia*. C'est, à Athènes, la fête du mariage• sacré de Zeus Téleios et d'Héra Téleia, qui est fixée le 27 du mois d'hiver Gamèlion. Des monuments figurés évoquent ce mariage des deux divinités en représentant Héra qui écarte son voile devant Zeus, notamment une métope du temple E de Sélinonte, vers 470, et une section de la frise continue du Parthénon, dans l'assemblée des Olympiens, vers 440 **(fig. 18)**.

Le terme de hiérogamie a été aussi utilisé à l'époque moderne pour désigner l'union entre Dionysos et l'épouse de l'archonte roi• à Athènes, la *Basilinna* (Βασίλιννα), qui se célébrait lors de la fête des Anthestéries, dans la nuit entre le jour des *Choes* (Χόες) et celui des *Chytroi* (Χύτροι). Il convient cependant de noter que les textes ne parlent pas de hiérogamie, mais d'union (*symmeixis*, σύμμειξις).

HIÉROMÉNIE (ἱερομηνία) : La hiéroménie, étymologiquement le « mois sacré », est la période de trêve nécessaire à la préparation et à la célébration d'une fête•, locale, et particulièrement panhellénique•. Cette trêve sacrée, civile et judiciaire dans la cité qui organise la fête, et, en-dehors de cette cité, garantie pour les athlètes et les pèlerins qu'ils pourront se rendre sans encombre au sanctuaire, grâce à la suspension des conflits entre cités, est plus longue que la fête elle-même et prend effet avec l'arrivée dans les cités des théores• chargés d'annoncer la fête : pour certaines grandes fêtes panhelléniques qui nécessitent l'envoi de théores dans tout le monde grec, comme celles, accompagnées de concours, qui se déroulent à Olympie et à Delphes tous les quatre ans, la hiéroménie peut atteindre plusieurs mois ou même une année.

La hiéroménie des Pythia à Delphes, qui revenait tous les quatre ans, durait une année. Cette durée était nécessaire pour que les théores puissent annoncer dans les différentes cités grecques la célébration des concours et le début de la trêve sacrée.

HIÉROMNÉMON (ἱερομνήμων) : 1. Ces magistrats religieux sont chargés de veiller à la gestion des biens sacrés dans de nombreuses cités. Le hiéromnémon (ou *hiéromnamôn* en dialecte dorien) est éponyme seulement à Byzance et, sur la côte dalmate, à Issa et à Salone. **2.** Dans l'amphictionie• pyléo-delphique les hiéromnémons sont les représentants envoyés par les douze peuples et appartiennent au conseil amphictionique qui tient deux sessions ordinaires par an, au printemps et à l'automne. Chaque peuple envoie deux hiéromnémons au conseil, où Athènes dispose d'une des deux voix « ioniennes » et Sparte d'une des deux voix « doriennes ». Les hiéromnémons ont voix délibérative, à la différence des pylagores•.

Le serment d'entrée en charge des hiéromnémons au début du IVe siècle a été conservé dans une loi amphictionique de 380 inscrite à Delphes. Les hiéromnémons s'engagent à rendre des jugements équitables, à recouvrer les amendes et à ne pas faire de profit personnel sur les fonds qu'ils gèrent. Ils sont notamment chargés de faire exécuter des travaux à Delphes avant le concours• des Pythia.

***Hiéron* (ἱερόν) : sanctuaire•**

HIÉROPE (ἱεροποιός) : Les hiéropes sont des magistrats religieux qui s'occupent des cérémonies sacrées. **1.** Il en existe de plusieurs sortes à Athènes : certains sont attachés aux différents sanctuaires et chargés de veiller à l'organisation des fêtes et processions ; au IVe siècle, deux commissions de dix hiéropes (un par tribu) sont tirées au sort annuellement, l'une pour s'occuper des sacrifices ordonnés par l'oracle de Delphes, l'autre pour veiller aux sacrifices pentétériques sauf celui des Grandes Panathénées ; enfin le conseil désigne en son sein une commission de hiéropes chargée de présider certains sacrifices publics. Le rôle des hiéropes est important dans l'organisation matérielle des processions et des sacrifices. **2.** Les hiéropes sont bien connus à Délos à l'époque de l'indépendance (314-166), où leurs comptes et inventaires inscrits permettent de cerner leurs fonctions. Élus au nombre de quatre ou de deux, ils ont la lourde charge d'administrer les biens du sanctuaire d'Apollon et de tous les autres sanctuaires de l'île sainte. À ce titre, ils veillent à la conservation des offrandes, dont ils font l'inventaire, et ils entretiennent les sanctuaires en subvenant aux dépenses des rites ; ils sont les trésoriers d'Apollon, dont ils encaissent les recettes du sanctuaire et administrent la banque de prêt des fonds sacrés ; ils afferment les domaines d'Apollon et gèrent ses biens ; enfin, la cité de Délos leur donne à conserver la caisse publique et les charge de la publication des décrets. En cas de manquement à leurs obligations dans l'administration des biens d'Apollon, les hiéropes versaient une amende au sanctuaire.

HIÉROPHANTE (ἱεροφάντης) : Le hiérophante, recruté héréditairement et à vie dans la famille sacerdotale des Eumolpides, était le premier dignitaire du culte de Déméter et Corè à Éleusis, avant le dadouque• et la prêtresse de Déméter. Lors de la célébration des Mystères•, dont il prononçait l'ouverture et dont il présidait tous les moments importants, il était chargé, comme l'indique son nom, de

« montrer les choses sacrées », les *hiéra*•, c'est-à-dire de révéler et d'expliquer les mystères aux nouveaux initiés.

HILOTE (εἵλως) : Dans le système social de Sparte, les hilotes étaient des dépendants plutôt que des esclaves•. Les plus récemment asservis vivaient en Messénie, les autres en Laconie ; la situation des premiers était une conséquence de la conquête définitive de la Messénie dans la seconde moitié du VIIe siècle ; l'origine de l'asservissement des seconds n'était plus clairement connue en revanche dès l'Antiquité. Les hilotes appartenaient à l'État spartiate, qui les attribuait, avec le *klèros*•, aux citoyens spartiates, les *Homoioi*•. L'activité essentielle des hilotes était donc la culture de la terre, qu'ils travaillaient pour leur maître : ils devaient verser en effet au Spartiate détenteur du *klèros* une redevance fixe annuelle, l'*apophora*, qui semble avoir été modeste ; le surplus de la récolte leur restait et pouvait leur permettre, s'ils n'étaient pas trop nombreux à vivre sur le *klèros*, des conditions de vie décentes. Les hilotes qui n'étaient pas astreints au travail de la terre étaient attachés en tant que domestiques aux personnes du maître et de sa famille. En temps de guerre, ils accompagnaient leur maître comme valets d'armes ; il arriva même, en cas de pénurie d'effectifs, à partir de la guerre du Péloponnèse, qu'ils servent comme hoplites.
Comme l'hilote appartient à l'État et que sa condition est liée, de père en fils, au *klèros* sur lequel il travaille, le citoyen ne peut pas le vendre ou l'affranchir sans l'accord de l'État. Les affranchissements d'hilotes, qui deviennent alors néodamodes•, sont décidés par l'État dans des circonstances bien particulières, en récompense de services rendus à la communauté spartiate, comme encouragement à se dévouer à la cause spartiate, ou encore contre le versement d'une certaine somme d'argent, que des hilotes pouvaient se montrer capables de verser. La condition des hilotes, formant un groupe ethnique originaire de la région dans laquelle il vit et asservi collectivement, se transmettait, sauf exception, héréditairement, et rappelle celle d'autres dépendants grecs, tels les pénestes• de Thessalie ou les clarotes de Crète, eux aussi paysans attachés à la terre. La particularité des hilotes cependant est que cette population très nombreuse, dont l'estimation, pour le Ve siècle, oscille entre 150 000 et 200 000, était, à la fois, brimée et ressentie comme un danger par les *Homoioi*. Ceux-ci en effet firent face à plusieurs révoltes d'hilotes, dont la plus dure fut celle de 464, et ils se sentirent toujours freinés dans leur politique extérieure par une possible insurrection des hilotes. Ce sentiment d'un péril permanent peut expliquer partiellement l'attitude très particulière des *Homoioi* envers les hilotes : les sources antiques insistent en effet, sans que l'on puisse savoir exactement à quand remonte cet état de fait, qui semble n'avoir pas concerné l'époque archaïque, sur le mépris et les traitements dégradants qui étaient réservés aux hilotes par leurs maîtres. Une tenue spécifique, un vêtement en peau de bête, permettait d'identifier dès l'abord leur condition, chose qui aurait été plus difficile à Athènes par exemple, où hommes libres et esclaves ne se distinguaient pas en apparence les uns des autres ; dans certaines circonstances, des coups leur étaient gratuitement infligés, un comportement avilissant leur était imposé, lorsqu'on les exhibait, après les avoir enivrés, devant les jeunes Spartiates, comme exemples de ce qu'il ne fallait pas faire. Ces traitements humiliants, destinés à marquer la limite infranchissable entre le maître et l'esclave, se complétaient, lorsque la communauté des Égaux se croyait vraiment menacée, par des massacres

d'hilotes : ceux-ci étaient accomplis de manière parfaitement légale, puisque chaque année les éphores• déclaraient rituellement la guerre aux hilotes, de manière à éviter toute souillure aux auteurs de ces meurtres. Ces massacres étaient individuels, lors de la cryptie•, ou collectifs, lorsque la cité tout entière jugeait que ses hilotes, en s'élevant au-dessus de leur condition grâce à des services importants rendus en temps de guerre, remettaient en question la base même du système social.

***Himation* (ἱμάτιον) : manteau•**

HIPPARQUE (ἵππαρχος) : Le titre d'hipparque, commandant de la cavalerie, est connu dans de nombreuses régions, par exemple dans le *koinon*• étolien, où l'hipparque est l'adjoint du stratège. À Athènes, les deux hipparques, élus pour un an, ont le commandement de la cavalerie, chacun ayant cinq phylarques• sous ses ordres ; un troisième commandait la cavalerie stationnée à Lemnos.

Xénophon a consacré un court traité à l'hipparque, intitulé *Hipparchikos, Le commandant de la cavalerie,* qui détaille de manière concrète ses missions à la tête de la cavalerie à Athènes en temps de paix, lors des exercices dans la campagne et en temps de guerre. Xénophon insiste sur les devoirs de l'hipparque en temps de paix (III, 1) : « d'abord offrir aux dieux des sacrifices de bon augure pour la cavalerie ; puis faire des cortèges dans les fêtes un merveilleux spectacle ; et encore donner la plus grande beauté possible à toutes les exhibitions de cavalerie qu'il faut organiser pour la cité, celles de l'Académie, du Lycée, du Phalère et de l'hippodrome ». Les deux hipparques ont notamment pour mission de bien préparer les cavaliers à la manœuvre difficile de l'anthippasie (III, 11-12), qui fut ensuite intégrée au spectacle offert lors des Panathénées : les deux groupes de cinq escadrons commandés chacun par un hipparque simulaient une charge en se traversant au galop avant de se former tous ensemble en bataille.

***Homoioi* (ὅμοιοι) :** À Sparte, les *Homoioi*, « Pairs » ou « Égaux », étaient les citoyens de plein droit, par opposition aux périèques•, citoyens de droit réduit, et aux diverses classes intermédiaires, avec lesquels ils formaient les Lacédémoniens : ils étaient donc les seuls à posséder les droits politiques et à diriger la cité par le biais de ses institutions. Beaucoup plus qu'à l'administration de la cité cependant, les *Homoioi* consacraient leur vie à la défense de Sparte et à l'entraînement militaire ; le système social, avec les périèques, surtout artisans et commerçants, et les hilotes•, chargés du travail de la terre, les déchargeait en effet de toute tâche matérielle.

Le fils de citoyen, qui, dès sa naissance, a été examiné par les Anciens, désireux de voir si sa constitution lui permettra d'être un bon soldat, est enlevé à sa famille à l'âge de sept ans pour être enrégimenté dans le système d'éducation spartiate, l'*agôgè*•, qui vise à faire de lui un parfait soldat ; le Spartiate sert dans l'armée jusqu'à soixante ans, âge à partir duquel il est libéré de ses obligations militaires. L'un des éléments essentiels de cette vie militaire est la participation quotidienne aux repas publics, les syssities•, imposée à tous les *Homoioi* jusqu'à l'âge de soixante ans. Chaque Spartiate, pour mener la vie communautaire du soldat-citoyen, doit verser sa contribution aux syssities, faute de quoi il est déchu de sa qualité de citoyen de plein droit pour entrer dans la catégorie des *Hypomeiones*• ; le Spartiate peut verser sa quote-part grâce à la redevance, l'*apophora,* que lui verse l'hilote mis à sa disposition par l'État pour cultiver le *klèros*•, le lot de terre attribué par l'État aux citoyens et transmis héréditairement de père en fils. Ce système, dont les Spartiates faisaient remonter l'origine au législateur semi-légendaire Lycurgue, connaît dès le Ve siècle, pour des raisons variées, des problèmes qui ne cessent de s'aggraver, pour aboutir enfin à une véritable crise : le drame qui affecte les *Homoioi* vient de la diminution régulière, l'oliganthropie•, qui frappe leur communauté, et de ses multiples conséquences, alors qu'augmente le nombre des catégories intermédiaires entre *Homoioi*, périèques et hilotes.

HONNEURS : Toute communauté pouvait décerner des honneurs (*timai*, τιμαί) pour récompense de services rendus. De nombreux décrets• honorifiques ont ainsi été votés par des cités en l'honneur d'évergètes•. Dans les honneurs décernés, il convient de distinguer honneurs de routine, qui peuvent être réitérés, et honneurs exceptionnels, qui sont perpétuels. Les honneurs de routine sont l'éloge et la couronne• ; les honneurs exceptionnels (*mégistai timai*) sont au nombre de trois : statue• sur l'*agora*, nourriture (*sitèsis*) au prytanée• et proédrie•. D'autres privilèges pouvaient s'ajouter : l'asylie•, l'atélie•, l'isotélie•, le titre d'évergète•, la proxénie•, la citoyenneté (*politeia*•), le droit de propriété (*enktèsis*•). L'octroi des honneurs fait l'objet d'une demande.

Les premiers Athéniens à bénéficier des honneurs exceptionnels, à titre posthume, furent les tyrannoctones• Harmodios et Aristogiton, après la chute en 510 du dernier tyran d'Athènes, Hippias. Leur statue fut consacrée sur l'*agora* ; le plus âgé de leurs descendants bénéficiait, à l'époque classique, de la proédrie et de la nourriture au prytanée. À partir du début de la guerre du Péloponnèse (430), des stratèges se virent octroyer la trilogie des *mégistai timai*, à la suite de succès militaires. Une modification des règles d'attribution intervint vers 330 : seuls les étrangers purent être honorés ainsi par Athènes peu de temps après un bienfait exceptionnel ; les Athéniens durent attendre la fin de leur vie pour y prétendre, mais les honneurs exceptionnels ne furent plus réservés aux stratèges.

HOPLITE (ὁπλίτης) : L'hoplite est le soldat armé d'armes défensives lourdes (*hopla*, au pluriel), en particulier de l'*hoplon*, son bouclier ; il est opposé au soldat de l'infanterie légère, dépourvu d'armes défensives (*psilos*•) et au cavalier (voir armée•). L'hoplite est protégé par un casque, un bouclier, une cuirasse, portée sur une tunique, et des cnémides, qui couvrent les jambes ; ses armes offensives sont une lance et une courte épée. Dans cette panoplie hoplitique, le grand bouclier circulaire, d'un diamètre d'environ 90 centimètres, a un rôle majeur. Il est tenu grâce à un brassard (*porpax*) passé à l'avant-bras gauche et à une poignée (*antilabè*).

On situe au VIIe siècle l'apparition des hoplites, avec l'adoption progressive du nouvel armement en bronze, dont certaines pièces apparurent dès la fin de l'époque mycénienne, comme l'atteste le vase aux guerriers de Mycènes vers 1150. Dès les années 700 une tombe d'Argos fournit les premiers éléments d'une panoplie hoplitique : le guerrier portait une cuirasse anatomique en deux parties assemblées et un casque surmonté d'un grand cimier. Dans les années 650-640, l'*œnochoè* Chigi, conservée à Rome, est décorée d'une scène de combat entre armées d'hoplites qui avancent au rythme de l'*aulos*•.

L'armée hoplitique est soudée par la solidarité entre hoplites, qui se protègent mutuellement de leur bouclier qui couvre le voisin placé à gauche. La phalange• suppose la participation active d'un assez grand nombre d'hommes et l'on a souvent mis en rapport l'innovation technique et la nouvelle éthique militaire qu'elle implique avec un changement politique, l'avènement du soldat-citoyen.

La cité classique organise la formation de l'hoplite. À Sparte, les *Homoioi*• se consacrent entièrement à la défense de la cité, qui est dépourvue de murailles, car ses citoyens sont ses seuls remparts.

Le poète Tyrtée y est, au VIIe siècle, le chantre des valeurs hoplitiques dans ses *Élégies* (10) : « Mourir au premier rang, lutter pour la patrie, c'est le sort le plus beau digne d'un bon guerrier... » Les hoplites spartiates préfèrent la mort au déshonneur, comme les 300 guerriers qui périrent aux Thermopyles sous Léonidas en 480. On comprend dans ces conditions combien extraordinaire parut en 425 la capture de 120 Spartiates faits prisonniers par Cléon dans l'îlot de Sphactérie.

À Athènes, la cité démocratique doit d'abord son salut aux marathonomaques qui ont repoussé à Marathon l'expédition de Datis en 490. L'éphébie• du IVe siècle est destinée à former de bons soldats.

Le IVe siècle voit une mutation dans la tactique du combat hoplitique, avec l'introduction de la phalange oblique par le Thébain Épaminondas. Les armées de Philippe et d'Alexandre reposent aussi sur les hoplites, dotés d'une sarisse•. Bien que l'infanterie légère ait pris de l'importance, les armées hellénistiques ont toujours principalement recours à des hoplites, qui sont le plus souvent mercenaires•, incorporés dans la phalange, et portent l'armement macédonien.

HOPLITODROME (ὁπλιτοδρόμος) : Un hoplitodrome est un participant à la course en armes qui fait partie des épreuves des concours gymniques.

***Hybris* (ὕβρις) :** Notion essentielle dans la pensée religieuse grecque, l'*hybris* est le sentiment de démesure éprouvé par les mortels qui croient pouvoir s'élever au-dessus de leur condition humaine. Elle est très présente chez les tragiques, particulièrement Eschyle, et joue encore un rôle important dans un récit historique comme l'*Enquête* d'Hérodote, où elle est présentée comme le moteur du comportement de Xerxès.

HYMÉNÉE (ὑμέναιος) : Chant nuptial, exécuté par les suivantes de la mariée lorsqu'elles accompagnaient celle-ci à la demeure de son époux. Ce nom venait de celui d'une divinité, Hyménaios, qui était invoquée lors des mariages•.

HYMNE (ὕμνος) : Prière à une divinité, déclamée ou chantée par un chœur lors d'une cérémonie religieuse ; l'hymne comportait traditionnellement une invocation à la divinité, appelée sous ses divers noms, et un éloge, qui consistait à énumérer ses exploits.

On donne ce nom à des poèmes connus sous le nom d'*Hymnes homériques* : parmi ces poèmes, que les Anciens attribuaient à Homère et dont la composition s'échelonne du VIIIe au VIe siècle, les plus importants sont l'hymne à Déméter, l'hymne à Apollon délien, la Suite pythique et l'hymne à Hermès.

HYPASPISTE (ὑπασπιστής) : Le corps des hypaspistes est une infanterie d'élite créée par Philippe II de Macédoine. Son armement se distinguait de celui des pézhétaires• parce qu'il ne comportait pas la cuirasse. Ils combattaient en phalange• dans l'armée d'Alexandre, où ils ont joué un rôle important en constituant la garde royale à pied. Un règlement militaire trouvé à Amphipolis fait connaître précisément leur armement dans l'armée macédonienne au tournant du IIIe au IIe siècle, sous le règne de Philippe V : la sarisse, le bouclier rond, le casque, l'épée courte, les cnémides et un vêtement de cuir ou de feutre pour protéger le bas-ventre, analogue au *périzôma*• ; seuls les officiers avaient le droit de porter la cuirasse ou la demi-cuirasse. On estime souvent que les hypaspistes peuvent aussi être appelés argyraspides, au bouclier d'argent.

***Hypomeiones* (ὑπομείονες)** : Ce terme désignait les « Inférieurs », c'est-à-dire les Spartiates déchus qui, avec d'autres catégories, dont la plus importante était celle des néodamodes•, constituaient une vaste classe intermédiaire entre les *Homoioi*•, les périèques• et les hilotes•. C'est à partir d'une époque relativement récente, en raison de l'évolution du système socio-économique du *klèros*•, que la catégorie des *Hypomeiones* se développe, pour apparaître comme une composante essentielle du système social dès le début du IVe siècle, avec la conspiration de Cinadon en 397. La raison qui pouvait faire déchoir un citoyen de sa condition première était le plus souvent d'ordre économique : en effet, ceux qui, bien que fils de citoyens, étaient pourvus d'un *klèros* devenu insuffisant à la suite de partages, ou même avaient perdu leur *klèros* après la réforme d'Épitadée du début du IVe siècle et ne pouvaient par suite fournir l'indispensable contribution aux syssities•, étaient exclus du corps civique : privés des droits politiques et du revenu d'une terre,à la différence des *Homoioi*, alors qu'ils ne pouvaient exercer, comme les *Homoioi*, qu'une activité militaire, ces déclassés formaient un groupe de plus en plus nombreux et mécontent en raison du sentiment d'injustice qu'ils éprouvaient. Beaucoup quittèrent Sparte et s'engagèrent comme mercenaires•. Ce groupe est encore accru par les Tresantes, les Spartiates dont le comportement au combat a été jugé lâche et qui ont été rejetés de la communauté des *Homoioi*. Il faut ajouter enfin à ces Inférieurs les enfants illégitimes de Spartiates et de femmes hilotes, les *nothoi* (νόθοι), et les jeunes gens libres, qui ne sont pas Spartiates, mais qui ont eu droit à l'*agôgè*•, sans doute désignés sous le nom de *mothakes*.

HYPOTHÈQUE (ὑποθήκη) : L'hypothèque qui garantissait l'octroi d'un prêt se traduisait par l'implantation de bornes• hypothécaires sur un bien immobilier, qui faisait l'objet d'un accord privé devant témoins et que les astynomes• étaient chargés de surveiller ensuite. La levée de l'hypothèque était matérialisée par l'arrachement des bornes hypothécaires (*seisachtheia*, seisachtie•). Les prêts hypothécaires sont bien connus à Athènes et à Ténos dans les Cyclades. L'hypothèque pouvait prendre la forme de la *prasis épi lysei* (πρᾶσις ἐπὶ λύσει) : le débiteur « vendait » à son créancier une propriété dont il gardait apparemment la jouissance ; il recevait en échange une somme d'argent sur laquelle il versait des intérêts ; il se libérait de sa dette en « rachetant » le bien-fonds.

> Une inscription de Ténos illustre cette procédure. Cet acte permet de constater que la levée de l'hypothèque prend la forme d'un achat : « Phôkos fils de Phôkion Thryésien a acheté pour 1400 drachmes d'argent d'Athénadès fils d'Amphithéos Thestias (...) la maison et le champ, sis à Éleithyaion, que Phôkos avait vendus à Athénadès en empruntant à Athénadès 1400 drachmes ».

L''hypothèque était souvent utilisée pour des dépenses que nous dirions improductives (contributions comme les liturgies•, dons, dot•), mais elle pouvait servir aussi à assurer des dépenses d'investissement, comme l'achat de biens-fonds, qui accroissaient le patrimoine.

I

IMPÉRIALISME : *Archè•*

IMPIÉTÉ : L'impiété (*asébeia*, ἀσέβεια) peut faire l'objet à Athènes d'une procédure d'eisangélie•, jusqu'en 403, ou d'une accusation publique (*graphè• asébeias*). Son champ est très large, car l'impiété s'étend à tout ce qui touche les intérêts des dieux.

IMPÔT : Différents impôts alimentaient les caisses de la cité. À Athènes, l'impôt direct de l'*eisphora•* reste exceptionnel ; les métèques• versent annuellement une capitation, le *métoikion•*. La plupart des ressources viennent de taxes affermées par adjudication• annuelle. À Délos, pendant la période de l'indépendance (314-166), la taxe la plus importante est celle du cinquantième (*pentèkostè*, πεντηκοστή), d'un montant de 2 % sur les importations et les exportations ; d'autres taxes sont du dixième, sur les loyers, sur le blé, sur la pêche et les poissons ; un droit additionnel de 5 %, les *épônia* (ἐπώνια), était versé au trésor public par les fermiers d'impôt. À ces taxes de la cité s'ajoutaient un certain nombre de droits affermés par les hiéropes• au bénéfice du trésor d'Apollon, notamment sur les traversées entre Délos et Rhénée et Délos et Myconos ou sur la pêche dans le lac sacré.

INCUBATION : Le rite de l'incubation, qui désigne le fait d'être couché, est essentiel dans le culte d'Asclépios, dieu guérisseur. Dans les sanctuaires d'Asclépios, les consultants avaient le privilège de passer la nuit couchés à l'abri du portique d'incubation, appelé aussi *abaton•* : le dieu pouvait leur apparaître en rêve pour leur conseiller un traitement miraculeux de leurs maladies.

IONIQUE (ordre) : Les premiers grands édifices construits dans l'ordre ionique datent du début du VIe siècle ; tous sont situés en Grèce d'Asie ou dans les îles de la mer Égée. À l'époque classique, l'ordre ionique connaît une certaine faveur en Attique, sans pouvoir cependant rivaliser avec l'ordre dorique•, dans lequel sont toujours construits les édifices majeurs ; les deux ordres sont même juxtaposés dans certains monuments. La colonne, toujours pourvue d'une base moulurée, est élancée, avec un rapport entre le diamètre et la hauteur allant de huit à neuf ; elle est creusée de vingt-quatre profondes cannelures et couronnée d'un chapiteau à volutes **(fig. 26-27)**. L'entablement peut être composé d'une architrave• faite de trois bandeaux lisses, les fasces, et, éventuellement, d'une frise, qui peut rester lisse ou être ornée d'un décor sculpté continu ; il existe aussi des entablements sans architrave, dont l'ornement principal est une frise **(fig. 28)**.

IRÈNE (εἰρήν) : ***agôgè•***

***Isègoria* (ἰσηγορία) :** Droit à la parole égal pour tous, caractéristique des assemblées du peuple démocratiques : chaque citoyen peut intervenir, participer à la discussion ou faire lui-même une proposition.

ISONOMIE (ἰσονομία) : Le terme, dans la pensée politique grecque, signifie « égale répartition », « égale distribution », mais sans que soit indiqué qui précisément détient le pouvoir ; il qualifie la réforme de Clisthène à Athènes en

(➪ p.101)

Fig. 26 : Schéma d'élévation de l'ordre ionique.

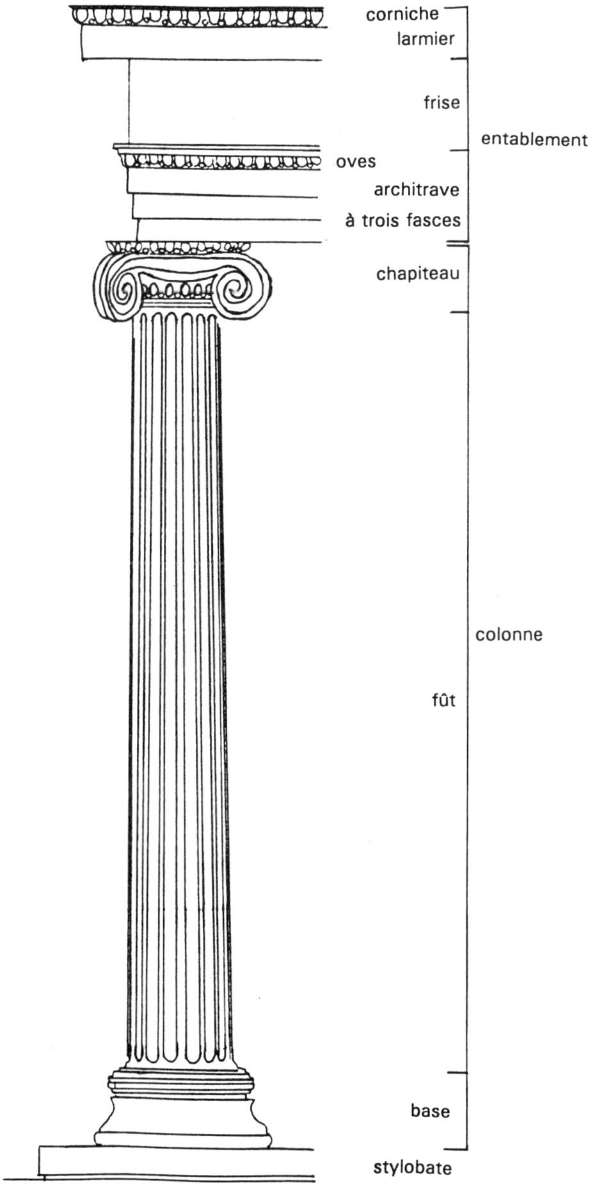

Fig. 27 : Chapiteau ionique (Olympie, *ex-voto* ptolémaïque) *(d'après R. Ginouvès).*

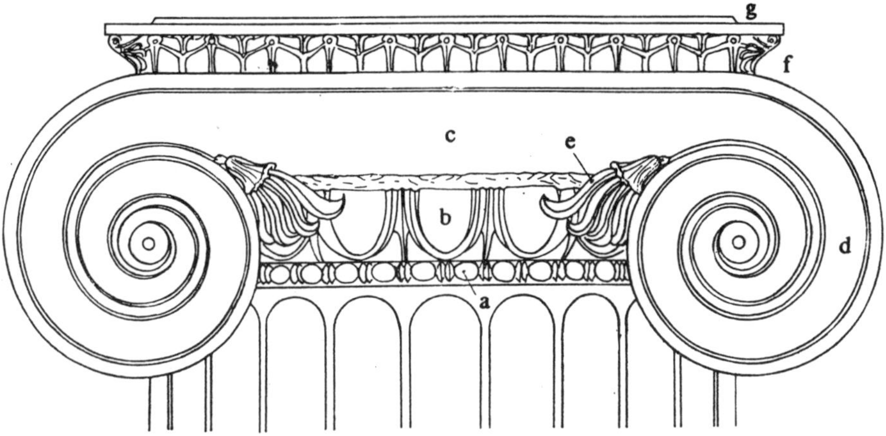

a : astragale (perles et pirouettes) ; b : échine (oves) ; c : canal ; d : volute ; e : motif d'écoinçon (demi-palmette) ; f : abaque ; g : tablette portante.

Fig. 28 : Entablement ionique sans architrave (Xanthos, Monument des Néréides) *(d'après R. Ginouvès).*

a : frise ; b : denticules ; c : corniche ; d : chéneau.

508-507, qui donne l'égalité aux citoyens à l'*ekklèsia*, à la *boulè* et à l'Héliée. Il faut noter qu'il s'applique aussi bien à des régimes comme la démocratie• clisthénienne qu'à l'aristocratie• et l'oligarchie•, qui s'opposent chacune à un régime moins égalitaire : la démocratie s'oppose à l'aristocratie et à l'oligarchie ; celles-ci s'opposent à la tyrannie.

ISOPOLITIE (ἰσοπολιτεία) : L'isopolitie est le droit qu'accorde une cité, à tous les ressortissants d'une autre cité, de jouir de sa citoyenneté à condition de venir s'établir effectivement sur son sol et de s'y faire inscrire dans les cadres civiques ; le nouveau citoyen perd alors sa citoyenneté d'origine. Il arrive que les deux cités s'accordent l'isopolitie à titre réciproque, comme le firent Cyrène et sa métropole• Théra au début du IVe siècle. L'isopolitie peut être aussi un privilège accordé non pas collectivement, mais en particulier à tel ou tel individu, auquel la cité désire manifester sa gratitude. C'est à partir de l'époque hellénistique surtout que sont fréquentes les conventions d'isopolitie.

ISOTÉLIE (ἰσοτέλεια) : L'isotélie soumet les étrangers au paiement des mêmes taxes que les citoyens et les dispense des taxes et impôts dus par les autres catégories, étrangers de passage et métèques•. Ce privilège fait partie des honneurs• qu'accorde la cité.

Un décret de la garnison macédonienne de Rhamnonte remercie le stratège nommé par le roi Antigone Gonatas, après sa victoire dans la guerre de Chrémonidès (267-262), d'avoir hâté les formalités de la dokimasie• avant l'octroi de l'isotélie aux soldats.

ITALIOTE (ἰταλιώτης) : L'adjectif qualifie les Grecs d'Italie du Sud ainsi que leurs productions.

ITALIQUE (ἰταλικός) : L'adjectif qualifie les indigènes d'Italie du Sud ainsi que leurs productions.

J

JEUX : concours•

JUGE ÉTRANGER : L'institution des juges étrangers se développe à l'époque hellénistique : elle témoigne que le monde des cités grecques existe toujours, même après Chéronée (338), qui avait vu la défaite d'Athènes et de Thèbes devant le roi de Macédoine Philippe II. Deux mentions littéraires nous font connaître les juges étrangers, alors que les décrets en leur honneur dépassent les deux cents.
Le juge étranger est différent du juge arbitre•. On a de nombreux exemples d'arbitres internationaux appelés pour arbitrer des litiges frontaliers. En revanche, les juges étrangers sont chargés de juger les procès d'une cité en se substituant aux tribunaux civiques ; les juges étrangers constituent un tribunal étranger dans la cité.

La cité qui a besoin d'eux rend un décret qui décide de demander des juges à une cité étrangère ; ce décret n'est pas gravé ni exposé. Un ambassadeur est désigné pour transmettre la demande de juges à la cité choisie et pour accompagner les juges à l'aller et au retour ainsi que pour s'occuper d'eux pendant leur séjour : c'est le dikastagôgue (*dikastagôgos*, δικασταγωγός). Le tribunal est constitué par la cité sollicitée, qui choisit les juges, en nombre impair (d'un à cinq), avec un secrétaire. Quelquefois les juges viennent de plusieurs cités et forment un tribunal composite. Le séjour des juges étrangers est plus ou moins long. À la fin, un décret honorifique est voté en leur honneur. Pendant leur mission, les juges étrangers tentent d'abord la conciliation (*dialysis*, διάλυσις), avant d'en venir au procès.

Le type d'affaires soumises aux juges étrangers permet de connaître les raisons de l'appel à leur intervention. Il peut s'agir d'une affaire grave pour la cité demanderesse, qui est en proie à la *stasis*•. Mais l'appel peut aussi être justifié par les retards ou la suspension de la justice, dont beaucoup de cités souffrent à l'époque hellénistique : ainsi les procès n'étaient plus jugés en Béotie dans les années 190, au témoignage de Polybe (*Histoires* XX, 6, 1-6).

L'origine de l'institution est liée à l'intervention de diadoques• qui veulent apaiser les tensions internes dans des cités qu'ils dominent, pour des raisons de bonne administration. Les plus anciens décrets témoignent, à l'extrême fin du IVe siècle et au début du IIIe siècle, de l'importance de l'intervention royale. À partir du IIe siècle, l'initiative revient aux cités : l'institution acquiert une vitalité propre qui démontre son efficacité, et elle perdure à l'époque impériale.

JUSTICE : *apella*• ; aréopage• ; *dikè*• ; eisangélie• ; éphètes• ; *graphè*• ; Héliée• ; juge étranger• ; sycophante• ; *thémis*• ; tribunal•

K

***Kalos kagathos* (καλὸς κἀγαθός) :** Le *kalos kagathos* est l'homme accompli dans l'idéal grec de la *paideia*•. Cet idéal de l'homme qui unit beauté du corps et excellence morale dépend de modèles qui ont une origine aristocratique, comme on le voit dans Homère. L'expression n'est cependant attestée qu'à partir du milieu du Ve siècle, où elle apparaît dans un passage d'Hérodote (*Histoires* I, 30). Ses emplois se prêtent ensuite à des interprétations propres aux auteurs : Xénophon a ainsi tendance à donner à cet idéal de la *kalokagathia* (καλοκἀγαθία) un contenu aristocratique et élitiste, y reconnaissant la qualité des membres de la *gérousia* spartiate (*Constitution des Lacédémoniens* X, 1). Il convient de souligner que l'expression traduit un idéal qui reste très vivant à l'époque hellénistique ; il suscite l'émulation agonistique dans l'évergétisme• qu'encouragent les cités.

***Kapèlos* (κάπηλος) :** Le *kapèlos* est le petit commerçant, distinct du négociant en gros, l'*emporos*. Le commerce de détail (*kapèleia*) est mal considéré : le mot devient le synonyme de filouterie. Les petits commerçants tiennent boutique sur la partie commerciale de l'*agora*•, où les opérations sont soumises au contrôle des agoranomes•.

***Kausia* (καυσία) :** La *kausia* est un large béret de feutre, typique de la Macédoine, utilisé pour se protéger du soleil et du froid ; elle a la forme d'un champignon. Elle est retenue sur la tête par un bandeau qui en fait le tour.

Elle est l'insigne du roi de Macédoine, qui la porte de couleur pourpre avec le diadème. Elle fait aussi partie de l'équipement des soldats macédoniens.

***Klèros* (κλῆρος) :** Le *klèros* est le lot de terre attribué au colon lors de la fondation de la colonie•, au citoyen spartiate ou au colon militaire et au clérouque• en Égypte. Dans ce dernier cas, la tenure individuelle était propriété éminente du roi. D'après Plutarque (*Vie de Lycurgue* 8), il y aurait eu à l'origine 9000 *klèroi* égaux attribués aux citoyens spartiates, les *Homoioi*• ; chaque citoyen disposait d'un *klèros*, qui était inaliénable et cultivé par des hilotes•, afin que le citoyen pût se consacrer exclusivement à la guerre. Il semble bien qu'en fait la vision de cette société parfaitement égalitaire soit due à la propagande des rois réformateurs du IIIe siècle, désireux de se placer sous le patronage prestigieux d'une figure semi-légendaire comme celle de Lycurgue. Certes, chaque citoyen spartiate devait effectivement disposer d'un *klèros*, qui lui était indispensable, puisque c'était la redevance versée par l'hilote, l'*apophora*, qui lui permettait de verser sa quote-part aux syssities•, obligation indispensable pour conserver la qualité de citoyen ; mais à l'époque classique, et surtout au IVe siècle, qui voit une accélération de l'évolution naturelle due aux conséquences de la victoire sur Athènes, les citoyens spartiates disposent de lots de terre manifestement inégaux et, depuis la réforme d'Épitadée, officiellement aliénables. Un processus de concentration des terres, observé par Aristote, s'était en effet progressivement opéré, favorisé par la dotation généreuse des filles et par le mariage fréquent des filles épiclères• non pas avec leur plus proche parent, mais avec un citoyen déjà pourvu de terres ; la réforme d'Épitadée, au début du IVe siècle, qui autorisait l'aliénation du *klèros* par don ou legs, ce qui aurait permis en fait des ventes déguisées, ne confirmerait donc qu'une évolution déjà bien engagée. Cette concentration des terres eut pour conséquence la dégradation d'un nombre croissant de Spartiates, incapables de verser leur cotisation aux syssities en raison de la taille de leur *klèros*, devenu trop exigu : l'augmentation du nombre des *Hypomeiones*•, corollaire de l'oligan-thropie• qui frappe les citoyens, découle directement de ces problèmes de transmission du *klèros*.

KOINÉ (κοινή) : La koiné (*koinè*) désigne habituellement la langue commune (*koinè dialektos*, κοινὴ διάλεκτος) diffusée dans le monde hellénistique, qui donne toute son expansion au grec attique. La koiné reste à peu près stable sur sept siècles, de Démosthène à Julien l'Apostat. Il convient cependant de noter que l'aire linguistique grecque a connu de nombreuses koinés. Parmi les koinés littéraires, on peut citer la langue des poèmes homériques, qui est la plus ancienne, ou l'ionien d'Hérodote.

L'emploi de la koiné, au sens usuel, ne signifie évidemment pas que les dialectes grecs avaient disparu : de nombreuses particularités subsistent et le pittoresque de formes dialectales est subtilement raillé par Théocrite dans *Les Syracusaines*. Cependant l'importance prise par la chancellerie des grands royaumes et les échanges nombreux à l'intérieur d'un monde grec élargi diffusent une langue et un style administratifs et historiques jusque dans les plus petites cités, comme l'attestent de nombreux décrets• inscrits. La conquête d'Alexandre, puis l'extension de l'Empire romain ont répandu l'usage de la koiné sur des territoires linguistique-ment hétérogènes, grecs et barbares. C'est tout naturellement la koiné qui est utilisée par les juifs hellénisés d'Alexandrie dans la traduction partielle de la Bible, dite la Septante ou Bible des Septante.

Plusieurs niveaux de langue, correspondant à différents usages, se laissent discerner dans la koiné, prise en un sens élargi : l'attique classique, la langue des écrivains non atticisants, la langue parlée, la plus difficile à connaître. En un sens strict, seul le registre supérieur de la langue écrite mérite d'être appelé koiné.

***Koinon* (κοινόν) :** Le terme *koinon*, qui signifie communauté, est susceptible de recevoir plusieurs acceptions. Il peut désigner une association temporaire avec une fin déterminée, une unité militaire qui constitue un groupe, une collectivité ; constitués en *koinon*, les soldats peuvent voter des décrets.

Ce terme général est employé aussi pour désigner une association de cités, une confédération, dotée d'organes communs. Les cités qui appartiennent à un *koinon* demeurent des communautés distinctes, qui conservent leur territoire, leurs lois et leurs cultes. Les institutions fédérales renforcent le sentiment d'appartenance à une même entité, mais ne suppriment pas l'identité de chaque cité. Il n'y a pas de modèle unique d'un tel *koinon* : la diversité est la règle dans les nombreux *koina* connus.
La confédération béotienne, au Ve siècle aussi bien qu'au IVe, est soumise à la prédominance de Thèbes, la principale des cités qui la composent ; à l'époque hellénistique au contraire, les cités sont sur un pied d'égalité dans le *koinon* béotien. Le *koinon* des Insulaires, ou Nésiotes, de la mer Égée est soumis aux influences extérieures : il passe de la domination d'Antigone le Borgne et de Démétrios Poliorcète, dans sa première phase (314-288), à celle des Lagides, qui en font l'instrument de leur thalassocratie (286-246), avant de renaître au début du IIe siècle comme instrument de la domination rhodienne sur les îles et de disparaître après la victoire remportée par les Romains à Pydna en 168. La confédération des Étoliens, fondée sous Alexandre, laisse une certaine autonomie à ses membres, unis entre eux par un lien de sympolitie•. À l'époque impériale, le *koinon* des Hellènes d'Asie est l'assemblée de la province d'Asie, qui sert d'intermédiaire entre les villes et l'empereur.
L'organisation interne des *koina* est diverse. Celle de la première confédération béotienne, dissoute en 386 après la Paix du Roi, est bien connue grâce à un texte de l'Anonyme d'Oxyrhynchos : les onze districts de la Confédération, entre lesquels étaient réparties les cités béotiennes, envoyaient chacun au gouvernement central un magistrat, le béotarque, et soixante conseillers. Les onze béotarques assuraient le pouvoir exécutif et commandaient l'armée, tandis que les 660 conseillers formaient la *boulè* fédérale, divisée en quatre sections qui assuraient la permanence à tour de rôle. La seconde confédération, dont l'organisation est moins bien connue, était démocratique, à la différence de la première, et caractérisée par l'existence d'un archonte-éponyme, placé au-dessus des béotarques, au nombre de sept, et d'une assemblée primaire souveraine. Dans la confédération arcadienne du IVème siècle, sur l'organisation de laquelle subsistent des incertitudes, le pouvoir législatif revenait à une assemblée, connue sous le nom d'« Assemblée des Dix-Mille », et à un conseil, tandis que le pouvoir exécutif était détenu par le stratège, magistrat unique, élu pour un an, responsable en particulier du commandement de l'armée. De la confédération thessalienne, on connaît surtout, à l'époque classique, les magistratures, toutes à caractère militaire : le magistrat suprême est le *tagos*•, ou tage, élu par l'assemblée fédérale, qui porte ensuite le titre d'archonte, puis, avec Philippe de Macédoine, celui d'*hègémôn* ; les quatre polémarques sont chacun à la tête d'un district de la confédération, tandis que les quatre hipparques commandent la cavalerie et que les seize pézarques commandent l'infanterie. Dans le *koinon* des Étoliens, une assemblée générale des citoyens de toutes les *poleis* se réunit ordinairement deux fois par an et élit les magistrats fédéraux, stratège éponyme, hipparque, secrétaire fédéral et sept trésoriers ; un conseil de plus de cinq cents délégués élus par les cités expédie les affaires courantes en collaboration avec les magistrats ; lorsqu'il sera devenu trop nombreux, ce rôle est dévolu à une commission permanente de plus de trente magistrats choisis au sein du conseil.

Kômè (κώμη) : Distinguée de la *polis•* au sens de ville, la *kômè* est un village, une localité. La différence entre les deux mots peut aussi recouvrir une différence politique : dans les premières décades du Ve siècle, Argos réduisit au rang de *kômai* un certain nombre de cités du voisinage comme Mycènes, Tirynthe, Nauplie, en les soumettant.

Kômos (κῶμος) : Le *kômos,* où l'on voit souvent l'origine de la comédie•, a trois sens principaux : il peut désigner le cortège de danseurs plus ou moins éméchés, les kômastes, qui parcourent les rues en désordre, ou la fête à laquelle ces cortèges se rendent, où des chœurs dansent et chantent, souvent en l'honneur de Dionysos, ou enfin le banquet et les divertissements qui ont un caractère privé.
Le *kômos* n'évoquait sans doute plus une réalité précise pour les Grecs du IVe siècle.

Korè, kouros (κόρη, κοῦρος) : En grec, *korè* signifie « jeune fille » et *kouros,* « jeune homme ».
Korè, « la jeune fille », est le nom que l'on donne à la fille de Déméter sur la terre, autrement appelée Perséphone, lorsqu'elle séjourne aux Enfers. Le terme, qui signifie jeune fille, désigne dans le vocabulaire archéologique une statue• féminine archaïque qui ne représente pas une déesse. Les *Korai*, ou Corés, représentent des jeunes filles debout immobiles, drapées, vêtues du *chiton* et de l'*himation,* ou du *péplos.* Les plus nombreuses ont été retrouvées dans les fouilles de l'Acropole d'Athènes : consacrées à la divinité, elles avaient été enfouies dans le sol par les Athéniens qui les considéraient comme souillées par le passage des Perses.
Le terme *kouros,* en ionien, qui signifie jeune homme, désigne dans le vocabulaire archéologique une statue virile archaïque qui ne représente pas un dieu. Les *Kouroi,* ou Couroi, représentent des jeunes gens nus, de face, le pied gauche en avant d'ordinaire. Ils pouvaient être l'image idéalisée du mort sur la tombe duquel ils se dressaient, ou être une offrande à la divinité dans un sanctuaire : on hésite parfois à reconnaître le dédicant ou un dieu, le plus souvent Apollon, bien que cette seconde possibilité soit peu probable.

Ktistès (κτίστης) : Le *ktistès* est le fondateur, celui à qui est due la fondation (*ktisis,* κτίσις). C'est d'abord le fondateur d'une cité, son oikiste mythique ou historique, comme Battos pour la colonie• de Cyrène ou Alexandre, qu'une statue célèbre représentait en *Ktistès* à Alexandrie d'Égypte. C'est aussi le nouveau fondateur d'une cité, qui lui doit sa renaissance ; en ce sens, le titre est décerné à de grands évergètes• : Mithridate de Pergame est honoré du titre de nouveau fondateur (*néos ktistès,* νέος κτίστης) pour avoir redonné la liberté à sa cité par son intervention auprès de César. Le *ktistès* est enfin le fondateur d'un ou de plusieurs édifices dans la ville et, à ce titre, peut éventuellement être rapproché des fondateurs mythiques de la ville.

Kyrios (κύριος) : Le substantif *kyrios* est employé en deux sens, pour désigner le représentant légal et le tuteur d'une personne mineure ou le possesseur d'un esclave•.
La femme adulte a besoin d'un *kyrios.* Dans le droit grec, le *kyrios* est le tuteur de la femme, juridiquement mineure, dont il administre les biens et pour laquelle il intervient en justice. Cette tutelle exercée sur les femmes est ignorée dans une

partie du monde grec, notamment dans la Grèce du nord et du nord-ouest. Elle est en revanche pratiquée à Athènes et dans les Cyclades. Le *kyrios* est le père ou le plus proche parent d'une femme non mariée, le mari après le mariage•, le fils si la veuve demeure sous son toit. La tutelle ne revient à plusieurs *kyrioi* que si la femme a avec eux le même degré de parenté.
Le mineur orphelin a également un *kyrios* ou plusieurs. Ces tuteurs sont responsables de la gestion des biens de leur pupille, du remboursement des dettes et des emprunts qui grevaient les biens du défunt.

Le pupille devait recevoir à sa majorité un compte de tutelle. Démosthène, qui avait eu trois tuteurs désignés vers 380, les accusa de spoliation. Les plaidoyers civils de l'orateur conservent trois discours *Contre Aphobos*, l'un de ses tuteurs, et deux autres liés à la même affaire, *Contre Onètor*. Le début du *Contre Aphobos* I (4-5) montre comment ont été désignés les tuteurs : « Démosthène, mon père, juges, a laissé, avec une fortune d'environ 14 talents, deux enfants — moi, âgé alors de sept ans, et ma sœur, âgée de cinq — et notre mère qui avait apporté une dot de 50 mines. Au moment de sa mort, voici quelles furent ses dispositions à notre égard. Il confia les siens et sa fortune à Aphobos mon adversaire, et à Démophon fils de Démon, qui étaient ses neveux, l'un par son frère, l'autre par sa sœur ; en outre, à Thérippidès, du dème de Pæania, avec qui il n'avait pas de lien de parenté, mais qui était son ami d'enfance. »

L

LAMPADÉDROMIE (λαμπαδηδρομία) : Course aux flambeaux, qui faisait partie du culte de certaines divinités. La fête des Grandes Panathénées comportait ainsi une course aux flambeaux ; dans la fête en l'honneur de Bendis organisée au Pirée et dont parle Socrate au début de *la République* de Platon, la nouveauté consistait en une lampadédromie à cheval.

LAMPE : Les lampes apparaissent en Grèce au début du VIIe siècle, sous l'influence de l'Orient. Elles sont d'abord en terre cuite modelée à la main, puis fabriquées sur un tour, à partir du VIe siècle ; la technique du moulage en deux parties apparaît à l'époque hellénistique et permet d'accroître la production. Il existe aussi des lampes en bronze. On brûlait dans les lampes de l'huile d'olive, qui se consumait grâce à une mèche de laine passée dans le bec. Certaines lampes étaient pourvues de plusieurs becs. Une anse ou un poucier permettaient le plus souvent la préhension de l'objet. Les lampes moulées portent souvent un décor dans le médaillon supérieur, comme les lampes corinthiennes de l'époque impériale, où la signature du potier est normalement incisée sur la base juste avant cuisson.

Une épigramme de Callimaque mentionne une lampe somptueuse à vingt becs, offerte à Sarapis (*Épigrammes*, 55) : « Au dieu de Canope Callistion, fille de Critias, m'a dédiée, lampe riche de vingt mèches, en *ex-voto* pour son garçon Apellis ; à voir les feux que je lance, "Étoile du soir, dira-t-on, tu es tombée du ciel ?" »

LARMIER : Le larmier, d'où tombent les « larmes » de la pluie, est la partie de la corniche qui fait saillie, au-dessus de l'entablement.

LÉGISLATEUR : L'époque archaïque est l'âge d'or des grands législateurs ; nombre de cités vénéraient la mémoire des législateurs qui leur avaient donné leur constitution•. La figure légendaire de Lycurgue passait pour avoir transmis la grande *rhètra*• de Sparte, qui peut remonter au VIIIe siècle ; en Grande Grèce et Sicile, Zaleucos aurait donné ses lois• à Locres vers 660 et Charondas à Catane vers 630 ; Dracon, vers la fin du VIIe siècle, et Solon, au début du VIe, furent les législateurs d'Athènes.
Par la suite, la figure du législateur perd de son côté mythique pour désigner celui qui propose de nouvelles lois, fait adopter une nouvelle constitution, réforme la cité (voir aisymnète•). La constitution de Clisthène, qui fonde la démocratie• athénienne en 508/7, manifeste l'importance de son initiateur, qui est plutôt qualifié de réformateur que de législateur. Lors de la fondation de la colonie panhellénique de Thourioi sous l'impulsion d'Athènes, le sophiste Protagoras donne les lois d'une démocratie modérée. Les législateurs ne disparaissent pas de la pensée politique : la réflexion sur les lois est constante aux époques classique et hellénistique et le philosophe devient lui-même législateur chez Platon, qui le charge de mettre les lois en conformité avec la vertu.

LIBATION : La libation était, comme le sacrifice•, un acte essentiel du culte, qui consistait à verser sur le sol ou sur un autel, en offrande aux dieux, quelques gouttes d'eau pure, de vin, de lait, de miel ou d'un autre liquide ; elle était faite avec une phiale, coupe sans pied pourvue d'un ombilic et propre au culte **(fig. 13, n°16)**. Après avoir offert la libation, on adressait une prière aux dieux et on buvait. La libation intervenait dans de multiples circonstances de la vie privée, avec une valeur surtout propitiatoire, lors des repas et des séparations en particulier, et dans le culte public ; dans les relations entre cités, elle consacrait le traité• de paix, auquel elle donnait son nom, *spondai* (σπονδαί).

LIGUE : Une ligue est une institution fédérale qui regroupe des alliés dans le cadre d'une symmachie•. Il n'existe pas en grec de terme propre pour désigner cette forme d'alliance ; on emploie en français aussi bien le terme de confédération que celui de ligue (voir *koinon*•).
Athènes aux Ve et IVe siècles a constitué autour d'elle deux ligues ou confédérations maritimes qui groupent des alliés sous son hégémonie•. Toutes deux évoluent en devenant des instruments de l'impérialisme athénien. La première ligue, dite ligue de Délos, (478-404) a une flotte dont le commandement revient à Athènes ; les cités membres contribuent, pour les plus importantes, en fournissant des trières et, pour les autres, en versant le *phoros*• qui alimente le trésor fédéral géré par les hellénotames•. La ligue est dotée d'un conseil• des alliés dont les pouvoirs sont confisqués par le peuple et les stratèges d'Athènes. La seconde confédération maritime d'Athènes (378/7-338) cherche à faire oublier l'impérialisme de la ligue de Délos en évitant de demander aux alliés le versement d'un *phoros*, remplacé par des *syntaxeis*•, contributions de guerre, mais elle périclite après une guerre des alliés qui rejettent l'impérialisme athénien (357-355). Cette confédération est dotée d'un conseil des alliés permanent (*synédrion*) où Athènes n'est pas représentée ; les décisions sont prises normalement en accord avec l'assemblée• athénienne, à qui revient le vote final.
La ligue du Péloponnèse est une symmachie qui groupe autour de Sparte à partir du milieu du VIe siècle la plupart des cités du Péloponnèse, sauf son ennemie

Argos. Elle est fondée sur un système d'alliances bilatérales et dotée d'une assemblée des délégués des cités qui se réunit en cas de besoin.
Il existe aussi des ligues qui ont une vocation panhellénique•. La ligue de Corinthe est fondée à l'instigation de Philippe II de Macédoine après sa victoire à Chéronée sur Thèbes et Athènes (338) pour mener la guerre contre les Perses. Elle consacre en fait l'hégémonie du roi de Macédoine sur les cités grecques, même si elle est dotée d'une assemblée commune des Grecs, le *synédrion*, qui vote des décrets• (*dogmata*).

LINÉAIRES A et B : Les civilisations minoenne et mycénienne ont connu trois écritures. L'écriture dite hiéroglyphique crétoise, avec deux syllabaires, l'un monumental, l'autre cursif, pendant la période des premiers palais, de 1900 à 1625 environ ; le linéaire A, forme d'écriture syllabique qui apparaît dès le XVIIIe siècle, utilisé pendant la période des seconds palais crétois, de 1625 à 1450 environ, n'a pas encore été déchiffré. Le linéaire B est la forme d'écriture, très proche du linéaire A, qui était en usage dans la Grèce mycénienne, de 1450 à 1200 environ ; son déchiffrement par Michael Ventris en 1952 a montré que la langue qu'il transcrivait était une forme ancienne de grec. Cette écriture, incisée sur des tablettes d'argile utilisées dans la comptabilité des palais mycéniens, semble avoir été non pas à usage privé, mais à usage bureaucratique et officiel seulement.

Les 57 000 signes du linéaire B ont facilité son déchiffrement. 7 000 signes seulement sont conservés pour le linéaire A, dont le syllabaire comptait 67 signes différents.

LITURGIE (λειτουργία) : La liturgie était la prise en charge par un particulier de dépenses exigées par un service public ; cette prestation des plus fortunés au bénéfice de la collectivité était répandue dans toutes les cités grecques, mais elle est bien connue surtout pour Athènes. On distinguait les liturgies extraordinaires, qui n'avaient lieu qu'exceptionnellement, en temps de guerre, comme la triérarchie•, à laquelle étaient tenus les citoyens seulement, des liturgies ordinaires, qui revenaient tous les ans et auxquelles étaient soumis citoyens et métèques• en fonction de leur richesse. Ces dernières étaient surtout des services religieux, comme l'archithéorie•, la chorégie•, la gymnasiarchie• et l'*hestiasis*•.
Le citoyen ou le métèque responsable d'une liturgie ne doit pas seulement subvenir aux frais, il engage sa participation personnelle en veillant lui-même au bon déroulement de l'épreuve : un mineur, quelle que soit sa richesse, ne peut donc pas assumer une liturgie, pas plus qu'une fille épiclère. La désignation de ceux qui devaient s'acquitter d'une liturgie était faite par les magistrats d'après la fortune déclarée de chacun. Généralement, au Ve siècle, les riches assumaient volontiers la charge, pourtant lourde, des liturgies,qui étaient comme une survivance de l'idéal aristocratique : le désir d'ostentation et le goût de la compétition poussaient chacun à faire le mieux possible, puisque le nom du meilleur chorège ou du meilleur gymnasiarque était proclamé et qu'il recevait un prix en récompense. Il était toujours possible, lorsque l'on estimait qu'un autre citoyen était plus à même, par sa fortune, de s'acquitter d'une liturgie, de chercher à lui imposer cette charge et, s'il refusait, de lui intenter un procès en réclamant l'échange des fortunes, l'*antidosis*•. C'est au IVe siècle surtout que les liturgies, particulièrement l'onéreuse triérarchie, sont ressenties comme un poids écrasant par les riches Athéniens qui essaient de plus en plus de s'y soustraire.

LIVRE : Le livre (*byblion, biblion*, βυβλίον, βιβλίον) se présentait sous la forme d'un *volumen* de papyrus roulé. Ce *volumen* était formé de feuilles de papyrus rectangulaires collées bout à bout. On employait la moelle de la plante, qui poussait en Égypte, en la séparant en bandes très minces ; on collait une couche dans le sens horizontal des fibres sur une couche verticale pour obtenir une feuille (*chartès*, χάρτης). Le texte était disposé en colonnes. Des signes particuliers étaient destinés à faciliter la lecture : la *paragraphos* est un trait horizontal placé sur la gauche de la colonne qui signale une séparation entre deux parties métriques ; la *kôronis* marque aussi un changement de partie et peut venir renforcer la *paragraphos*.
C'est à Rome que le *codex* de parchemin remplace le rouleau de papyrus. Un seul *codex* contient l'équivalent de cinq rouleaux.
Le commerce du livre se développe à partir du Ve siècle et aboutit à la constitution de bibliothèques• privées, dont la plus importante sera celle d'Aristote au IVe siècle. L'édition sous forme de livre consiste à diffuser le texte de l'auteur qui a normalement revu un exemplaire original. Le manuscrit de la main de l'auteur peut être rédigé sur des tablettes de cire, comme *les Lois* de Platon éditées après sa mort.
L'édition de tragédies a contribué à séparer les différentes pièces qui avaient été jouées ensemble, trilogie et drame satyrique : une tragédie tenait en effet aisément sur un rouleau de papyrus. Pour faciliter la lecture dans l'ordre des rouleaux, quand l'œuvre excédait un rouleau, une introduction et une courte conclusion figuraient au début et à la fin de chaque livre ; le scribe peut aussi écrire à la fin d'un livre les premiers mots du livre suivant.
Les livres étaient conservés dans les bibliothèques, mais certains ont pu être déposés dans d'autres bâtiments, comme les dix livres d'Alcée qui, d'après une inscription de Délos, étaient déposés dans le Trésor• d'Andros, contenus dans une boîte triangulaire en bois.

LOCHAGE, LOCHE (λοχαγός, λόχος) : Le lochage est le commandant d'un loche, unité militaire dont le nombre d'hommes varie suivant les cités (200 hommes dans l'armée spartiate à l'époque de la guerre du Péloponnèse).

LOGISTE (λογιστής) : Les dix logistes athéniens, tirés au sort chaque année au sein de la *boulè*•, contrôlaient les comptes des magistrats, à chaque prytanie• et lors de leur sortie de charge, avec l'aide de dix synégores•. La commission avait un mois pour contrôler la reddition• des comptes.

LOGOGRAPHE (λογογράφος) : Lorsqu'un plaideur se sentait incapable de composer le discours qu'il devrait prononcer lui-même devant le tribunal, puisque les avocats n'existaient pas, il pouvait avoir recours aux services rétribués d'un logographe : ce professionnel de l'éloquence judiciaire écrivait pour ses clients des plaidoiries dont le style était adapté à la situation et au caractère de chacun. C'est généralement pour remédier à une situation pécuniaire difficile qu'un orateur• exerçait le métier de logographe : Lysias, qui était un métèque• et ne pouvait prendre la parole à l'assemblée du peuple, écrivit, après sa ruine par les Trente tyrans, de très nombreux discours comme logographe ; Isocrate exerça un temps ce métier, et Démosthène lui-même, malgré son activité comme orateur politique, composa aussi des discours de ce genre.

LOI : La loi est la règle qui s'impose à la collectivité des sujets, des citoyens ou des hommes. La réflexion sur la loi est l'objet de la philosophie politique et porte, à partir des sophistes• du Ve siècle, sur la définition de sa nature, simple convention entre les hommes ou règle intangible de l'humanité.

La notion de loi est exprimée en grec par différents mots. Le mot *rhètra*• (ῥήτρα), où l'on retrouve la racine du verbe dire, s'applique à la loi constitutive de Sparte. Le terme *thesmos* (θεσμός) désigne les lois humaines fondamentales, qui sont établies ; il est employé pour les lois de Dracon et de Solon à Athènes. L'emploi du mot *nomos* (νόμος) au sens de loi politique remonte au Ve siècle. Le succès de ce mot qui éclipse *thesmos* est lié aux réformes de Clisthène qui introduisent la démocratie sous forme de l'isonomie• (*isonomia*). La loi, *nomos*, commence à s'identifier à la loi valable pour tout le monde, qui pourra être conservée par l'écriture ; elle est présentée comme la garantie contre l'arbitraire de la tyrannie•.

> Dans le débat célèbre entre Antigone et le tyran Créon, Sophocle introduit une distinction entre lois écrites et lois non écrites qui marque une étape importante dans la réflexion sur les lois. Le décret de Créon, qui a force de loi, interdit à Antigone d'ensevelir son frère ; Antigone lui oppose les traditions d'ordre rituel qu'elle respecte en bravant Créon. Ces lois non écrites qu'elle invoque ont une portée universelle et ont les dieux pour fondement.

À Athènes, la distinction entre loi et décret• est souvent malaisée à établir nettement, même si elle est souvent invoquée au IVe siècle. Le vote des lois était en effet du ressort de l'assemblée• aussi bien que les décrets. La distinction repose sur la plus grande généralité et stabilité de la loi par rapport au décret.

C'est en 403/2, après la tyrannie des Trente, que les Athéniens instaurèrent une distinction entre loi et décret, lorsque les lois de Dracon et de Solon firent l'objet d'une nouvelle codification. La commission des nomothètes• fut créée pour instaurer et abroger des lois. La *graphè*• *paranomôn*, ou action publique en illégalité, était destinée à protéger les lois existantes.

On appelle lois sacrées une catégorie, parfois mal définie, de règlements religieux qui s'appliquent au rituel et aux cultes.

> Certaines des inscriptions qui transmettent le texte de lois sacrées consistent souvent en une courte interdiction, comme à Thasos au passage des théores : « Aux Charites il n'est licite de sacrifier ni chèvre ni porc. » On comprendra que la coutume de sacrifier de telles victimes était fréquente ailleurs, aussi la loi sacrée insiste-t-elle sur un interdit particulier.

LOUTROPHORE (λουτροφόρος) : 1. La loutrophore peut être la femme qui est chargée d'aller chercher l'eau pour le bain nuptial (voir mariage•) ; à Athènes, le loutrophore, un enfant mâle de la proche famille, était chargé de transporter l'eau de la fontaine Ennéakrounos, l'ancienne Callirhoé, pour le bain nuptial. **2.** La loutrophore est aussi le vase, de forme très allongée, qui contient l'eau du bain nuptial, notamment à Athènes **(fig. 13, n°22)**. Cette loutrophore est ensuite dédiée dans le sanctuaire de la Nymphe au pied de l'Acropole, dont les trouvailles vont du VIIe au IIIe siècle. Une loutrophore était dressée sur la tombe des jeunes gens morts avant le mariage. **3.** La loutrophore peut être le titre d'une prêtresse. Cette loutrophorie est attestée à l'époque impériale à Sicyone et en Asie Mineure, à Milet, Iasos et Bargylia en Carie.

LYCÉE (Λύκειον) : Le terme, qui a pris un sens différent en français moderne, désigne un gymnase• situé à l'est d'Athènes où enseigna le philosophe Aristote

(384/3-322/1) **(fig. 9)** ; il désigne aussi l'école aristotélicienne, dite péripatéticienne.

LYRE (λύρα) : La lyre était un instrument de musique proche de la cithare•, avec des cordes d'égale longueur, mais la caisse de résonance consistait à l'origine en une carapace de tortue, sur la partie creuse de laquelle était tendue une peau de bœuf, ou bien, fabriquée en bois ou en ivoire, elle imitait cette forme. Les bras, minces et recourbés comme des cornes, étaient reliés par une traverse à laquelle étaient fixées les cordes, originairement au nombre de sept ; le musicien faisait vibrer les cordes avec les doigts ou par l'intermédiaire du plectre•, qui permettait tantôt de frapper les cordes, tantôt de bloquer certaines d'entre elles, pendant que les doigts ébranlaient d'autres cordes. Associée à Apollon, comme la cithare•, et à un musicien mythique comme Orphée, la lyre était un instrument de musique dont devait pouvoir jouer tout homme bien né ; à Athènes, les enfants apprenaient à en jouer auprès d'un maître de musique, le cithariste. La lyre n'était pas un instrument de concours, comme la cithare ; de dimensions plus modestes et d'un jeu moins complexe, elle était l'instrument de la vie quotidienne, celui qui convenait à tous les âges, à toutes les catégories sociales et à beaucoup de situations.

M

MAGIE (μαγεία) : La magie reposait sur des rites particuliers, qui ne s'intègrent pas dans la religion civique, et elle a donné lieu à des accusations de sorcellerie. Le mot vient des Perses, chez lesquels le mage (μάγος) détient une science sacrée. Un certain nombre de textes magiques sont parvenus jusqu'à nous, sur papyrus• en Égypte, sur métal ou sur des gemmes dans l'ensemble du monde grec : amulettes contre les maladies, formules d'envoûtement dites aussi défixions (*defixiones*), souvent inscrites sur des lamelles de plomb, qui s'accompagnent de figurines d'envoûtement. Des traités de magie témoignent de différentes influences, notamment égyptienne et juive.
La magie poursuit différents buts. L'envoûtement est destiné à soumettre un autre être à sa volonté, dans un contexte agonistique•, d'affrontement ou de compétition (juridique, érotique, commerciale, sportive) ; il cherche à influer sur le cours des événements, ou encore consiste à maudire des voleurs ou des calomniateurs pour des malheurs subis ; la divination• à laquelle recourt le magicien a elle aussi un but très pratique.

L'exploitation littéraire du thème de la magie érotique est fournie par Théocrite dans sa deuxième *Idylle*, intitulée *les Magiciennes* (Φαρμακεύτριαι). Cette variation littéraire est plus importante pour la mise en scène qu'elle offre librement de rituels que pour son exactitude documentaire.

MAGISTRAT : Dans les cités grecques, les magistrats participaient à l'exercice du pouvoir avec l'assemblée du peuple et le conseil•. Les magistratures étaient le plus souvent collégiales et annuelles ; le recrutement, pour lequel étaient parfois exigées des conditions de cens, se faisait par élection ou tirage au sort.
Voir agoranome• , archonte•, astynome•, béotarque•, cosmète• , éphore•, gynéconome• , hellanodice• , hellénotame•, logiste• , métronome• , naucrare•,

nautodikai•, nomophylaque•, polémarque•, polète•, sitophylaque•, sophroniste•, stratège•.

MAISON : La maison, l'*oikos*• (οἶκος), se présente d'abord chez Homère, de manière concrète, comme une construction. C'est un bâtiment au toit élevé qui abrite le foyer (*eschara*, ἐσχάρα). La maison est liée à la légitimité de la naissance et du mariage• dans la famille ; au contraire des libres, les non-libres (*dmôes*, δμῶες) n'ont ni nom, ni père, ni maison autre que celle de leur maître.
Les maisons des époques archaïque et classique sont caractérisées par le refus du luxe, comme en témoignent textes et vestiges retrouvés, par exemple à Thasos **(fig. 29)** ou à Olynthe.

Fig. 29 : Thasos, restitution d'un îlot de maisons, vers 400 *(d'après Y. Grandjean, T. Kozelj).*

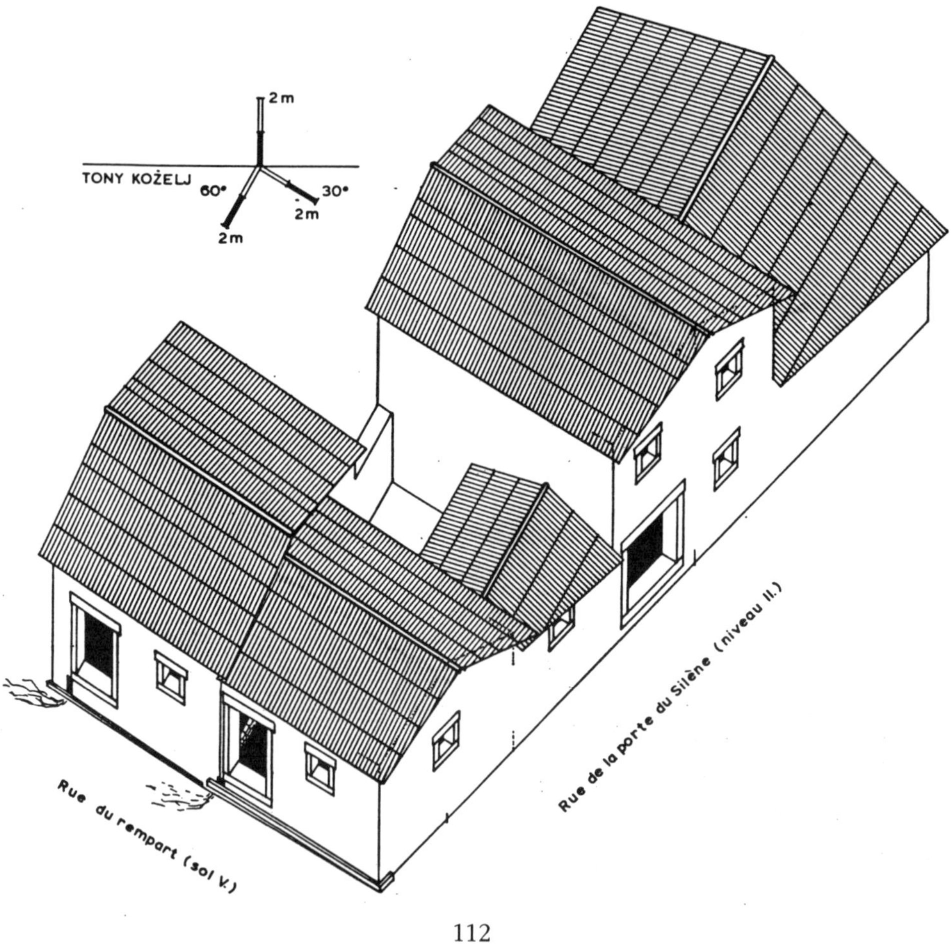

dans le quartier du Théâtre, basse époque hellénistique *(d'après Ph. Bruneau, J. Ducat)*.

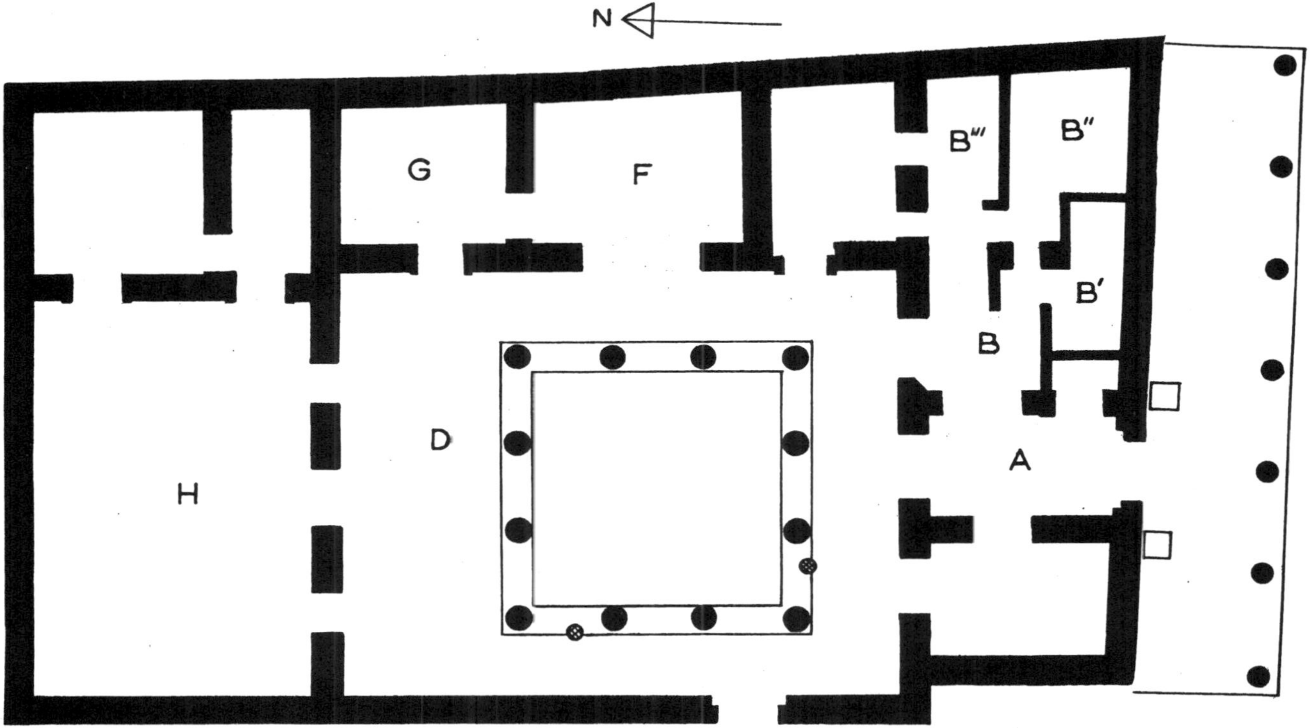

A : Vestibule.
B : Communs. B' : Latrines. B'' : Cuisine. B''' : Réserve à provisions (?).
D : Péristyle.
F : Pièce de réception.
G : Pièce de réception.
H : *oecus*.

Démosthène, dans la *Troisième Olynthienne* (26) souligne la modestie des maisons athéniennes du Ve siècle : « dans la vie privée, ces mêmes hommes se montraient si simples, leurs mœurs étaient si conformes au caractère de la cité, qu'aujourd'hui, si quelqu'un d'entre vous connaît la maison d'Aristide ou celle de Miltiade ou des autres citoyens illustres de ce temps et sait ce qu'elle est, il peut voir qu'elle n'est pas plus imposante que celle de son voisin. »

Ces maisons témoignent aussi d'une bonne adaptation à l'espace : elles bénéficient d'une orientation favorable et présentent une disposition des pièces qui varie suivant les régions et la richesse du propriétaire. La plupart des habitations sont pourvues d'une cour, à laquelle on accède directement ou par l'intermédiaire d'un vestibule. Dans un schéma répandu, deux pièces, ou davantage, ouvrent sur une cour ou une pièce transversale ; dans une maison plus importante, la pièce transversale (*pastas*, παστάς) est reliée à une cour par une porte ou une colonnade. Dans d'autres cas, l'accès aux pièces se fait par un vestibule à deux colonnes (*prostas*, προστάς), ou bien les pièces sont disposées autour d'une cour.

Les différentes pièces avaient des fonctions qu'il n'est pas toujours facile de reconnaître. Les pièces de séjour (*diaitètèria*, διαιτητήρια) comprennent la chambre principale de la maison, l'*oikos* (οἶκος), que l'on désigne aussi sous le nom, transcrit en latin, d'*œcus*. L'*andrôn* (ἀνδρών), appartement des hommes, qui n'existe pas toujours, est séparé des autres pièces de séjour. Les chambres à coucher étaient situées à l'étage, quand il existait ; c'est là que se trouvait normalement l'appartement des femmes, ou gynécée•. Les pièces de service se réduisent souvent à la cuisine, car les salles de bain sont rares ; les latrines apparaissent à l'époque hellénistique. De la maison pouvaient aussi dépendre des ateliers ou des boutiques donnant sur la rue.

Des maisons luxueuses voient le jour à l'époque hellénistique, notamment à Délos **(fig. 30)**. Les pièces s'organisent autour d'une cour entourée d'une colonnade, le péristyle. Les salles de réception comprennent notamment une grande pièce. Ces riches maisons à péristyle étaient décorées de mosaïques, de sculptures, de peintures murales et d'un mobilier souvent en bronze.

MANTEAU : On distingue, d'après la manière de les porter, plusieurs types de manteaux.

Il n'existait pas de règle pour draper l'*himation*, pièce de tissu rectangulaire en laine, dont l'agencement donnait lieu à de très nombreuses combinaisons : les femmes, qui le portaient sur le *chiton* ou le *péplos* (tunique•), pouvaient en tirer un pan sur la tête, s'en envelopper le dos, refaire passer l'*himation* sur une épaule ; elles pouvaient aussi le rouler autour des hanches ou le disposer symétriquement sur les épaules comme un châle. Les hommes s'en drapaient sur leur *chiton* ou pouvaient même le porter seul, sans vêtement de dessous ; l'*himation* était arrangé librement par chacun, le plus souvent jeté sur une épaule, passant dans le dos et sous l'autre bras, pour être finalement rejeté sur la première épaule. Une manière particulière de le porter, très prisée des Athéniennes au VIe siècle, faisait intervenir des agrafes : les deux bords supérieurs de l'*himation*, longue bande de tissu repliée, étaient serrés par des agrafes au-dessus d'une épaule, ou des deux épaules, de façon à créer de courtes « manches » : ainsi se présentent les coquettes Corés de l'Acropole **(fig. 31)**. L'*himation* pouvait garder sa blancheur d'origine, être teint, ou seulement orné d'une bordure de couleur.

Fig. 31 : *Himation* agrafé sur l'épaule, du VIe siècle *(d'après S. Descamps-Lequime).*

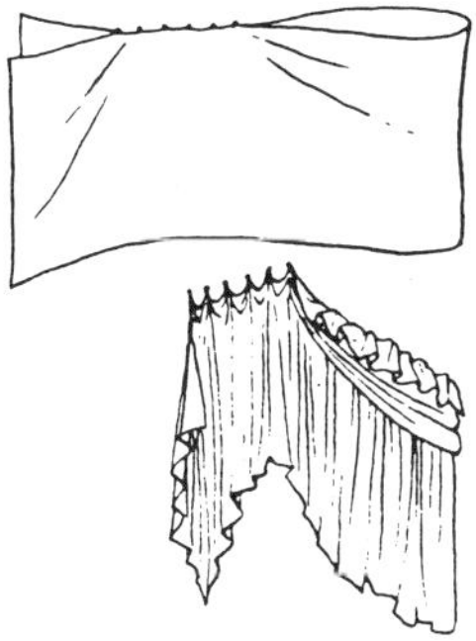

La chlamyde, sorte de courte cape en laine, généralement de teinte foncée, fixée sur une épaule ou devant le cou par une fibule, était le manteau des guerriers, des cavaliers et des voyageurs ; les éphèbes• athéniens étaient vêtus de la chlamyde. Ce manteau, qui venait de Macédoine ou de Thessalie, devint, teint en pourpre, le manteau royal macédonien à partir du IVe siècle.
L'exomide, ou *exômis* (ἐξωμίς), comme le *tribôn* (τρίβων), est une tunique• grossière, qui tenait à la fois lieu de tunique et de manteau. Son usage était réservé aux esclaves, aux gens de condition modeste et aux philosophes cyniques. Quant à la *chlaina* (χλαῖνα), à l'origine épais et chaud manteau de laine, elle n'est plus guère, à l'époque classique, portée que par les dieux sur les représentations figurées.

MANTIQUE (μαντική) : divination•

MARIAGE : Dans la société homérique, le mariage s'inscrit habituellement dans les termes d'un échange : le prétendant doit amener des têtes de bétail en présent et offrir à sa belle des parures ; le père lui donne la possession de sa fille en y ajoutant des dons.
Dans les cités, le mariage est un acte privé qui est reconnu et réglementé en ce qu'il assure la légitimité de la descendance et l'accession à la citoyenneté. À Athènes, un décret de Périclès de 451/450, renouvelé en 403, restreint la qualité de citoyen aux enfants nés d'un citoyen• et d'une fille de citoyen ; deux lois du IVe siècle interdisent explicitement les mariages mixtes entre Athéniens et étrangers ; ceux qui les contractent sont passibles de la peine réservée aux usurpateurs du droit de cité, la vente comme esclaves. Le privilège d'épigamie• pouvait cependant être accordé à des étrangers pour leur permettre de contracter une union légitime. On constate que le mariage d'un citoyen avec une étrangère devient légitime au IIe siècle.

Le discours *Contre Nééra,* dans la collection des plaidoyers civils de Démosthène, présente la figure d'une aventurière de haut vol qui enfreint la loi en contractant mariage avec un Athénien, alors qu'elle est étrangère. L'accusateur insiste sur la dignité du mariage, qui est mise en péril par cette usurpation du titre de femme mariée : « Les courtisanes (hétaïres•), nous les avons pour le plaisir ; les concubines, pour les soins quotidiens du corps ; les épouses, pour avoir des enfants légitimes et une gardienne fidèle du foyer » (*Contre Nééra* 122).

À Athènes et dans les Cyclades, le mariage se conclut sur engagement (*engyè*, ἐγγύη) mutuel entre le futur mari et le *kyrios*• de la femme. Le mariage lui-même consiste en la remise (*ekdosis*, ἔκδοσις) de la femme au mari, avec accord sur la dot•.

Les mariages athéniens avaient lieu généralement en hiver, où le mois de Gamèlion (Γαμηλιών) tire son nom du mariage (*gamos*, γάμος) et est consacré à Héra, dont la fête de la hiérogamie• tombe le 27. Avant le mariage, la jeune fille (*nymphè*, νύμφη) consacrait à Artémis les jouets attachés à son enfance ; elle prenait le bain• nuptial avec l'eau de la fontaine d'Ennéakrounos, l'ancienne Callirhoé, contenue dans une loutrophore• **(fig. 13, n°22)**. Le banquet• nuptial, offert en général par le père de la mariée, réunit parents et amis après un sacrifice. À Athènes, Démétrios de Phalère tenta de limiter le nombre de convives en le faisant surveiller par les gynéconomes•. La mariée, strictement voilée, y assiste avec les femmes. Pour ces réjouissances, on composait des épithalames, qui pouvaient être chantés par un chœur de jeunes gens et un chœur de jeunes filles. À la fin du repas avait lieu le dévoilement du visage de la mariée, à qui son époux offre des cadeaux, puis le départ en cortège des époux couronnés de myrte et de pavot et emmenés en char vers la maison du mari, avec des chants d'hyménée•. Les parents du marié les accueillaient à leur arrivée. Le lendemain, les présents offerts par le père de l'épousée étaient apportés en cortège.

À l'époque hellénistique, le mariage dynastique est un moyen utilisé par la diplomatie pour sanctionner des alliances politiques. Le mariage entre Ptolémée III et Bérénice, fille de Magas, peu avant la mort de Ptolémée II en 246, légitime la restauration lagide à Cyrène. Dans la vie des cités le mariage garde toute sa valeur.

> Un décret de Téos, qui honore la reine Laodice d'une fontaine sur l'*agora* en 204/3, stipule qu'on y puisera l'eau des bains nuptiaux avec un cérémonial qui révèle la dignité de la cérémonie : « que celles qui transportent l'eau du bain nuptial (*loutra*, λουτρά) soient accompagnées d'une joueuse d'*aulos* » ([μετ'αὐλη]τρίδος, selon notre restitution).

MARINE : L'importance de la marine de guerre et de la marine marchande témoigne de la vocation maritime de nombreuses cités grecques. Thucydide, dans son « Archéologie• » du premier livre de *la guerre du Péloponnèse*, fait remonter au roi légendaire Minos l'origine de la marine de guerre utilisée pour assurer la thalassocratie crétoise (I, 4) ; la constitution d'une flotte a pour premier but de purger la mer des pirates•.

La constitution et l'entretien d'une flotte de guerre reposent, dès l'époque archaïque, sur des institutions qui répondent à la structure de la cité. À Athènes, les naucrares• des VIIe et VIe siècles sont chargés de cette fonction, jusqu'à l'invention de la triérarchie• ; ils représentent la catégorie de la population qui possédait les navires et s'occupait des affaires maritimes, aussi bien pour le commerce, la piraterie que pour la guerre à proprement parler.

Le droit maritime répond aussi à la spécificité des activités de l'*emporion*•.

Quelques représentations et des textes permettent de dater de l'époque géométrique deux grandes inventions, l'apostis, en saillie sur la quille, et la superposition des rameurs. Les navires de guerre de Crète et d'Attique préfigurent alors les trières• classiques : les galères attiques présentent déjà un apostis et un *aphlaston*• ; le navire a un mât unique placé à peu près en son centre, qui était rabattable ; on voit apparaître la dière, à deux rangées de rameurs superposés, vers 700. L'expansion eubéenne, qui a les moyens d'implanter l'*emporion*• d'Al Mina sur la côte syrienne et celui de Pithécusses dans l'île d'Ischia à une extrémité du golfe de Naples, témoigne du développement de la flotte. Les textes homériques, sans fournir des données bien précises sur les navires contemporains, attestent aussi l'importance de la flotte.

L'extension de la colonisation n'a pu se faire qu'au moyen de navires ayant une capacité suffisante de transport. Il s'agissait sans doute de navires à cinquante rameurs, les pentécontores (*pentèkontoroi*, πεντηκόντοροι). La pentécontore pouvait être un cargo si la cargaison occupait l'espace dévolu aux rameurs du rang inférieur, ou devenir un navire appelé « pentécontore » à deux rangées de rames, qui était en fait une dière à cent rameurs.

Hérodote témoigne du rôle moteur de Phocée dans l'utilisation de la pentécontore-cargo (*Histoires* I, 163) : « Les Phocéens furent les premiers des Grecs à accomplir des navigations lointaines, et ce sont eux qui découvrirent l'Adriatique, la Tyrrhénie, l'Ibérie et Tartessos ; ils ne naviguaient pas sur des bateaux ronds, mais sur des navires à cinquante rames ».

L'époque archaïque voit se développer aussi bien marine de guerre que marine marchande. Les navires marchands étaient assez proches des caïques grecs modernes, équipés d'une fargue de toile. Les navires de guerre restent tributaires des inventions de l'époque géométrique. La coque était renforcée de préceintes ; les pentécontores pouvaient être de différents types, jusqu'à la dière, à deux rangées de rameurs. Dans ce contexte apparaît facilement la trière•, qui existait certainement en Grèce au VIe siècle : il suffisait d'ajouter un apostis à une dière pour obtenir trois rangées de rameurs.

Deux épaves grecques de la fin du VIe siècle ont été découvertes à Marseille, lors des fouilles de la place Jules-Verne en 1993 ; elles permettent de dater de cette époque un changement dans la technique de la construction navale : on passe alors de l'assemblage des pièces de la coque par des liens à des assemblages par tenons et mortaises chevillées.

La maîtrise de la construction et de la manœuvre des trières vaut à Athènes la suprématie navale à partir de la bataille de Salamine (480). Les trières athéniennes dominent la mer Égée jusqu'aux défaites finales de la guerre du Péloponnèse. Les innovations viennent au début du IVe siècle de Syracuse. En guerre contre les Carthaginois, le tyran Denys l'Ancien leur opposa des galères à quatre rameurs par rame (tétrère, τετρήρης), analogues à celles que Carthage possédait depuis la fin du Ve siècle, et les surpassa en inventant des galères à cinq rameurs par rame (pentère, πεντήρης). Contrairement à ce qu'on a souvent prétendu, ces navires n'étaient pas pourvus d'une ou de deux rangées de rameurs supplémentaires par rapport à la trière, mais, sur une seule rangée, les rames étaient mues par quatre ou par cinq rameurs. La diffusion de ces nouveaux types de navires de guerre se fit lentement en Grèce propre : Athènes n'adopta que timidement les quatre rameurs en 330 (18 navires de ce type, pour 492 trières) et sa flotte, en 325, compte 43 galères à quatre et seulement 7 galères à cinq rameurs.

La course à la puissance va mener de ces navires à quatre ou cinq rameurs par rame jusqu'à un navire à quarante rameurs à l'époque hellénistique. En 306, devant Salamine de Chypre, Démétrios Poliorcète remporte la victoire sur les navires à cinq rameurs de Ptolémée Ier avec des navires à six et sept rameurs. Dès

315, le même Démétrios Poliorcète met en chantier des « hypergalères », qui sont des dières où les rameurs sont placés sur deux ponts et manœuvrent à plusieurs les rames, de neuf à seize rameurs au total pour deux rames. Contrairement aux trières, ces énormes bâtiments n'étaient pas destinés à éperonner les navires ennemis, mais à supporter des catapultes.

Les navires antiques portaient des noms. Ainsi, les Athéniens avaient donné, à l'époque classique, un nom aux deux trières sacrées employées pour des missions officielles et le transport de théores• (*Salaminienne, Paralienne*). L'*Isthmia*, commandée par Antigone Gonatas, le fils de Démétrios Poliorcète, est mentionnée parmi les quelques navires géants du IIIe siècle. La plus grande des hypergalères fut celle à quarante rameurs (*tessarakontère*, τεσσαρακοντήρης) construite sous Ptolémée IV ; la description que donne Callixène cité par Athénée dans *Les Deipnosophistes* (V, 203e-204d) ne permet pas la reconstitution de ce navire, qui fut le plus grand jamais construit dans l'Antiquité.

MÉDECIN, MÉDECINE : L'art de la médecine (*iatrikè technè*, ἰατρικὴ τέχνη) que possède le médecin (*iatros*, ἰατρός), est d'abord une connaissance pratique, fondée sur l'habileté et l'expérience du praticien, qui vise la guérison du malade. Le médecin est celui qui connaît les affections, identifie les traumatismes et possède les moyens de les combattre.

Il sait la différence entre le remède et le poison, comme l'indique l'*Odyssée* à propos de l'Égypte (4, 229-232) : « la glèbe en ce pays produit avec le blé mille simples divers ; les uns sont des poisons, les autres, des remèdes ; pays de médecins, les plus savants du monde, tous du sang de Pæon ».

L'art du médecin se distingue de la religion dès Homère : le fils d'Asclépios, Machaon, est un chirurgien qui panse les plaies des guerriers achéens, tandis que la peste qui ravage l'armée devant Troie n'est écartée que par un prêtre et des sacrifices. On peut ainsi opérer la distinction entre la médecine laïque et la médecine sacrée des dieux guérisseurs. La médecine dite sacrée est en fait plutôt une cure sacrée qu'une médecine véritable ; elle connaît un essor croissant à partir du Ve siècle. Le culte des héros salvateurs, comme Asclépios, Amphiaraos, se développe alors ; les sanctuaires d'Asclépios à Cos, Épidaure, Pergame prennent une extension considérable.

Dans le mouvement de séparation entre médecine rationnelle et médecine des temples, Hippocrate de Cos (460-entre 375 et 351) joue le premier rôle. On peut connaître sa méthode par l'étude de la collection des traités hippocratiques, qui regroupe des traités de l'école de Cos (certains de la main d'Hippocrate) et d'autres de l'école de Cnide.

La considération qui entoure le médecin est très grande à l'époque archaïque et répond à la rareté des compétences médicales. La carrière de Démocédès de Crotone, racontée par Hérodote (*Histoires* 3, 129-132), illustre l'importance du médecin, qui était rémunéré principalement par la cité visitée. Les siècles suivants connaissent des médecins publics itinérants.

À l'époque hellénistique, on peut opposer l'abondance des médecins à Cos et à Athènes à la pénurie dont souffrent la plupart des cités. Le manque de médecins explique le succès des médecins publics, qui vont de cité en cité. Il ne faut cependant pas imaginer que cette médecine visait à instaurer pour les citoyens un service étatique de santé en garantissant la gratuité de l'accès aux soins, ce qui serait anachronique. En fait, l'institution de la médecine publique offre à la cité la garantie de disposer d'un médecin. Le choix se fait comme celui d'autres professionnels : la cité demanderesse envoie une ambassade à une cité qui abrite une école de médecine, comme Cos ; celle-ci accède à la demande en désignant un médecin. La cité concernée par le choix peut aussi élire, pour un an renouvelable, le médecin public lors de l'assemblée du peuple, qui entend les témoignages de patients guéris. Le médecin public reçoit, pour sa résidence, une indemnité financée par un impôt spécial (*iatrikon*, ἰατρικόν) et des honoraires pour les soins qu'il dispense. Le médecin qui exerce à titre privé est payé par ses patients. Le même médecin peut alterner pratique privée et service public.

Des décrets honorifiques attestent l'évergétisme• de certains médecins, qui refusent un salaire, comme le médecin public Ménokritos resté une vingtaine d'années à Carpathos. D'autres, installés à titre privé, renoncent aussi à leurs honoraires, tel Onasandros, médecin dans le dème d'Halasarna à Cos : « ayant jugé opportun d'ouvrir un cabinet et d'exercer à titre privé dans la cité, alors que certains de ceux qui avaient recours à lui lui apportaient leurs contributions, il n'accepta ni honoraires ni appointements d'aucun des démotes qui avaient recours à lui en raison de son expérience dans l'art médical ».

Le médecin, pour sa formation, suit un apprentissage. Des écoles de médecine sont créées dès la période archaïque ; la plus ancienne s'établit à Cnide, où la transmission du savoir se fait dans la famille des Asclépiades, comme à Cos, où se trouve l'autre branche, rivale, de cette famille. Hippocrate, Asclépiade de Cos, a été le disciple de son père et de son grand-père et il forma ses deux fils à la médecine. C'est lui aussi qui ouvrit l'enseignement de la médecine hors du cadre familial à des disciples extérieurs qui devaient prêter le fameux serment d'Hippocrate. La famille des Asclépiades assura l'enseignement de l'art médical à Cos jusqu'en pleine époque hellénistique, alors que la profession de médecin ne s'inscrit plus dans ce cadre héréditaire. Elle compte encore des médecins à l'époque impériale.

À l'époque hellénistique, Cos fournit les grands médecins. Les médecins royaux en sont souvent originaires. Déjà Hippocrate avait des liens d'hospitalité avec les rois de Macédoine. Le médecin d'Alexandre, Critodémos de Cos, était un Asclépiade. Le développement de l'anatomie doit beaucoup au disciple d'un médecin de Cos, Hérophile, qui pratiqua à Alexandrie dans la première moitié du IIIe siècle.

MÉDIMNE (μέδιμνος) : poids• et mesures

***Mégaron* (μέγαρον) :** Le terme désigne la grande salle du palais dans les poèmes d'Homère. Le terme rappelle une réalité des palais mycéniens, mais n'a pas de signification précise dans la typologie des maisons de l'époque géométrique.

MÉNADE (μαινάς) : Les ménades, ou bacchantes, étaient des fidèles de Dionysos. Inspirées par le dieu, qui les plongeait dans l'extase, elles erraient en bandes l'hiver dans les montagnes, couronnées de feuilles de lierre, portant le thyrse• et vêtues d'une peau de faon, la nébride•, ou de panthère, la pardalide•. Douées d'une force surhumaine par la folie qui s'emparait provisoirement d'elles, la *mania* (μανία), d'où leur vient leur nom de ménade, elles étaient affranchies des contraintes sociales et en proie au délire. Sous l'effet de cette forme extrême du dionysisme, l'orgiasme, elles accomplissaient en groupe l'acte rituel du *diasparagmos*, qui consistait à capturer et déchirer vivant un animal, avant de le dévorer cru, conformément au rite de l'omophagie.

À Athènes et dans d'autres cités, où le culte de Dionysos était intégré dans la religion civique, les débordements auxquels se livraient les ménades étaient en quelque sorte institutionnalisés, pris en charge dans le cadre de la cité ; dans certaines régions de Grèce, comme la Béotie, d'où Dionysos, disait-on, était originaire, l'Arcadie, ou la Macédoine, les mystères• dionysiaques, les orgies•, caractérisés par ces danses extatiques et ces courses-poursuites, avaient de nombreux adeptes. Les vases attiques du Ve siècle illustrent de nombreuses scènes du culte dionysiaque, dans lesquelles figurent des ménades en proie au délire. Dans sa tragédie des *Bacchantes*, Euripide met en scène l'introduction du culte dionysiaque en Grèce.

***Mèniskos*, ménisque (μηνίσκος) :** Le *mèniskos* est un élément de métal qui se dressait sur la tête d'une statue. On suppose le plus souvent que la tige métallique était surmontée d'une plaquette pleine en forme de croissant.

MERCANTILISME : Le mercantilisme se définit par un ensemble de mesures qui encouragent le plus possible les exportations pour favoriser les rentrées d'argent et qui empêchent l'argent de sortir. On a souvent discerné dans la politique extérieure des rois lagides une première forme de mercantilisme, allant jusqu'à parler d'un « colbertisme » des Ptolémées. Le royaume lagide repose en effet sur l'autarcie, auto-suffisance qui est une notion importante dans la pensée économique grecque ; la constitution d'un empire thalassocratique à la fin du IVe et au IIIe siècle élargit cette autarcie par la conquête. L'Égypte ne dispose pas d'argent-métal ni de bois en suffisance : l'expansion territoriale permet au royaume lagide d'accroître ses ressources. Au contraire de l'impérialisme maritime d'Athènes au Ve siècle, qui ne s'accompagne pas d'une grande politique économique avec encouragement des exportations, la thalassocratie lagide permet aux Lagides de se procurer du métal monétaire. Il convient cependant de tempérer les conclusions sur le mercantilisme lagide, qui est plutôt une conception fiscale de l'économie. Si le commerce d'Alexandrie traduit bien des intérêts mercantiles, la politique lagide hors des frontières de l'empire n'est pas mercantile : la confédération des Nésiotes, contrôlée par les Lagides, n'a pas pour but d'instaurer un monopole commercial au bénéfice de l'Égypte et la politique extérieure de l'Égypte ne poursuit pas l'élimination de la concurrence commerciale.

MERCENAIRE : La distinction entre soldat-citoyen et mercenaire est classique, mais elle n'est pas toujours très claire. Plusieurs termes désignent en grec le mercenaire. Le terme de *xénos* (ξένος), étranger, est usuel ; le mot *misthophoros* (μισθοφόρος) insiste sur la solde (*misthos*•) du mercenaire et *stratiôtès* (στρατιώτης) sur la profession de soldat.

Par certains côtés, les mercenaires sont proches des citoyens. Les mercenaires partagent avec les citoyens une tendance au professionalisme militaire : comme les mercenaires, les citoyens combattaient souvent pour défendre une autre cité que la leur, quand ils se mettaient au service d'alliés. Les cités qui paraissent également les moins attentives à la guerre, comme Athènes, sont dotées d'un système de recrutement qui favorise une sélection des meilleurs soldats-citoyens par les taxiarques•, qui établissent un catalogue des requis. De nombreuses cités voient se multiplier au IVe siècle les corps de soldats d'élite, comme Thèbes avec le Bataillon sacré.

Les mercenaires ne sont pas des anti-citoyens, car ils restent attachés à l'idéal civique. Beaucoup aspirent à retrouver leur cité d'origine ; d'autres veulent se donner une nouvelle cité en s'emparant d'une cité par la force ou, plus rarement, en fondant une cité nouvelle. La prise du pouvoir par les mercenaires dans la cité qui les emploie à son service est présentée comme un danger constant par les auteurs du IVe siècle, comme Énée le Tacticien.

Les mercenaires sont des soldats de carrière qui pouvaient être des soldats de fortune. Leur paiement nécessitait pour l'employeur, cité ou royaume, une constitution de réserves en numéraire dont on retrouve trace dans des trésors monétaires.

Les 5215 monnaies d'argent découvertes dans trois vases lors des fouilles de Gülnar en Cilicie Trachée représentent les fonds destinés à payer les soldats de la garnison lagide qui était établie dans cette forteresse dans les années 240-235, date d'enfouissement du trésor.

Le mercenariat grec est ancien. À la fin du VIIe et au début du VIe siècle, des « hommes d'airain », ainsi appelés à cause de leur panoplie hoplitique, venus de Carie, sont employés au service des pharaons en Égypte. Une étape importante dans l'emploi des mercenaires est marquée par la guerre du Péloponnèse (431-404). La tactique évolue et privilégie des hommes légèrement armés (*psiloi*•) au détriment des hoplites• ; des mercenaires trouvent à s'employer dans ces corps. Dès le retour de la paix, Cyrus le Jeune, prétendant au trône perse, lève des soldats désœuvrés pour mener l'expédition des Dix-Mille (401-399) : les mercenaires grecs, dont l'expédition est racontée par Xénophon dans *l'Anabase* (mot qui signifie la montée à l'intérieur des terres), s'enfoncent dans l'Asie, puis, après la bataille de Cunaxa, où Cyrus trouve la mort, gagnent le Pont Euxin.

Les armées du IVe siècle et de l'époque hellénistique font un recours constant au mercenariat. Des agents recruteurs, les xénologues (ξενολόγοι), sont envoyés dans les régions pourvoyeuses ou sur les marchés de soldats, dont le plus célèbre se situait à la fin du IVe siècle au cap Ténare, en Laconie. Des accords diplomatiques peuvent faciliter le recrutement de mercenaires dans certaines cités, comme les traités que les rois de Pergame Attale Ier et Eumène II concluent avec des cités crétoises à la fin du IIIe siècle et au début du IIe.

MÉTÈQUE, *métoikion* (μέτοικος, μετοίκιον) : Le métèque est un homme libre, étranger domicilié. Cette catégorie apparaît à Athènes à la fin du VIe siècle et se développe aussi dans d'autres cités, où le terme de *paroikos* (πάροικος) peut être employé avec le même sens, comme à Andros. L'idée d'immigration est contenue dans le préverbe *méta-*, qui dénote plutôt le changement de résidence que la cohabitation dans une cité d'autochtones.

À Athènes, le métèque constitue une catégorie fiscale : il est soumis au paiement d'une capitation, le *métoikion*, s'il demeure plus d'un mois dans la cité ; à l'époque classique le montant annuel du *métoikion* est de douze drachmes pour un homme, de six pour une femme. Le métèque était aussi assujetti à certains impôts• et liturgies• (*eisphora*, chorégie). Du point de vue légal, le métèque a besoin d'un *prostatès*• citoyen.

Le recrutement des métèques est divers suivant les cités. À Athènes, les affranchis• deviennent métèques ; ailleurs, comme à Korésia de Kéos, à Kymè d'Éolide, à Andros, la catégorie des affranchis est distincte de celle des métèques.

Les métèques jouent à Athènes un rôle primordial dans la vie économique. Exclus de la propriété foncière (*enktèsis*•), ils sont actifs dans l'artisanat, le commerce et la banque• et résident souvent au Pirée. Au Vᵉ siècle, les métèques sont habituellement d'origine grecque et restent attachés à la cité où ils résident. On assiste à un changement au cours du IVᵉ siècle, où le recrutement barbare croît ; les métèques forment alors une catégorie beaucoup plus hétérogène, qui se sent souvent étrangère à la cité.

Le père de l'orateur Lysias, Képhalos, est l'exemple de la réussite d'un métèque au Vᵉ siècle. Il possédait un atelier de fabrication d'armes qui employait une cinquantaine d'ouvriers au Pirée. Deux de ses fils, Polémarque et Lysias, participent à la fondation de la colonie panhellénique de Thourioi, à laquelle préside Athènes. Lorsque les Athéniens sont chassés de Thourioi en 412, ils choisissent de revenir à Athènes, cité à laquelle ils sont restés attachés.

MÉTONOMASIE (μετονομασία) : La métonomasie est le changement de nom d'une cité, qui correspond à une nouvelle fondation de la ville.

En Cyrénaïque, Bérénikè remplace Euhespérides et Arsinoé, Taucheira, vers 240, lorsque les Lagides en prennent possession après le mariage de Bérénice II avec Ptolémée III. Dans le cas de Bérénikè (l'actuelle Benghazi), la métonomasie a suivi la destruction d'Euhespérides et s'est accompagnée d'un changement de site pour la nouvelle cité, munie de remparts par Bérénice II, sa fondatrice. La métonomasie de Taucheira en Arsinoé n'entraîne pas de changement de site ; il semble cependant que la nouvelle cité ait alors été dotée d'un port militaire artificiel.

MÉTRONOME (μετρονόμος) : Les métronomes étaient des magistrats chargés de conserver les étalons des poids• et mesures et de vérifier que les poids et mesures utilisés dans les transactions commerciales leur étaient bien conformes. Lorsque cette magistrature n'existait pas, le travail des métronomes était effectué par les agoranomes•. À Athènes, les métronomes formaient un collège de dix membres, tirés au sort.

MÉTROPOLE (μητρόπολις) : La métropole est la « cité-mère » d'une colonie•. C'est d'elle que part l'œciste• à la tête du groupe de colons. La colonie, indépendante politiquement, reste liée à la métropole par le culte de l'œciste, le dialecte, les institutions le plus souvent. Des liens de nature religieuse unissent colonie et métropole : lorsqu'une colonie fonde à son tour une colonie, elle demande à sa métropole un contingent d'hommes, et quelquefois aussi un œciste. En revanche, les relations commerciales ne sont pas essentielles pour caractériser les liens entre métropole et colonie : il n'y a pas en principe de dépendance économique de l'une par rapport à l'autre.

MINE : monnaie• ; poids• et mesures

MINES : L'exploitation minière était développée dans les régions riches en minerais : on connaît l'importance des mines de plomb argentifère du Laurion, en Attique, et des mines de métaux précieux du mont Pangée, entre la Macédoine et la Thrace. Les gisements étaient exploités à ciel ouvert, si la minéralisation était superficielle, ou sous terre. L'exploitation souterraine dans des mines était largement pratiquée pour procéder à l'abattage du minerai. Les mineurs creusaient des puits et des galeries souterraines pour exploiter les filons. L'éclairage se faisait au moyen de lampes• à huile, qui, dans les mines du Laurion, pouvaient brûler une dizaine d'heures. La ventilation et le drainage étaient des problèmes constants. Les minerais étaient enrichis par concassage et lavage ; des pilons étaient employés pour le concassage et le broyage dans des mortiers, ainsi que des meules. On a retrouvé, notamment à Thasos, des broyeurs à trémies destinés à broyer le minerai concassé.

Diodore de Sicile (*Bibliothèque historique* III, 12), qui s'inspire d'un auteur du IIe siècle, Agatharchidès de Cnide, rappelle les dures conditions d'exploitation de mines d'or situées en Égypte, dans les déserts de l'Est : les mineurs « exposent à un feu violent la partie la plus dure du terrain aurifère et, après l'avoir fait éclater, ils la travaillent à la main ; mais la roche tendre, dont on peut venir à bout avec un effort modéré, est brisée au moyen d'outils de carrière en fer par des milliers de misérables. Et l'ensemble des opérations est dirigé par un ouvrier qualifié qui reconnaît la pierre et qui l'indique aux travailleurs. Parmi ceux qui ont été désignés pour cette vie infortunée, les plus robustes physiquement fendent avec des masses de fer la roche semblable au marbre, ne mettant à leur travail aucun art, seulement de la force, et ils taillent des galeries souterraines, non en ligne droite, mais selon la direction du filon de la roche qui brille. »

À Athènes, le sous-sol appartient à la cité ; les polètes• concèdent l'exploitation des mines par adjudication• à des citoyens. La main-d'œuvre est habituellement servile et louée par le propriétaire des esclaves• au concessionnaire de la mine, à raison d'une obole par jour et par esclave dans le Laurion au IVe siècle.

MIRACLE : Les miracles manifestent la puissance divine ; ils sont liés aux épiphanies• de divinités. Pour désigner le miracle, le terme *thauma* (θαῦμα) insiste sur l'étonnement que provoque le miracle ; à partir du IVe siècle, le mot *arétè*• (ἀρετή) dénote le bienfait divin, qui peut se manifester par une intervention miraculeuse, et *dynamis* (δύναμις), qui signifie la puissance, peut être pris dans le sens précis de miracle.
Les sanctuaires conservaient dans leurs archives les récits des miracles accomplis par la divinité ; certains, gravés sur pierre, sont parvenus jusqu'à nous : des stèles dans le sanctuaire d'Asclépios à Épidaure publiaient les guérisons miraculeuses opérées par le dieu.

En Carie, des inscriptions mentionnent des miracles de Zeus à Panamara et d'Hécate à Lagina, lors des guerres menées par les Romains contre Mithridate VI et les Parthes. Le récit du miracle de Zeus Panamaros rappelle la résistance de son sanctuaire assiégé en 39 : le dieu lance, de nuit, la flamme contre les ennemis, qui se retirent ; le lendemain, leur assaut se termine en débandade : les ennemis sont pris dans le brouillard ; en proie à une terreur panique, ils se lancent dans une retraite désordonnée. Les lampes du temple qui restent allumées pendant toute la durée du siège manifestent la présence du dieu, dont on proclame la grandeur.

MISTHOPHORIE, *misthos* (μισθοφορία, μισθός) : À Athènes, la misthophorie était une institution, caractéristique de la démocratie périclééenne, qui consistait à attribuer aux citoyens un *misthos*, c'est-à-dire une indemnité journalière, dans l'exercice de certaines charges publiques. Le *misthos* avait pour objectif d'inciter le citoyen à remplir ses devoirs civiques en compensant partiellement le manque à gagner subi sur le plan du travail : visant à permettre aux plus pauvres, ou aux moins aisés, de participer à la conduite de la cité, la misthophorie s'inscrivait dans la ligne des réformes démocratiques qui se succédèrent à Athènes depuis l'extrême fin du VIe siècle. À l'origine, le *misthos* est une récompense honorifique, mais il a tendu à être perçu comme un salaire, ce qu'il n'est pas, car le citoyen n'est pas le salarié de la cité : il n'existe ni relation contractuelle ni relation de dépendance entre le citoyen et la cité.

Le premier *misthos* fut instauré dans les années 460-450, avec la victoire du parti démocratique d'Éphialte et de Périclès, et c'est vers 400 que fut créé le dernier *misthos*, le plus important, destiné aux citoyens qui fréquentaient l'*ekklèsia*•. Les *misthoi* (pluriel de *misthos*) étaient destinés aussi bien à ceux qui participaient à des séances régulières de la *boulè*, de l'*ekklèsia* ou de l'Héliée, qu'à ceux qui exerçaient certaines magistratures à temps plein, archontes•, agoranomes• ou autres. La stratégie, magistrature supérieure, réservée aux membres de la première classe censitaire, n'était pas rétribuée, de même que la charge de trésorier d'Athéna. Au IVe siècle, pour lequel certains montants sont connus avec certitude grâce à Aristote, le *misthos ekklèsiastikos*, que ne touchaient probablement que les premiers arrivés, était de six oboles• pour les séances ordinaires, et de neuf oboles pour la séance principale de chaque prytanie ; le *misthos bouleutikos* était de cinq oboles pour les bouleutes• et de six pour les prytanes• ; le *misthos hèliastikos*, ou *dikastikos*, que touchaient les membres de l'Héliée•, était de trois oboles (triobole) ; le *misthos* touché par les archontes était de quatre oboles.
La misthophorie, moyen de combattre l'inégalité sociale, fut vivement attaquée au Ve siècle par les adversaires de la démocratie, parmi lesquels on peut citer le Pseudo-Xénophon, auteur de *la République des Athéniens*, et régulièrement supprimée lors des coups d'État oligarchiques de 411 et 404. Un *misthos* était également attribué, en période de campagne, aux soldats, cavaliers, fantassins ou marins, qui remplissaient leur devoir de citoyen en défendant leur patrie et qui devaient couvrir leurs frais de subsistance : il était de six oboles pour les expéditions lointaines, de quatre oboles pour les expéditions courtes ; au IVe siècle, il s'y ajouta une allocation spéciale pour la nourriture.

***Mitra* (μίτρα) :** Dans le vocabulaire archéologique, la *mitra* désigne une bandelette qui barre horizontalement le front ; ce bandeau frontal est souvent porté par Dionysos ou des membres de son thiase•. On peut aussi employer le mot dans l'une de ses acceptions antiques, soit pour désigner un couvre-ventre, dont on a trouvé des exemplaires en bronze d'époque archaïque, soit pour nommer une sorte de bonnet ou de turban que porte parfois Dionysos.

MONARCHIE (μοναρχία) : La monarchie, ou commandement d'un seul, est la première des constitutions• que discerne la pensée politique des Ve et IVe siècles. Le terme peut avoir une signification péjorative : Hérodote l'identifie à la tyrannie•. D'autres auteurs au contraire, comme Platon, considèrent la monarchie avec l'aristocratie• comme un régime idéal.
Le *monarchos* (μόναρχος) est le premier magistrat de la cité à Cos. Il est l'héritier d'une royauté• de l'époque archaïque, comme le *basileus* (βασιλεύς) dans d'autres cités.

MONNAIE : Au sens de morceau de métal portant le type de l'autorité émettrice qui en garantit ainsi la valeur, la monnaie apparaît à la fin du VIIe siècle en Asie Mineure, dans le royaume de Lydie. La diffusion de l'usage de la monnaie se fait peu après dans les cités grecques d'Ionie. Les premières monnaies sont des globules d'*électron*, alliage natif d'or et d'argent que charriaient les eaux du Pactole à Sardes, capitale des rois de Lydie. La frappe des monnaies se poursuit avec de l'or ou de l'argent ; l'or est en particulier utilisé par les Perses pour le darique. La frappe des monnaies était contrôlée par des magistrats dont le nom ou les initiales ou le symbole figurent sur la monnaie.

Il existe différents étalons monétaires, notamment le système attique ou celui d'Égine. La valeur d'une monnaie n'est pas indiquée par une marque, mais se reconnaissait à son poids et à sa taille. Le système monétaire athénien, pour les métaux précieux, est construit à partir de la drachme et de l'obole, qui vaut 1/6e de drachme. Le mot statère n'est pas lié à un métal particulier, mais signifie l'unité d'un système, souvent la plus élevée.

système attique		signe	*système éginétique*	
dénomination	poids en argent		dénomination	poids en argent
talent = 60 mines	25,8 kg		talent = 60 mines	25,8 kg
mine = 100 drachmes	430 g	M	mine – 70 drachmes	430 g
		Σ	statère = 2 drachmes	12,30-12,60 g
drachme = 6 oboles	4,30 g		drachme = 6 oboles	6,15 g
obole = 8 chalques (bronze)	0,72 g	I (	obole = 12 chalques (bronze)	> 1 g

Tableau des étalons attique et éginétique.

La mine et le talent sont des poids• et des valeurs, qui n'existent pas sous forme de monnaie. D'autres dénominations existent : par exemple, à Athènes, le décadrachme (= 10 drachmes), le tétradrachme (= 4 drachmes), le tétrobole (= 4 oboles), l'hémidrachme ou triobole (= 1/2 drachme = 3 oboles), le diobole (= 2 oboles), l'hémiobole (= 1/2 obole).

Les rois lagides ont instauré dans leur royaume d'Égypte un étalon ptolémaïque, qui, dès Ptolémée Ier, a remplacé, avec une drachme allégée, l'étalon attique adopté par Alexandre. La monnaie lagide est seule à pouvoir circuler dans le royaume. On a vu dans cette interdiction de toute autre monnaie un signe du mercantilisme• égyptien.

Le cistophore désigne une monnaie qui est ornée de la ciste•. Elle est frappée en Asie Mineure dans le royaume attalide, avec un étalon différent de l'étalon attique. Le cistophore (κιστοφόρος) apparaît entre 188 et 160.

L'argent a une valeur moindre que l'or, mais reste un métal précieux. À Athènes, au VIe siècle, le prix d'un mouton était d'une drachme. Cependant le troc est resté en usage. Pour faciliter les échanges, on s'est tourné à partir du IVe siècle vers le bronze, dont le rapport à l'argent était à la fin du Ve siècle à Athènes de 130 à 1. De plus, comme l'indique Aristophane, le bronze permit à Athènes de suppléer à la pénurie d'argent à la fin de la guerre du Péloponnèse. Plus tard, la proportion de plomb augmentera dans l'alliage du bronze, passant de 10 % à 30-40 % vers la fin de la période hellénistique, pour une raison d'économie, peut-être aussi pour des raisons techniques.

Les premières monnaies de bronze comme subdivisions de monnaies d'argent sont apparues en Sicile, peut-être sous l'influence de l'Italie, où les lingots de

bronze avaient une valeur de thésaurisation avant même la frappe du denier, la première monnaie romaine d'argent, peu avant 210. La litra de bronze est la dénomination monétaire qui caractérise la Sicile ; elle est dans un rapport de 120 à 1 avec la litra d'argent. Dans le reste du monde grec, l'unité du monnayage de bronze est généralement dénommée chalque.
Les monnaies sont frappées au moyen de deux coins : le flan de la monnaie est placé sur le coin d'avers, ou de droit, fixé dans une enclume, et percuté par un coin de revers fixé au bout d'un poinçon **(fig. 32)**.

Fig. 32 : Croquis de frappe monétaire *(d'après G. K. Jenkins)*.

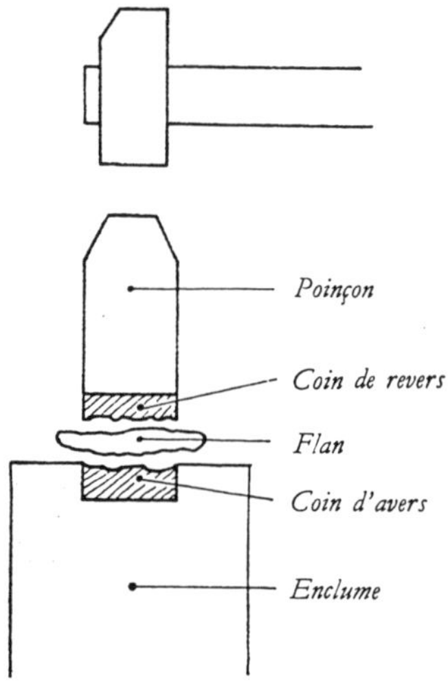

MORE (μόρα) : La more est une division de l'armée spartiate qui compte entre 400 et 1000 hommes ; à partir de la fin de la guerre du Péloponnèse, l'infanterie spartiate fut divisée en six mores, commandées chacune par un polémarque•. Chaque more d'infanterie avait un escadron de cavalerie, appelé aussi more.

MOULURES : Différentes moulures peuvent orner les blocs d'architecture ; on peut noter quelques-unes de ces désignations. La **baguette**, ou **astragale•**, désigne une moulure employée dans l'ordre ionique•-attique, où cette baguette en relief sert notamment à séparer du chapiteau le fût de la colonne **(fig. 33, n°1)** ; elle est souvent décorée du motif des perles et pirouettes **(n°6)**. Le **tore** est une moulure à profil de cercle convexe qui constitue la moulure inférieure et la moulure supérieure de la base ionique-attique **(n°2a,c)**. L'**ovolo** est une moulure pleine, dont le profil est elliptique **(n°3)** ; il est souvent décoré d'oves **(n°7)**. La **scotie** est une moulure en creux, complémentaire de l'ovolo ; le terme désigne aussi l'élément médian de la base ionique-attique **(n°2b)**. La **doucine** est composée d'un cavet et d'un quart-de-rond **(n°4b)**. Le **bec de corbin** comporte une moulure convexe qui surmonte un cavet : les deux courbes dessinent un bec de corbeau qui pointe vers le bas **(n°5)** ; cette moulure est souvent ornée de feuilles d'eau **(n°8)**.

Fig. 33 : Moulures diverses *(d'après R. Ginouvès, R. Martin ; J.-F. Bommelaer)*.

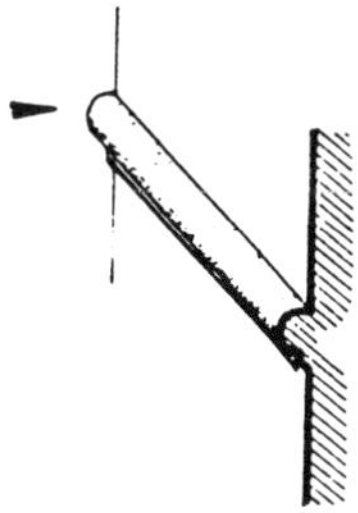

1 : Baguette.

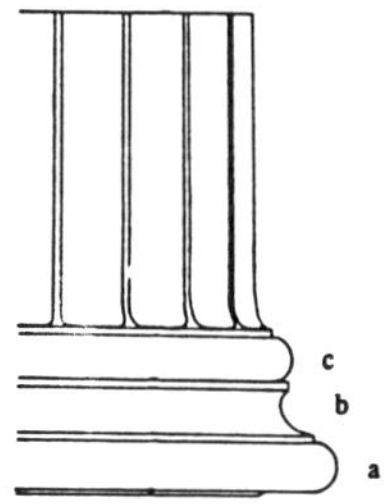

2 : Base ionique-attique ;
a : tore inférieur ;
b : scotie, entre deux filets ;
c : tore supérieur.

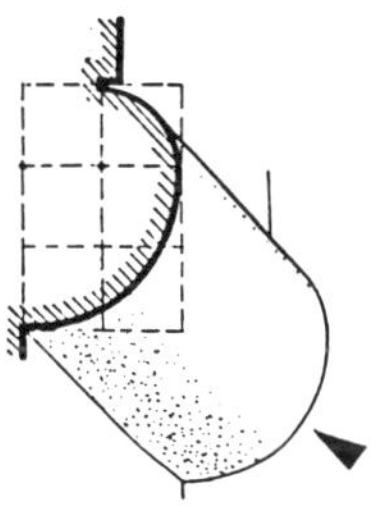

3 : Ovolo droit.

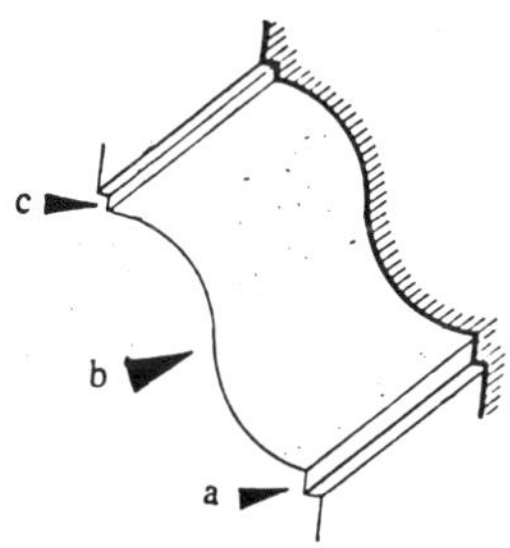

4 a : filet droit ;
b : doucine droite ;
c : listel plat .

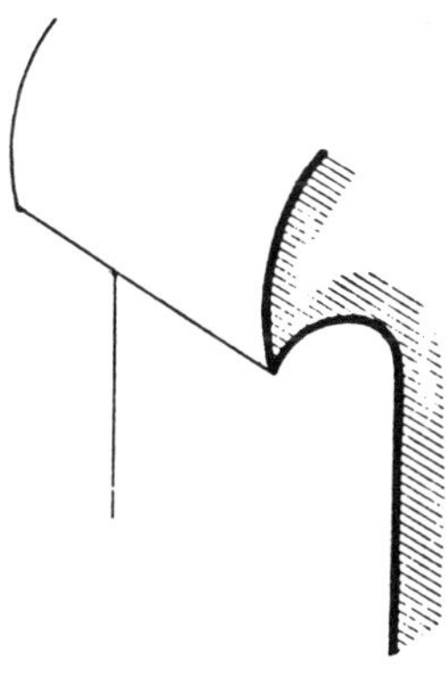

5 : Bec de corbin.

suite fig. 33 : Moulures diverses *(d'après R. Ginouvès, R. Martin ; J.-F. Bommelaer).*

6 : Perles et pirouettes.

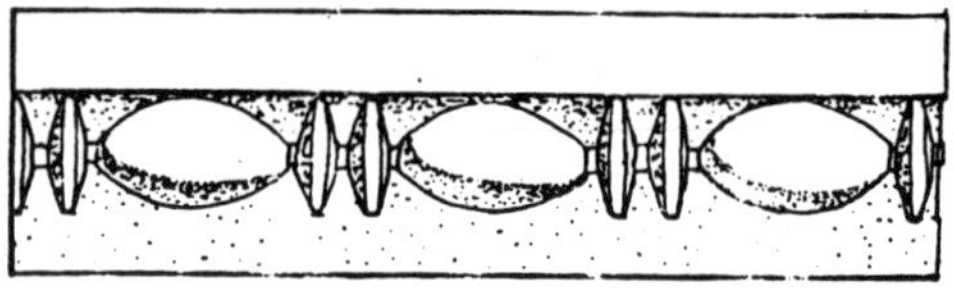

7 : Oves.

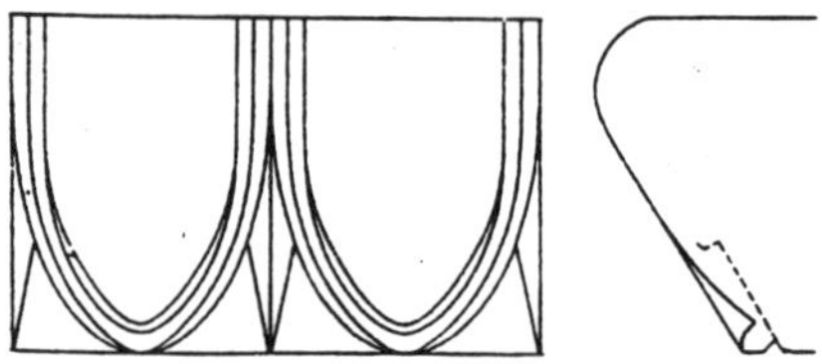

8 : Feuilles d'eau.

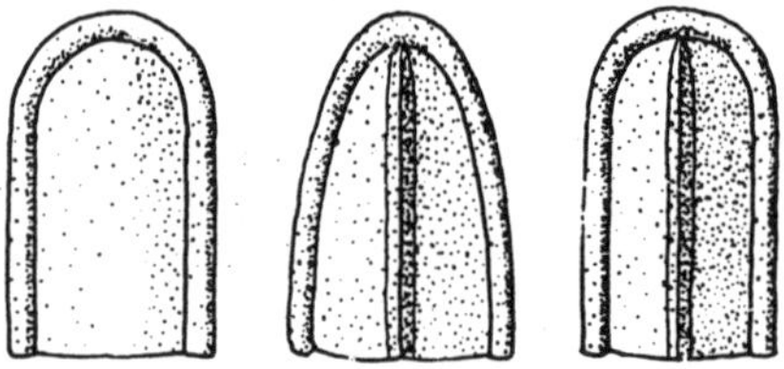

MUSÉE (μουσεῖον) : Un musée, *mouseion*, était d'abord un sanctuaire des Muses : les déesses, à l'origine divinités de la nature, étaient vénérées dans des sanctuaires rustiques très simples, dépourvus de temples, mais où abondaient des offrandes variées, y compris des groupes statuaires, comme dans leur célèbre sanctuaire de l'Hélicon. Les philosophes rendaient un culte aux Muses, filles de Mnémosyne et suivantes d'Apollon : dans l'Académie• de Platon était aménagé un *téménos* des Muses. À l'époque hellénistique, c'est dans cette direction que les musées se développent : ce sont en effet des lieux où, à la fois, on rend un culte aux Muses et où les savants se livrent à leurs recherches grâce aux excellentes conditions de travail qui y sont réunies. Les grandes villes s'enorgueillissent toutes de posséder un musée ; le plus renommé était celui d'Alexandrie, avec ses jardins, ses portiques, ses diverses salles de travail et surtout sa célèbre bibliothèque•, appréciée dans tout le monde grec.

MUSIQUE : armée•, *aulos*•, banquet•, *barbiton*•, chœur•, cithare•, concours•, crotale•, dithyrambe•, éducation•, fête•, funérailles•, lyre•, nome (II)•, odéon•, plectre•, sacrifice•, *salpinx*•, syrinx•, *tympanon*•

MYSTAGOGUE, MYSTE, MYSTÈRES (μυσταγωγός, μύστης, μυστήρια) : Les cultes à mystères, à la différence des autres cultes, qui par nature se déroulaient essentiellement en public, étaient caractérisés par le secret qui les entourait. C'est aux mystes seulement, aux initiés, qui pouvaient appartenir à toutes les catégories de la population, à l'exclusion des Barbares• pour les mystères d'Eleusis, qu'était réservée la révélation : celle-ci était généralement pour les fidèles une garantie d'immortalité, la promesse qu'ils jouiraient, après leur mort, d'une vie heureuse dans un autre monde.

Les cultes à mystères, cultes du salut, étaient répandus partout dans le monde antique ; ils ont connu une faveur particulière en Égypte avec Isis et Osiris, en Syrie avec Adonis, ou encore en Phrygie avec Cybèle et Attis. À côté de ces cultes orientaux, introduits pour la plupart dans le monde grec à partir du IVe siècle et répandus, parfois de façon clandestine, surtout à partir de l'époque hellénistique, existaient des cultes à mystères pratiqués en Grèce beaucoup plus anciennement ; ceux sur lesquels nous possédons le plus de renseignements sont ceux de Déméter et Corè à Éleusis, près d'Athènes, mais il y avait aussi des mystères de Dionysos, auxquels participaient les ménades•, des Cabires, notamment à Samothrace ou près de Thèbes en Béotie, et encore d'Orphée.

Le culte à mystères de Déméter et Corè à Éleusis, dont l'Hymne• homérique à Déméter nous a conservé le mythe, se déroulait en plusieurs lieux et en deux grandes étapes ; il comportait, avant la révélation finale, une longue préparation, consistant en pratiques collectives, jeûnes, purifications et sacrifices. Il se composait de manifestations publiques assez bien connues, contrôlées par la cité d'Athènes, qui exerçait un droit de regard sur le culte depuis l'annexion d'Éleusis, et de la cérémonie secrète, les mystères proprement dits, qui se déroulait à la fin dans la salle d'initiation, le Télestérion d'Éleusis. Deux grandes familles athéniennes originaires d'Éleusis, les Eumolpides et les Kérykes, administraient le sanctuaire et fournissaient les deux principaux dignitaires des Mystères, le hiérophante• et le dadouque•.

Les Petits Mystères, qui avaient lieu au mois d'Anthestérion, février-mars, à Agra, faubourg d'Athènes, constituaient la première phase, qui permettait d'accéder à la *télétè* : les candidats à l'initiation étaient préparés par des initiés, les mystagogues, et, à l'issue de cette préparation, ils devenaient mystes, initiés au premier degré.

Les Grands Mystères avaient lieu six mois plus tard, en Boèdromion, septembre-octobre : ils étaient marqués par la grande procession, composée du personnel sacerdotal, des mystes, des magistrats et des citoyens athéniens, qui rapportait d'Athènes à Éleusis les *hiéra*•, objets sacrés et secrets, précédemment apportés d'Éleusis à Athènes. La phase finale, les Mystères proprement dits, sur lesquels nous ne savons rien de précis, avait lieu dans le Télestérion d'Éleusis, où n'étaient admis, avec les initiés de l'année précédente, que les candidats à l'initiation : le hiérophante y donnait à contempler aux mystes les *hiéra* — épis de blé? objets à signification sexuelle ? — dans une révélation, l'époptie, qui était accompagnée sans doute d'instructions orales, et sur laquelle les mystes, devenus époptes, devaient à jamais garder le silence.

N

***Naïskos* (ναΐσκος) :** Le *naïskos* est une construction en forme de petit temple• (*naos*), comme certains édicules qui servent de tombeaux.

NAOPE, NÉOPE (ναοποιός, νεωποίης) : Les naopes, ou néopes, sont chargés de la construction d'un temple• (*naos*, ναός).
À Delphes, les naopes forment une commission chargée au IVe siècle de la reconstruction du temple d'Apollon après sa ruine accidentelle en 373/2. Ils doivent à la fois surveiller les travaux et tenir les comptes. À cet effet, ils gèrent les fonds qui leur sont confiés : ceux qui proviennent de la quête faite pour la reconstruction, à partir de 366, et les subventions qu'ils reçoivent, prélevées sur l'amende infligée aux Phocidiens après la troisième guerre sacrée (356-346). Pour financer la reconstruction, une capitation fut imposée à toute la population des membres de l'amphictionie•. On ignore quel rôle jouait l'amphictionie dans la désignation des naopes, qui ne sont plus attestés à partir des années 260.
Les néopes sont aussi, dans la région du littoral de l'Asie Mineure, des magistrats qui administrent les biens d'un sanctuaire, comme les néopes du sanctuaire d'Héra à Samos. Un néope isolé est rare ; cependant c'est le cas à Halicarnasse, où le néope est éponyme.

***Naos* (ναός) : temple•**

NAUCLÈRE (ναύκληρος) : Le nauclère est l'un des personnages importants du monde du commerce, de l'*emporion*•. À l'époque classique, il apparaît comme le patron de navire : le nauclère est le propriétaire qui transporte ses propres marchandises et connaît la navigation. À l'époque hellénistique, il peut être le simple transporteur de marchandises.

> Hérodote, qui écrit ses *Histoires* vers le milieu du Ve siècle, (IV, 152) qualifie de nauclère le Samien Colaios, qui faisait voile vers l'Égypte vers 600 avant d'être emporté hors de sa route au-delà des Colonnes d'Héraclès et de découvrir les richesses de Tartessos.

NAUCRARE, NAUCRARIE (ναυκραρία, ναύκραρος) : La naucrarie est une institution archaïque à Athènes. Dans une première phase, au VIIe siècle, les naucrares exercent le pouvoir politique ; ils semblent représenter les groupes familiaux qui possèdent des vaisseaux. Ensuite, ils deviennent les chefs des subdivisions administratives appelées naucraries ; ils sont chargés de la construction et de l'entretien des navires de guerre.

> La *Constitution d'Athènes* du Pseudo-Aristote décrit ainsi le rôle qu'ils avaient sous Solon (VIII, 3) au début du VIe siècle : « Il y avait quatre tribus, comme auparavant, et quatre rois de tribus. Chaque tribu était divisée en trois tiers (trittyes) et douze naucraries ; les magistrats placés à la tête des naucraries étaient les naucrares qui étaient chargés des levées de l'impôt (*eisphora*) et des dépenses à faire. »

***Nautodikai* (ναυτοδίκαι) :** Il semble que les *nautodikai* athéniens ont d'abord été chargés, au Ve siècle, des litiges qui opposent les citoyens établis hors d'Athènes ; ils sont aussi appelés dans les affaires d'usurpation du droit de cité. Avec la chute de l'empire athénien, ils se spécialisent dans les affaires qui concernent les nauclères• et les commerçants maritimes. Cette magistrature est supprimée dans le premier quart du IVe siècle.

NAVARQUE (ναύαρχος) : Le navarque est l'amiral, le commandant d'une flotte. À Sparte, les navarques avaient la direction de toutes les affaires navales, en temps de paix comme en temps de guerre. Lysandre, navarque en 407, fit coïncider la navarchie avec l'année militaire ; il employa sa navarchie à constituer une flotte qui puisse l'emporter sur celle d'Athènes : il est ainsi l'artisan de la victoire de Sparte à la fin de la guerre du Péloponnèse.
La flotte lagide est normalement commandée par un navarque nommé par le roi : on connaît le navarque Kallikratès fils de Boïskos, qui succède à la tête de la flotte lagide, en 279, au roi de Sidon Philoclès, qui ne portait pas le titre de navarque, mais était l'amiral de Ptolémée II avec pleins pouvoirs.

NÉBRIDE (νεβρίς) : Peau de faon portée par les ménades•.

NÉCROPOLE : La nécropole était le cimetière, la « cité des morts » ; pour une raison religieuse, éviter aux vivants la souillure de la mort, elle était toujours située en-dehors de la ville, généralement près d'une porte et le long d'une route. Un cas extrême était représenté par Délos, l'île d'Apollon, qui fut, au nom de son caractère sacré, deux fois purifiée par les Athéniens et même, en 426, totalement vidée de ses sépultures, qui furent transportées sur l'île voisine de Rhénée.

La nécropole la plus connue d'Athènes, utilisée depuis le XIe siècle, était le cimetière du Céramique extérieur, près de la porte du Dipylon **(fig. 34)** : les tombes étaient signalées par des monuments variés, vases colossaux à l'époque géométrique et, plus tard, surtout stèles funéraires, gravées ou sculptées et portant le nom du défunt, que la famille dressait après les funérailles•.

NECTAR (νέκταρ) : ambroisie•

NÉOCORE, NÉOCORIE (νεωκόρος, νεωκορία) : 1. Le néocore est le sacristain, chargé d'entretenir le temple. Un magistrat peut porter ce titre. À Délos, les néocores étaient adjoints aux prêtres dans les quatre sanctuaires où ils sont attestés et ils touchaient un traitement annuel. **2.** Une cité peut aussi être néocore de la divinité dont le sanctuaire se trouve sur son sol. À l'époque impériale, la cité est ordinairement néocore de l'empereur. L'assemblée de la province demande à l'empereur d'accorder cet honneur à la cité intéressée.

NÉODAMODE (νεοδαμώδης) : Avec les *Hypomeiones*•, Spartiates déchus, les néodamodes, hilotes• affranchis, constituent, si l'on en croit Xénophon, une catégorie de population intermédiaire, à Sparte, entre les *Homoioi*•, les périèques• et les hilotes•. La catégorie des néodamodes se développe surtout, comme celle des *Hypomeiones*, à partir du IVe siècle : en effet, si les hilotes accompagnaient depuis longtemps leurs maîtres à la guerre comme valets ou fantassins légers, c'est seulement à partir de la guerre du Péloponnèse, en raison de l'oliganthropie• spartiate, que des hilotes servent, nombreux, comme hoplites• ; ces hilotes sont alors le plus souvent affranchis par l'État spartiate et deviennent néodamodes, « nouveaux citoyens ». En fait, en s'élevant, ils ne deviennent pas citoyens à part entière, mais ils forment une nouvelle classe intermédiaire : leur seule activité est la guerre ou l'entraînement à la guerre, alors que, pas plus que les *Hypomeiones*, ils ne disposent des droits politiques et du *klèros*• des *Homoioi*. Leur situation intermédiaire explique le mécontentement des néodamodes, dont les revendications sociales rejoignent celles des *Hypomeiones*.

Fig. 34 : Athènes, plan du Céramique *(Institut archéologique allemand d'Athènes).*

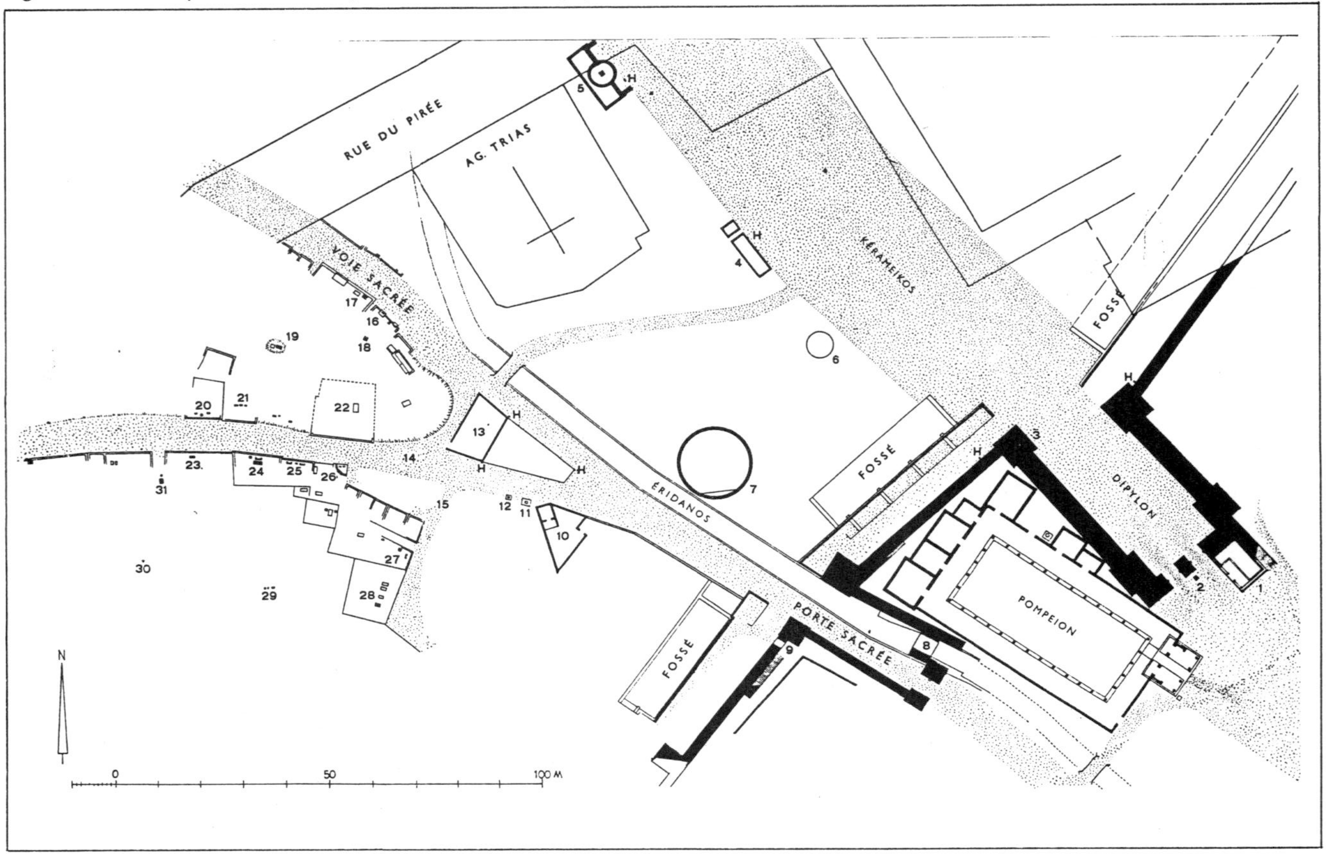

Légendes de la figure 34.

DIPYLON :
1 Fontaine
2 Autel dédié à Zeus, Hermès et Akamas
3 Tour ouest avec restes du Dipylon de Thémistocle

KÉRAMEIKOS (avenue des tombes publiques) :
H Bornes de l'avenue
4 Tombe des Lacédémoniens
5 Tombe d'un inconnu
6 Bain
7 Monument funéraire (*hérôon*)

PORTE SACRÉE :
8 Tour avec arche
9 Petite porte

À L'EXTÉRIEUR DE LA PORTE SACRÉE :
10 Petit sanctuaire non identifié
11-12 Tombes d'ambassadeurs
13 Sanctuaire des Tritopatreis
H Bornes
14 Voie de l'ouest
15 Chemin montant du sud
16-17 Tombes sur la voie sacrée
18 Loutrophore d'Olympichos
19 Tumulus d'Eukolinè
20-26 Tombes sur la voie de l'ouest
27-28 Tombes sur le chemin sud
29 Double colonne du couple Isidoros et Zosimè
30 Pilier de Sosibios
31 Autel d'Hécate

NÉSIARQUE (νησιάρχης) : Le nésiarque est le magistrat qui est à la tête de la confédération• des Nésiotes, ou Insulaires, à l'époque hellénistique. Il est désigné par le roi lagide, lorsque la confédération est sous domination du royaume d'Égypte, et convoque le conseil, ou *synédrion*, de la confédération.

NOME (I) (νομός) : Le nome est une division territoriale : dans l'Égypte lagide, les nomes avaient à leur tête un nomarque.

NOME (II) (νόμος) : Dans les concours• musicaux, le nome est une sorte de cantate en l'honneur d'Apollon, qui fut à l'origine accompagnée seulement de la cithare• ; à côté de ce nome citharédique fut créé ensuite le nome accompagné de l'*aulos*•.

NOMOPHYLAQUE (νομοφύλαξ) : Les nomophylaques sont les gardiens des lois• (*nomoi*, νόμοι), qui tiennent une place importante dans la pensée politique. Leur magistrature est attestée dans différentes cités. Leur collège est connu à Athènes à la fin du IVe siècle, en particulier sous Démétrios de Phalère (317-307), qui les charge de surveiller les magistrats et les organes législatifs de la démocratie. Dans un certain nombre de cas, le nomophylaque a pour mission d'authentifier et d'enregistrer officiellement des documents et archives• qui étaient, comme à Cyrène, déposés dans le bâtiment du *nomophylakion*.

NOMOTHÈTE (νομοθέτης) : Les nomothètes, à la différence des autres magistrats athéniens, ne sont pas des magistrats permanents : ils se réunissent périodiquement, en une commission dont le nombre et la durée sont variables, pour procéder à la révision de la législation.

C'est au lendemain de la révolution oligarchique de 411 que les Athéniens décident de codifier leurs lois ; ce travail, interrompu par la tyrannie• des Trente en 404, est repris en 403 et mené à bien par les nomothètes, qui établissent un corps de lois servant de référence. Tout au long du IVe siècle, les nomothètes sont chargés d'exécuter les aménagements législatifs voulus par l'*ekklèsia*• : une fois par an, ils sont recrutés parmi les héliastes• pour décider du maintien ou de l'abrogation de lois que l'*ekklèsia*, après le travail préliminaire des archontes thesmothètes•, qui ont fait afficher le texte des lois remises en cause, a jugées archaïques ou contraires à des lois existantes, ou bien que l'*ekklèsia* a rejetées, lors de la première séance de l'année, qui traditionnellement était consacrée à un vote de confirmation des lois ; les nomothètes doivent alors choisir entre la loi repoussée par l'*ekklèsia* et une ou plusieurs propositions faites par des citoyens. Le résultat du vote des nomothètes pouvait lui-même être remis en question par une *graphè• paranomôn*. Le nombre des nomothètes, représentants du peuple, était toujours très élevé ; leur commission put même comprendre 1001 membres.

O

OBOLE (ὀβολός) : monnaie• ; poids• et mesures

ODE (ᾠδή) : L'ode est un chant, qui peut être monodique ou choral. Elle peut suivre différentes formes métriques. Certaines odes sont des pièces de circonstance, composées pour un destinataire qui veut perpétuer sa mémoire. Les *Épinicies•* de Pindare sont des odes triomphales, en principe composées pour célébrer un vainqueur aux grands concours panhelléniques.

ODÉON (ᾠδεῖον) : L'odéon, dont le nom dérive du mot *ôdè*, le chant, était un édifice destiné aux auditions musicales, dans le cadre des concours• musicaux ou lors de la venue d'artistes indépendants. À la différence du théâtre•, l'odéon était toujours couvert. Périclès fit construire à Athènes, au pied de l'Acropole **(fig. 1, n°21)**, près du théâtre de Dionysos, un odéon dont l'intérieur est resté célèbre pour ses nombreuses colonnes, et dont le toit était de forme pyramidale ; cet odéon était destiné aux épreuves musicales du concours organisé lors de la fête• des Grandes Panathénées. C'est à partir de l'époque impériale surtout, avec la multiplication des récitals, que sont construits la plupart des odéons : Athènes est dotée alors de deux nouveaux odéons, l'odéon d'Agrippa, bâti au milieu de l'*agora* **(fig. 4)**, et l'odéon d'Hérode Atticus, au pied de l'Acropole **(fig. 1, n°28)**.

ŒCISTE, OIKISTE (οἰκιστής) : L'œciste, ou oikiste, est celui qui dirige le groupe parti de la métropole• fonder une colonie•. À sa mort, l'œciste devient un héros•, auquel un culte est rendu sur sa tombe ou son cénotaphe, comme Télésiclès, venu de Paros fonder la colonie de Thasos, ou Battos, parti de Théra fonder Cyrène.

Il arrive qu'il y ait deux œcistes, quand un contingent de colons venus d'une cité s'adjoint à un autre groupe venu d'une autre cité. Par exemple, lors de la fondation de Cumes en Grande Grèce, un œciste était originaire de Chalcis en Eubée, l'autre de Kymè, également en Eubée ; dans ce cas, la colonie ne reconnaît cependant qu'une métropole : Cumes devint la colonie de Chalcis, mais l'honneur de lui donner son nom revint à Kymè.

OFFRANDE : L'offrande est constitutive de la religion grecque. Les sanctuaires se signalent avant tout par les dépôts d'offrandes.

La coupure entre espace sacré et espace profane distingue les conceptions religieuses à partir de l'époque géométrique, alors qu'à l'époque mycénienne, le palais a des fonctions religieuses aussi bien que profanes. À l'époque mycénienne, les offrandes précieuses reviennent surtout aux morts, comme l'attestent notamment les riches trouvailles des tombes royales de Mycènes ; au premier millénaire au contraire, les offrandes précieuses sont d'abord destinées aux dieux. Les offrandes sont de plusieurs sortes : *ex-voto* durables, tels que trépieds•, statuettes de bronze, figurines de terre cuite, édifices, ou offrandes périssables, qui font l'objet du sacrifice• ou l'accompagnent, encens, gâteaux, graines. Les offrandes offertes au mort existent aussi, même si elles ne sont pas les plus importantes.

Une statue de *korè*• trouvée à Samos et conservée au Louvre porte le nom du dédicant et celui de la divinité : « Chèramyès m'a dédiée comme statue (*agalma*) à Héra ».

De nombreux rites accompagnaient la dédicace des offrandes : les adolescents dédiaient dans plusieurs cités à Apollon leur premier duvet, lorsque leur barbe commençait à pousser ; les jeunes Athéniennes dédiaient à Artémis les jouets de leur enfance avant leur mariage. Les divinités des fleuves, des eaux et Asclépios, souvent adoré près d'une source, reçoivent l'offrande de la chevelure lorsqu'elle est coupée pour la première fois : ainsi le dieu sanctionne-t-il le passage de l'enfance à l'adolescence.

Un poème de Callimaque, la *Boucle de Bérénice*, brode sur le thème de la boucle de cheveux offerte en *ex-voto* par la reine Bérénice II après le retour de son époux Ptolémée III de sa campagne d'Asie (246-245). La boucle est offerte à Aphrodite Zéphyritis et, dans la fiction poétique, se transforme en constellation dans les cieux. Hérodote (*Histoires* IV, 34) atteste à Délos un rite de consécration sur le tombeau d'héroïnes, les Vierges hyperboréennes : « Pour ces vierges venues de chez les Hyperboréens et mortes à Délos les jeunes filles et les garçons de Délos se coupent une mèche de cheveux ou de barbe : les premières, avant leur mariage, retranchent une boucle de leur chevelure et l'enroulent autour d'un fuseau pour la déposer sur le tombeau (...) ; de leur côté tous les garçons de Délos enroulent quelques poils de leur première barbe autour d'une herbe naissante pour déposer aussi le tout sur le tombeau ».

OIKISTE (οἰκιστής) : œciste•, oikiste

***Oikonomia* (οἰκονομία) :** Ce terme, qui a donné le mot français économie, désigne l'organisation de la maison• (*oikos*•) et, au sens large, la gestion de la cité. L'*oikonomia* est fondée sur la notion d'autarcie, comme en témoigne l'*Économique* écrit par Xénophon.

***Oikos* (οἶκος) :** Le mot signifie le plus souvent la maison• et la maisonnée, mais il peut aussi désigner une association. L'*oikos*, qui désigne la salle de banquet de l'association, transmet son nom à l'association elle-même.

L'*oikos*, au sens de maison, fournit le premier cadre de la vie religieuse.

Quelques divinités veillent sur l'*oikos*, en particulier Zeus sous différentes épiclèses•. Zeus Herkéios protège la clôture de la maison, notamment dans la campagne, où son autel se trouve dans la cour. Il garantit le respect des lois de l'hospitalité et son culte est une marque de l'appartenance civique. Zeus Ktèsios est protecteur des biens matériels de la maison, les *ktèmata*. Quant à Zeus Meilichios, représenté sous forme d'un serpent, il veille sur les fruits, les graines entreposés dans l'*oikos* et reçoit des offrandes de miel. C'est le foyer qui est le centre du culte domestique : Zeus protège en effet le foyer, constamment entretenu, qui symbolise la vie de l'*oikos* ; sur le foyer, qui joue le rôle d'un autel•, on peut jeter quelques grains d'orge lors d'un serment• qui devient ainsi sacré. Alceste, mourante, confie au foyer la garde de ses enfants. Zeus est aussi Xénios, hospitalier, et Hikésios, protecteur des suppliants.

Deux autres divinités peuvent venir seconder Zeus dans son rôle de protecteur de l'*oikos* : on a trouvé dans une maison de Délos un bas-relief représentant, de part et d'autre de la figuration de Zeus Meilichios sous forme d'un serpent, une divinité masculine, le Bon Génie, ou Agathos Daimôn, et une divinité féminine, la Bonne Fortune, ou Agathè Tychè. Le bâtiment de la maison est protégé par des divinités prophylactiques, qui protègent, et apotropaïques•, qui écartent le mal. Toujours à Délos, on reconnaît à l'angle de certaines habitations la figuration en bas-relief de la massue d'Héraclès ou des bonnets des Dioscures, symboles de la protection de ces divinités du bon secours.

Les étapes de la vie s'inscrivent aussi dans ce cadre domestique.

D'abord la naissance : on pend alors à la porte, s'il s'agit d'un garçon, un rameau d'olivier, et, s'il s'agit d'une fille, une bandelette de laine, l'*eirésionè*. Quelques jours après la naissance a lieu l'admission officielle dans l'*oikos* : lors de la cérémonie des Amphidromies, le père promène le nouveau-né autour du foyer et attribue un nom à l'enfant.

Le mariage• (*gamos*) est un autre moment important de la vie de l'*oikos* : la femme quitte alors l'*oikos* de son père pour passer dans l'*oikos* de son mari ; elle change de maître, de *kyrios*•. La veille est marquée par des cérémonies de purification : à Athènes, l'eau de la fontaine Callirhoé, transportée par une servante, la loutrophore•, sert au bain nuptial de la future épousée. Le jour du mariage, le père de la jeune fille offre chez lui un sacrifice suivi d'un banquet qui réunit les mariés ; un cortège nuptial, au son de l'*aulos*• et du chant d'hyménée•, accompagne ensuite la mariée de la maison de son père à celle de son époux, qui, en un rapt simulé, lui fait franchir le seuil de son nouvel *oikos*.

La mort enfin a d'abord pour cadre la maison : c'est là que l'on expose le corps du défunt (c'est la *prothèsis*), entouré des lamentations de pleureuses, avant de former le cortège des funérailles• (*ekphora*) qui le conduit à son tombeau, situé à Athènes dans le quartier du Céramique extérieur **(fig. 34)**.

OLIGANTHROPIE (ὀλιγανθρωπία) : L'oliganthropie, la pénurie en hommes, est le phénomène majeur de l'histoire de Sparte à partir du IVe siècle ; en réalité, ce processus, engagé dès les guerres médiques, est devenu sensible avec la guerre du Péloponnèse, comme le montre de manière éclatante l'affaire des hoplites prisonniers de Sphactérie. Cette diminution régulière et inexorable ne frappe pas l'ensemble de la population qui vit sur le territoire de l'État spartiate : elle ne frappe que les citoyens de plein droit, les Spartiates proprement dits ou *Homoioi*•, de moins en moins nombreux non seulement à cause des guerres et parce que la natalité est insuffisante, mais surtout parce que, pour des raisons économiques, un nombre croissant de fils de Spartiates dépourvus de *klèros*• est déchu de la citoyenneté de plein droit pour tomber dans la classe des *Hypomeiones*•, et qu'aucune mesure d'ordre politique, jusqu'aux tentatives des rois réformateurs du IIIe siècle, ne tente de porter remède à la situation. Les chiffres, tels qu'ils ont pu être calculés de manière approximative, des hoplites spartiates mobilisables et de ceux qui furent mis en ligne lors des grandes batailles du Ve et du IVe siècle, montrent bien la régularité et l'ampleur de la diminution : 5000, sur 8000 mobilisables environ, en 479 à Platées, 1400, sur 1800 mobilisables environ à Mantinée en 418, 700, sur 1200 mobilisables environ, en 371 à Leuctres, où 400 trouvent la mort ; au milieu du IIIe siècle, il ne reste que 700 Spartiates.

OLIGARCHIE (ὀλιγαρχία) : L'oligarchie se définit étymologiquement comme le pouvoir du petit nombre, de même que la monarchie• est le pouvoir d'un seul.

L'oligarchie dérive généralement de l'aristocratie•, dans laquelle le pouvoir est aux mains des « meilleurs ». D'après les théoriciens politiques grecs du IVe siècle, l'oligarchie, qui suit l'aristocratie, précède la tyrannie•, qui elle-même laisse la place à la démocratie• ; ce schéma cependant, s'il se vérifie pour Athènes, n'est pas observable dans bon nombre de cités, comme Corinthe, où, lorsque la tyrannie est supprimée, l'oligarchie est rétablie, sous une forme cependant moins dure que précédemment.

C'est à la période archaïque que les oligarchies, comme les tyrannies, sont florissantes à travers le monde grec ; mais cette forme politique demeure largement répandue au Ve siècle, face au régime démocratique, avant que les fréquentes *staseis*• du IVe siècle illustrent l'âpreté des luttes entre oligarques et démocrates, qui généralement l'emportent à l'époque hellénistique. Une même cité peut connaître l'un ou l'autre régime au gré des rapports entre ceux qui la composent et de ses relations avec d'autres cités : Athènes la démocratique en fournit l'exemple, avec les révolutions oligarchiques de 411 et de 404, et la constitution censitaire imposée par Antipater en 322 ; avec sa victoire sur Athènes en 405-404, Lysandre impose à d'anciennes cités de la ligue de Délos des décarchies, gouvernements oligarchiques de dix membres, soutenus par des harmostes• lacédémoniens.

Il est impossible de dresser un tableau uniforme d'un système politique qui connut des applications très variées selon le lieu et l'époque ; la cité même qui favorisa la propagation de l'oligarchie chez les autres et qui passait parfois pour un modèle, Sparte, connaissait un régime très particulier, officiellement une double royauté•, où l'on décèle, à côté des caractéristiques oligarchiques, des éléments démocratiques. La constante de l'oligarchie est de restreindre à la fois le nombre de ceux qui possèdent la citoyenneté et le pouvoir des organes du gouvernement qui rassemblent le nombre le plus élevé de citoyens. Le nombre de ceux qui constituent le corps politique est limité le plus souvent sur la base de la fortune, évaluée d'après les biens fonciers ou d'après les revenus, et fixé de manière arbitraire : les Six Cents à Marseille, les Mille à Colophon ou à Crotone, les Cinq Mille ou les Trois Mille dans l'Athènes oligarchique. Le critère de citoyenneté repose parfois sur l'activité, présente ou même passée : ainsi, dans les cités thessaliennes, ne peuvent être citoyens, et donc accéder à l'assemblée du peuple, appelée *ekklèsia*• ou *Halia*, les paysans, artisans et marchands ; si généralement les paysans, dont le travail est jugé digne de l'homme libre et du citoyen, ne sont pas exclus *a priori* de la citoyenneté, il est plus fréquent que les artisans et les commerçants, aux professions méprisées, soient écartés du corps politique : dans la Thèbes oligarchique du Ve siècle, anciens artisans et commerçants devaient avoir cessé leur activité depuis au moins dix ans pour accéder aux droits du citoyen.

Cette restriction du nombre des citoyens va de pair, dans les cités oligarchiques, avec la restriction des pouvoirs des organes de gouvernement qui rassemblent le plus grand nombre de membres, au profit de ceux, plus « confidentiels », qui sont aux mains d'une minorité au sein de la minorité. Les pouvoirs de l'assemblée du peuple sont donc limités : privée de l'initiative dans le vote des lois et du droit de discuter, elle n'a le droit que d'approuver ou d'écarter les propositions qui lui sont faites, quand on ne passe pas outre à ses avis ; il arrive même qu'elle ne soit qu'irrégulièrement convoquée. Le conseil•, appelé *boulè* ou, comme à Sparte, *gérousia*, est l'organe essentiel du système oligarchique : ses membres siègent à vie, qu'ils soient recrutés parmi les Anciens, comme à Sparte, ou parmi des magistrats sortis de charge, comme dans les conseils des cités crétoises ; il arrive qu'au-dessus de la *boulè* existe un conseil restreint de *probouloi*•. Le conseil partageait le pouvoir avec les magistrats : ces héritiers des anciens rois, s'ils étaient recrutés parfois, mais de plus en plus rarement à l'époque classique, comme dans certaines cités thessaliennes, sur des critères de naissance, accédaient le plus souvent à leurs charges, qui naturellement n'étaient pas rétribuées, d'après des critères de fortune et, éventuellement, d'âge.

OLYMPIADE (ὀλυμπιάς) : Dans la chronologie grecque, l'olympiade est la période de quatre ans inaugurée par la célébration du concours• pentétérique des Olympia, créé en 776, au milieu de l'été. Les olympiades ont fourni un cadre chronologique commun : le sophiste Hippias établit à la fin du Ve siècle par olympiade un catalogue des vainqueurs au concours d'Olympie, les olympioniques.

OLYMPIQUE (concours) : concours•

ONOMASTIQUE (ὀνομαστική) : L'onomastique, ou art de dénommer, est, dans l'usage moderne, la science des noms propres d'hommes, les anthroponymes. L'étude des noms grecs permet souvent de retrouver l'originalité de certaines croyances circonscrites à une région ou à une cité. Les noms théophores, qui viennent de ceux des dieux, ou hérophores, qui sont tirés des noms des héros•, témoignent souvent de légendes locales.

Ainsi, à Alabanda de Carie, le nom d'homme Sisyphos, attesté dans une inscription du IIIe siècle, se rapporte au héros Sisyphe, qui faisait partie des généalogies mythiques des citoyens d'Alabanda : leur ancêtre légendaire était le héros Chrysaor, petit-fils de Sisyphe.

ONZE : Les Onze étaient les magistrats, à Athènes, chargés de l'administration des prisons et de l'exécution des sentences capitales.

OPISTHODOME (ὀπισθόδομος) : temple•

ORACLE : Un oracle était la réponse donnée par une divinité ou un héros à la question qui lui était posée par un fidèle venu le consulter ; le terme désignait aussi le sanctuaire• où était donnée cette réponse.

Le recours aux oracles était une pratique fréquente dans le monde grec antique ; il représentait le mode de divination• inspirée, qui complétait l'autre mode de divination, la divination inductive. Il existait de nombreux sanctuaires oraculaires, dont la renommée et les modalités de consultation étaient très divers. Certains, connus dans tout le monde grec et au-delà, étaient fréquentés par des délégations officielles ou par des particuliers, amenés par des questions d'ordre général, concernant par exemple la fondation d'une cité, une déclaration de guerre, la signature d'un traité, la consécration d'un sanctuaire, ou d'ordre privé, à propos d'un voyage, d'un achat, d'un mariage ; d'autres, de renommée purement locale, n'attiraient que les gens de la région, venus les consulter sur des affaires personnelles. Partout, les fidèles doivent, avant de pouvoir consulter l'oracle, accomplir des rites particuliers et s'acquitter de taxes spéciales, comme le *pélanos*• à Delphes.

Les grands dieux oraculaires étaient Zeus et Apollon, Zeus, détenteur de tout savoir, comme maître des dieux, et Apollon, parlant au nom de son père. À

Dodone, en Épire, Zeus possédait un sanctuaire oraculaire très ancien, mentionné par Homère ; aux fidèles, qui posaient leur question par écrit, sous forme alternative, sur une lamelle de plomb, les oracles étaient rendus, selon les époques, par des prêtres de Zeus, les *Selloi*, ou par des prophétesses, qui interprétaient le bruissement du vent dans le feuillage d'un chêne sacré, ou le son répercuté par une série de trépieds• disposés en cercle. Un autre oracle de Zeus volontiers consulté par les Grecs, à partir d'une époque plus récente, se trouvait dans une oasis du désert de Libye, à Siwah : Zeus, assimilé au dieu égyptien Amon, y fut consulté notamment par les Athéniens lors de la guerre du Péloponnèse et par Alexandre au début de son expédition contre la Perse. Apollon, dieu de la mantique•, de la divination, possédait plusieurs grands sanctuaires oraculaires, dont les principaux étaient Delphes en Phocide (**fig. 39**), Didymes et Claros en Asie Mineure.

L'Apollon de Delphes était consulté, sur des questions de tous ordres, par tous les Grecs, et même par des non-Grecs, comme le roi de Lydie Crésus, tant était grande sa renommée ; il jouissait d'une considération particulière comme dieu archégète•, à la suite de son rôle dans les entreprises de colonisation de l'époque archaïque, comme dieu législateur et purificateur. Il répondait aux questions qui lui étaient posées, sous une forme alternative, par l'intermédiaire de la Pythie, une Delphienne qui vivait recluse dans le sanctuaire et qui, lorsqu'elle était assise sur le trépied• prophétique, dans l'*adyton*• du temple, après avoir accompli un certain nombre de rites préliminaires, était tout entière envahie par le dieu au nom duquel elle parlait ; cette réponse orale était ensuite mise en forme par le prophète• d'Apollon et remise au consultant. À côté de ce mode de divination, le plus connu, on a parfois supposé qu'existait la divination par cléromancie : la Pythie, toujours inspirée par Apollon, aurait donné la réponse du dieu en tirant d'un vase des « sorts ».

À Didymes, près de Milet, où l'oracle était rendu par le prophète d'Apollon, et à Claros, près de Colophon, l'eau d'une source sacrée, élément capital de la mantique apollinienne, jouait, comme à Delphes, un rôle important dans la pratique divinatoire. À côté de ces sanctuaires oraculaires réputés en existaient d'autres, d'une fréquentation moins durable dans le temps, ou plus restreinte, surtout locale : certains étaient consacrés à Apollon, comme ceux d'Abae en Phocide et du Ptoïon en Béotie, d'autres, à des divinités ou des héros régionaux, comme Trophonios à Lébadée en Béotie, ou Amphiaraos à Oropos, à la limite de l'Attique et de la Béotie. Un mode particulier de divination oraculaire se faisait par la pratique de l'incubation•, comme à Oropos, chez Amphiaraos, héros guérisseur, ou généralement dans les sanctuaires du dieu médecin, Asclépios, par exemple à Épidaure.

Un certain nombre d'oracles sont parvenus jusqu'à nous, transmis par la tradition littéraire ou gravés dans les sanctuaires, sur des pierres ou d'autres supports. Parmi les premiers, qui concernent souvent des événements historiques importants et qui ont fini par constituer un genre littéraire, beaucoup ont été forgés après coup ; les seconds en revanche, comme ceux que l'on a retrouvés à Didymes ou à Dodone, sont sans conteste authentiques et nous donnent le nom du consultant, sa question et la réponse qui lui a été faite, ou conservent des prescriptions religieuses.

ORATEUR (ῥήτωρ) : L'art de bien parler, qui permet de persuader ses auditeurs, joue un rôle essentiel dans la conduite des affaires de toute cité grecque ; dans les cités à régime démocratique, caractérisées par l'*isègoria*•, le droit de parole égal pour tous à l'*ekklèsia*•, il est même la première qualité que doit posséder celui qui désire intervenir activement dans la politique de sa patrie.

Dans l'Athènes classique, les citoyens se laissent influencer par le meilleur orateur : Périclès, au Ve siècle, obtient chaque année, par sa réélection à la stratégie•, de guider ses concitoyens grâce à son talent de persuasion qui vient soutenir ses qualités de chef d'État ; il semble que Cléon, au contraire, persuade les Athéniens par la violence et la fougue de ses propos ; au IVe siècle, où le rôle de l'orateur politique s'est encore accru au sein de l'*ekklèsia*, Démosthène, sans être investi d'aucune magistrature, convainc les Athéniens, par ses seuls discours, à la fois informés et argumentés, de la ligne politique à suivre. Les adversaires du régime démocratique reprochent à la foule sa versatilité : trop influençable, elle risque de se laisser mener par d'éloquents démagogues•, et l'on connaît des cas où se produisirent dans l'*ekklèsia* de brusques revirements d'opinion à la suite de discours contraires.

Comme l'éloquence politique, l'éloquence judiciaire trouve un terrain de développement favorable dans les cités démocratiques : c'est à Athènes encore, où les citoyens siègent comme juges à l'Héliée•, que se prononcent au IVe siècle le plus de discours judiciaires ; lorsque l'accusateur ou l'accusé ne se sentent pas capables d'écrire eux-mêmes un discours dont on sait l'importance, ils s'en remettent à un logographe•, tel Lysias, qui est l'auteur d'un bon nombre de discours de ce type. En Grèce, l'art de bien parler est utile et nécessaire dans toutes les situations de la vie : non seulement à l'*ekklèsia* ou au tribunal, mais, de manière plus détendue, dans un banquet• ou dans une rencontre entre amis, ou au contraire, dans un cadre plus solennel ou grave, dans un discours funèbre, tel celui que Périclès prononça, d'après Thucydide (II, 35-46), pour les soldats tombés dans la première année de la guerre du Péloponnèse, ou dans tout autre discours d'apparat. L'orateur, dont le rôle est capital dans la cité, doit travailler son art : c'est à la fin du Ve siècle qu'apparaissent des écoles de rhéteurs•, qui réfléchissent sur l'objectif et la composition des différents types de discours et proposent un enseignement des techniques de la persuasion.

***Orchestra* (ὀρχήστρα) : théâtre•**

ORDRE ARCHITECTURAL : corinthien•, dorique•, ionique•

ORGÉON (ὀργεών) : L'orgéon est le membre d'une association cultuelle qui regroupe à l'intérieur d'un sanctuaire les fidèles d'un héros ou d'un dieu. Ces confréries d'orgéons apparaissent dès l'époque archaïque, où elles regroupent dans les phratries• des membres qui n'appartiennent pas aux *génè*•. À partir du IVe siècle, elles accueillent le culte de divinités étrangères comme Bendis, et sont, à l'époque hellénistique, assimilées aux thiases•.

ORGIES (ὄργια) : Les *orgia* sont les cérémonies religieuses qui peuvent s'accompagner de mystères•. En particulier, les orgies étaient les rites accomplis, au cours des mystères• de Dionysos, par ses fidèles en extase, les ménades•.

OSTRACISME, *ostrakon* (ὀστρακισμός, ὄστρακον) : Mesure politique par laquelle l'*ekklèsia*•, à Athènes, condamnait à l'exil pour dix ans ceux dont l'ambition personnelle lui paraissait dangereuse pour la démocratie• ; l'ostracisé conservait ses biens et, à son retour, redevenait citoyen à part entière.

L'ostracisme était traditionnellement attribué à Clisthène, qui aurait voulu ainsi protéger les institutions démocratiques contre toute tentative de retour à la tyrannie• ; cependant, ce n'est que vingt ans après les réformes de Clisthène, en 488-487, qu'a lieu le premier ostracisme, dirigé contre un membre de la famille de Pisistrate, Hipparque fils de Charmos. Plusieurs hommes politiques de premier plan furent condamnés à l'ostracisme, non pas tellement, passée l'époque des guerres médiques, parce que l'on craignait un rétablissement de la tyrannie, mais surtout parce que l'on voyait là un moyen commode d'écarter des rivaux : on citera Aristide, Xanthippe, père de Périclès, Thémistocle, Cimon et Thucydide, fils de Mélésias, adversaire de Périclès.

La procédure de l'ostracisme se faisait en deux temps : chaque année, l'*ekklèsia*, à l'assemblée principale de la sixième prytanie•, décidait par un vote s'il y avait lieu de procéder à une ostracophorie, c'est-à-dire un vote d'ostracisme ; si la réponse était positive, l'assemblée se réunissait ensuite sur l'*agora*•, où devait être obtenu un total de 6 000 voix, pour que le vote soit valide ; les citoyens inscrivaient sur un tesson de poterie, un *ostrakon* — on a retrouvé dans les fouilles de l'*agora* d'Athènes des centaines de ces *ostraka*, qui ont donné son nom à la procédure, l'ostracisme —, le nom du personnage qu'ils voulaient voir ostraciser, et celui sur lequel s'était porté le plus grand nombre de voix était banni pour dix ans. Il faut souligner que cette mesure était strictement politique, sans aucun caractère judiciaire, car il n'y avait pas de débat avant le vote, et aucune possibilité de faire appel pour celui qui était ostracisé ; le peuple souverain, qui avait voté l'ostracisme, pouvait aussi, si l'État en avait besoin, rappeler un homme politique ostracisé avant que les dix années d'exil se soient écoulées. Le dernier vote d'ostracisme condamna à l'exil, de manière imprévue, Hyperbolos, en 418 ou 417 : il apparut alors que l'institution n'était plus adaptée et il n'y eut plus de vote d'ostracophorie. Cette institution athénienne se retrouve dans quelques cités grecques, comme Syracuse et Cyrène, où elle porte le nom de pétalisme•.

P

Paideia (παιδεία) : La *paideia* est la culture grecque, l'hellénisme fondé sur des valeurs communes. Elle est transmise par l'éducation•. La notion contient l'idée de formation et de perfectionnement. À cet égard, on peut parler d'une *paideia* civique, dont les valeurs sont forgées par la cité.

Thucydide, dans *la guerre du Péloponnèse*, oppose la *paideia* de Sparte à celle d'Athènes. Sparte inculque ses valeurs à ses citoyens, comme l'indique le roi Archidamos (I, 84, 3-4) : « Nous devons à notre bon ordre d'avoir vertu guerrière et discernement (...) celui-là seulement vaut le plus, qui est formé dans les plus rudes contraintes. » Quant à la *paideia* athénienne, elle est exaltée par Périclès dans son discours de l'oraison funèbre, qui lui assigne une ambition universelle ; la cité est fondée sur l'émulation et suscite le dévouement des citoyens (II, 41, 1) : « notre cité, dans son ensemble, est pour la Grèce une vivante leçon, cependant qu'individuellement nul mieux que l'homme de chez nous ne peut, je crois, présenter à lui seul une personnalité assez complète pour suffire à tant de rôles et y montrer autant d'aisance dans la bonne grâce. »

La *paideia* est transmise dans les gymnases•, inséparables de l'hellénisation : on en a trouvé dans tout le monde grec et hellénisé, comme lieu de l'éducation grecque. Le concept de *paideia* se confond avec celui de culture, dans tous les sens du mot. Dans l'Empire romain, la tradition littéraire grecque, Homère au premier chef, est la référence culturelle obligée.

PAIX : La paix est un état moins fréquent que la guerre•, qui est l'état normal dans les cités grecques. Cependant, au cœur même de la guerre, l'aspiration à la paix est très forte, comme en témoigne notamment Aristophane dans les *Acharniens* en 425, pendant la guerre du Péloponnèse.

À l'époque classique, la paix est une trêve plus ou moins longue ; la paix de cinquante ans que concluent les Athéniens et les Péloponnésiens après la première phase de la guerre du Péloponnèse a une durée exceptionnellement longue. La paix est sanctionnée, du point de vue religieux, par des libations• qui lui donnent leur nom (*spondai, σπονδαί*) et par un serment.

La division des cités grecques favorise au IVe siècle une prise de conscience panhellénique chez les théoriciens, qui prônent l'idée de paix commune, de *koinè eirènè* (κοινὴ εἰρήνη) pour éviter la guerre entre Grecs.

La première attestation littéraire de l'expression *koinè eirènè* remonte au discours d'Andocide *Sur la paix avec les Lacédémoniens* prononcé en 392/1 (17).

La paix commune est multilatérale ; elle présente deux caractéristiques : l'autonomie• des cités grecques est garantie et la paix peut être conclue par tous les Grecs. La première de ces paix communes est la paix du Roi, conclue en 386 sous l'égide du roi de Perse, qui sanctionne l'hégémonie de Sparte sur la Grèce. D'autres paix communes suivent, notamment en 362 et en 337, après la victoire de Philippe II à Chéronée (338).

PALESTRE (παλαίστρα) : La palestre est la partie du gymnase• réservée à la lutte (*palè*, πάλη), qui lui a donné son nom ; elle est distinguée de la piste de course (*dromos*, δρόμος). Par extension, le terme désigne l'ensemble des salles du gymnase disposées autour d'une grande cour à péristyle, où l'on pouvait aussi pratiquer d'autres exercices et suivre des conférences **(fig. 25)**. Il existe aussi, comme à Délos, des palestres indépendantes du gymnase. Les salles s'y ordonnent de la même manière autour d'une cour à péristyle, avec quelques traits originaux : la palestre est seule à comprendre l'*aleiptèrion* (ἀλειπτήριον), qui est une salle chauffée où les athlètes s'enduisaient d'huile, et le *paidagôgion* (παιδαγωγεῖον), qui est la salle d'attente des esclaves pédagogues•.

***Palladion* (παλλάδιον) : 1.** Le *palladion* est, au sens propre, la statue• cultuelle de Pallas-Athéna du temple de Troie, qui est figurée sur des images illustrant des épisodes de la guerre de Troie. Ce *xoanon* représente la déesse debout dans une attitude rigide, portant le casque et le bouclier et brandissant la lance. **2.** Le terme s'emploie aussi pour désigner toute figuration d'Athéna sous la forme analogue d'un *xoanon*. **3.** *Palladion* signifie aussi le sanctuaire de Pallas Athéna. Les cinquante-et-un éphètes• pouvaient siéger au Palladion pour juger certaines causes, comme le meurtre involontaire ou le meurtre d'un non-citoyen (Pseudo-Aristote, *Constitution d'Athènes* 57, 3).

PANCRACE (παγκράτιον) : Sorte de lutte très violente, où presque tous les coups étaient permis : il était interdit seulement de mordre et de frapper l'adversaire à l'œil. Dans les concours• gymniques, où le pancrace était pratiqué, les pancratiastes étaient les athlètes les plus lourds.

PANÉGYRIE (πανήγυρις) : À l'origine, une panégyrie était une rencontre, un rassemblement de peuple à l'occasion d'une fête• célébrée dans un sanctuaire• ; ce rassemblement a pris, à l'époque hellénistique, l'aspect d'une foire, où les préoccupations commerciales jouent un grand rôle, comme le souligne Strabon à propos de Délos : « la panégyrie est en somme une affaire commerciale » (*Géographie* X, 4, 5). La panégyrie pouvait être locale, propre à telle ou telle cité, et n'attirer alors qu'une assistance limitée, ou être panhellénique•, lors des concours• de la période•, à Olympie, à Delphes, à l'Isthme et à Némée, ou lors de certaines fêtes de cités, ouvertes à tous les Grecs, comme les Panathénées et les Dionysies urbaines d'Athènes ou les Héraia d'Argos. Ces grandes fêtes panhelléniques étaient fréquentées par une foule venue de tout le monde grec et, à côté des cérémonies proprement religieuses, procession, sacrifice et concours, elles donnaient lieu, en raison de l'importance du public, que l'on avait rarement l'occasion de pouvoir toucher si nombreux, à des manifestations profanes, commerciales, et culturelles : des hommes de lettres et des intellectuels pouvaient, devant un auditoire fourni, lire leurs œuvres ou prononcer un discours qui ne passerait pas inaperçu ; le thème de l'union des Grecs, qui était de circonstance dans ces rassemblements strictement helléniques, y fut traité en particulier par Gorgias, Lysias et Isocrate.

PANHELLÉNIQUE, PANHELLÉNISME : Les Grecs, malgré leur morcellement politique, eurent toujours le sentiment de former une communauté, unie par une même civilisation, caractérisée par une langue et par une religion communes. Ce sentiment d'appartenir à une même communauté, qui se distinguait des non-Grecs, les Barbares•, était régulièrement fortifié par des manifestations à caractère panhellénique, c'est-à-dire, étymologiquement, « de tous les Grecs », « rassemblant tous les Grecs » : ces panégyries• se déroulaient successivement dans les grands sanctuaires de Zeus à Olympie et à Némée, d'Apollon à Delphes et de Poséidon à l'Isthme de Corinthe, ou dans certaines cités à vocation hégémonique•, comme Athènes avec ses alliés de la Ligue de Délos. Certaines cités, comme Thourioi en Italie du sud, furent même des colonies• panhelléniques, fondées par des colons venus de diverses cités grecques.

Néanmoins, le panhellénisme, la conscience qu'ont les Grecs de leur unité, débouchant sur la volonté clairement réfléchie d'être unis, ne trouva que rarement l'occasion de se réaliser politiquement : lors de la seconde guerre médique, nombre de cités grecques s'unirent sous la direction de Sparte pour lutter contre la Perse, mais quelques-unes restèrent neutres ou même combattirent aux côtés des Perses ; après la victoire grecque, la Ligue de Délos constituée par Athènes avait pour objectif de poursuivre cette lutte des Grecs contre la Perse. Les confédérations•, qui se multiplient au IVe siècle, sont un pas vers l'union politique de quelques cités, au moment où des théoriciens comme l'Athénien Isocrate prônent le panhellénisme, l'union des Grecs contre les barbares ; mais c'est contraints par Philippe II que les Grecs s'unissent, après Chéronée, dans la Ligue de Corinthe destinée à combattre la Perse, et, dans la conquête de cet empire par Alexandre, les Macédoniens, bien plus qu'eux, seront au premier plan. L'époque hellénistique voit, avec la formidable diffusion de la civilisation grecque, la difficulté pour les cités de Grèce propre de s'unir politiquement de façon efficace.

PARASANGE (παρασάγγης) : Le parasange est une mesure itinéraire employée par les Perses. Il valait 30 stades (voir poids• et mesures).

PARDALIDE (πάρδαλις) : Peau de panthère portée par les ménades•.

***Paroikos* (πάροικος) :** Le terme de *paroikos* signifie le voisin. Il qualifie le statut d'une catégorie attestée dans certaines cités, surtout en Asie et dans les îles qui avaient une pérée• asiatique. Les *paroikoi* sont souvent, à l'époque hellénistique, des étrangers domiciliés que l'on peut assimiler aux métèques•, comme à Ilion et à Kymè. Ils étaient peut-être, à l'origine, des voisins dépendants du centre civique, intégrés par la suite dans la catégorie des *paroikoi*, qui restaient attachés à la *chôra*•.

***Paryphè* (παρυφή) :** La *paryphè* est une bande foncée ou ornée sur le bord d'un vêtement. Le terme est employé par les archéologues pour désigner une bande ornementale qui descend au milieu du vêtement des corés• archaïques.

PÉAN (παιάν) : Péan, *Paian*, est d'abord le nom d'une divinité guérisseuse, avant d'être porté par Apollon comme dieu qui écarte le mal ; répété en guise de refrain dans l'invocation *Iè iè Paian*, il a donné son nom à l'hymne à Apollon qu'entonne traditionnellement toute armée à son départ en campagne, avant la bataille ou après la victoire ; la flotte, comme celle des Grecs coalisés à Salamine, telle que nous la présente Eschyle dans *Les Perses* (vers 386-395), chante le péan dans les mêmes circonstances. Ce chant majestueux cherche à stimuler l'ardeur des soldats qu'il réunit dans une émotion commune, et à épouvanter l'ennemi. Le péan a d'abord été un chant à Apollon ; mais l'on trouve aussi des péans dédiés à d'autres dieux, qui sont toujours des chants collectifs.

Un péan en l'honneur d'Apollon, dû à Aristonicos de Corinthe, fut gravé dans le sanctuaire de Delphes. Le péan de Philodamos de Skarphée, retrouvé inscrit à Delphes et joué en 340/39, fut, lui, composé pour Dionysos : le choix du dieu inventeur du dithyrambe• est inattendu au premier abord quand l'on considère les origines du péan et témoigne d'une évolution dans la religion grecque au IVe siècle.

Le contexte dans lequel est entonné le péan n'est pas exclusivement guerrier : ce chant, qui convient plutôt aux chœurs masculins, était chanté à table, dans les banquets et, à Sparte, dans les repas publics.

PÉDAGOGUE (παιδαγωγός) : Le pédagogue était l'esclave chargé d'accompagner le jeune garçon à l'école et, généralement, de veiller sur lui dans ses déplacements au-dehors.

PÉDONOME (παιδονόμος) : À Sparte, le pédonome était le magistrat responsable de l'éducation des enfants, dans le cadre de l'*agôgè*•. Dans plusieurs cités d'Asie Mineure, ce titre était porté par les magistrats chargés de surveiller l'enseignement dispensé dans les écoles.

PÉDOTRIBE (παιδοτρίβης) : Le pédotribe était le maître sous la direction duquel se pratiquaient les exercices physiques à la palestre• et au gymnase•. L'éducation• de tout jeune garçon devait passer par l'enseignement prodigué par le pédotribe. À Athènes, ce maître, comme le grammatiste• et le cithariste•, était payé par les parents. De nombreux documents figurés, surtout bas-reliefs et peintures de vases, nous ont transmis des représentations de pédotribes, figurés avec le *rhabdos*, la baguette fourchue qui leur permettait de surveiller les jeunes athlètes et, éventuellement, d'intervenir.

PEINE JUDICIAIRE : Les peines infligées par jugement sont de plusieurs ordres. À l'époque classique, elles sont fixées lors d'un deuxième vote du tribunal, après un premier vote qui décide de la culpabilité de l'accusé.
Les lois de Dracon réglementent à Athènes à la fin du VIIe siècle le droit du sang : la loi du talion n'est plus celle des *génè*•, mais doit se conformer aux procédures des lois civiques. Les peines sont prononcées par des tribunaux dont le plus ancien est celui de l'Aréopage•. La peine de mort et l'atimie• étaient les deux peines les plus lourdes, prononcées pour différents délits, notamment pour les meurtres volontaires et les sacrilèges. À Athènes, les Onze• sont chargés de veiller aux exécutions capitales.
L'usage de châtiments cruels et sanglants est attesté en Grèce à l'époque classique et à l'époque hellénistique, mais il reste fort rare. Le condamné à mort décède généralement sans intervention directe du bourreau : il pouvait être noyé ou jeté dans le vide du haut d'une falaise. À Athènes, les condamnés à mort doivent boire la ciguë, comme Socrate en 399.
Le droit attique infligeait cependant l'*apotympanismos* (ἀποτυμπανισμός) à certains malfaiteurs, qui étaient exposés au public fixés sur une planche ou une poutre jusqu'à ce que mort s'en suive. C'est le châtiment infligé, dans la mythologie, à Prométhée et, d'après le récit de Douris dont se démarque Plutarque (*Vie de Périclès* 28, 2-3), aux prisonniers de guerre samiens en 441 : ils auraient été exposés attachés à une planche pendant dix jours sur l'*agora* de Milet, avant d'avoir la tête brisée à coups de massue. La mise à mort par crucifixion se fait par étouffement et s'accompagne de l'exposition du condamné ; le bourreau peut briser les os des jambes, comme il le fait pour les larrons mis en croix avec le Christ (*Évangile selon Saint Jean* 19, 31-32) : l'étouffement était accéléré, car les jambes ne pouvaient plus fournir d'appui.
Le plus souvent, les peines se réduisaient à des amendes ou à des confiscations. À Athènes, les polètes• sont chargés de la vente aux enchères des biens confisqués.

***Pélanos* (πέλανος) :** Le *pélanos* est une offrande qui revient entièrement à la divinité, d'abord offrande en nature, brûlée sur l'autel, puis taxe en argent. À Delphes, les fidèles qui désiraient consulter l'oracle devaient s'acquitter du *pélanos*.

PELTASTE, *peltè* (πελταστής, πέλτη) : Le peltaste est un soldat d'infanterie légèrement armé, qui est muni d'une *peltè*, petit bouclier léger, sans courroie, souvent en forme de croissant. Ce soldat armé aussi du javelot est à mi-chemin entre l'hoplite• lourdement armé et le soldat léger (*psilos*•), qui n'a pas d'armes défensives. Au début du IVe siècle, le stratège Iphicrate crée à Athènes un corps de peltastes, qui montre sa supériorité sur les hoplites peu mobiles. Ces fantassins jouent un grand rôle dans les armées hellénistiques.

PÉNESTE (πενήστης) : En Thessalie, à côté des Thessaliens libres et des périèques•, vivaient des dépendants appelés pénestes. Ceux-ci sont souvent rapprochés des hilotes• de Sparte et d'autres dépendants de pays doriens, comme les gymnètes d'Argos et les clarotes de Crète, car eux aussi constituaient une population d'origine locale, collectivement asservie à la suite d'une défaite, et attachée à la terre qu'elle cultivait moyennant, semble-t-il, une redevance versée aux maîtres thessaliens. Les pénestes jouissaient de certaines garanties : ils ne pouvaient être ni chassés ni injustement mis à mort ; ils étaient vendus avec la terre à laquelle ils étaient attachés. Les pénestes, comme les hilotes, pouvaient servir à la guerre. Il semble qu'à la fin du IVe siècle ou dans le courant du IIIe siècle les pénestes aient été progressivement affranchis.

PENTACOSIOMÉDIMNE (πεντακοσιομέδιμνος) : À Athènes, les pentacosiomédimnes sont les membres de la première des classes censitaires établies, ou maintenues, par Solon : comme leur nom l'indique, leur revenu annuel devait être d'au moins 500 médimnes de céréales ou 500 métrètes de vin ou d'huile (voir poids• et mesures), jusqu'au moment où l'on tint compte des revenus autres que ceux de la terre. Leur richesse consistait essentiellement en biens fonciers et, pendant longtemps, ils se recrutèrent à peu près uniquement parmi les anciens Eupatrides•. Dans l'armée, ils servent comme cavaliers ou, s'ils le désirent, comme hoplites•. Ils sont les seuls à pouvoir accéder à la stratégie• et à la charge de trésorier d'Athéna ; c'est sur eux principalement que pèsent les liturgies•. Jusqu'à la guerre du Péloponnèse, la quasi-totalité des hommes politiques athéniens de premier plan appartient à la classe des pentacosiomédimnes.

***Pentathlon* (πένταθλον) :** Cette épreuve avait sa place dans tous les concours• gymniques et était composée de cinq compétitions : le saut en longueur, la course à pied, le lancer du disque, le lancer du javelot et la lutte. On ne sait pas exactement de quelle manière était désigné le vainqueur : ce titre était peut-être décerné, à la suite de l'élimination opérée dans les premiers affrontements, au vainqueur à la lutte, la compétition finale.

PENTÉKONTAÉTIE (πεντηκονταετία) : La Pentékontaétie est la période d'une cinquantaine d'années qui, dans *la guerre du Péloponnèse* de Thucydide, sépare les guerres médiques de l'incident de Corcyre, en fait de 479 à 433. Ce récit du livre I de Thucydide (chapitres 89-118), qui se présente comme une longue parenthèse, retrace de manière succincte la formation de l'empire athénien et sert d'introduction à la guerre du Péloponnèse, qui voit à la fin la ruine de cet empire. Dans cette partie, l'historien rapporte des faits qu'il n'a pas connus ou qu'il connaît mal.

PÉPLOPHORE : Une péplophore est une figure féminine vêtue du *péplos* (voir tunique•).

La coré de l'Acropole qui a le numéro d'inventaire 679 est appelée la Péplophore : elle porte, vers 540, le *péplos* sur un *chiton*. Les corés de l'Acropole portent ensuite le *chiton* ionien, jusqu'après les guerres médiques, où les péplophores prédominent dans le style sévère. Très peu avant 480, les nymphes qui accompagnent Apollon sur un relief du passage des Théores de Thasos (au Louvre), sont vêtues d'un *péplos* à rabat pour deux d'entre elles, d'un *chiton* et d'un manteau pour les deux autres.

***Péplos* (πέπλος) : tunique•**

PÉRÉE (περαία) : La pérée, au sens littéral « terre située au-delà », désigne le territoire qu'une île possède sur le continent qui lui fait face. Thasos eut une pérée en Thrace, Rhodes en Carie.

On distingue deux territoires rhodiens en Asie Mineure, la pérée intégrée et la pérée sujette. La pérée intégrée correspond aux régions qui faisaient partie du territoire rhodien au moins à partir du IVe siècle.

PÉRIBOLE (περίβολος) : Le péribole est le mur d'enceinte qui entoure un sanctuaire et délimite l'espace de la divinité.

PÉRIÉGÈSE (περιήγησις) : La périégèse est une description détaillée, comme l'atteste, sous ce titre en grec, la *Description de la Grèce* de Pausanias, souvent appelé le Périégète.

Pausanias a composé les dix livres de sa périégèse dans les années 150-175 après J.-C. Originaire d'Asie Mineure, le Périégète a voyagé dans le Péloponnèse, l'Attique et la Grèce centrale, où il a recueilli de nombreuses légendes locales et observé exactement la topographie. On se gardera de confondre son ouvrage avec un guide complet et objectif : pour ne prendre qu'un exemple, on remarque qu'il ne cite pas le moindre monument romain sur l'Acropole d'Athènes ; ce silence délibéré traduit le choix de se reporter aux temps glorieux de la Grèce.

PÉRIÈQUE (περίοικος) : Les périèques, par définition, sont « ceux qui habitent autour », ceux qui habitent la périphérie, les régions marginales du territoire d'une cité et qui, tout en étant libres, ne bénéficient pas des droits politiques des citoyens. On a supposé que l'origine des périèques était liée à une guerre de conquête sur les populations de régions voisines, qui sont réduites à ce statut. L'évolution aboutit souvent à une intégration des périèques dans la cité.

Les périèques les plus connus sont ceux de Sparte, mais ce terme, recouvrant une réalité proche, s'appliquait à d'autres communautés, particulièrement en Thessalie, en Argolide, en Crète et à Cyrène. Le statut des périèques est très variable suivant les cités où ils sont attestés. Les périèques lacédémoniens et thessaliens jouissaient d'une certaine autonomie dans leurs communautés. Au contraire, la condition des périèques argiens et crétois les rapproche de celle des hilotes•.

Les périèques de Sparte, qui étaient une population autochtone dont on ignore dans quelles circonstances exactement elle fut réduite à cette condition subalterne, vivaient autour de la terre civique attribuée aux Spartiates, dans les régions périphériques de la Laconie et de la Messénie, et dans les régions frontalières ; dans ces zones, où les Spartiates ne possédaient aucune propriété et d'où, par suite, les hilotes étaient absents, ils étaient regroupés dans une centaine de bourgades, les *kômai*•, qui s'administraient elles-mêmes, mais qui, pour la politique extérieure, devaient se conformer entièrement aux décisions de Sparte : les périèques en effet, si leur administration municipale était autonome et s'ils jouissaient des droits civiques, étaient privés des droits politiques des citoyens spartiates, ils ne pouvaient siéger à l'assemblée ni briguer de magistrature à Sparte et ils ne pouvaient, en aucune manière, influer sur la politique de Sparte et ses relations avec les autres cités. Mais, dans le système social de Sparte, les périèques n'étaient pas la catégorie la plus mal traitée, comme en témoigne l'absence de révoltes périèques dans l'histoire de Sparte : en effet, avec les *Homoioi*•, ils formaient la communauté des Lacédémoniens ; ils avaient le droit de participer aux grands concours• panhelléniques• et, en cas de victoire, la proclamation comportait, avec la mention du nom, celle de la communauté lacédémonienne et celle de la bourgade périèque. En tant que membres de la communauté lacédémonienne, les périèques, bien qu'ils ne soient pas soumis à l'*agôgè*• et à l'entraînement permanent à la guerre, étaient astreints, en cas de conflit, à combattre comme hoplites• aux côtés des Spartiates. Dans l'armée lacédémonienne, où ils pouvaient occuper des postes de responsabilité, la proportion de leurs contingents par rapport à ceux des *Homoioi* ne cesse de

croître du fait de l'oliganthropie• spartiate, au point qu'en 425, lors de l'affaire de Pylos, ils représentent déjà soixante pour cent des effectifs. Lorsque les rois réformateurs du IIIe siècle tentèrent de remédier à la crise sociale de Sparte, ils choisirent naturellement de nouveaux citoyens parmi les périèques : ceux-ci en effet pouvaient apparaître comme le *dèmos*• des Lacédémoniens, le peuple, que les Spartiates, les seuls Lacédémoniens de plein droit, auraient, comme dans une oligarchie•, privé des droits politiques. Les périèques, lorsqu'ils ne se battaient pas pour Sparte, travaillaient la terre et se livraient à l'artisanat et au commerce, qu'ils étaient les seuls à pratiquer à l'intérieur du territoire dominé par Sparte : c'est grâce à eux que les arts sont florissants à Sparte à l'époque archaïque.
La situation des périèques de Thessalie, qui vivaient aux confins de cette région, Perrhèbes, Magnètes, Ænianes et autres, était meilleure que celle des périèques lacédémoniens, dans la mesure où non seulement ils jouissaient de la liberté de leur personne et de leurs biens, mais où ils étaient organisés en États reconnus : ils frappaient leurs propres monnaies, signe même de la souveraineté d'un État ; ils envoyaient à l'amphictionie• delphique des représentants distincts de ceux des Thessaliens, et, dans certains textes, ils sont désignés comme « alliés » des Thessaliens. Parfois, ils sont dits aussi « soumis » aux Thessaliens, *hypèkooi*. Leur subordination par rapport aux Thessaliens se marquait par le versement d'un tribut, un *phoros*•, et par la fourniture de troupes à l'armée fédérale thessalienne.

Des périèques sont attestés par des inscriptions dans des cités de Lycie dans la seconde moitié du IVe siècle et la première moitié du IIIe. Ils appartiennent à la communauté de la cité tout en étant distincts des citoyens. La disparition de leur mention à partir du milieu du IIIe siècle laisse supposer qu'ils ont été absorbés dans la cité.

PÉRIODE (περίοδος) : La période, au sens agonistique, groupe les quatre grands concours• panhelléniques : deux, qui ont lieu tous les quatre ans, sont pentétériques, les Olympia d'Olympie et les Pythia de Delphes, deux, qui ont lieu tous les deux ans, sont triétériques, les Néméa de Némée et les Isthmia de l'Isthme de Corinthe. Le vainqueur aux quatre grands concours est dit périodonique, sauf pour les épreuves musicales, car les Olympia n'en ont pas. À l'époque impériale est créée une nouvelle période, avec l'adjonction aux quatre concours traditionnels des Aktia de Nicopolis, des Capitolia de Rome, créés par Domitien, et des Héraia d'Argos.

***Périrrhantèrion* (περιρραντήριον) :** Le *périrrhantèrion* est un bassin pour l'eau lustrale qui est placé à l'entrée de beaucoup de sanctuaires. Les fidèles y trempaient leurs mains et s'aspergeaient d'eau avec une branche de laurier pour se purifier. Ce bassin est souvent en marbre.

***Périzôma* (περίζωμα) :** Ce vêtement était porté par les soldats dépourvus de cuirasse, comme les peltastes• ou les hypaspistes•. Il était en étoffe grossière ou en cuir et protégeait le ventre et la région de l'aine.

PÉTALISME (πεταλισμός) : Cette institution syracusaine, qui s'inspirait de l'ostracisme• athénien, fut mise en place par la démocratie au milieu du Ve siècle : elle frappait d'exil pour cinq ans tout personnage dont les ambitions paraissaient dangereuses pour l'État. Le nom de cette institution vient de la feuille d'olivier (*pétalon*), sur laquelle était écrit le nom de celui que l'on voulait bannir. Une institution analogue portait aussi le nom de pétalisme à Cyrène.

PÉTASE (πέτασος) : Chapeau à larges bords, qui est celui des voyageurs, des cavaliers et des éphèbes• ; il est porté généralement avec la chlamyde•.

PÉZHÉTAIRES (πεζέταιροι) : Les pézhétaires sont les compagnons à pied, par analogie avec les *hétairoi*• qui constituent la cavalerie des nobles Macédoniens. On rencontre ces fantassins dans l'armée macédonienne et dans les armées hellénistiques tributaires de sa tradition. Le corps des pézhétaires est créé lors de la réorganisation de l'armée macédonienne au début du IVe siècle pour regrouper l'élite des fantassins. Ces pézhétaires étaient choisis dans l'ensemble de la Macédoine pour leurs qualités physiques. À la fin du règne de Philippe II et sous Alexandre (336-323), tous les soldats de la phalange• macédonienne reçurent le titre de pézhétaires ; ils sont distincts du contingent des hypaspistes•.
Les pézhétaires ont un armement hoplitique qui présente quelques particularités : pour les armes défensives, le bouclier, plus convexe chez les Macédoniens et orné de motifs géométriques, la cuirasse, réservée aux seuls officiers, le casque, les jambières ; pour les armes offensives, l'épée courte et la lance, qui, plus longue dans l'armée macédonienne, est appelée sarisse•.

PHALANGE (φάλαγξ) : La phalange est la formation des fantassins lourdement armés. Elle est à l'origine composée des hoplites•. Cette formation de combat repose sur la solidarité des hoplites, qui lui donne sa cohésion. Chaque combattant protège avec son bouclier son voisin de gauche. Les hommes sont formés sur huit rangs de profondeur en général. Lors de la bataille, la phalange a tendance à dériver vers la droite, car chaque hoplite se serre contre son voisin de droite, qui lui assure la protection de son bouclier. Les meilleurs soldats avec le général sont placés à droite de la phalange pour contenir cette poussée.
Philippe II, au début de son règne, vers 359, organisa la phalange macédonienne en introduisant dans son armée cette formation caractéristique des armées hoplitiques. Les pézhétaires• forment dans l'armée macédonienne les soldats de la phalange. La phalange macédonienne, armée de la longue sarisse•, est la formation de base des armées hellénistiques.

> Polybe (*Histoires* XVIII, 30) explique comment la longeur de la sarisse abaissée à l'horizontale permettait encore aux soldats du cinquième rang de faire dépasser les pointes d'une cinquantaine de centimètres devant ceux du premier rang ; mais « ceux qui sont alignés au-delà du cinquième rang ne peuvent pas utiliser leur sarisse pour prendre directement part à la bataille ; c'est pourquoi, au lieu de la tenir chacun à l'horizontale, ils la tiennent en l'air, inclinée le long des épaules des soldats qui les précèdent, afin de protéger l'espace au-dessus de la troupe grâce aux sarisses serrées qui repoussent tous les traits qui, par-dessus les premiers rangs, peuvent tomber sur ceux qui sont placés devant eux. »

La phalange macédonienne a, grâce à la sarisse, une défensive très efficace. Cependant elle est très rigide et demande un terrain uni pour la bataille. Sur un terrain accidenté, elle gardait plus difficilement sa cohésion que la légion romaine, comme Polybe (*Histoires* XVIII, 28-32) s'efforce de le montrer dans son analyse de la victoire de Cynoscéphales remportée en juin 197 par le général romain Flamininus sur le roi Philippe V de Macédoine.

PHALLOPHORIE (φαλληφόρια) : La phallophorie est une procession qui escorte un grand phallos en bois, lors de fêtes de Dionysos, comme les Dionysies champêtres en Attique, les Grandes Dionysies et, sans doute, les Lénéennes à Athènes.

PHARE (φάρος) : L'île de Pharos, en face d'Alexandrie d'Égypte, a donné son nom au Phare qui y fut construit sous Ptolémée II par Sostratos de Cnide ; le nom de phare désigne les tours qui, sur le rivage, guident les navires grâce au feu qui brûle à leur sommet.

Une épigramme de Poseidippos rappelle l'utilité du Phare d'Alexandrie pour la navigation : « Ce sauveur des Grecs, ce guetteur de Pharos, Seigneur Prôtée, c'est Sostratos qui l'a érigé, fils de Dexiphanès, de Cnide. C'est qu'en Égypte tu n'as pas comme postes de guet des hauteurs sur des îles, mais la baie qui accueille les navires s'étend au ras des eaux. C'est pour cela que, debout toute droite, se découpe sur le ciel une tour qui apparaît à une distance infinie de jour. En pleine nuit, vite au milieu des flots le marin verra un grand feu qui brûle au sommet ; même s'il courait tout droit sur la Corne du Taureau, il ne saurait manquer Zeus Sauveur, ô Prôtée, celui qui navigue dans ces parages. »

***Pharmakos* (φαρμακός) :** Le *pharmakos* est la victime expiatoire qui purifie la communauté de la souillure. Les détails du rite sont difficiles à préciser : il semble qu'aux victimes humaines se soient substituées des victimes animales, notamment lors de la fête athénienne des Thargélies. Le rite est attesté aussi à Colophon, Abdère et Massalia.

PHILOLOGIE (φιλολογία) : La philologie est la science des textes, qui repose sur la mise en œuvre d'une critique érudite. Le terme existe en grec, où l'adjectif *philologos* (φιλόλογος) n'a pas un sens technique : il qualifie l'étudiant ami des lettres, non un professionnel enseignant la philologie.

Cet adjectif apparaît dans des épitaphes pour faire l'éloge du défunt, comme sur une stèle de Rhénée qui est l'une de ses plus anciennes attestations au tournant des IIe et Ier siècles : « Excellent Timarchos, fils de Simalos, Athénien, toi qui aimais les lettres (*philologos*), salut. »

Les principes de la méthode philologique furent établis dans la bibliothèque du Musée• d'Alexandrie. La philologie antique a pour principe le respect du texte de base ; quand il y a désaccord avec lui, des signes critiques, comme l'obel, sont placés dans la marge et le désaccord est exprimé dans un commentaire continu ; ces vers interpolés, condamnés par l'éditeur, sont dits athétisés. Des arguments présentent le sujet des pièces de théâtre avec des renseignements sur leur date et leur succès. Les scolies sont les notes inscrites dans les marges du *codex* (voir livre•) ; elles apparaissent dès l'Antiquité tardive et conservent souvent, à l'époque médiévale, les remarques des grammairiens alexandrins.

L'édition de textes avait des antécédents : le tyran Pisistrate aurait fait établir la première édition d'Homère au VIe siècle, qui devient la vulgate ; Lycurgue fit recenser les tragédies à Athènes entre 336 et 328.

Le texte d'Homère, en raison de son importance dans la culture grecque, fit l'objet des premières éditions philologiques. Zénodote d'Éphèse, le premier bibliothécaire d'Alexandrie, se chargea d'unifier les éditions d'Homère, des autres poètes épiques et des poètes lyriques ; le poète Lycophron de Chalcis fut chargé de la comédie et le poète Alexandre d'Étolie de la tragédie et du drame satyrique. La prudence dont fait preuve Zénodote dans l'établissement du texte homérique est suivie par Aristophane de Byzance et Aristarque.

Le travail sur les textes s'accompagne aussi, en plus de l'édition, de la rédaction de commentaires développés à l'époque hellénistique.

***Phoros* (φόρος) :** Le *phoros* est le tribut, la somme d'argent versée annuellement à Athènes, la cité hégémonique, par les cités alliées de la Ligue de Délos,

lorsqu'elles ne peuvent pas contribuer par des navires à l'effort de guerre commun contre la Perse. En 478, le montant total des contributions, navires et argent, a été établi par Aristide le Juste, en fonction des capacités de chacun : il s'élève alors à 460 talents ; jusqu'à la guerre du Péloponnèse, le montant des contributions en argent n'a jamais dû dépasser 400 talents. Le trésor fédéral ainsi constitué est conservé à Délos et géré par les hellénotames•. Progressivement, un certain nombre de pratiques s'introduisent, que les alliés considèrent comme abusives et qui font que la perception du *phoros* est ressentie comme vexatoire : en 454, le trésor fédéral est transféré de Délos sur l'acropole d'Athènes ; en 450/449, Périclès fait voter un décret d'après lequel 5000 talents provenant du trésor fédéral doivent être affectés aux travaux de reconstruction de l'acropole d'Athènes ; à partir de cette même année, il est décidé que, chaque année, 1/60e du *phoros* versé par chaque cité sera prélevé au profit du trésor d'Athéna : sur cette *aparchè*•, nous sommes renseignés par les « listes du tribut », inscriptions sur pierre fragmentaires, retrouvées sur l'Acropole et postérieures à 454, qui mentionnent les versements opérés chaque année par les cités alliées au trésor d'Athéna et permettent ainsi de connaître le montant total de la contribution.
La liste des cités tributaires, réparties en quatre districts, l'Ionie, les Iles, la Thrace et l'Hellespont, est établie par les dix *taktai*, « taxeurs » ; la taxation est signifiée aux représentants des cités alliées tous les quatre ans, lors des Grandes Panathénées ; la perception se fait annuellement, lors des Grandes Dionysies. Les cités qui tardent à s'acquitter du *phoros* doivent verser un supplément de 1/60e par dix jours pendant cent jours, l'*épiphora*, puis, passé ce délai, verser deux fois la somme due l'année suivante. Le caractère pointilleux de la lourde administration athénienne mise en place pour la perception du *phoros*, l'utilisation des fonds, détournés de leur destination initiale, à des fins en bonne partie strictement athéniennes, à un moment où la paix, intervenue avec la Perse en 448, ne semblait plus justifier le maintien de la Ligue, tout cela explique que les alliés aient ressenti le *phoros* comme une mesure vexatoire, qui portait atteinte à leur souveraineté, bien avant que le montant total, longtemps resté stationnaire, sur la base de la taxation équitable d'Aristide, ait été considérablement relevé, triplant même, pour les besoins de la guerre, en 425. Le terme *phoros*, qui à l'origine désignait un apport volontaire, une contribution à un effort commun, finit donc par désigner un tribut imposé par la contrainte, à l'époque où les alliés devinr ent des sujets. Le mauvais souvenir laissé par le *phoros* aux alliés de la Ligue de Délos explique que, dans la Seconde Confédération maritime athénienne, le *phoros* n'existe plus : comme il faut bien cependant alimenter le trésor fédéral, le *phoros* est remplacé par des *syntaxeis*•, des contributions déclarées volontaires.
Le terme *phoros*, pourvu d'une connotation de contrainte ou d'inégalité, désignait aussi le tribut que les Thessaliens recevaient de leurs périèques•. À l'époque hellénistique, le *phoros* est la redevance que les sujets versent au roi.

PHRATRIE (φρατρία) : La phratrie est, depuis l'époque archaïque, une association qui a une fonction familiale, même si elle a une extension plus large que la famille. On la connaît sous ce nom de phratrie à Athènes et dans quelques cités ioniennes. Le membre de la phratrie est le phratère, ou *phrater* (φράτηρ), mot d'origine indo-européenne qui désigne le frère. Dès Homère, le terme désigne le membre d'une association d'entraide et de solidarité, constituée de membres de familles proches qui se considéraient comme des frères ; la phratrie y

est une subdivision de la tribu• ; elle représente une communauté politique et militaire qui transcende la famille. À l'époque archaïque, les phratries connaissent un grand succès : les *Apatouria* ioniennes sont alors la réunion des pères de famille, comme le sont aussi les *apellai* doriennes ; la phratrie est devenue l'élément de base de la communauté.
Les phratries célébraient des cultes, d'abord de Zeus Phratrios et d'Athéna Phratria à Athènes ; la fête des phratries est celle des Apatouries, répandues dans tout le monde ionien. Le père présentait son tout jeune enfant aux membres de sa phratrie. Une seconde présentation, plus solennelle, avait lieu au moment du passage de l'adolescence à l'âge adulte, le troisième jour de la fête des Apatouries ; à la suite d'un vote des phratères, le jeune homme était inscrit sur le registre de la phratrie.
Dans les affaires de sang, les lois de Dracon du VIIe siècle faisaient intervenir les phratères pour engager les poursuites ou pour accepter d'y renoncer ; le jugement revenait au tribunal des Éphètes•.
Un certain nombre d'Athéniens, à l'époque classique, n'étaient peut-être pas membres d'une phratrie, à cause des frais qu'aurait entraînés leur appartenance, mais, en principe, tout Athénien devait appartenir à une phratrie.
Dans certaines cités, la *patra* ou *patrè* peut correspondre à la phratrie. Cela semble être le cas à Thasos, qui reproduit sans doute des institutions de sa métropole Paros.

> À Paros, un autel est consacré à Zeus Élastéros (Patrôos) par « les descendants de Mandrothémis » : il s'agit alors des membres de la *patrè* qui rapportent leur origine à un ancêtre commun. On connaît à Thasos par des inscriptions un grand nombre de *patrai*, avec leurs dieux *patrôoi*.

À Argos, les phratries sont des subdivisions de la tribu ; il y en avait 12 par tribu, soit 48 en tout. Elles ont sans doute été introduites au milieu du Ve siècle lors d'une modification de la répartition des citoyens et constitueraient un système artificiel lié au développement de la démocratie argienne.

PHROURARQUE (φρούραρχος) : Chef de la garnison installée dans une forteresse• par la cité sur le sol de laquelle elle se trouve, ou par une cité étrangère et victorieuse, qui impose la présence de ses soldats à la cité vaincue.

***Pilos* (πῖλος) :** Bonnet en feutre, de forme cylindrique et sans bords, porté généralement par les artisans. Héphaïstos, le dieu forgeron, patron des artisans, était représenté coiffé du *pilos*. Voir casque•.

***Pinax* (πίναξ) :** Le *pinax* est toute planche ou tablette qui sert à écrire ou à dessiner. Le mot peut s'appliquer à une plaquette votive peinte ou à un panneau d'affichage blanchi et inscrit : à Athènes, les lois et décrets étaient affichés ainsi de manière provisoire devant la base des héros éponymes sur l'*agora* (**fig. 4**). La pinacothèque (*pinakothèkè*, πινακοθήκη), qui, sur l'Acropole, se trouvait à gauche des propylées, conservait des peintures (**fig. 1, n°5**).

PIRATERIE : La piraterie n'est pas désignée par un mot spécifique en grec : les termes qui s'appliquent aux actes de pillage valent aussi bien pour le brigandage sur terre que pour la piraterie sur mer. Dans le monde d'Ulysse, le commerce n'est pas dissocié du vol, comme l'illustre l'histoire d'Eumée, enlevé à Syros par des commerçants phéniciens, qui le vendent comme esclave• à Ithaque. Dans cette conception de la piraterie, on comprend l'attitude des Samiens en révolte contre Polycrate après 525, qui écument la mer Égée, faute d'avoir pu reprendre le pouvoir au tyran.

La piraterie est aussi pratiquée largement à l'époque hellénistique. Elle est pratiquée en particulier par des États qui en font leur principale activité : les Étoliens et les cités crétoises autorisent très largement la piraterie, sous le nom de droit de représailles•, exprimé par le verbe *sylan* (συλᾶν). Ce droit de prise légitime la piraterie, qui se pratique le plus souvent sans ce prétexte. Les conventions d'asylie• cherchent à protéger les cités contre la piraterie, comme l'attestent celles qui sont conclues avec Étoliens ou Crétois.

Dans la seconde moitié du IIe siècle, les pirates de Cilicie sont très actifs, comme en témoigne Strabon dans la *Géographie* (XIV, 5, 2) : « C'est surtout l'exportation du bétail humain qui les incitait à commettre ces méfaits, car elle était devenue très rentable. De fait, ils s'en emparaient facilement ; il y avait non loin un marché portuaire grand et très riche, Délos, capable d'accueillir et d'écouler des dizaines de milliers d'esclaves quotidiennement, si bien qu'on en a fait un proverbe : "O marchand, accoste, décharge, tout se vend." La cause en était que les Romains, devenus riches après la destruction de Carthage et de Corinthe, utilisaient beaucoup d'esclaves domestiques. Voyant cette facilité, les pirates se multiplièrent : ils pratiquèrent eux-mêmes à la fois la piraterie et le commerce d'esclaves. Ils bénéficiaient pour cela de la collaboration des rois de Chypre et d'Égypte, ennemis des Syriens qui n'avaient pas non plus l'amitié des Rhodiens pour recevoir de l'aide. En même temps, les pirates, se faisant passer pour des marchands d'esclaves, ne pouvaient être convaincus de malfaisance. »

La piraterie connaît son plus fort développement pendant la première moitié du Ier siècle en mer Égée : lors des guerres contre Mithridate VI, les pirates sont les alliés du roi contre les Romains. Délos est mise à sac par les pirates d'Athénodôros en 69. Pompée réduit ensuite les pirates et Rome annexe la Cilicie.

PLECTRE (πλῆκτρον) : Petite pièce, sans doute en os, dont se servait le musicien dans le jeu de la lyre• ou de la cithare•.

POIDS ET MESURES : Les systèmes métrique et pondéral varient suivant les cités. On peut rappeler ici les unités pour l'Athènes classique :

Longueur		**Poids**		**Capacité (grains)**		**Capacité (liquides)**	
nom	**valeur**	**nom**	**valeur**	**nom**	**valeur**	**nom**	**valeur**
stade = 600 pieds	177,6 m	talent = 6 000 drachmes	27,456 kg	médimne = 192 cotyles	51, 84 l		
plèthre = 100 pieds	29,6 m	mine = 100 drachmes	457,6 g	*hekteus* = 32 cotyles	8,64 l	métrète = 12 conges	39,3 l
coudée = 1 pied 1/2	44,4 cm	drachme = 6 oboles	4,576 g	*chénix* = 4 cotyles	1,08 l	conge (*chous*) = 12 cotyles	3,26 l
pied	29,6 cm	obole		cotyle	0,27 l	cotyle	0,27 l
doigt (dactyle) = 1/16 pied	1,85 cm						

Principales mesures de longueur, de poids et de capacité à Athènes aux Ve et IVe siècles.

On reconnaît l'importance de la division par 2 ou par 6 : ces systèmes ne sont pas des systèmes décimaux. On voit que certains noms de mesures de poids et de capacité sont identiques à ceux de monnaies•. Avant Solon, le système monétaire est identique au système pondéral. La mine de l'étalon solonien, en vigueur au IVe siècle, équivalait à 105 drachmes d'argent. On a retrouvé un certain nombre de poids qui permettent de suivre l'évolution de l'étalon en Attique. Ils portent des inscriptions avec leur nom, ou des symboles, comme la tortue marine, puis la tortue terrestre à partir de 420.
Dans le système régulier d'Athènes, les symboles et dénominations correspondantes sont les suivants :

symbole	nom	légende
roue	distatère	διστάτηρ(ον)
osselet	statère	στατήρ
dauphin	mine (= demi-statère)	μνᾶ
amphore	tiers de statère	τριτη(μόριον)
demi-amphore	sixième de statère	ἡμίτριτον
quart d'amphore	douzième de statère	ἡμισυημίτ(ριτον)
tortue	quart de statère	τεταρτημόριον
demi-tortue	huitième de statère (= 1/4 mine)	ἡμιτέ(ταρτον)
demi-croissant	seizième de statère (= 1/8 mine)	ἡμισ(υημιτέταρτον)

L'unité de base solonienne est de 915,6 g. L'étalon a ensuite connu des évolutions. L'unité solonienne a été abandonnée momentanément à partir de 483, lors de la grande phase d'exploitation des mines d'argent du Laurion, au profit d'un statère de 92 didrachmes, soit 789,16 g.

Un décret athénien, peut-être voté sur la proposition de Cléarque en 448, unifie les poids et mesures ainsi que la monnaie dans la ligue de Délos. Il est difficile d'apprécier l'application de ces mesures, notamment pour les poids et mesures, dont l'usage était enraciné dans la population.

Le contrôle des poids et mesures sur l'*agora* est du ressort des agoranomes•. La pesée y était obligatoire et payante. La cité assumait les frais d'installation de la balance publique et du bâtiment qui l'abritait, le *zygostasion* (ζυγοστάσιον), ainsi que la fabrication des poids et mesures. On a trouvé, notamment à Délos, des mesures de capacité constituées par une plaque de marbre creusée de cavités ; on désigne du nom de *sêkôma* cette table à mesures de capacité, qui faisait l'objet d'un contrôle de la cité.

POLÉMARQUE (πολέμαρχος) : Ce magistrat, qui existait dans plusieurs cités grecques, était à l'origine, comme l'indique son nom, tiré de *polémos*, la « guerre », un chef de guerre ; il pouvait y avoir un seul polémarque, ou un collège de polémarques, en nombre variable. À Athènes, le polémarque était l'un des archontes•, qui fut commandant suprême de l'armée jusqu'en 487/486, date à partir de laquelle, étant recruté par tirage au sort, il perdit ses pouvoirs militaires au profit des stratèges• pour se cantonner dans un rôle judiciaire et religieux, lié à ses anciens pouvoirs militaires. Dans d'autres cités, où la stratégie• n'existait pas, le polémarque avait conservé à l'époque classique un rôle militaire : à Sparte, un polémarque est placé à la tête de chaque more• ; à Thasos, les cinq polémarques, qui commandent chacun un bataillon de l'armée, sont les véritables chefs militaires. Les pouvoirs du polémarque ont pu évoluer de telle sorte que celui-ci est devenu un chef politique : cette magistrature est typique, à l'époque classique et hellénistique, des cités béotiennes, qui sont dirigées chacune par trois polémarques, détenteurs du pouvoir exécutif et chargés de convoquer et présider l'assemblée devant laquelle ils font des propositions de décrets ; le Spartiate Phoibidas s'empare de la Cadmée thébaine, en 382, grâce à la complicité de l'un des polémarques thébains.

POLÈTE (πωλήτης) : Les polètes étaient des magistrats athéniens spécialisés, au nombre de dix, un par tribu, recrutés par tirage au sort et chargés des adjudications• publiques ; leurs comptes, gravés sur pierre, mentionnaient les noms des Athéniens participant à ces opérations et constituent pour le IVe siècle de précieux renseignements sur les principales fortunes d'Athènes. Ils procédaient à la vente aux enchères des biens confisqués, à l'adjudication des concessions des mines• du Laurion et à celle de la ferme des impôts•.

POLIADE (Πολιάς) : Se dit d'une divinité, qui protège particulièrement telle ou telle cité et, à ce titre, y possède un sanctuaire•, où se déroulent des fêtes• organisées par la cité. Athéna est la divinité poliade d'Athènes et de Tégée par exemple, Héra celle d'Argos, de Corinthe, de Samos, Artémis celle de Sparte ou d'Éphèse... À côté de la divinité poliade, à laquelle sont réservées les plus éclatantes manifestations du culte, beaucoup d'autres divinités sont honorées par la cité.

POLIORCÉTIQUE (πολιορκητική) : Le développement des fortifications• à partir de la fin du Ve siècle a pour corrolaire la diffusion de plusieurs inventions qui modifient l'art d'assiéger les villes ou poliorcétique. Au IVe siècle, Énée le Tacticien est l'auteur d'un ouvrage intitulé *Poliorcétique*, qui témoigne de l'importance prise par la guerre de siège.

Fig. 35 : Restitution de la tortue d'Hégétor *(d'après O. Lendle)*.

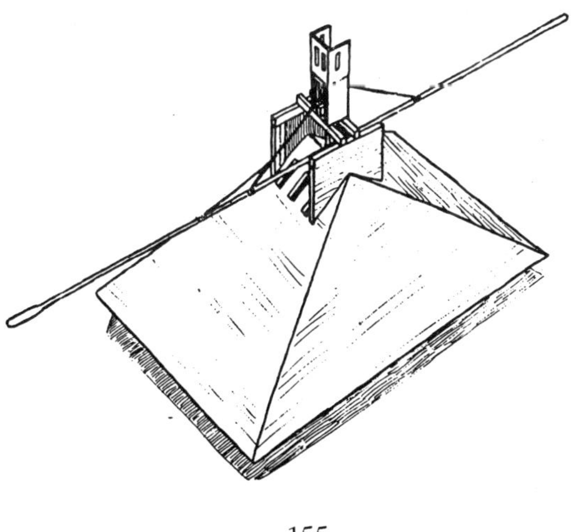

Fig. 36 : Restitution d'une catapulte à flèches, d'après Héron d'Alexandrie
(d'après P. Couissin).

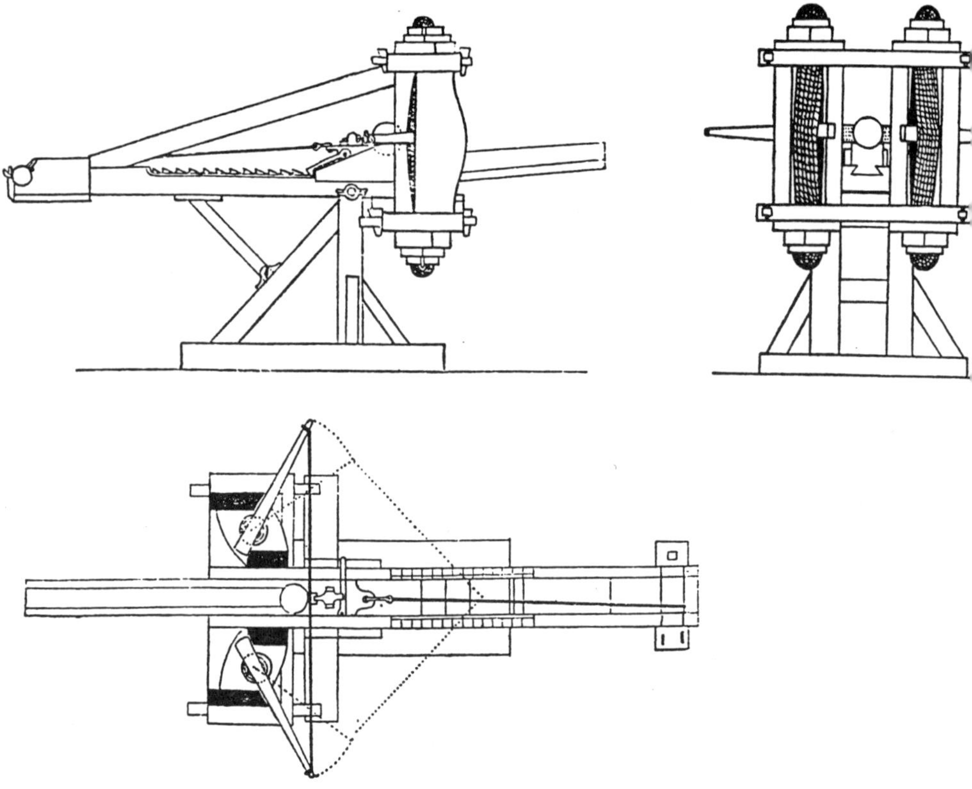

La technique de la sape est alors répandue. Le premier bélier fut utilisé par Périclès lors du siège de Samos en 440. Dès le début de l'époque hellénistique, une tortue protège les manœuvres du bélier, comme on le voit lors du siège de Rhodes en 305-304, où deux tortues bélières ont un bélier long de 120 coudées (= 55,48 m), comme la tortue bélière dont la réalisation est attribuée à un certain Hégétor de Byzance **(fig. 35)**. L'utilisation des catapultes et balistes contribue au développement de la poliorcétique **(fig. 36)**. Il existe différentes sortes de ces engins qui reposent sur le principe de la torsion avec deux bras de propulsion et envoient flèches ou pierres. Leur invention remonte aux ingénieurs employés par le tyran Denys de Syracuse en 399 contre les Carthaginois ; les armées de Philippe II et d'Alexandre perfectionnèrent ces machines de guerre, utilisées notamment lors du siège de Tyr en 332. Des tours mobiles permettaient aux assiégeants de tenter l'assaut des remparts.

Démétrios Poliorcète, fils d'Antigone le Borgne, gagna ce surnom de Poliorcète lors du siège infructueux qu'il mit devant la ville de Rhodes en 305-304. Il construisit en 304 une tour de siège appelée la Preneuse de ville, ou hélépole, de neuf étages, que décrit Diodore de Sicile dans la *Bibliothèque historique* (XX, 91, 3) : « Après avoir préparé une quantité de matériaux variés, il fit construire une machine appelée hélépole, d'une taille bien supérieure à celle des précédentes. Il donna en effet à chacun des côtés de la plate-forme carrée une longueur de près de 50 coudées [= 23,10 m], en fabriquant un assemblage de pièces de bois à section carrée liées avec du fer ; il compartimenta l'espace intérieur au moyen de poutres distantes l'une de l'autre d'environ une coudée [= 46,2 cm, coudée légèrement différente de celle d'époque classique], de façon à ce que pussent y prendre place ceux qui devaient pousser la machine en avant. Toute cette masse était mobile, étant supportée par huit roues, solides et de grandes dimensions (...). Trois des faces de la machine furent couvertes extérieurement par des plaques de fer clouées, pour que les flèches incendiaires ne leur causassent aucun dommage. Les étages, du côté de l'ennemi, avaient des fenêtres, dont la grandeur et la forme étaient adaptées aux caractéristiques des engins de jet que l'on voulait y mettre en service ».

***Polis* (πόλις) :** Le mot désigne en grec à la fois la ville et, le cas échéant, le territoire qui en dépend, la communauté des citoyens qui y est établie (la cité) et l'organisation politique de cette communauté (la cité comme État). Dans ce troisième sens, les termes *politeia*• et *politeuma*• peuvent se substituer à celui de *polis*.
C'est dans l'acception de cité que le mot prend tout son sens dans l'histoire. La *polis* est une entité humaine, qui se retrouve dans la géographie et la religion. Le relief de la Grèce est compartimenté, isolant de nombreux cantons dans des plaines étroites : que l'on pense au Péloponnèse, à la Phocide, à l'Archipel grec, la montagne est toute proche et, en même temps, la mer n'est jamais bien éloignée. Deux traits retiennent l'attention : le morcellement des paysages et, aussi, la possibilité de communiquer par voie de mer.
Que l'on tourne maintenant les yeux vers la Grèce d'Asie, qui s'étend sur le littoral de l'Asie Mineure. Les constantes du paysage méditerranéen s'y retrouvent, mais le regard se porte vers les larges trouées de la vallée de l'Hermos, de la vallée du Méandre surtout. L'arrière-pays, ici, s'enfonce vers le plateau anatolien. Cependant l'expansion y est bornée par l'existence de grands royaumes, celui de Lydie, à l'époque archaïque, qui, à partir de sa capitale Sardes, contrôle l'Hermos et le Méandre. Le monde grec reste méditerranéen et côtier.
Les contraintes imposées par la géographie ne sauraient expliquer seules une histoire. La genèse de la cité grecque se situe en effet dans une évolution. On la met souvent en rapport avec la réforme hoplitique•. C'est exact, à condition de prendre garde qu'une cité aristocratique et hoplitique a précédé la démocratie censitaire et hoplitique dont Aristote garde la nostalgie au IVe siècle. Les tombes qui conservent, à partir de la fin du VIIIe siècle, les premières panoplies hoplitiques sont celles de nobles guerriers contemporains de la geste des héros homériques.
La naissance de la cité se fait aussi dans la stricte délimitation des domaines humain et divin. Le *hiéron*• se définit alors comme séparé du profane, au contraire de l'époque mycénienne où les palais avaient aussi des fonctions religieuses. Il y a en fait deux naissances concomitantes de la cité : celle des

hommes et celle des dieux. Celle des hommes trouve son unité dans la célébration de la cité des dieux, dans la constitution de cultes poliades.
Quelles sont les valeurs que partagent les citoyens (*politai*, πολῖται) ? C'est d'abord le sentiment d'appartenance communautaire à la cité par la naissance, l'éducation, la religion. C'est aussi le sentiment corrolaire de solidarité avec ses concitoyens, qui trouve son expression militaire dans la phalange•. La cité est avant tout une unité humaine : le montre bien la décision, dans des circonstances exceptionnelles, de s'arracher du sol de la patrie pour se transplanter dans une autre terre. Les Athéniens l'ont envisagée avant la victoire de Salamine en 480 ; les Phocéens l'ont prise lors de la conquête perse de la Grèce d'Asie au milieu du VIe siècle. La colonisation• est une forme moins radicale de transplantation, car la métropole reste sur son sol, mais l'*apoikia*• est un arrachement, comme en témoigne le départ des colons pour Cyrène, qui doivent abandonner leur cité de Théra.
L'évolution de l'équilibre interne des cités est liée à des vicissitudes dont les causes ne sont pas toujours claires. La colonisation offre à l'époque archaïque une réponse civique aux crises de la cité, qui peut être en proie à la *stasis*•. Les colons sont en effet souvent des exilés qui s'expatrient pour des raisons politiques et économiques. Ainsi la fondation de Syracuse se fait sur fond de difficultés à Corinthe. Exilés volontaires ou forcés, les colons emportent avec eux une image de la cité idéale, dont le monde colonial porte le reflet : les colons s'y voient attribuer des lots de terre égaux, des maisons égales. Il y a, dans ce souci d'égalité, une affirmation de l'identité de la cité coloniale. On peut retrouver à Sparte la même notion d'égalité entre ceux qui s'identifient à la cité : les *Homoioi*• sont avant tout les pairs, ce sont eux les Spartiates et, peu importe, dans cette conception de la cité, que se multiplient les catégories bâtardes, ou périphériques, ou hilotiques : la cité est celle des Spartiates, dont la stricte définition constitue l'identité.
Un élément qui précipite l'évolution des cités est l'explosion démographique que connaît le VIIIe siècle : on a supposé qu'en l'espace de deux générations, entre 780 et 720, l'Attique aurait vu sa population multipliée par sept. La guerre hoplitique, particulièrement meurtrière, n'est possible que dans ce contexte. On voit apparaître la première manifestation d'une constante que les théoriciens politiques du IVe siècle vont essayer de dépasser au nom du panhellénisme• : la guerre entre Grecs est intimement liée au monde de la cité et, même, le constitue, car elle incarne la force de l'idéal hoplitique. Ainsi peut-on mettre en rapport l'explosion démographique, la naissance de la cité et la régulation démographique qu'apporte la guerre hoplitique.
L'évolution ou la pérennité des constitutions• n'est pas l'objet de cette notice, mais elles ont évidemment des conséquences sur les cités. Prenons simplement l'exemple de Sparte. La grande *rhètra*• y est constitutive de la cité et la régit, mais le tournant de l'histoire spartiate se place sans doute au milieu du VIe siècle, marqué par la constitution de la ligue du Péloponnèse, système symmachique• destiné à assurer la stabilité dans le Péloponnèse : ainsi le danger interne constitué par les hilotes• peut être mieux contrôlé par les Spartiates. Cependant l'oliganthropie• spartiate ne fait qu'accentuer la faiblesse numérique des *Homoioi* face aux autres catégories d'habitants de la cité : d'une part, le petit nombre d'enfants est rendu nécessaire par le système élitiste de l'*agôgè*• et, encore plus,

de la cryptie•, par le faible rapport du *klèros*•, indispensable pour les syssities•, d'autre part, la guerre hoplitique est grande consommatrice d'*Homoioi*. La cité spartiate, apparemment immobile, est en fait de plus en plus réduite ; les désastres de Leuctres (371) et de Mantinée (362) sanctionnent cet effondrement interne, incompatible avec des ambitions hégémoniques.

Notons aussi que, dès l'époque archaïque, il n'y a pas une cité grecque, mais des cités. Non seulement les constitutions varient, certains Grecs vivent dans un autre cadre, celui de l'*ethnos*•, mais la taille de ces cités est très variable. En Grèce propre, Sparte et Athènes constituent des exceptions par leur étendue territoriale, Sparte à la suite des deux guerres de Messénie, qui lui permettent d'englober le quart du Péloponnèse, Athènes à la suite du synécisme• attribué à Thésée qui l'étend sur l'ensemble de l'Attique. On a trop tendance à ne percevoir le monde de la cité qu'à travers ces deux exceptions. Même si l'état de nos sources le justifie amplement pour Athènes, l'athénocentrisme ne doit pas masquer la diversité des cités, où les toutes petites entités dominent. C'est dans ces petites cités que l'on voit très fortement le lien constitutif entre le noyau urbain, l'*asty*•, et la campagne, la *chôra*•.

À l'époque classique, cette disparité territoriale et humaine perdure. On a tenté d'évaluer la population grecque aux Ve et IVe siècles. Même si les résultats de ces évaluations peuvent être contestés au vu du caractère fragmentaire de nos sources, la liste du tribut• versé par les cités de la ligue de Délos en 431 démontre la diversité des cités du point de vue démographique. On obtient, à la veille de la guerre du Péloponnèse en 431, la répartition suivante pour les 238 cités de la ligue, alors que la population d'Athènes peut être estimée à 170 000 habitants :

nombre d'habitants	**proportion de cités**
265	13,8 %
530	22,2 %
1065	10,5 %
1600	10,9 %
3200	21,4 %
4800	5,9 %
>5330	15,1 %

Répartition de la population dans les 238 cités de la ligue de Délos en 431 (d'après la liste du tribut).

Sans chercher à extrapoler à partir de ces données pour estimer la population de la Grèce à la même époque, on note la diversité des situations des différentes cités.

La force de l'idéal civique reste une constante au travers des péripéties que connaissent les cités. Même les mercenaires•, à l'opposé de l'idéal hoplitique, portent en eux l'attachement à une forme de vie civique. Contrairement à ce que l'on a pu dire jadis, la cité grecque n'est pas morte à Chéronée en 338. Il est indéniable que la victoire du royaume de Macédoine et l'émergence des grands

royaumes qui se développent à partir de la conquête d'Alexandre changent l'échelle du monde que connaissent les Grecs. Cependant les colonies militaires fondées dans la lointaine Asie s'attachent à la vie civique, tant que la pression extérieure leur permet d'exister. Deux sortes de cités se distinguent à l'époque hellénistique : celles qui ont une ancienne histoire et celles qui sont de création royale et récente. La vie civique continue dans les premières, soumise aux aléas de la domination des grands royaumes, notamment à la mainmise de la Macédoine sur la vieille Grèce. Les secondes ne peuvent développer les institutions civiques dont elles ont été dotées lors de leur fondation. Le cas d'Alexandrie d'Égypte est significatif : les fonctions de capitale et de résidence royale y éclipsent une vie civique qui s'étiole.
Mais en Grèce d'Asie, en Grèce propre, les cadres institutionnels témoignent de l'attachement des citoyens à leur patrie. Le sentiment de solidarité y est exalté au cours de la période hellénistique pour encourager l'émulation entre évergètes•. La réponse trouvée par la cité à ses problèmes économiques et sociaux y est civique : le nombre de décrets honorifiques qui remercient rois, citoyens, étrangers témoigne de la valeur attachée à la cité, même si les solutions sont de moins en moins entre les mains des citoyens et si l'autonomie• des cités tant vantée par les rois puis par les Romains est un simple moyen de propagande. En effet, bien que les témoignages de la vie civique soient loin d'être de pure forme, il faut reconnaître qu'ils révèlent de moins en moins la force politique de la cité.

***Politeia* (πολιτεία) : 1.** La *politeia* peut d'abord se traduire par la constitution•, le régime d'une cité, sa forme d'organisation politique, qui regroupe les citoyens, *politai* (πολῖται) dans le monde grec. La description des *politeiai* est un genre littéraire qui remonte au Ve siècle, avant qu'Aristote et son école ne l'illustrent au IVe siècle avec les cent cinquante-huit *politeiai* que la tradition leur attribue. La *politeia* ainsi entendue se définit par deux composantes : un principe général, l'*archè*, et des éléments particuliers, les lois, les *nomoi*. Aristote innove en dégageant dans la *politeia* l'histoire de sa constitution. **2.** Dans le classement aristotélicien des constitutions, *politeia* désigne aussi l'une d'entre elles, la démocratie• droite, ou juste, dont la démocratie au sens habituel constitue la déviation. **3.** À côté de ces deux valeurs collectives, *politeia* a aussi un sens qui s'applique à l'individu : le droit de cité, les droits politiques du citoyen. **4.** En un sens qui dérive du précédent, le terme peut s'appliquer à l'usage que fait le citoyen de ses droits ; la *politeia* signifie la vie politique.
Le droit de cité est un honneur qui peut être accordé à un étranger ou à un groupe d'étrangers ; une convention d'isopolitie• peut aussi octroyer mutuellement aux citoyens des deux cités contractantes le droit de cité ; la sympolitie• enfin, où deux communautés fusionnent en une seule, donne à tous la même citoyenneté. Cette *politeia* était potentielle, si bien que l'on s'est interrogé sur la portée réelle de ce privilège. Quand il y a sympolitie, quand des étrangers résidents sont incorporés dans la cité ou quand on procède à un repeuplement, synécisme• (*synoikismos*, συνοικισμός) d'une cité abandonnée, la *politeia* octroyée est effective : ceux qui en bénéficient sont fixés dans la cité dont ils ont acquis la *politeia*.
Dans les inscriptions honorifiques qui accordent la *politeia* à des bienfaiteurs étrangers avec d'autres honneurs (proxénie, titre d'évergète•), on peut supposer que l'octroi de ce droit de cité restait potentiel quand aucune prescription

particulière ne venait préciser les conditions de l'incorporation dans la cité. En revanche, quand seule la *politeia* est accordée et que des clauses prévoient les conditions d'enrôlement du nouveau citoyen avec attribution de terres ou de logements, on peut penser que la *politeia* est effective.

***Politeuma* (πολίτευμα) :** Le terme appartient au vocabulaire de la pensée politique. En un sens concret, souvent au pluriel, il désigne des actes concrets de politique, dans les discours de Démosthène et d'Eschine. Aristote lui donne un sens nouveau, institutionnel. Il l'identifie dans la *Politique* (III, 7, 1279 a 26), à « l'autorité souveraine des cités », c'est-à-dire le corps souverain des citoyens actifs, qui détient l'*archè* dans la *politeia*. Ce terme technique du vocabulaire politique en vient à désigner le régime dans son fonctionnement effectif.
Le sens concret du terme explique qu'il soit appliqué à toute communauté politique, même indépendante du monde de la *polis*. À partir du milieu de l'époque hellénistique, le mot peut désigner toute entité politique, de la simple bourgade à l'empire romain.
En ce sens, la communauté des Juifs d'Alexandrie, organisée sous l'autorité de son ethnarque, est qualifiée de *politeuma* des Juifs. D'autres *politeumata* sont connus dans l'Égypte lagide, notamment pour les Béotiens, les Ciliciens, les Crétois ; ils paraissent rassembler des soldats d'une même origine, avec l'adjonction éventuelle d'éléments d'une autre origine. Ces *politeumata* sont placés sous des autorités élues et sont étroitement soumis à la volonté royale.

***Polos* (πόλος) :** Le *polos* est une haute coiffure cylindrique que portent des déesses et des prêtresses.

***Polyandrion* (πολυάνδριον) :** Un *polyandrion* est une tombe collective qui se présente sous la forme d'une enceinte funéraire monumentale.

> Un *polyandrion* de la seconde moitié du VIIIe siècle a été trouvé récemment dans la nécropole de Paros. Un enclos construit de 7 mètres de long sur 1,70 mètre de large enserrait quarante amphores d'époque géométrique qui contenaient des ossements d'hommes, sans doute des guerriers tués dans la même bataille et enterrés ensemble.
> Inscrite sur un *polyandrion* découvert à Ambracie, dans la Grèce du nord-ouest, une épigramme rappelle l'embuscade où sont tombées les victimes dans la seconde moitié du VIe siècle : « Je pleure sur ces hommes valeureux, contre qui les enfants des Pyraiboi ont ourdi un meurtre douloureux, alors qu'ils venaient en ambassade de la vaste Corinthe… »

PORT : L'existence d'un port (*limen*, λιμήν) est essentielle pour la vie de cités grecques le plus souvent maritimes. L'ouverture sur la mer implique le choix de sites qui offrent des possibilités portuaires : l'existence de plusieurs ports est un atout important pour le développement de la ville. Ainsi s'établit une spécialisation des ports entre ports de commerce et de transport et ports de guerre.
L'aménagement des sites portuaires naturels se fait grâce à l'installation de brise-lames, à la construction de môles, de quais, de jetées. Les ports de commerce sont dotés d'un *emporion*• implanté à proximité de la zone de déchargement des navires.

> La documentation épigraphique permet de suivre à Délos l'aménagement d'un remblai (*chôma*, χῶμα) qui a permis de gagner, à la fin du IIIe siècle et au début du IIe, du terrain sur la mer pour agrandir l'*emporion* en y ajoutant une série de magasins.

Fig. 37 : Le Pirée, plan du port *(d'après J. Travlos).*

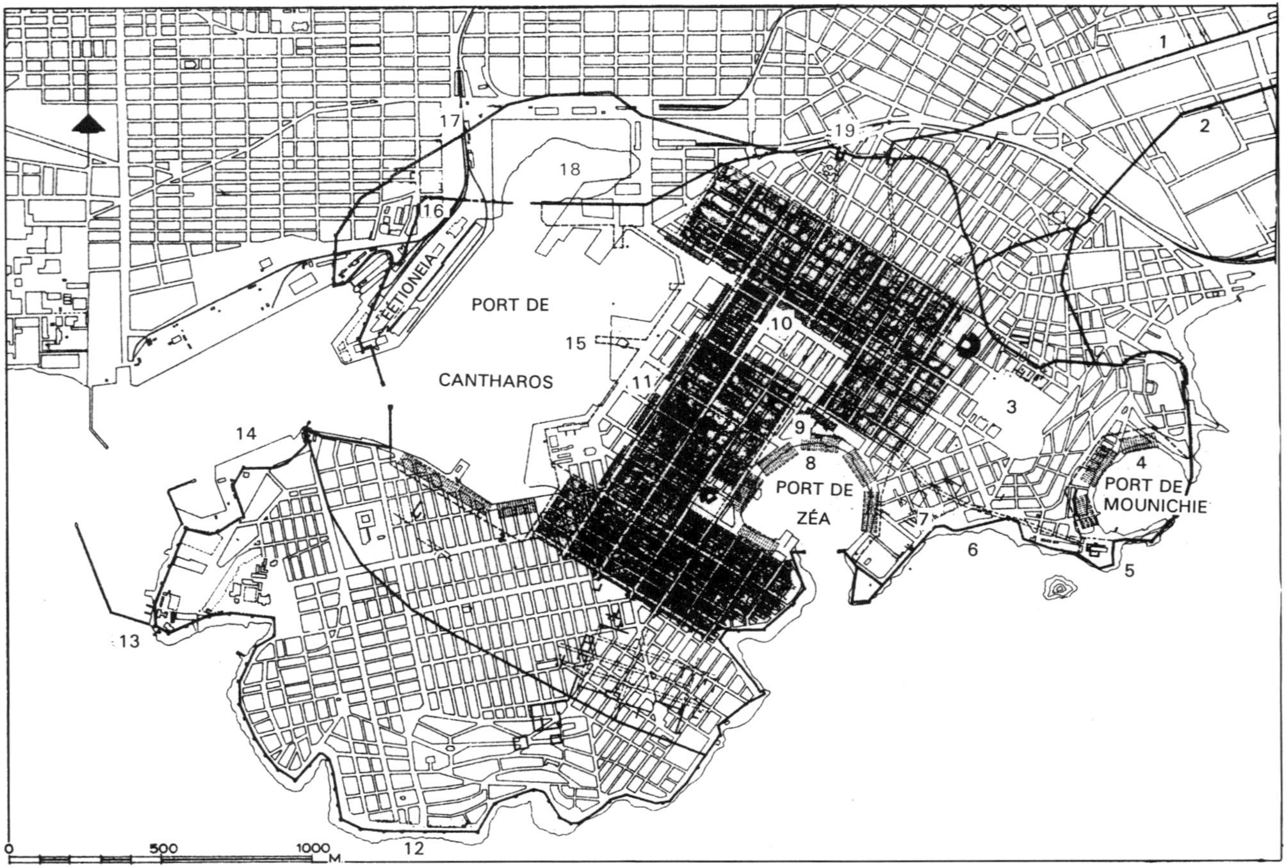

Légendes de la figure 37 : (en noir : étendue de la ville antique)

1	Long mur nord	11	*Emporion*
2	Long mur sud	12	Mur de Conon
3	Acropole	13	Monument de Thémistocle
4	Cales sèches	14	Alkimos
5	Sanctuaire d'Artémis Mounichia	15	Diazeugma
6	Sèrangion	16	Porte d'Éétioneia
7	Asclépieion	17	Mur de Thémistocle
8	Cales sèches	18	Port « silencieux »
9	Skeuothèque de Philon	19	Porte de l'*asty*
10	*Agora* hippodaméenne		

De nombreuses fouilles améliorent notre connaissance des ports antiques, qui ont souvent été immergés à cause du phénomène de la subsidence. Les fouilles récentes du port de Cyrène, Apollonia de Cyrénaïque, offrent l'image très représentative d'un port à la basse époque hellénistique, qui devient indépendant de Cyrène dans la deuxième moitié du IIe siècle : les quais sont construits soigneusement avec des blocs reliés par des goujons de bois ; les structures allongées visibles sous le niveau de la mer ne sont pas des loges pour la construction des navires, comme on l'a longtemps cru, mais des entrepôts. Le matériel trouvé sous l'eau est surtout constitué de céramique avec de nombreux « bols mégariens » ornés de reliefs estampés ; quelques amphores• puniques permettent de connaître une direction des échanges commerciaux.

Les activités portuaires sont une source de revenus importante pour les cités. Les transactions font l'objet de taxes (voir impôt•) quand le port n'est pas franc, comme Délos à partir de 166. L'administration et la surveillance du port reviennent à des magistrats dont le titre varie suivant les cités. Quand il s'agit d'un magistrat spécialisé, il peut porter le nom d'épimélète du port, comme au Pirée à partir de 146.

Le port militaire a des magistrats propres : au Pirée, dix épimélètes de l'arsenal au IVe siècle. De même pour le port de commerce, où l'on rencontre à la même époque les épimélètes de l'*emporion* **(fig. 37).**

PORTIQUE : *stoa*•

PRÊTRE : Il n'existait pas, dans la Grèce antique, de caste sacerdotale : tout homme pouvait accomplir les principaux gestes du culte, offrir un sacrifice• ou une libation•, chez lui ou en public ; un certain nombre de magistrats désignés par la cité, comme les archontes• athéniens, avaient dans leurs fonctions, à côté d'attributions par exemple judiciaires, des attributions religieuses. D'autres magistrats, dont le rôle grandit à partir du Ve siècle, n'avaient que des attributions religieuses : ainsi, les hiéropes•, que l'on retrouve dans d'autres cités, intervenaient à Athènes dans l'organisation de certaines fêtes•, tandis que les épistates• assurent le contrôle financier des cultes.

Les prêtres et prêtresses à proprement parler sont en relation avec un sanctuaire précis. Dans des cités où il n'existe pas de séparation entre le civil et le religieux et où chaque cité se place sous la protection d'une divinité poliade•, ils assument leur sacerdoce comme une charge officielle qui leur a été confiée par la cité, et non parce qu'une vocation particulière les a amenés au service d'un dieu ; ils ne sont pas astreints à un mode de vie particulier, la chasteté ne leur est imposée que temporairement et dans des circonstances précises ; ils n'ont pas de connaissances spécifiques, à la différence des exégètes• et des devins•, si bien que tout citoyen doit pouvoir assumer une telle charge, à l'exception de ceux qui sont recrutés à titre héréditaire, et parfois à vie, dans quelques grandes familles pour desservir certains cultes : ainsi, les Eumolpides et les Kérykes fournissent le hiérophante• et le dadouque• qui officient dans les Mystères• d'Éleusis, tandis que de la famille des Étéoboutades proviennent le prêtre de Poséidon Érechtheus et la prêtresse d'Athéna Polias. La durée de leur fonction, sauf pour les sacerdoces héréditaires, est généralement annuelle, comme celle des autres magistratures : le statut d'un prêtre est en effet celui d'un magistrat, recruté, le plus souvent par tirage au sort, par la cité parmi les citoyens exclusivement, exempts de tare physique, et responsable devant elle, puisqu'il est soumis à la reddition• de comptes à sa sortie de charge.

Le prêtre doit faire respecter les lois sacrées du sanctuaire, lois sacrées qui ont été du reste fixées par le peuple. Concrètement, il intervient dans tous les sacrifices offerts dans le sanctuaire qui lui est confié : il prononce les prières d'usage et consacre à la divinité l'animal, qu'il peut, dans certains cas, sacrifier lui-même. À côté de ces fonctions proprement liturgiques, il exerce des fonctions cultuelles, puisqu'il dirige les cérémonies du culte, comme les sacrifices à l'extérieur du temple•, et que, dans le temple, il est responsable de l'entretien de la statue• de culte ; il est chargé aussi de l'entretien des bâtiments du sanctuaire et, pour ce service, il peut se faire aider par un ou plusieurs néocores•. À ces tâches, cultuelles et matérielles, s'ajoutent, toujours dans le cadre du sanctuaire, des tâches administratives et financières, dans lesquelles les prêtres peuvent recevoir l'appui de magistrats spécialisés, comme les hiéropes• et surtout les épistates•.

Le prêtre est toujours dans la cité un personnage respecté : il y reçoit des honneurs publics, tels que les morceaux de choix dans les sacrifices ou une place d'honneur lors des concours. Les règlements cultuels précisent, pour chaque sanctuaire, la part de l'animal sacrifié qui reviendra au prêtre et les divers avantages auxquels il a droit : il en ressort que les revenus des prêtres varient avec l'importance du sanctuaire. On insistera donc sur le contrôle exercé par la cité sur les prêtres qu'elle recrute, pour un temps donné, et qui sont chargés de faire respecter des lois sacrées édictées par elle.

PRIÈRE : La prière (*euchè*, εὐχή) établit un lien de dépendance entre l'homme et la divinité ; cependant elle n'est fondée ni sur la contrainte ni sur le marchandage. L'action ou la forme que prend la prière sont plus importantes que son contenu : la prière se fait à voix haute en toute circonstance, particulièrement lors des sacrifices•. Elle peut prendre la forme d'une apostrophe à la divinité ou avoir une forme très développée, comme l'arétalogie, qui énumère les bienfaits ou les qualités de la divinité, ses *arétai* : il s'agit dans ce cas d'une forme de prière, car le fidèle demande à la divinité d'agréer l'éloge qu'il fait d'elle. La transcription sur pierre d'arétalogies donne à la prière une publicité destinée à fournir une illustration de la puissance divine, grâce à l'énumération de ses nombreuses réalisations en faveur de l'humanité.

Une arétalogie d'Isis découverte à Maronée conserve notamment la demande du fidèle : « — Ainsi, de même que tu as exaucé, Isis, les prières que je t'adressais au sujet de mes yeux, viens pour les louanges que je te destine, en réponse encore à une seconde prière ; — ton éloge en effet a plus d'importance que mes yeux : avec ces yeux (...) j'ai vu le soleil, et (maintenant) je vois le monde qui est le tien ; — je suis convaincu que tu m'assisteras de toute façon ; — si en effet tu es venue, alors que je t'invoquais pour mon salut, comment ne viendrais-tu pas quand il s'agit de t'honorer toi-même ? — c'est donc avec confiance que je m'avance pour la suite, sachant que l'éloge, c'est l'esprit de la divinité et les mains de l'homme qui le rédigent ».

La prière suit un ordre canonique : elle commence par une invocation, puis vient la *pars epica,* qui évoque les rapports passés entre la divinité et le suppliant, et les *preces,* qui expriment les demandes. Un bon exemple est donné par la prière de Sapho à Aphrodite (fragment 1), qui, sous la forme d'une prière, est un poème d'amour. Il existe aussi des prières magiques, que transmettent des papyrus.

La prière met en évidence le lien étroit qui unit la religion à la société. On mettra en relation avec la prière l'imprécation, adressée surtout aux dieux infernaux, qui est une prière négative, le souhait qu'advienne un mal ; le serment• est une promesse accompagnée d'une imprécation ; il a un grand rôle dans la vie publique : la caution du sacré doit permettre de maintenir les relations entre les hommes, comme on le voit lors de la conclusion d'un traité de paix, dont le respect est garanti par le serment des deux parties.

***Probolè* (προβολή) :** À Athènes, la *probolè* est une accusation publique contre les coupables de certains délits commis lors de fêtes religieuses et contre les citoyens et métèques qui se sont comportés en sycophantes•. La dénonciation avait lieu à l'assemblée, qui se prononçait par vote sur la culpabilité. Ce vote était uniquement consultatif et ne préjugeait pas du verdict rendu par le tribunal populaire.

***Probouleuma* (προβούλευμα) :** Tout citoyen pouvait, à Athènes, faire une proposition de décret à l'*ekklèsia*•. Cette proposition était d'abord examinée par la *boulè*•, qui la mettait ensuite à l'ordre du jour de l'*ekklèsia* à laquelle elle présentait un rapport préalable, le *probouleuma* ; les bouleutes pouvaient donner un avis favorable à la proposition ou, s'ils la désapprouvaient, indiquer par leur silence leur position réservée : on parle alors de *probouleuma* « ouvert ». Le *probouleuma* pouvait être adopté ou rejeté par l'*ekklèsia,* ou encore subir un amendement. Aucune délibération sur une proposition quelconque ne pouvait théoriquement avoir lieu à l'*ekklèsia* sans un rapport préalable de la *boulè* ; il arrive cependant qu'au IVe siècle, avec la diminution des pouvoirs de la *boulè,* l'*ekklèsia* délibère sur un projet sans qu'il y ait un *probouleuma.*

PROBOULEUMATIQUE, PROBOULEUTIQUE (pouvoir) : Le conseil• qui était chargé d'examiner tout projet de décret et de transmettre un *probouleuma*• à l'assemblée du peuple était doté du pouvoir probouleumatique, ou pouvoir probouleutique, pouvoir d'examen préalable.

***Probouloi* (πρόβουλοι) :** Les *probouloi* forment, dans les cités à caractère oligarchique, une commission restreinte, en relation avec le conseil•, dont ils limitent les pouvoirs. À Corinthe, le conseil, appelé *gérousia,* n'était consulté par les huit *probouloi* que pour les questions les plus importantes. À Athènes, les dix *probouloi,* âgés d'au moins quarante ans, désignés à l'automne 413, jouissaient du droit de prérogative pour prendre les décisions d'urgence qui s'imposaient après l'annonce du désastre de Sicile ; au printemps 411, leur commission, augmentée de vingt membres aux convictions oligarchiques, eut pour mission d'élaborer le projet qui mena à la création de la *boulè* des Quatre-Cents.

Les *probouloi* peuvent être les premiers magistrats d'une cité : dans les cités d'Eubée, ils préparent les séances de l'*ekklèsia*• et de la *boulè*, président la *boulè*, dirigent la politique étrangère et les finances.

PROCESSION : La procession (*pompè*, πομπή) désigne la réunion de personnes qui marchent en cortège et en cérémonie, portant des couronnes. Elle est liée à la célébration des fêtes• religieuses, qui comprennent souvent aussi sacrifice• (*thysia*, θυσία), concours• (*agôn*, ἀγών) et banquet• (*hestiasis*, ἑστίασις).

La théorie• conduite à Délos en 417 par Nicias réunit ces quatre éléments, d'après la description de Plutarque (*Vie de Nicias* 3, 6-7) : « au point du jour, conduisant la procession en l'honneur du dieu et le chœur splendidement paré et chantant, il les fit débarquer en traversant le pont. Après le sacrifice, le concours et les banquets, il dressa le palmier de bronze en offrande au dieu ».

La procession peut prendre diverses formes, liées à la nature du culte et aux circonstances. Des processions ont lieu régulièrement pour un certain nombre de divinités importantes.

À Athènes, les Panathénées avaient lieu chaque année en l'honneur d'Athéna Polias, la divinité protectrice de la cité ; tous les quatre ans, cette procession prenait un caractère plus solennel lors des Grandes Panathénées, dont le cortège s'ébranlait de l'une des portes de la ville, celle du Dipylon dans le quartier du Céramique **(fig. 34)**, pour monter, en suivant la voie sacrée, sur l'Acropole après avoir traversé la place de l'*agora*. Toujours à Athènes, on connaît en l'honneur d'Artémis Brauronia la procession des jeunes Athéniennes qui allaient du sanctuaire d'Artémis Brauronia sur l'Acropole **(fig. 1, n°8)** au sanctuaire principal de la déesse à Brauron, sur la côte orientale de l'Attique. Autres processions athéniennes à signaler : celle de Dionysos Éleuthéreus qui se déroulait entre le sanctuaire de Dionysos à Éleuthères, près des passes qui mènent d'Attique en Béotie, et le sanctuaire du dieu à Athènes, qui englobe le théâtre de Dionysos, sur le flanc sud de l'Acropole **(n°22-23)** ; ou encore la procession lors des mystères d'Éleusis, en l'honneur de Déméter et Coré, qui allait d'Athènes à Éleusis, dans le sanctuaire des Deux Déesses.

Le *kômos*• est une procession en l'honneur de Dionysos. D'autres processions permettaient un étalage de puissance.

Ce genre de procession est illustré par la *pompè* de Ptolémée II à Alexandrie décrite par Callixène (Athénée, *Les Deipnosophistes* 196 A-203 B). Cette grande procession réunit en fait plusieurs processions : au début, la procession de l'étoile du matin, puis la procession en l'honneur des parents des rois, la procession de Dionysos, celles de Zeus, des autres dieux, d'Alexandre et enfin d'Hespéros, l'étoile du soir ; défilent ensuite différents objets rituels, avant la parade d'infanterie et de cavalerie.

PROÈDRE (πρόεδρος) : À partir de 378/377, la *boulè* et l'*ekklèsia*•, à Athènes, sont présidées par neuf proèdres, tirés au sort, à chaque séance, parmi les neuf tribus• qui n'exercent pas la prytanie•. Ils sont chargés de présenter à l'*ekklèsia* le *probouleuma*• de la *boulè*, que leur président, l'épistate• des proèdres, fait mettre aux voix. Dans certaines cités grecques, les proèdres ont les mêmes fonctions de présidence de l'assemblée et du conseil qu'à Athènes ; dans d'autres, ils sont des magistrats. Cette charge donne droit à la proédrie•.

PROÉDRIE (προεδρία) : La proédrie était, comme l'indique son nom, le privilège d'être assis au premier rang lors des concours• organisés par une cité. La proédrie revenait de droit à certains magistrats, comme les proèdres• athéniens, ou à certains prêtres•, ou elle pouvait être attribuée à titre honorifique, avec d'autres privilèges du même ordre, par la cité à un évergète. Nombre de théâtres• possèdent ainsi au premier rang des sièges sculptés qui étaient réservés aux bénéficiaires de la proédrie.

***Proeisphora* (προεισφορά) :** La *proeisphora* est, en général, un prêt d'argent consenti sans intérêts. À Athènes, peu de temps après la création de la Seconde Confédération maritime, dans le cadre de la réforme de l'*eisphora*•, est instituée la *proeisphora*, qui oblige les trois-cents plus riches citoyens à faire l'avance de la somme exigée par l'État, qu'ils se feront ensuite rembourser par leurs concitoyens.

PROMANTIE (προμαντεία) : Droit de consulter un oracle• en priorité, accordé par les autorités d'un sanctuaire• à des particuliers, des associations ou des cités. La promantie pour la consultation de l'oracle de Delphes, accordée par la cité de Delphes, était un honneur recherché.

PROPHÈTE (προφήτης) : Dans les sanctuaires oraculaires•, celui qui porte le titre de « prophète », étymologiquement « celui qui parle pour, à la place de », tient toujours une place éminente dans la révélation de la parole divine, quel que soit son rôle exact, qui varie selon les lieux : il est lui-même inspiré par la divinité, comme à Didymes, ou bien il met en forme pour les fidèles, comme à Delphes où il intervient après la Pythie, les prophéties de celui que le dieu a inspiré. À Dodone, les prophétesses interprétaient le bruissement du vent dans le feuillage du chêne sacré.

PROSTATE, *prostatès* (προστάτης) : 1. Le *prostatès* est celui qui préside. Ce titre est porté par des magistrats. Dans certaines cités, les *prostatai* composent la section permanente du conseil qui préside l'assemblée, jouant un rôle analogue à celui des prytanes athéniens : ainsi dans le Péloponnèse, à Tégée, à Stymphale, à Orchomène, ou encore en Asie Mineure et dans les îles, à Cnide, à Cos, à Théangéla en Carie, où ils proposent les motions et procèdent à la répartition du budget. **2.** Le mot peut désigner, dans le vocabulaire politique athénien, le chef du peuple, celui qui est à la tête du parti populaire (*prostatès tou dèmou*, προστάτης τοῦ δήμου). **3.** Le prostate, ou *prostatès*, est aussi le citoyen répondant que doit choisir le métèque• à Athènes comme dans beaucoup de cités grecques, sous peine d'encourir une action privée (*dikè aprostasiou*, δίκη ἀπροστασίου) qui peut condamner le métèque à être privé de ses biens et à être vendu comme esclave aux enchères publiques. Le choix du *prostatès* se faisait sans doute en même temps que l'inscription du métèque sur le registre du dème• où le métèque élisait domicile.

D'après Aristote dans la *Politique* (III, 1, 4, 1275 a), en beaucoup d'endroits les métèques ont besoin du *prostatès* pour les affaires judiciaires. Cependant, à Athènes, les métèques se passent du *prostatès* pour les actions en justice, d'après les témoignages conservés : ils s'adressent au polémarque pour les actions privées (*dikai*) ; les actions publiques (*graphai*) qui impliquent des métèques suivent la même procédure que les autres.

4. *Prostatès* traduit enfin le latin *patronus* : il désigne alors le patron de l'affranchi.

PROTOME (προτομή) : La protome désigne l'avant-train d'un animal.

***Protomè* (προτομή) :** Dans le vocabulaire archéologique, la *protomè* est distincte de la protome. La *protomè* s'applique, de manière conventionnelle, à la partie antérieure de bustes en terre cuite, qui étaient offerts en *ex-voto* aux époques archaïque et classique.

PROXÈNE, PROXÉNIE (πρόξενος, προξενία) : La proxénie est une institution civique : le proxène accueille et protège tout citoyen de la cité étrangère qui l'a reconnu comme tel ; il est, dans sa cité, l'auxiliaire attitré des étrangers de passage venus de la cité dont il est proxène. Cette institution partage avec la *xénia*• certains de ses aspects en les transposant dans les relations civiques. Elle est accordée à titre héréditaire.
Les décrets de proxénie, qui accordent cet honneur, se multiplient à partir du Ve siècle. On a cru pouvoir discerner une évolution dans la proxénie, qui aurait perdu, au cours du IVe siècle et de la période hellénistique, sa valeur fonctionnelle pour devenir simplement un honneur, avant de se vider de tout contenu. En fait, cette évolution est schématique, car on rencontre toujours, à la basse époque hellénistique, des proxènes qui servent avec dévouement les intérêts des citoyens de la cité qui leur a accordé la proxénie. La pluralité des proxènes dans une même cité est un fait ancien, qui s'explique par l'importance du rôle dévolu à chacun d'eux. Leur utilité se révèle en cas de besoin.
Dans la cité qui leur a accordé la proxénie, les proxènes sont des étrangers privilégiés. Dans l'Athènes classique, ils ont accès aux magistrats et aux tribunaux. Puis ils obtiennent l'asylie•, l'atélie•, partielle ou totale, l'*enktèsis*•.

PRYTANE (πρύτανις) : 1. Les prytanes étaient, à Athènes, les cinquante bouleutes• d'une même tribu•, désignée par tirage au sort, qui, pendant un dixième de l'année, une prytanie•, assuraient la permanence de la *boulè* en siégeant sur l'*agora*• dans le prytanée• ou *tholos*• **(fig. 4)** ; ils y prenaient leurs repas aux frais de la cité et un tiers d'entre eux y passait même la nuit avec l'épistate•, afin que les autorités de la cité puissent être jointes à tout moment. Les prytanes convoquaient l'*ekklèsia*• et la *boulè*, dont ils formaient le bureau, fixaient l'ordre du jour des séances et recevaient les ambassades ; jusqu'en 378/377, ils président les séances de l'*ekklèsia* et de la *boulè*, date à partir de laquelle ils sont remplacés dans cette fonction par les proèdres•. Les prytanes recevaient un *misthos*• d'une drachme• par jour au IVe siècle. **2.** Dans d'autres cités, surtout en Asie Mineure, les prytanes sont les magistrats suprêmes, héritiers de la royauté ; ils sont souvent les magistrats éponymes. Dans les cités à caractère oligarchique, comme la Corinthe des Bacchiades, il n'y a qu'un seul prytane ; dans les cités démocratiques, ils sont normalement deux.

PRYTANÉE (πρυτανεῖον) : Chaque cité grecque possédait un prytanée, édifice civil et religieux, qui renfermait l'autel• d'Hestia, où brûlait le foyer de la cité, perpétuellement entretenu ; ceux qui partaient fonder une colonie• emportaient du feu de la métropole•, pris au foyer du prytanée. C'est là qu'étaient reçus les ambassadeurs étrangers et qu'étaient nourris aux frais de l'État, grâce au privilège de la *sitèsis*, les citoyens qui avaient illustré la cité, comme les athlètes vainqueurs aux grands concours• panhelléniques• ou les évergètes• auxquels la cité voulait manifester sa reconnaissance. Le prytanée se trouvait généralement sur l'*agora*•, non loin du *bouleutèrion*, où siégeait la *boulè*•. À Athènes, le prytanée, situé sur l'*agora*, construit peu après les guerres médiques, était de forme circulaire, d'où son nom de *tholos*• **(fig. 4)** ; les prytanes, qui formaient le bureau de l'*ekklèsia*• et de la *boulè*, y siégeaient en permanence.

PRYTANIE (πρυτανεία) : À Athènes, les cinquante bouleutes• d'une même tribu•, les prytanes•, siégeaient en permanence pendant une prytanie, c'est-à-dire un dixième de l'année, période qui durait trente-cinq ou trente-six jours. Lorsqu'Athènes compte douze tribus, au lieu de dix, de 307/306 à 223, et au IIe siècle, une prytanie dure trente jours.

***Psèphisma* (ψήφισμα) : décret•**

***Psilos* (ψιλός) :** Le *psilos* est le soldat de l'infanterie légère qui n'a que des armes offensives, alors que le peltaste• peut se protéger avec son bouclier, la *peltè*. Ce soldat léger, dépourvu d'une cuirasse, d'un bon bouclier et de jambières, peut être muni de l'arc, du javelot ou de la fronde ; la seule protection qu'il puisse éventuellement avoir est fournie par un léger bouclier ovale, comme en avaient les archers crétois, bouclier qualifié de crétois (*thyréos krètikos, θυρεὸς κρητικός*) dans les inventaires déliens. Ces corps spécialisés se développent dans les armées à partir du IVe siècle, notamment pour des opérations de surprise ou de harcèlement. La solde du mercenaire *psilos* était de moitié moindre que celle de l'hoplite.

PUGILAT : Le pugilat est une forme de boxe qui constitue l'une des épreuves des concours• gymniques. L'athlète• avait les mains entourées de sortes de gants de boxe en cuir, qui apparaissent pour la première fois sur des amphores panathénaïques de 336/5.

Une statue en bronze trouvée à Rome et conservée au musée des Thermes, le Pugiliste des Thermes, pourrait représenter un boxeur célèbre du IVe siècle nommé Mys de Tarente.

PURIFICATION : La purification (*katharsis*, κάθαρσις) est destinée à faire disparaître une souillure (*miasma*, μίασμα), provoquée par une faute qui laisse une tache. La purification est nécessaire avant tout contact avec les dieux. La tache peut être visible ou invisible, mais, pour l'effacer, il faut recourir à un rite cathartique, de purification, qui révèle le caractère matériel de la souillure.

Cette purification recourt à deux grands moyens, l'eau, par les ablutions, et le sacrifice. Mais elle peut aussi recourir à la combustion, l'exclusion, l'enfouissement, ou encore à des compensations, comme des offrandes, des danses ou des fêtes.

Une série de prescriptions codifie la purification nécessaire pour passer du domaine profane au domaine sacré, qui précède tout acte cultuel. Il est des règles générales : on trouve à l'entrée du sanctuaire un bassin d'ablutions pour éviter d'approcher de la divinité quand on est souillé ; c'est alors l'eau qui nettoie la souillure. Le sang des victimes sacrifiées, le feu permettent aussi de se purifier. Il faut bien voir que la purification n'a rien à voir avec l'éthique : c'est un rite qui ne purifie pas d'un mal moral : ainsi, pour l'une des causes de souillure, le meurtre, seul importe le coup qui a donné la mort ; que celle-ci ait été ou non justifiée, qu'elle ait été volontaire ou non, importe peu. On le constate, par exemple, en lisant dans Hérodote (*Histoires* I, 35) l'histoire d'un Phrygien qui est purifié par Crésus pour effacer la souillure du meurtre involontaire de son frère. Le rite du « bouc émissaire » (le *pharmakos*•) est une purification collective : un homme ou un animal, qui est expulsé de la cité ou éliminé, est chargé alors des souillures de la collectivité.

Les causes d'impureté sont multiples. On peut les ranger dans trois grandes rubriques.

– Le meurtre : il peut être volontaire ou non ; dans tous les cas, celui qui a les mains souillées de sang ne peut offrir de sacrifice ou de libation à la divinité. La purification est nécessaire pour cela : dans la légende d'Oreste, qui avait tué sa mère Clytemnestre et l'amant de celle-ci, Égisthe, c'est le dieu Apollon qui purifie le meurtrier.

– La mort et la naissance : mourir ou accoucher dans un sanctuaire est considéré comme une souillure (*miasma*) et par là-même interdit. L'exemple de Délos, île déclarée sainte, l'illustre bien : lorsqu'un cadavre s'échouait sur la côte de cette petite île des Cyclades, on procédait à une purification du rivage ; la nécropole des habitants avait été transportée à Rhénée, l'île voisine, où l'on amenait aussi les femmes en couches. L'île sainte fut purifiée en partie une première fois par Pisistrate lors de sa troisième tyrannie (540-528) et elle l'est entièrement en 426, comme le rapporte Thucydide (*La guerre du Péloponnèse* III, 104, 1-2) : « Le même hiver encore, les Athéniens purifièrent Délos, pour obéir à quelque oracle. L'île avait déjà été purifiée par le tyran Pisistrate auparavant, pas toute entière, mais dans le seul secteur visible du sanctuaire ; cette fois, elle fut purifiée dans sa totalité, de la façon suivante : les tombes de tous ceux qui étaient morts à Délos furent absolument toutes supprimées, et on interdisit expressément de mourir dans l'île et d'y enfanter désormais ; il faudrait pour cela être transporté à Rhénée. » On a fouillé à Rhénée la fosse commune, dite de la purification, où le contenu des tombes déliennes fut déversé lors de la purification de 426.

– Certains objets : un certain nombre de cultes interdisent le port des bijoux ou proscrivent le port de chaussures, aux mystères• d'Éleusis par exemple. Ces prescriptions très diverses, et souvent peu cohérentes, sont consignées dans des lois sacrées qui réglementent le culte. Elles trouvent leur unité dans la notion d'impureté à écarter.

Pour le personnel chargé du culte, prêtres et prêtresses, les interdits s'aggravent. Des règles de chasteté s'appliquent notamment lors de la célébration des sacrifices.

L'absence de purification d'une souillure entraîne, aux yeux des Grecs, des fléaux, dont on attribue le plus souvent la cause à quelque souillure, ainsi pour les épidémies et la stérilité de la terre, ou des femmes. La faute d'un seul retombe en effet sur le groupe tout entier, comme le mythe d'Œdipe l'illustre.

Œdipe, coupable d'avoir, sans le vouloir, tué son père et épousé sa mère, porte une souillure qui rejaillit sur la ville entière, comme l'indique Apollon, qui envoie la peste sur les habitants, en ordonnant « de chasser la souillure que nourrit ce pays et de ne pas l'y laisser croître jusqu'à ce qu'elle soit incurable » (Sophocle, *Œdipe-Roi*, 95-107). L'ordre d'Apollon a d'autant plus de valeur que, dans la mythologie grecque, il est le dieu qui envoie la peste tout en étant aussi la divinité qui purifie par excellence. L'acte d'un seul individu a donc des conséquences sur le groupe tout entier auquel il appartient. On reconnaît le caractère collectif de la religion grecque dans cette nécessité d'exclure alors du groupe l'individu responsable de la souillure.

La *katharsis* est aussi une notion appliquée par Aristote dans la *Poétique* à la purification des passions qu'opère la tragédie chez les spectateurs. Il s'agit alors d'une purification psychologique.

PYLAGORE (πυλαγόρας) : Les pylagores sont des orateurs délégués au conseil de l'amphictionie• pyléo-delphique ; ils tirent leur nom des sessions de ce conseil, les pylées ou pyles, qui avaient lieu à l'origine aux Thermopyles. Dans ce conseil amphictionique, les pylagores avaient seulement voie consultative, au contraire des hiéromnémons•. Ils étaient chargés de plaider devant le conseil la cause de leur peuple ou de leur cité. Les agoratres hériteront plus tard de leurs fonctions.

PYRRHIQUE (πυρρίχη) : La pyrrhique était la plus célèbre des danses armées grecques. Cette danse est exécutée par les jeunes gens en armes, qui imitaient le combat et se préparaient ainsi au maniement des armes. Platon (*Lois* VII, 815 a) lui reconnaît cette valeur éducative. Elle était exécutée au rythme de l'*aulos* et s'accompagnait d'un chant vif. Elle faisait partie des épreuves des Panathénées à Athènes, où deux groupes de huit pyrrhichistes, équipés chacun par un chorège•, s'affrontaient dans chacune des trois catégories d'âge.

Certains rapprochaient son nom de celui de Pyrrhos-Néoptolème, le fils d'Achille, qui aurait involontairement inventé cette danse lorsque, acculé par les Delphiens sur le grand autel, il essayait de se protéger de leurs projectiles : comme le raconte le messager de l'*Andromaque* d'Euripide (1129-1136), « sous la grêle épaisse qui de toutes parts l'écrasait, ses armes devant lui il parait les atteintes, de ci de là brandissant son bouclier à bout de bras. (...) Quelle affreuse pyrrhique tu aurais vu exécuter à ton enfant qui cherchait à éviter les traits ».

Q

QUARANTE : Les Quarante (*tettarakonta*, τεττάρακοντα) sont quarante juges qui se rendaient dans les dèmes• de l'Attique pour juger les affaires où l'amende excédait 10 drachmes. Ils sont chargés des actions privées qui mettent en cause un magistrat lors de la reddition• de comptes.

R

REDDITION DE COMPTES : Tout magistrat, dont la capacité légale à occuper une charge avait déjà été soumise à vérification lors de la dokimasie•, doit, à sa sortie de charge, rendre des comptes. Cette reddition de comptes, ou *euthynai* (εὔθυναι), à laquelle il est soumis, est la marque du régime démocratique, car cette responsabilité devant le peuple n'existe évidemment pas dans la tyrannie•, et guère dans l'oligarchie•, où les membres des conseils, bien souvent, siègent à vie. La reddition des comptes s'impose à quiconque a eu une fonction publique ou la gestion de fonds publics, en particulier les 500 bouleutes et les 700 magistrats à Athènes, qui sortent de charge à la fin de l'année. Au IVe siècle, ce n'est pas seulement à la fin de leur gestion, mais régulièrement en cours d'année, que les magistrats sont soumis au contrôle populaire : au début de chaque prytanie•, l'*ekklèsia* se prononce par un vote sur la gestion de chaque magistrat ; si le résultat du vote est défavorable, le magistrat doit présenter sa défense. En outre, à tout moment, les magistrats sont exposés, de la part de n'importe quel citoyen, à une accusation d'eisangélie•, ou accusation de trahison ou de complot contre l'État.

Au Ve siècle, l'examen se déroule en deux temps, pendant le mois d'Hékatombaion, premier de l'année, et le mois de Métageitnion.

Dans un premier temps, les magistrats, à leur sortie de charge, devaient soumettre leurs comptes à une commission de dix logistes•, qui forment une commission spéciale recrutée au sein de la *boulè*• ; ils sont assistés de dix synégores•. La commission avait un mois pour inspecter les comptes, puis les inspecteurs présidaient une cour de 501 juges où les synégores présentaient un rapport sur l'inspection des comptes ; tout citoyen pouvait porter une accusation contre les magistrats sortis de charge, pour vol, corruption ou injustice. La cour se prononçait par vote en cas d'accusation.

Dans un second temps, les magistrats devaient répondre de toutes les autres fautes qu'ils avaient pu commettre durant leur charge devant une commission de dix vérificateurs des comptes (*euthynoi*, εὔθυνοι), ou « redresseurs », recrutée elle aussi au sein de la *boulè* à raison d'un par tribu, et de vingt assesseurs (*paredroi*, πάρεδροι). Chaque vérificateur des comptes avec ses deux assesseurs siégeait devant la statue du héros éponyme de sa tribu, sur l'*agora*, durant les trois jours qui suivaient la fin de l'inspection des logistes ; tout citoyen ou métèque pouvait remettre au vérificateur des comptes de sa tribu une accusation contre un magistrat sorti de charge. Si le vérificateur trouvait l'accusation fondée, il la transmettait aux Quarante• dans le cas d'une action privée (*dikè*) ou aux thesmothètes dans le cas d'une action publique (*graphè*), pour instruire l'affaire et l'introduire devant l'Héliée•.

REPRÉSAILLES (droit de -) : Le droit de représailles s'exprime par le verbe *sylan* (συλᾶν), qui désigne une action violente consistant à saisir une personne ou ses biens. Il désigne précisément le droit de représailles, du point de vue juridique, quand la saisie apparaît justifiée à la communauté du saisissant ou à celle de la victime. Dans le cas de deux cités qui n'ont pas conclu de convention judiciaire, le particulier qui se juge victime d'un tort de la part d'un étranger de l'autre cité se saisit de la personne ou des biens d'un concitoyen de celui qui lui a fait tort. Ce droit de représailles est admis, car la responsabilité collective est acceptée à l'intérieur d'une cité. L'asylie• peut permettre de garantir contre ce droit son bénéficiaire.

> Une inscription de Cyrène des années 335, appelée stèle des *syla*, règle les droits de représailles ou de saisie (*syla*, σῦλα) détenus par des étrangers à l'encontre de la cité : Cyrène a envoyé des ambassadeurs dans plusieurs cités, principalement du Péloponnèse, pour éteindre moyennant finances les droits de saisie qu'elles détenaient.

RHAPSODE (ῥαψῳδός) : Déclamateur professionnel, qui se produisait dans les concours•, ou en général dans des manifestations publiques, en récitant des poèmes épiques, le plus souvent les poèmes homériques. Platon fait dans *Ion* une description des rhapsodes.

RHÉTEUR (ῥήτωρ) : Dans les régimes démocratiques•, où la maîtrise de la parole est essentielle pour convaincre l'assemblée du peuple, celui qui veut jouer un rôle dans la politique de sa cité est nécessairement amené à intervenir comme orateur•. La conscience qu'avaient les Grecs de l'importance de l'éloquence explique qu'ils se soient intéressés à la rhétorique, au discours de l'orateur en tant que science pouvant faire l'objet d'un enseignement : le rhéteur, que les Grecs appelaient du même nom que l'orateur, *rhètôr*, est le professeur qui enseigne cette science du langage, cet art de la persuasion par la parole. L'éducation rhétorique repose sur un programme d'études par étapes successives, qui recourt à des exercices et prône l'imitation.
La rhétorique est un art, une *technè*, qui doit produire la persuasion. À ce titre, la rhétorique est l'un des apports des grands sophistes•. Gorgias, dans son *Éloge d'Hélène*, développe la magie du verbe en recherchant les figures du discours. La rhétorique fait l'objet au IVe siècle des critiques de Platon, qui la distingue de la philosophie au nom de la vérité. Isocrate, au contraire, donne un sens plus large à la rhétorique : pour lui, la rhétorique est philosophique. C'est Isocrate qui donne à la rhétorique un rôle central dans la culture littéraire ; elle devient une discipline scolaire. Aristote élabore une description systématique de la rhétorique. Elle comprend plusieurs genres : judiciaire, délibératif, épidictique ou d'apparat. La seconde sophistique• illustre la rhétorique en développant une culture littéraire.
Les premiers rhéteurs, Korax et Tisias, apparaissent en Sicile vers le milieu du Ve siècle et distinguent les articulations du discours ; la fin du Ve siècle et le IVe siècle voient le développement de l'enseignement des sophistes, professeurs itinérants, souvent présents à Athènes, qui s'intéressent à des disciplines très variées, mais, en premier lieu, considèrent comme capitale la rhétorique, car cet art de la persuasion est seul indispensable à leurs clients, les jeunes gens de bonne famille, désireux de s'imposer dans la vie publique. Protagoras d'Abdère et Gorgias de Léontinoi sont les plus célèbres ; avec leurs pareils, ils enseignent l'éristique, l'art de disputer, qui permet, grâce à la supériorité de l'expression, reposant sur des procédés de style et sur la technique de l'argumentation, de faire triompher n'importe quelle cause. Au IVe siècle, Isocrate, qui considère la rhétorique comme la véritable philosophie, dirige à Athènes une école où sont formés plusieurs des hommes politiques, athéniens et étrangers, de son siècle. À partir de l'époque hellénistique, et particulièrement à l'époque romaine, l'enseignement du rhéteur constitue une science obligée dans l'éducation des jeunes gens ; au IIe siècle ap. J.-C., lors de ce qu'on appelle la « seconde sophistique », nombre de rhéteurs, installés dans les grands centres de l'Orient grec, comme Athènes et Éphèse, se produisent lors de tournées dans des conférences qui, portant souvent sur un sujet improvisé, doivent beaucoup à la forme et aux effets de style ; plusieurs, comme Ælius Aristide et Hérode Atticus, atteignent à la célébrité.

***Rhètra* (ῥήτρα) :** La grande *rhètra*, mot rattaché à la racine du verbe dire, nous a été transmise sous forme d'un texte court censé fixer le régime politique de Sparte. Ce texte aurait été révélé par l'oracle de Delphes au législateur mythique de Sparte, Lycurgue. Nous en connaissons une version en prose suivie d'un amendement dans la *Vie de Lycurgue* de Plutarque (6, 2 et 6, 8). Un poème en sept vers attribué à Tyrtée, poète du milieu du VIIe siècle, que cite Diodore de Sicile dans la *Bibliothèque historique* (VII, 12, 6) reprend les stipulations de la grande *rhètra*.

> Le poème de Tyrtée se présente sous cette forme : « Ainsi le Seigneur à l'arc d'argent, qui frappe au loin, Apollon à la chevelure d'or a rendu cet oracle dans son gras *adyton* : "que prennent l'initiative du conseil les rois honorés des dieux qui ont souci de la charmante cité de Sparte, et les Anciens du conseil des Anciens ; qu'ensuite les hommes du peuple répondant à leur tour en droites déclarations (*rhètrai*) avisent bien et fassent tout dans la justice et qu'il n'y ait pas de complot contre cette cité ; qu'à la masse du peuple s'attachent victoire et domination." C'est Phoibos qui sur cela a ainsi révélé à la cité. »

Le texte de la grande *rhètra* ne semble pas être apocryphe. Il révèle cependant des strates successives, au moins deux d'après Plutarque, qui distingue un amendement inséré par les rois Polydôros et Théopompos. La plus ancienne couche, peut-être composée au VIIIe siècle au plus tôt, est la charte de fondation de Sparte, qui est rapportée à l'Apollon de Delphes. La grande *rhètra*, transmise oralement, insiste, dans la version de Tyrtée, sur la parole, soumise à un ordre de succession temporelle : l'initiative revient aux deux rois et aux *gérontes*, tandis que la décision est du ressort du peuple à condition qu'il respecte la droiture par une réponse immédiate.

ROI, ROYAUME, ROYAUTÉ : Le roi, sous le nom de *wa-na-ka* dans les tablettes mycéniennes, est identifié avec celui que les textes homériques appellent *anax* (ἄναξ). Comme dans Homère, le terme désigne sans doute un souverain, mais aussi peut-être un seigneur divin. Le *wa-na-ka* possède un *téménos* royal, terre privilégiée royale, et il détient aussi des terres réquisitionnées à son profit. Au sein du palais, le roi détient en propre une petite part des personnes et des biens, qualifiés de royaux dans les tablettes mycéniennes.

Dans le monde homérique, la royauté combine des éléments anciens et des allusions à la réalité contemporaine du VIIIe siècle. Le roi peut porter deux titres pour désigner sa fonction, ceux d'*anax* (ἄναξ) et de *basileus* (βασιλεύς). Le roi détient son pouvoir, symbolisé par le sceptre, par sa naissance royale et par l'investiture des dieux ; sans être un roi absolu, il exerce une autorité politique, qui ne se limite pas à la guerre, sur des communautés politiques. On trouve dans l'*Odyssée*, composée à la fin du VIIIe siècle, après l'*Iliade*, un témoignage sur les affrontements entre le roi et certains aristocrates qui peut rappeler des conflits contemporains d'Homère.

À partir de l'époque archaïque, le terme *basileus* efface le mot *anax* pour désigner le roi. La désignation du roi comme *basileus* se distingue alors de celle du tyran• (*tyrannos*, τύραννος) par une différence de sens : *basileus* est un titre qui insiste sur la dignité et la majesté, tandis que *tyrannos* souligne la puissance, avec les excès qu'elle comporte.

Le titre de *basileus* est porté par un certain nombre de magistrats dans des cités classiques. Sparte offre l'exemple d'une dyarchie. Les deux rois s'y recrutent héréditairement dans deux familles, celles des Agiades et des Eurypontides. Ces rois sont des magistrats qui doivent se conformer aux lois spartiates ; leurs prérogatives sont limitées : ils ont les deux sacerdoces de Zeus Lacédémonien et de Zeus Ouranios, la conduite des opérations de guerre, des attributions en matière de sacrifices, de fêtes et de justice, et ils sont membres du conseil de la *gérousia*. À l'époque hellénistique, des rois comme Agis IV et Cléomène III affirment l'autorité royale en tentant de réformer Sparte.

À Athènes, à l'époque classique, le titre de *basileus* est porté par l'un des archontes•. Ce titre conserve le souvenir de la royauté légendaire que les Athéniens faisaient remonter à Cécrops. L'évolution de la royauté à Athènes fit passer, vers le milieu du VIIIe siècle, d'une royauté homérique héréditaire à la magistrature de trois archontes, dont le recrutement s'ouvre ensuite aux eupatrides• ; ces trois magistratures deviennent annuelles en 683/2. L'archonte roi a des attributions religieuses : il contrôle la célébration des mystères d'Éleusis ; il désigne les arrhéphores• ; son épouse, la *Basilinna* (Βασίλιννα), célèbre son union (voir hiérogamie•) avec le dieu Dionysos lors d'une cérémonie secrète de la fête des Anthestéries, sous forme d'une union charnelle avec l'archonte roi.

L'institution royale est connue dans de nombreuses cités hors d'Athènes et de Sparte. La royauté est illustrée à Cyrène par la dynastie des Battiades (631-vers 440), fondée par Battos, le fondateur de cette colonie de Théra. Dans un premier temps (631-555 à 550), la royauté reste traditionnelle : le roi est entouré d'un conseil, mais l'autorité des successeurs de Battos croît, jusqu'à la réforme du législateur Démonax de Mantinée, qui réduit le roi à une fonction honorifique et religieuse au milieu du VIe siècle. À partir de 535-530, Arcésilas III restaure une royauté tyrannique à Cyrène, qui survit jusque vers 440.

La royauté macédonienne présente quelque originalité par rapport aux royautés connues dans les cités grecques. Les Macédoniens sont liés au roi par une allégeance personnelle ; c'est l'assemblée des soldats qui proclame le roi. Alexandre fusionne ces conceptions macédoniennes avec les traditions royales du Grand Roi, titre du souverain perse : après la mort de Darius, il se présente comme son successeur légitime, prend certains des insignes royaux comme la tiare et impose le cérémonial aulique, notamment la proscynèse, à son entourage, qui devait se prosterner devant lui. La conception de la royauté penche vers l'absolutisme.

Les rois hellénistiques, qui ont l'ambition d'imiter Alexandre, sont les héritiers de sa conception de la royauté. La victoire marque la faveur des dieux, elle légitime le rang éminent du roi parmi les hommes. Aussi le diadème, ruban ceint autour de la tête, peut-il être pris après une victoire qui vaut qualification royale (couronne•) : ainsi Attale Ier devient le premier roi de Pergame alors que ses prédécesseurs étaient de simples dynastes•, exerçant le pouvoir sans avoir le titre royal. Les philosophes stoïciens développent une théorie de la royauté qui la lie à l'évergétisme : le roi, grand évergète• des cités, témoigne de la philanthropie, en étant solidaire de l'humanité. Le culte royal contribue à diffuser l'image d'un roi sauveur et présent, sous ses deux formes : le culte d'État, décidé par le roi qui le répand dans ses États, le culte civique que la cité crée en l'honneur du roi pour l'honorer. La première forme que prend le culte royal est le culte d'État, décidé par le souverain, dont l'ordre est affiché dans tout le royaume.

Cette forme de culte prend un aspect dynastique. Par exemple, Ptolémée IV, roi lagide de la fin du IIIe, a institué en Égypte le culte d'Alexandre et des couples royaux de ses prédécesseurs ainsi que du propre couple qu'il formait avec la reine Arsinoé III. Ce culte dynastique revêt en Égypte une double forme, grecque à l'usage des Gréco-Macédoniens et égyptienne à l'usage des indigènes.

Mais ce culte peut se limiter à un seul membre de la famille royale. Ptolémée II décida ainsi en 271 la divinisation de son épouse Arsinoé II qui venait de décéder.

L'autre forme que prend le culte royal est civique : le culte est décidé par la cité, qui intègre la nouvelle divinité dans le panthéon civique. Ce culte civique s'était manifesté en Asie Mineure, lors de la libération de certaines cités par Alexandre. Il prend une ampleur considérable à l'époque hellénistique, sans qu'il faille y voir un phénomène auquel la cité est contrainte de se plier. On constate en effet que le roi est honoré pour des bienfaits qui peuvent amener la cité à reconnaître en lui son nouveau fondateur, ou *ktistès*•.

À l'extrême fin du IIIe siècle, à Téos, dans la presqu'île de Smyrne, le roi Antiochos III et sa femme Laodice sont ainsi l'objet d'un culte. La cité de Téos donne à ce culte un aspect traditionnel qui l'enracine dans le vieux fonds religieux civique : le culte d'Antiochos III est célébré dans le temple de la grande divinité de Téos, Dionysos, où la statue cultuelle du roi se dresse à côté de celle du dieu, devenant ainsi la divinité *synnaos* (= « qui partage le temple ») du dieu. Les offrandes à Antiochos sont de même nature que celles qui s'adressent à Dionysos. La reine n'est pas oubliée : elle devient la divinité de la fontaine du port, où l'on prescrit aux futures mariées d'aller prendre l'eau nécessaire au bain nuptial : Laodice est donc présentée comme une divinité liée au mariage•. Le culte royal décidé par la cité prend une forme qui l'intègre dans la religion civique traditionnelle.

ROMAN : Les origines du roman grec remontent à la littérature alexandrine d'époque hellénistique, où le genre existe déjà. Les romans conservés sont d'époque impériale, quand le genre prend tout son développement, au même moment que la seconde sophistique•. C'est le romanesque et parfois le mélodrame des récits de voyage et d'amour qui caractérisent ce genre littéraire. La complexité de l'intrigue répond à celle de sa matière, qui est l'individu, l'être humain.

S

SACERDOCE : prêtre•

SACRIFICE : Le sacrifice était dans le monde grec un acte essentiel du culte, un élément capital dans le rituel des relations entre les hommes et les dieux ; dans le sacrifice, les hommes opèrent un prélèvement sur ce qui leur appartient afin de se concilier ou de garder la faveur divine. Il existe deux sortes de sacrifices, les sacrifices sanglants et les sacrifices non-sanglants ; tous sont offerts d'après des règlements précis, qui prescrivent la nature de l'offrande, animale ou végétale, et, dans le cas d'une victime animale, qui doit toujours être sans défaut, le sexe, l'âge et la couleur.
Les sacrifices non sanglants sont les plus fréquents dans le culte domestique. En dehors de la maison•, ils sont exigés par certains cultes ; ils sont réservés normalement, mais pas exclusivement, aux divinités agraires, auxquelles on offre des produits de la terre, fruits et légumes, des pains, des gâteaux, des fromages ; à Apollon, on offre des gâteaux en forme de lyre, à Artémis, en forme de lune ; dans la libation•, on fait couler à terre des offrandes liquides, lait, vin, miel. Les offrandes solides étaient brûlées ; parfois, elles étaient simplement déposées sur une table réservée à cet effet, placée à côté de l'autel•.

Le sacrifice sanglant, la *thysia* (θυσία), est le plus prestigieux, le plus solennel, celui qui donne le plus d'éclat à une fête• ; le sacrifice public offert par la cité et qui se termine par un banquet•, occasion de se réjouir ensemble dans la célébration communautaire d'une même divinité, est toujours un sacrifice sanglant. Les animaux sacrifiés devaient être des animaux domestiques et considérés comme comestibles, volailles, chèvres, moutons, porcs, ou bœufs, qui étaient les victimes les plus prestigieuses ; des animaux regardés comme non comestibles pouvaient être offerts dans des sacrifices particuliers, des chiens à Hécate ou des chevaux à Poséidon, par exemple. Le grand sacrifice civique commence par la procession•, *pompè*, qui conduit l'animal, paré pour la fête, avec les cornes entourées de guirlandes et parfois dorées, ou les animaux, à l'autel ; là, le prêtre• consacre l'animal par ses prières et l'offrande des prémices du sacrifice, l'*aparchè*•, qui consistent en quelques poils coupés au front de l'animal avec le couteau sacrificiel et jetés dans le feu qui brûle sur l'autel. La victime est ensuite mise à mort par le sacrificateur, assommée d'un coup de hache sur le front, puis égorgée : dans le cas, le plus fréquent, et le seul qui comporte un banquet, où le sacrifice est offert à une divinité ouranienne, on relève la tête de l'animal, pour que le sang jaillisse vers le ciel, avant d'arroser l'autel, le *bômos*. La bête est, pour finir, écorchée et découpée par le *mageiros*, sacrificateur et boucher, qui retire les viscères, les *splanchna*, et procède au dépeçage, après l'examen des entrailles voulu par la divination•, fait par les soins d'un spécialiste. Les os, que l'on recouvre de la graisse et que l'on arrose d'une libation de vin, brûlent sur l'autel pour les dieux, qui reçoivent en présent la fumée. La peau revient au prêtre dans les sacrifices privés, alors qu'elle est vendue au bénéfice du trésor du sanctuaire, dans les sacrifices publics. Du côté des hommes, c'est le banquet communautaire qui suit le sacrifice : les viscères, rôtis au bout de longues broches, sont consommés sur place par les officiants ; la viande, découpée en parts égales, est, en fonction des rituels, tantôt distribuée de manière hiérarchisée, en fonction des mérites des participants, les magistrats étant servis d'abord, comme lors du premier sacrifice offert à Athéna Polias aux Grandes Panathénées, tantôt distribuée sans que soit opérée de distinction, par tirage au sort entre tous les assistants, comme à la grande hécatombe• de cette même fête athénienne ; les parts sont alors mises à bouillir dans de grands chaudrons, puis consommées sur place, ou bien, si le rituel l'autorise, chacun emporte sa part chez lui.
L'autre type de sacrifice sanglant, dans lequel la victime n'est pas consommée, mais entièrement brûlée, en holocauste, est réservé aux cultes chtoniens•, cultes des divinités infernales, des héros et des morts : la bête est alors égorgée de manière à ce que le sang coule directement sur l'autel bas, l'*eschara*, propre aux rites chtoniens, ou dans la terre. Il faut évoquer enfin, à propos des sacrifices sanglants, la question des sacrifices humains : si cette pratique est bien attestée dans la mythologie, à commencer par le sacrifice d'Iphigénie, il n'en va pas de même pour l'époque historique, où, peut-être, de tels sacrifices, à valeur expiatoire, étaient accomplis dans certaines régions isolées du monde grec ; en quelques endroits sont attestés des sacrifices où la victime animale vaut comme substitut de victime humaine. Des sacrifices humains sont attestés à Éleuthernes en Crète vers 700. À Athènes, on mentionnera le sacrifice, à caractère exceptionnel, qui fut exigé par le devin•, de trois prisonniers perses par les Athéniens en 480 avant la bataille de Salamine (Plutarque, *Vie de Thémistocle* 13).

Un sacrifice, comme une libation, peut être offert dans de multiples circonstances, à titre privé ou public. Parmi les sacrifices publics, certains, offerts lors de fêtes inscrites au calendrier, sont périodiques ; d'autres, sans que leur fréquence soit réglée précisément, interviennent régulièrement dans les relations entre cités, avant la bataille, car il est nécessaire, pour engager le combat, que les présages obtenus par l'examen des entrailles de la victime soient favorables, après la victoire, ou lors de la signature d'une trêve ou d'un traité ; dans la vie de la cité, tout acte officiel, toute séance d'un organe public commence par un sacrifice, car tout ce qui se fait au nom de la communauté est placé sous l'invocation des dieux.

Le franchissement d'une frontière• par l'armée était précédé et suivi d'un sacrifice. Avant le franchissement, le verbe sacrifier est employé au mode moyen (sacrifier pour soi, θύεσθαι) ; une fois la frontière franchie, c'est l'actif qui est employé (θύειν).

Dans la vie privée, la protection divine est aussi bien sûr invoquée, et les occasions d'offrir des sacrifices, moins coûteux évidemment que ceux de la cité, et souvent non sanglants, sont multiples, comme celles d'offrir une libation : on offre un sacrifice dans les divers moments du culte familial, particulièrement lors des funérailles•, lors d'une séparation ou de retrouvailles, pour tout événement important de la vie privée ou professionnelle.

***Salpinx* (σάλπιγξ) :** Sorte de trompette droite, utilisée surtout comme instrument d'alerte dans les armées, où elle servait à transmettre les ordres.

SANCTUAIRE : Notre mot « sanctuaire » traduit à la fois les termes grecs *hiéron* et *téménos*. Tandis que le terme *hiéron* rend la notion de sacré qui est attachée à tout lieu appartenant à une divinité, le terme *téménos* désigne précisément la portion de terre qui a été « découpée », isolée de la terre profane pour être attribuée au dieu ; le *téménos* est isolé par des bornes•, enclos par une palissade de bois ou un mur de pierre, le péribole•, ou encore par une plantation d'arbres, l'*alsos*•.

Cet espace sacré a été distingué pour des raisons qui varient considérablement d'un sanctuaire à un autre : ainsi, c'est d'après le mythe qu'Apollon est né à Délos, qu'il s'est emparé de Pythô, un endroit qui était sacré déjà avant lui, ou que le héros Amphiaraos s'est enfoncé sous terre à Oropos, là où il est vénéré. Nombreux aussi sont les sites dont les caractères qui s'en dégagent, la majesté, le mystère, ou simplement la sensation d'apaisement et de quiétude, inspiraient aux Grecs le sentiment de la présence divine.

C'est surtout au VIIIe siècle que l'on assiste au développement du sanctuaire sous la forme qu'il conservera. On situe au IXe siècle l'apparition de ce trait primordial : c'est alors que les Grecs séparent nettement le sanctuaire (*hiéron*), entouré de son mur d'enceinte (*téménos*), du domaine profane. La purification• (*katharsis*) est nécessaire pour passer de l'un à l'autre.

Du point de vue de l'implantation des sanctuaires, on constate une rupture entre l'époque mycénienne et l'époque géométrique (IXe-VIIIe siècles) : certes, on a trouvé des vestiges mycéniens sur l'Acropole d'Athènes, dans les sanctuaires de Déméter et Coré à Éleusis, d'Apollon à Delphes et d'Artémis à Délos. Mais, si l'on examine les différents sites où l'on retrouve des vestiges mycéniens sous des sanctuaires, on note un élément de discontinuité temporelle : la période des âges obscurs correspond à une absence d'occupation du site. Il y a bien rupture chronologique entre la fin du niveau mycénien et le début de l'époque géométrique. Il convient donc d'examiner la fonction des bâtiments mycéniens pour voir si le sanctuaire s'est installé à l'époque géométrique sur l'emplacement d'un édifice cultuel mycénien. En fait, les vestiges mycéniens ont souvent été mal interprétés : il s'agit d'habitats mycéniens, non de sanctuaires, ainsi à Argos, sous le sanctuaire d'Héra, l'Héraion, ou à Délos, sous le sanctuaire d'Artémis, l'Artémision **(fig. 40, n°46)**.

L'exemple du sanctuaire d'Éleusis est le plus éloquent à cet égard. On a souvent interprété les vestiges mycéniens repérés sous le sanctuaire de Déméter et Coré comme les restes du premier temple des Deux Déesses. Cependant l'examen du plan de cet édifice mycénien interdit d'y reconnaître le premier temple des divinités éleusiniennes : l'orientation du bâtiment est différente de celle du sanctuaire grec ; le plan des constructions mycéniennes évoque en fait un palais. Il y a rupture entre le palais mycénien et le sanctuaire de Déméter et Coré.

Fig. 38 : Delphes, plan de situation du sanctuaire d'Apollon
(École française d'Athènes).

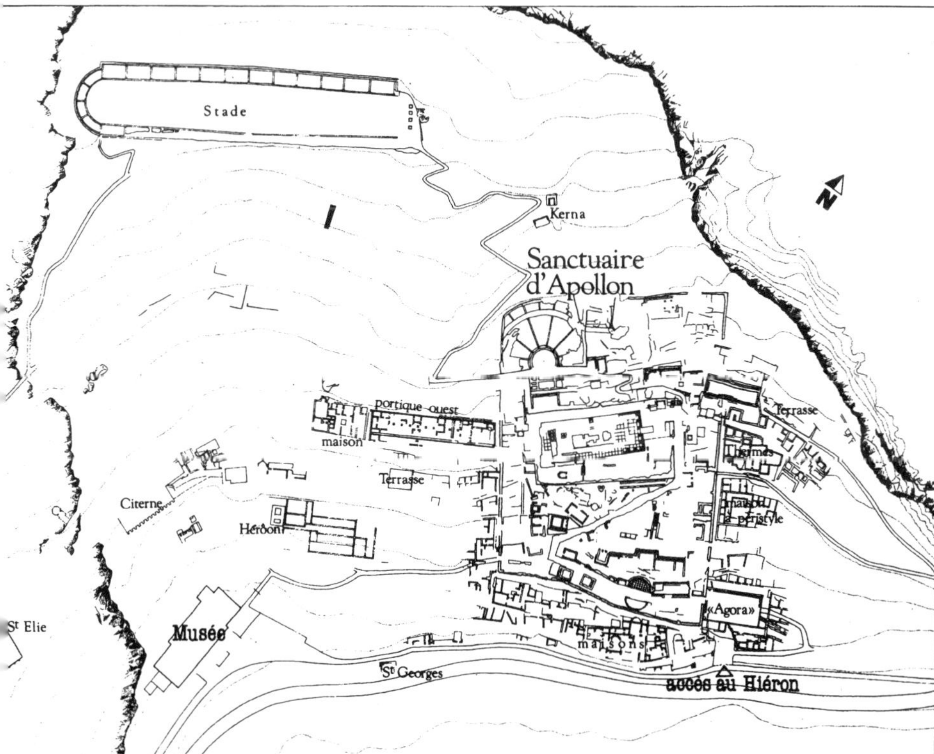

Fig. 39: Plan du sanctuaire d'Apollon à Delphes *(d'après J.-F. Bommelaer)*.

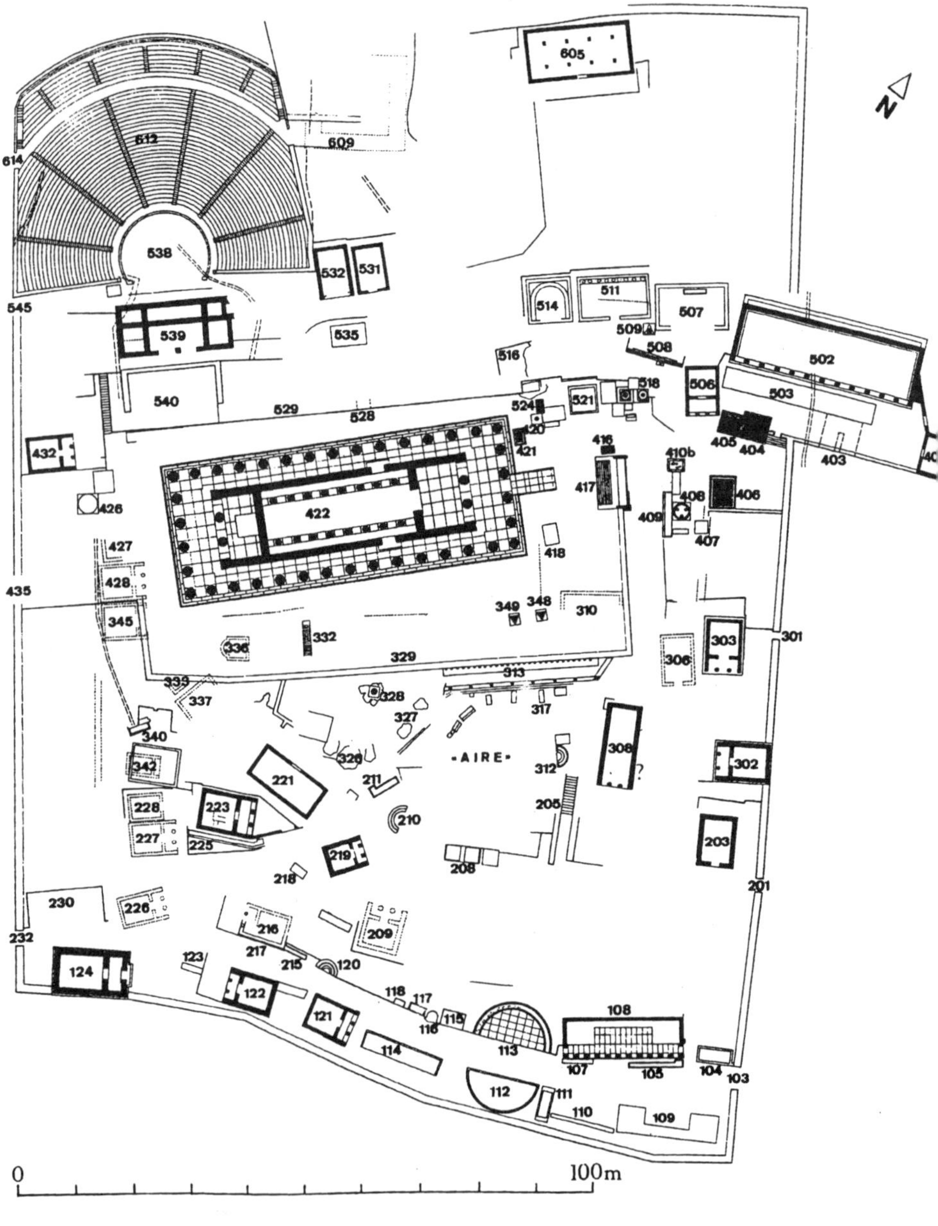

Légendes de la figure 39.

103	Entrée sud-est
104	Taureau de Corcyre
105	Offrande des Arcadiens
107	Base
108	Portique
109	Monument des « Navarques »
110	Monument athénien des Héros éponymes (ou de Miltiade, ou de Marathon)
111	Cheval dourien (ou Cheval de Troie)
112	Épigones et Sept contre Thèbes
113	« Rois d'Argos »
114	Base des Tarentins « du bas »
115-118	Niches
120	Niche en hémicycle
121	Trésor de Sicyone
122	Trésor de Siphnos
123	Base de Lipari
124	Trésor de Thèbes
201	Porte
203	*Oikos*
205	Escalier
208	Monument à trois colonnes
209	Trésor
210	Exèdre
211	Base des Béotiens
215	*Ex-voto* des Étoliens
216	Trésor
217	« Mur des Mégariens »
218	Base
219	Trésor de Cnide
221	*Bouleutèrion*
223	Trésor des Athéniens
225	Base de Marathon
226	Trésor « des Béotiens »
227	Trésor « de Potidée »
228	Trésor archaïque non identifié
230	Niche
232	Entrée sud-ouest
301	Porte
302	Trésor de Cyrène
303	Trésor de Brasidas et des Acanthiens
306	Trésor archaïque non identifié
308	Trésor de Corinthe
310	Trésor archaïque non identifié
313	Portique des Athéniens
317	Base d'Attale II
326	Rocher de la Sibylle
327	Rocher de Létô
328	Colonne et sphinx des Naxiens
329	Mur polygonal
332	Fontaine des Muses
336	Trésor archaïque non identifié
337	Trésor anonyme
340	Niche et fontaine de l'Asclépieion
342	Trésor « étrusque »
345	Trésor archaïque non identifié
348-349	Piliers des Messéniens
402	*Oikos* attalide
403	Exèdre attalide
404	Pilier d'Eumène II
405	Pilier d'Attale Ier
406	Char des Rhodiens
407	Trépied de Platées
408	Trépied crotoniate
409	Offrande des Tarentins « du haut »
410b	Apollon de Salamine
416	Pilier étolien d'Eumène II
417	Autel d'Apollon (« de Chios »)
418	Pilier de Paul-Emile
420	Palmier de l'Eurymédon
421	Pilier d'un empereur romain
422	Temple d'Apollon
426	Base ronde
427-428	Trésors archaïques non identifiés
432	Trésor non identifié
435	Entrée ouest
502	Portique d'Attale Ier
503	Massif (base ou autel)
506	Trésor non identifié
507	Enclos
508	Base dite des Corcyréens
509	Colonne d'acanthe (ou « des Danseuses »)
511	Base de Daochos
514	Base en forme de fer à cheval
516	Mur de soutènement
518	Trépieds des Deinoménides
521	Apollon Sitalcas
524	Pilier de Prusias II de Bithynie
528	Niche et bassin
529	Mur de l'*Ischégaon*
531-532	Trésors non identifiés
535	Socle
538	*Orchestra* du théâtre
539	Bâtiment de scène du théâtre
540	Niche de Cratéros
545	Entrée
605	*Leschè* de Cnide
609	Fontaine Cassotis
612	*Koilon* du théâtre
614	Entrée

Fig. 40 : Délos, plan du sanctuaire d'Apollon *(d'après Ph. Bruneau, J. Ducat).*

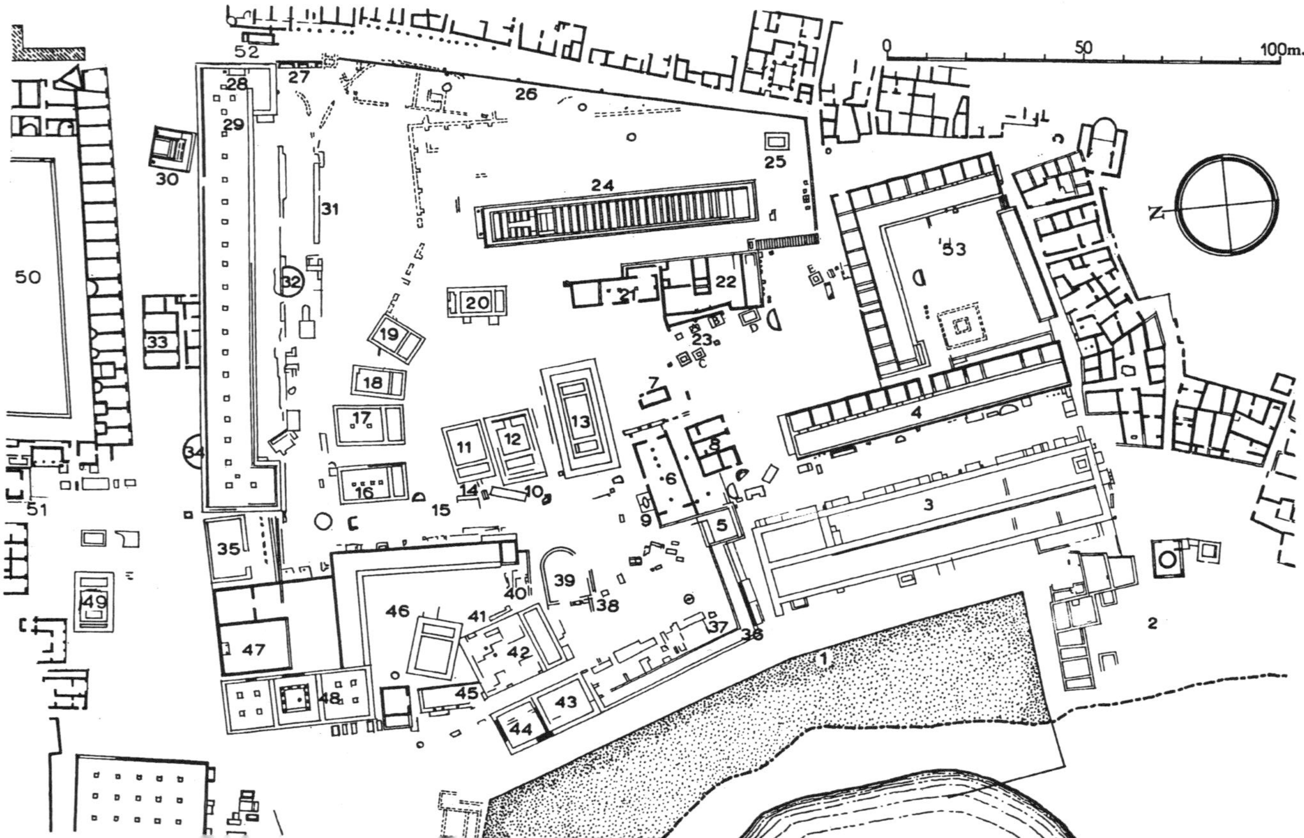

Légendes de la figure 40.

1	Port	29	Portique d'Antigone
2	*Agora* des Hermaïstes ou des Compétaliastes	30	Fontaine Minoè
		31	Monument des « *Progonoi* »
3	Portique de Philippe	32	*Thèkè* d'Opis et Argè
4	Portique sud	33	Magasin hellénistique
5	Propylées	34	*Abaton*
6	*Oikos* des Naxiens	35	*Graphè*
7	Temple G	36	*Stoa* des Naxiens
8	*Ergastèria* des Théandridai	37	Palmier de Nicias
9	Colosse des Naxiens	38	Pilier d'Antiochos
10	Base de Philétairos	39	« Monument à abside »
11	« *Pôrinos Naos* »	40	Temple G
12	« Temple des Athéniens »	41	Tombeau de Laodikè et Hyperokhè
13	« Grand Temple »	42, 43	Édifices anonymes
14	Base	44	Monument aux hexagones
15	Habitat mycénien	45	Portique
16 à 20	Trésors	46	Artémision
21	« Édifice D »	47	*Ekklèsiastikon*
22	Prytanée	48	Édifice à cour péristyle
23	Autels	49	Dôdékathéon
24	« Monument des Taureaux »	50	*Agora* des Italiens
25	Autel hellénistique	51	Létôon
26	Mur de péribole du sanctuaire	52	Chapelle de Dionysos
27	Exèdres	53	*Agora* des Déliens
28	Monument de C. Billienus		

Le *hiéron* est marqué par un certain nombre de caractéristiques, qui le séparent bien nettement des terres profanes qui l'entourent : ainsi, l'accès en est interdit à toute personne porteuse d'une souillure, et il est par suite interdit d'y naître ou d'y mourir ; il est interdit d'en arracher de force toute personne qui y aurait trouvé refuge et, de toute manière, l'inviolabilité d'un sanctuaire doit être respectée par les armées en guerre.

Toute enceinte consacrée garantit au suppliant le droit d'asile, dont le non-respect est cause de souillure. Ainsi, la famille des Alcméonides, à laquelle appartint le fondateur de la démocratie, Clisthène, avait eu un ancêtre, Mégaclès, souillé par le massacre des partisans de Cylon qui n'avaient pas été épargnés, bien qu'ils se fussent réfugiés dans un sanctuaire.

Il existe toutes sortes de sanctuaires, aux origines très variées, des sanctuaires ruraux et des sanctuaires urbains, des sanctuaires purement locaux, comme ceux des divinités poliades•, et quelques sanctuaires panhelléniques. Puisque les cérémonies auxquelles participent les fidèles se font en plein air, un sanctuaire, pour exister, n'a besoin que d'un espace consacré et d'un autel•, où sont offerts les sacrifices à la divinité : les sanctuaires de ce type étaient fort nombreux dans la Grèce ancienne, particulièrement à la campagne, où grottes et bois étaient dédiés à des divinités agrestes, Hermès, Pan et les nymphes bien souvent. Bien des sanctuaires ruraux sont demeurés très simples ; mais, à la campagne, et encore plus à la ville, avec le temps, ou grâce à la richesse des fidèles désireux d'honorer la divinité de manière plus visible, un temple•, qui, à la différence de l'autel, n'est jamais indispensable dans un sanctuaire, peut être construit : il a pour fonction d'abriter la statue• de culte, d'abord bien souvent simple *xoanon*, avant que son exécution en bronze ou en marbre en soit confiée à un artiste de renom. Des offrandes• variées, vaisselle en métal précieux, statuettes de bronze ou de terre cuite par exemple, s'accumulaient progressivement dans le temple ou, en-dehors de celui-ci, dans l'enceinte du sanctuaire, où dons privés ou officiels à la divinité pouvaient consister en statues, ou en groupes statuaires, représentant le fidèle, seul ou avec sa famille, ou même en petits monuments. Les sanctuaires des dieux et des héros furent ainsi remplis, dans tout le monde grec, de l'époque archaïque à l'époque romaine, d'offrandes de natures et de dates diverses, qui se côtoyaient les unes les autres. Un cas particulier était constitué par les sanctuaires panhelléniques•, où s'exprimait, et s'affichait, la piété de tous les Grecs, rivalisant entre eux par la splendeur de leurs offrandes : les sanctuaires de Zeus à Olympie **(fig. 41)**, d'Apollon à Delphes **(fig. 38-39)** et à Délos **(fig. 40)** surtout, furent progressivement encombrés, dans l'espace resté libre entre les constructions du culte, autel et temple de la divinité maîtresse en titre du sanctuaire, éventuellement temples ou tombeaux de divinités ou de héros secondaires, par les offrandes, très variées pour la forme et les dimensions, des particuliers et des cités ; parmi les plus fréquentes figuraient les groupes statuaires, qui pouvaient atteindre jusqu'à cinquante personnages, comme le groupe des navarques de Sparte à Delphes **(fig. 39, n°109)** ; les cités abritaient leurs offrandes précieuses, mais moins imposantes, dans de petits monuments construits en forme de temples, les trésors•. Les limites du sanctuaire renfermaient les édifices liés au culte, comme le théâtre, à Delphes ou à Épidaure. En revanche, c'est en-dehors du sanctuaire proprement dit, du *téménos*, qu'étaient bâties des constructions en relation certes avec le culte, mais de manière plus lointaine, des édifices annexes, lorsqu'il s'agissait, comme à Olympie, de bains ou d'hôtelleries pour les fidèles **(fig. 41)**.

SARISSE (σάρισα) : La sarisse est la très longue lance d'origine macédonienne, qui mesure en moyenne 14 coudées, soit 6,20 m. Elle joue un très grand rôle dans la phalange• macédonienne. Cette pique est en bois de cornouiller et renforcée de pointes de bronze aux deux extrémités ; la plus petite permet de ficher la sarisse en terre. La longueur de la sarisse oblige à la manœuvrer à deux mains, si bien que le grand bouclier des hoplites• grecs, qui mesurait 90 cm de diamètre, est remplacé par un petit bouclier très bombé de 60 cm de diamètre.

SATRAPE (σατράπης) : Dans l'empire perse, le satrape, nommé par le Grand Roi, était un gouverneur placé à la tête d'une province appelée satrapie ; il était particulièrement chargé de percevoir le tribut et de procéder à la mobilisation en cas de guerre. Choisi dans l'aristocratie iranienne, souvent membre de la famille du Roi, il était lié au souverain par des liens d'allégeance personnelle. Sous Darius Ier, l'organisateur de l'empire, les satrapies, qui correspondaient à des cadres ethniquement homogènes, étaient au nombre de 20 ou de 23. Jusqu'à la fin du Ve siècle, les satrapes sont généralement des officiers du Roi fidèles et bien surveillés ; à partir de cette date, et jusqu'à la conquête d'Alexandre, certains, surtout sur les franges occidentales de l'empire, ont tendance à mener une politique personnelle, s'affranchissant de l'autorité du Roi, contre lequel éclatent même des révoltes.

SATYRE (σάτυρος) : Dans la mythologie, les satyres forment, avec les ménades•, l'entourage de Dionysos : sur les représentations figurées, ces êtres hybrides, mi-hommes, mi-animaux, sont caractérisés par une chevelure hirsute, des cornes, une queue de cheval et des pieds de bouc. Les choreutes du drame satyrique• à Athènes étaient ainsi déguisés.

Fig. 41 : Olympie, maquette du sanctuaire de Zeus vu de l'est (*Eva Mallwitz*).

SATYRIQUE (drame) (σατυρικόν) : À Athènes, lors des représentations dramatiques en l'honneur de Dionysos, le groupe de trois tragédies•, ou trilogie, était suivi d'un drame satyrique, dû au même auteur : le nom de ce drame burlesque venait de ce que les membres du chœur•, conduits par Silène, étaient toujours déguisés en satyres•. Un drame satyrique complet est conservé avec *Le Cyclope* d'Euripide.

SCYTALE (σκυτάλη) : À Sparte, une scytale était un bâton autour duquel on enroulait en spirale une bande de parchemin sur laquelle on écrivait un message secret : une fois la bande ôtée de son support, le message était inintelligible et ne pouvait être déchiffré que par celui auquel avait été remis un bâton de même diamètre ; les éphores• utilisaient ce moyen pour correspondre avec les rois• en campagne.

> Un texte de Dioscouridès cité par Photios définit l'usage de la scytale pour les contrats entre particuliers, à partir du IVe siècle : « Dioscouridès rapporte, dans l'ouvrage *Sur les usages*, qu'à Sparte ceux qui consentent un prêt coupent une scytale en deux, en présence de témoins, et écrivent le texte du contrat sur chacune des deux parties ; ils remettent l'une à un des témoins et gardent l'autre en leur possession. »

***Seisachtheia*, seisachtie (σεισάχθεια) :** Littéralement la « levée du fardeau », la *seisachteia* est l'abolition des dettes à laquelle Solon procéda à Athènes lorsqu'il fut élu archonte au début du VIe siècle. Solon mit fin de cette manière à l'endettement paysan, supprimant la condition d'hectémore•.

SERMENT : Le serment est un engagement solennel devant les dieux ; il s'accompagne d'une imprécation contre celui qui le prononce et contre son groupe, dont on appelle la réalisation en cas de transgression du serment, et, souvent, d'un rite explicite. Le serment est le garant de la fidélité à la parole donnée, la *pistis* (πίστις).

> La stèle des fondateurs inscrite au IVe siècle à Cyrène rappelle le serment prêté solennellement par les colons venus de Théra lors de la fondation et le rite qui l'accompagne : « Après avoir façonné des mannequins de cire, ils les ont brûlés en prononçant ensemble un serment et en sacrifiant ensemble, hommes, femmes, garçons et filles : "Que celui qui rompra ce serment et commettra des actes contraires, qu'il fonde et soit liquéfié comme ces mannequins, lui-même et ses descendants et sa fortune." »

La conclusion de la paix est sanctionnée par un serment. Les magistrats, les éphèbes• prêtent serment.

SICILIOTE (Σικελικός) : L'adjectif qualifie les Grecs de Sicile ainsi que leurs productions.

SIMA : chéneau•

SITOPHYLAQUE (σιτοφύλαξ) : Dans plusieurs cités grecques, les sitophylaques étaient des magistrats chargés d'assurer l'approvisionnement en grain de la cité et d'empêcher les tentatives d'accaparement et de spéculation. Ils étaient particulièrement importants à Athènes, où se posa de manière constante le problème du ravitaillement en céréales•. Au nombre de dix au Ve siècle, ils étaient trente-cinq au IVe siècle, vingt à Athènes et quinze au Pirée. Lorsque la fonction de sitophylaque n'existait pas, l'agoranome• remplissait cette tâche de commissaire au grain.

SITULE : La situle est un seau qui est muni d'une ou deux anses mobiles. Elle est le plus souvent en métal, quelquefois en céramique.

SOPHISTE, SOPHISTIQUE (σοφιστής, σοφιστική) : Les sophistes sont les maîtres d'un art, d'une *technè* ; ils ne sont pas des sages. La définition que donne Thrasimaque au Ve siècle éclaire leur attitude : « Ma patrie était Chalcédoine et ma profession le savoir ». L'apogée des sophistes se situe au Ve siècle à Athènes. Ces « grands sophistes » (pour les distinguer des sophistes de la seconde sophistique) s'insèrent dans une évolution de la pensée qui privilégie l'homme et la raison. Protagoras d'Abdère (490-420), Gorgias de Léontinoi (487-380), Prodicos de Kéos (470/460-399 ?) et Hippias d'Élis (443- ?) sont les figures les plus marquantes de ce mouvement ; tous séjournent dans l'Athènes de Périclès où ils prodiguent leur enseignement payant aux riches Athéniens.
L'enseignement des sophistes se distingue de l'enseignement traditionnel fondé sur les valeurs de courage dont le modèle se trouve dans Homère. Les sophistes visent à développer la maîtrise de la technique pour donner la plus grande efficacité au discours. Leur enseignement est bien adapté à la conquête du pouvoir dans une démocratie directe comme Athènes. L'autre versant de leur enseignement procède d'une critique des conventions au nom de la raison. Cette critique rationaliste fait scandale dans la cité traditionnelle attachée à la religion. Les sophistes rencontrent aussi l'opposition de philosophes comme Platon, qui les met en scène dans de nombreux dialogues socratiques ; le philosophe dénonce au nom de la vérité absolue le relativisme des sophistes.
La seconde sophistique est un mouvement littéraire qui se développe aux IIe et IIIe siècles après J.-C. Philostrate, dans ses *Vies des sophistes*, a inventé l'expression de « seconde sophistique » et a décrit les activités de ces conférenciers itinérants. Leur production littéraire est dominée par la rhétorique. Oubliant volontairement la domination politique de Rome, ces sophistes se tournent vers la culture grecque.

***Sphyrèlaton* (σφυρήλατον) :** Ce mot, qui signifie martelé, est employé par les archéologues pour désigner une statue faite de tôle de bronze ou d'argent, martelée et clouée sur une âme de bois. Cette technique remonte à l'époque archaïque.

SPONDOPHORE (σπονδοφόρος) : Étymologiquement « porteur de libation, de trêve », le spondophore est un membre d'une délégation de théores• envoyée auprès des cités grecques pour annoncer la trêve qui précède la tenue de concours• panhelléniques•, comme ceux d'Olympie ou de Delphes.

STADE (στάδιον) : 1. Le stade désigne d'abord une mesure de longueur (voir poids• et mesures) qui varie suivant les cités. **2.** Le stade est aussi l'ensemble de la piste, d'une longueur d'un stade, et des gradins. Le stade de Delphes présente l'exemple bien conservé d'un stade de pierre construit entre 167 et 177 ap. J.-C. par l'évergète Hérode Atticus, qui a offert aussi le stade d'Athènes ; la piste de course a une longueur de 177,41 m **(fig. 38 et 42)**. **3.** Le stade est enfin la course simple qui se court sur une piste d'une longueur d'un stade. La course du stade était, parmi les épreuves gymniques du concours d'Olympie, l'épreuve la plus prestigieuse, qui valait le plus grand renom à l'olympionique qui l'avait remportée en étant stadiadrome, coureur sur une longueur d'un stade. D'autres courses étaient possibles sur la piste du stade : le diaule, ou *diaulos* (δίαυλος), consiste en un aller-retour ; la course de fond, ou *dolichos* (δόλιχος), peut compter jusqu'à 24 stades.

Fig. 42 : Delphes, stade d'Hérode Atticus
(d'après J.-F. Bommelaer).

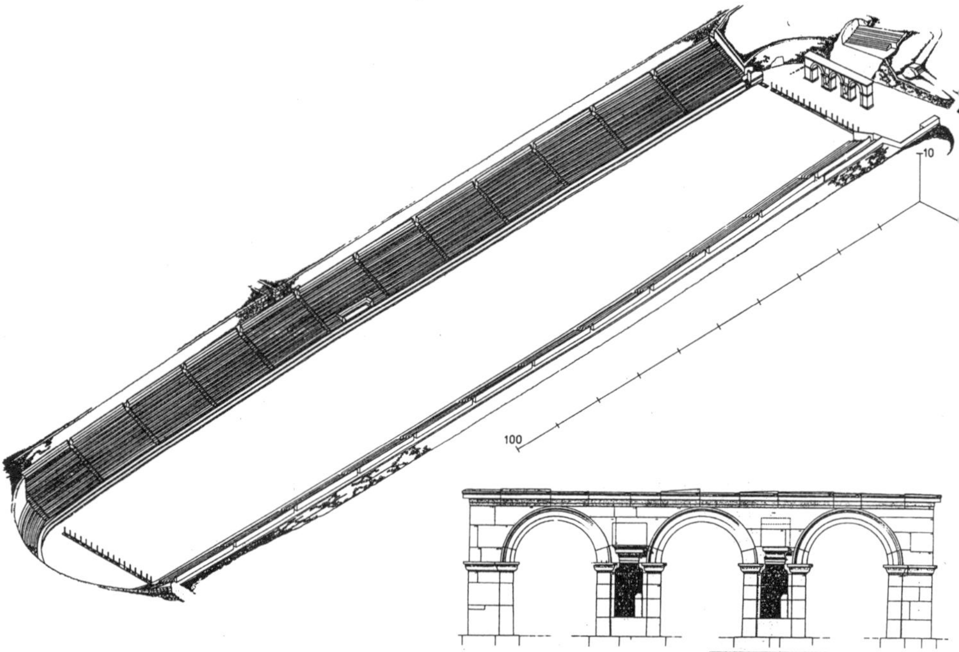

***Stasis* (στάσις) :** En un sens politique, le terme signifie la discorde civile qui peut aller jusqu'à la guerre civile. Il peut aussi désigner les factions qui s'affrontent lors de la crise.

Stasis est le terme utilisé par les Grecs pour désigner les différentes formes de discorde civile qui agitent une cité, lorsque manque l'*homonoia*, la concorde, qui repose sur l'acceptation par tous d'un même régime politique, d'une même *politeia*•. La *stasis*, simple rivalité de factions ou violences graves, vient de la lutte pour le pouvoir soutenue le plus souvent entre démocrates et oligarques, ces attitudes politiques recouvrant généralement des oppositions sociales : les démocrates se recrutent plutôt parmi les plus défavorisés, de la campagne et de la ville, tandis que les oligarques appartiennent aux grandes familles de la cité, par la naissance ou la richesse ; la prise du pouvoir par les plus pauvres, parfois même des gens réduits à la misère, doit permettre de procéder à une abolition des dettes et à une redistribution des terres, revendications souvent exprimées par le *dèmos*•

et que certains serments, comme celui prêté par les héliastes• athéniens, ou celui du traité de 338/337, conclu après Chéronée, interdisent expressément de réaliser, car elles remettent en cause tout le système social. Il arrive, à la fin du Ve siècle et au IVe siècle, comme en Thessalie avec Jason de Phères et ses successeurs, ou en Sicile avec Denys, qu'un homme fort, un tyran•, prenne le pouvoir et gouverne en s'appuyant sur le peuple, auquel il accorde un certain nombre de revendications.

C'est surtout à partir de la guerre du Péloponnèse, au début de laquelle ont lieu, en 427, les troubles de Corcyre, que la *stasis* se développe dans le monde grec : dans une même cité, les partisans d'Athènes luttent pour la démocratie, ceux de Sparte pour l'oligarchie ; à Athènes même, les partisans de l'oligarchie prennent le pouvoir à deux reprises, en 411 et en 404, se faisant aider, dans ce second renversement du régime démocratique, par une aide étrangère, celle des Spartiates de Lysandre. Ce phénomène prend une ampleur considérable dans la première moitié du IVe siècle, où il secoue presque tout le monde grec ; Athènes est l'une des rares cités qui échappent à peu près à ce fléau, redoutable surtout pour les villes moyennes, comme Argos, Corinthe ou Phlionte. La victoire des Thébains à Leuctres en 371 et l'invasion du Péloponnèse qui suit entraînent des mouvements révolutionnaires dans plusieurs cités de la région, qui renversent les régimes oligarchiques imposés par Sparte. De manière générale, la *stasis*, avec son cycle de violences sans fin, compromet gravement l'équilibre de la cité, car le parti qui est parvenu au pouvoir veut réduire à néant le parti adverse, dont les tenants sont bannis, voire massacrés, tandis que leurs biens sont confisqués : ceux qui, dans un premier temps, ont eu le dessous, intriguent depuis l'étranger pour rentrer chez eux et, s'ils y parviennent, prennent à leur tour contre leurs adversaires les mesures qui précédemment les avaient touchés. Ces luttes, dans lesquelles la réconciliation, comme à Athènes en 403, après la chute des Trente, intervient rarement, sont remarquables par leur violence, car l'on n'hésite pas à commettre de véritables massacres, comme ce fut le cas à Argos après Leuctres, où les démocrates, ayant éventé une tentative de putsch oligarchique, massacrèrent plus de 1200 riches.

> On appelle scytalisme, la Bastonnade (de *skytalè*, σκυτάλη, le bâton), cet épisode de l'histoire d'Argos survenu en mars 370, où les condamnés à mort succombèrent à des coups de bâton, lors d'une *stasis*. Diodore de Sicile rapporte dans la *Bibliothèque historique* (XV, 58) que plus de 1200 Argiens périrent ainsi.

Par l'appel à l'étranger, la guerre• entre cités, *polémos*, peut s'ajouter à la guerre à l'intérieur de la cité, la *stasis* : les bannis bénéficient en effet souvent de l'aide d'une autre cité, où la tendance à laquelle ils appartiennent est au pouvoir, pour rentrer chez eux, par la force ou par la ruse.

Le théoricien militaire Énée le Tacticien, dans son traité du *Poliorcétique*, étudie en détail, du point de vue de la défense d'une ville, tous les aspects de la *stasis*, cette guerre civile particulière au IVe siècle, et notamment ses rapports avec la guerre étrangère. La conséquence la plus marquante des innombrables *staseis* qui ébranlent les cités au cours du IVe siècle est le grand nombre d'exilés, privés de leur patrie pour des raisons politiques, ou parce que la misère les a contraints au départ : ces déracinés contribuent à former la masse de mercenaires• qui sont un facteur de déséquilibre pour le monde grec ; dans le même temps, les cités, dont la population civique est décimée par ces luttes incessantes, avec morts ou bannissements de citoyens, renouvellent cette population, lorsqu'elles sont sous régime démocratique, en accordant la citoyenneté à des étrangers résidents et même, cas extrême, lorsqu'elles sont gouvernées par un homme « fort », à des esclaves ou plutôt à des dépendants ruraux, comme les Kyllyriens de Syracuse, libérés par Denys, ou les Maryandiniens d'Héraclée Pontique, libérés par Cléarchos. En 324, Alexandre, depuis Suse, ordonne aux cités grecques de rappeler leurs bannis et de leur restituer leurs biens, dans un édit qui suscite l'indignation des cités, très sourcilleuses quant à l'intégrité de leur souveraineté.

STATUE : La statue peut avoir plusieurs fonctions. **1.** L'*agalma* (ἄγαλμα), mot dont la racine signifie « exulter », désigne la statue de culte d'une divinité, au contraire de l'*eikôn* (εἰκών), qui, généralement, ne fait pas l'objet d'un culte, avant de désigner, à l'époque impériale, l'effigie de culte de l'empereur. L'*agalma* peut avoir l'aspect d'un *xoanon* ou être une statue chryséléphantine•. Dans le vocabulaire de l'archéologie, le *xoanon* (ξόανον) est une représentation très ancienne, grossière et presque informe, d'une divinité, généralement en bois, qui était censée être tombée du ciel. Les *xoana* étaient des statues de culte, comme la statue d'Athéna Polias conservée dans l'Érechtheion d'Athènes.
La statue de culte fait l'objet d'un culte particulier à chaque divinité et à chaque sanctuaire. Elle pouvait être baignée une fois par an au terme d'une procession qui l'amenait au bord de la mer ou d'une rivière, comme la statue d'Héra à Argos. La statue de culte était ordinairement parée de riches ornements et sa chevelure était enduite d'huile parfumée. La réplique d'une statue de culte se dit *aphidryma* (ἀφίδρυμα). **2.** À l'époque archaïque, les *korai*• et les *kouroi*• représentent des jeunes filles et des jeunes gens, dont la statue se dressait en offrande• dans un sanctuaire ou sur une tombe. **3.** Le terme *andrias* (ἀνδριάς) s'applique aux statues honorifiques. L'*eikôn* est souvent aussi une statue honorifique qui est le portrait du personnage honoré. L'octroi d'une effigie fait partie des trois plus grands honneurs• qui peuvent être votés. Les places publiques des cités exposaient en très grand nombre ces statues, le plus souvent en bronze ou en bronze doré, dont il ne reste d'ordinaire que la base.

STÉPHANÉPHORE (στεφανηφόρος) : 1. Le stéphanéphore est celui qui porte une couronne•. Le droit d'être couronné était réglementé par une loi dite stéphanéphorique. Ce titre peut être porté par un prêtre : à Milet, le stéphanéphore est le prêtre d'Apollon Delphinios et il est aussi l'éponyme• de la cité. **2.** L'adjectif stéphanéphore est aussi employé pour qualifier une monnaie ornée d'une couronne. Il convient de réserver l'emploi du terme de stéphanéphore au monnayage d'Athènes à la couronne, car le terme désigne ces monnaies dans les inscriptions de Délos ; pour les autres monnayages, on parlera de monnaies porte-couronne. L'apparition des stéphanéphores, qui constituent les monnaies du nouveau style à Athènes, date de 166 environ.

***Stoa* (στοά) :** Portique dont l'un des longs côtés est fermé par un mur, et l'autre ouvert par une colonnade. Le portique peut être double, avec une colonnade médiane, ou bien comporter un étage : le rez-de-chaussée est alors construit dans l'ordre dorique•, et l'étage dans l'ordre ionique•. Les utilisations d'une *stoa* sont multiples : les marchands y présentent leurs produits, un tribunal• peut s'y tenir, comme celui de l'archonte• roi sur l'*agora*• d'Athènes **(fig. 4)**, les passants y trouvent un abri contre le soleil ou la pluie, s'y arrêtent pour parler. La *stoa* est une forme d'architecture ancienne, appréciée dès l'époque archaïque ; de cette faveur témoigne entre autres, un peu plus tard, la *stoa* Poikilè ou « portique peint », le Pœcile, édifice tout décoré de peintures construit vers 460 sur l'*agora* d'Athènes ; cette *stoa* donna son nom, « stoïcisme », à l'école philosophique fondée par Zénon, qui se réunissait avec ses disciples sous sa colonnade. Cependant, c'est surtout à partir de l'époque hellénistique que les *stoai*, qui souvent gagnent en monumentalité, avec un étage supplémentaire, se multiplient : elles viennent alors, assumant le rôle d'un élément essentiel de l'urbanisme, délimiter des espaces ouverts, donner ses contours à une place : ainsi des souverains de Pergame, ville où les portiques jouent un tel rôle dans l'agencement architectural, font bâtir des *stoai* qui donnent sa forme à l'*agora* d'Athènes, place restée ouverte **(fig. 4)**. Les *agorai*, les grands sanctuaires sont tous alors dotés de portiques, souvent grandioses, appréciés à la fois pour l'agrément qu'ils donnent et pour leur rôle fondamental dans l'articulation d'un espace construit.

***Stoichèdon* (στοιχηδόν) :** L'écriture *stoichèdon*, qui signifie en file, est employée à l'époque classique pour des inscriptions : les lettres occupent chacune le même espace et sont superposées les unes sur les autres de manière régulière.

***Stolos* (στόλος) :** Le terme, qui signifie généralement en grec expédition militaire ou flotte, est employé dans un sens technique pour désigner un ornement qui est constitué par une extension de l'étrave à l'avant du navire. Il a la forme d'une corne du IXe au IVe siècle, puis s'achève en forme de volute après le milieu du IIIe siècle.

STRATÈGE (στρατηγός) : Les stratèges sont des magistrats, aux fonctions variées, que l'on rencontre dans de nombreuses cités grecques. **1.** Les mieux connus sont ceux d'Athènes. Vers 501-500, la réforme démocratique de Clisthène est complétée par un aménagement touchant la stratégie. Cette magistrature en effet est intégrée dans le système clisthénien : les stratèges sont désormais dix, autant que les tribus• qu'ils représentent, et ils sont recrutés par élection, par l'ensemble de l'*ekklèsia*•, à raison d'un stratège par tribu, dans la classe des pentacosiomédimnes• ; en fonction pour un an, ils sont immédiatement rééligibles, caractéristique qui peut faire d'eux les véritables chefs de la cité. Théoriquement recrutés à raison d'un par tribu, ils seront ensuite choisis indifféremment dans l'ensemble de la population ; ils sont exceptionnellement, comme au temps de Périclès, onze au lieu de dix. Ces chefs militaires sont placés sous l'autorité de l'archonte polémarque• jusqu'en 487, date à partir de laquelle les archontes sont recrutés par tirage au sort : la désignation par élection permettant plus sûrement l'arrivée au pouvoir d'hommes compétents, on assiste alors à un effacement de l'archonte polémarque, confiné à des fonctions religieuses et judiciaires, au profit du collège des stratèges, qui deviennent les véritables chefs militaires de la cité. Au lendemain des guerres médiques, le développement de l'empire maritime et la prodigieuse montée en puissance d'Athènes, passée du rang de cité moyenne à celui d'*hègémôn* de la moitié peut-être du monde grec égéen dans la lutte contre la Perse, expliquent l'accroissement des pouvoirs des stratèges, responsables, de par leur rôle militaire, de toute la politique étrangère d'Athènes et, par suite, dans sa politique intérieure, des finances. Les stratèges sont donc des chefs de guerre, qui dirigent eux-mêmes des expéditions, comme Cimon ou plus tard Périclès, Nicias ou Alcibiade ; mais ils sont aussi, car cette politique étrangère est celle d'une cité placée à la tête de ce qui est devenu un empire et dont elle tire bien des avantages, les premiers magistrats pour la conduite de la politique intérieure : le stratège en effet doit être un homme complet, qui non seulement agit, mais sait aussi persuader ses concitoyens du bien-fondé de sa politique, en prenant la parole devant la *boulè*• d'abord, aux séances de laquelle les stratèges participent de droit, puis devant l'*ekklèsia*, qui décide souverainement : un stratège, à l'époque classique, doit donc être un orateur•. Cela est vrai surtout du Ve siècle, où nous savons par Thucydide que Périclès, constamment réélu stratège de 443 à 430, savait guider le peuple par sa parole. Un changement se produit au IVe siècle, surtout dans sa seconde moitié : le stratège qui, au Ve siècle, était chef de guerre, mais aussi orateur et homme politique complet, capable, comme Périclès, de diriger Athènes pendant au moins quinze ans, voit, à quelques exceptions près, comme Timothée, le fils de Conon, son champ d'action se limiter à la conduite de la guerre proprement dite, perdant, avec son influence comme orateur à l'*ekklèsia*, ses compétences en politique intérieure. On assiste même, dans la seconde moitié de ce siècle, à une spécialisation accrue de la tâche des stratèges : alors qu'au Ve siècle les stratèges étaient désignés par le peuple indifféremment pour telle ou telle campagne, au IVe siècle, ils sont, pour la moitié d'entre eux, dès leur élection chargés d'une tâche spécifique : l'un, qui sera amené à jouer le rôle essentiel, est stratège des hoplites, commandant l'armée en campagne, un autre est stratège du territoire, dont il assure la défense, deux sont stratèges du Pirée, dont ils commandent les forteresses, un autre est stratège des symmories•, chargé de veiller à la flotte ; les cinq stratèges restants sont envoyés là où le besoin s'en fait sentir. **2.** Le magistrat suprême de plusieurs confédérations• portait également le titre de stratège ; ce magistrat, élu chaque année, détenant le pouvoir militaire, était responsable de la politique extérieure et, par suite, du pouvoir exécutif. Le premier stratège de la confédération arcadienne, au IVe siècle, fut Lycomédès de Mantinée ; le théoricien militaire Énée de Stymphale, dit Énée le Tacticien, fut peut-être aussi stratège de la confédération. À l'époque hellénistique, les grandes confédérations, comme la confédération achéenne ou la confédération étolienne, eurent aussi à leur tête un stratège élu, véritable chef de l'État, concentrant entre ses mains le pouvoir militaire et le pouvoir exécutif ; Aratos de Sicyone fut, avec Philopœmen, le plus grand stratège de la confédération achéenne. **3.** Dans les monarchies hellénistiques enfin, le titre de stratège reste porté par les chefs militaires ; mais il est attribué aussi aux gouverneurs de régions, qui prennent la suite des satrapes• de l'empire perse. Dans l'Égypte lagide, les stratèges, chefs militaires à l'origine, étendent progressivement leur autorité au domaine civil, devenant les représentants immédiats du roi dans les nomes• ; leurs fonctions militaires passent alors à des « épistratèges », responsables des troupes de plusieurs nomes.

STRIGILE : Instrument de la toilette masculine, ce racloir en métal, fait d'une lamelle en bronze creuse et recourbée, bien tenue en main grâce à une poignée, permettait d'enlever la saleté collée à la peau par la sueur et l'huile. De nombreuses représentations sur les vases attiques montrent des athlètes se nettoyant avec le strigile.

Strophion **(στρόφιον) :** Bourrelet entouré d'une bandelette, ou ténie (voir couronne•), qui ceint la tête d'un athlète vainqueur ou d'un roi à l'époque hellénistique.

***Stylis* (στυλίς) :** Sur les navires de guerre, la *stylis* est une longue perche terminée par un ornement et souvent barrée par une planchette horizontale qui pouvait porter le nom de la divinité protectrice du vaisseau ; elle était placée à la poupe et faisait office d'étendard. Les monnaies la représentent souvent près de l'*aphlaston*•.

SUPPLIANT : La personne du suppliant (*hikétès*, ἱκέτης) est sacrée. La supplication obéit à un rite qui se déroule normalement dans un sanctuaire• : le suppliant, vêtu d'habits de deuil, tient un rameau d'olivier entouré de bandelettes de laine, l'*hikétèria* (ἱκετήρια), qu'il dépose sur l'autel de la divinité ; il exhale alors sa prière en se lamentant.

La tragédie d'Euripide intitulée les *Suppliantes* (*Hikétides*, Ἱκέτιδες) met en scène les mères des Sept chefs envoyés par Argos contre Thèbes qui viennent en suppliantes avec leur roi Adraste demander à Thésée de les aider à récupérer les corps de leurs fils. La scène se passe au pied de l'autel de Déméter à Éleusis.

SYCOPHANTE (συκοφάντης) : À Athènes, étymologiquement, le sycophante est un « dénonciateur de figues », quelqu'un qui dénonce ceux qui se livrent à l'exportation illégale des figues. À l'époque classique, le ministère public n'existant pas, n'importe quel citoyen peut intenter une action publique, une *graphè*•, contre une personne qui, d'après lui, porte préjudice à l'État : le sycophante est celui qui fait de la dénonciation des délits un métier, une activité professionnelle, pourrait-on dire, car il joue le rôle d'accusateur dans l'attente d'une récompense d'ordre financier, une partie de l'amende, qu'il touchera en cas de condamnation de l'accusé. Le grand nombre d'accusations intentées par des sycophantes, pendant la guerre du Péloponnèse et au IVe siècle surtout, qui ne visaient pas le bien de l'État, mais l'enrichissement de l'accusateur, nuisait à l'exercice de la justice, si bien que les citoyens suspectés de se livrer à ce genre de pratique étaient passibles de l'accusation de sycophantie et couraient toujours le risque, au cas où ils ne recevaient pas le cinquième des voix dans l'action qu'ils avaient intentée, d'être frappés d'une amende de mille drachmes et de l'interdiction d'intenter une autre *graphè* du même type. Ces mesures de dissuasion expliquent que, dans bien des cas, les sycophantes aient préféré recourir au chantage, menaçant les riches d'une *graphè* pour obtenir d'eux des avantages pécuniaires. Les écrivains du IVe siècle ont fait le portrait de ces délateurs et maîtres-chanteurs, qui nuisaient à l'exercice d'une justice équitable.

***Symbolon* (σύμβολον) :** On peut retenir deux sens dans lesquels le mot *symbolon* est employé à l'époque moderne. **1.** Le *symbolon* désigne originellement l'objet incomplet, que l'on rapproche d'un autre fragment pour reconstituer l'objet entier. Le *symbolon* est utilisé comme objet de reconnaissance : un osselet était brisé en deux moitiés que deux hôtes gardaient ; ils pouvaient ainsi se reconnaître plus tard en rapprochant les deux *symbola*. Les *symbola* d'hospitalité sont remplacés par des lettres au cours de la période classique. **2.** Le *symbolon* est aussi une convention judiciaire. Ce sens conserve du premier l'idée d'échange et de réciprocité : les conventions conclues entre deux cités préservent les droits des citoyens des deux cités et établissent une stricte correspondance entre deux procédures de chaque cité. Ces conventions lient des cités proches qui décident de former les tribunaux de la même manière.

On ne confondra pas avec les *symbola* les conventions d'asylie, qui garantissent contre le droit de représailles•, en le supprimant ou le limitant par le recours à des magistrats.

SYMMACHIE (συμμαχία) : La symmachie est une alliance offensive et défensive, au contraire de l'*épimachia* (ἐπιμαχία), qui est une convention purement défensive. Le terme contient l'idée de la bataille (*machè*, μάχη) : la symmachie est en effet essentiellement une alliance militaire. Les Grecs coalisés contre les Perses forment, au congrès de Corinthe en 481, une symmachie, qui permet de définir en commun, sous la direction de la cité qui détient l'hégémonie•, les opérations militaires et l'établissement de la ligne de front.
L'alliance, lorsqu'elle se prolonge en une organisation dont les membres décident de garder durablement des liens dans le domaine de la politique étrangère, donne naissance à ce que nous appelons, d'après l'usage, tantôt une ligue•, tantôt une confédération, mais que les Grecs appelaient toujours *symmachia*.
La ligue péloponnésienne, constituée progressivement dans la seconde moitié du VIe siècle, repose sur une série d'alliances bilatérales que des cités ont conclues avec Sparte, la cité qui détient l'hégémonie. Dans cette ligue aux structures très lâches, il n'y a pas d'institutions fédérales permanentes, ni assemblée, ni conseil, ni magistrats : c'est seulement en fonction des circonstances que Sparte décide la convocation d'une assemblée de délégués de la ligue, présidée par les éphores•, et qui doit approuver la décision de l'*apella* spartiate. L'obligation à laquelle sont tenues les cités alliées, en l'absence de tout tribut, est de concéder à Sparte, la cité hégémonique, la direction des opérations militaires, et de lui fournir un contingent en cas de guerre ; mais il faut remarquer que les cités alliées gardent leur liberté en politique extérieure, sauf lorsqu'est décidée une action commune des membres de la ligue. La victoire sur Athènes à la fin du Ve siècle, puis le soutien du Grand Roi entraînent une évolution dans l'attitude de Sparte, qui contrôle strictement les cités de l'alliance et leur impose un régime oligarchique. La montée en puissance d'Athènes, et surtout les incursions thébaines dans le Péloponnèse et la victoire de Philippe mettront fin progressivement à la ligue péloponnésienne, dont les membres reprendront leur pleine indépendance vis-à-vis de Sparte.
Athènes forme avec ses alliés deux ligues successives. La première, la Ligue de Délos, constituée après les guerres médiques en 478/477 dans l'objectif principalement de poursuivre la lutte contre les Perses, comprend à l'origine la plupart des Cyclades, l'Eubée, les cités de l'Hellespont et les grandes îles qui longent l'Asie Mineure, avant de s'étendre aux cités côtières : la mer Égée, avec ses quatre districts, la Thrace, l'Hellespont, l'Ionie, qui englobe à un moment la Carie, et les Iles, est sous le contrôle d'Athènes. L'armée fédérale est entretenue grâce au trésor fédéral, conservé à Délos, puis à Athènes, et alimenté par le tribut versé par les alliés, le *phoros*•. Athènes exerce l'hégémonie, en dirigeant les opérations militaires avec ses stratèges• et en gérant le trésor fédéral avec ses hellénotames•, mais les cités sont autonomes et égales les unes aux autres, et théoriquement, Athènes dispose d'une voix, comme les cités alliées, lors des réunions du conseil fédéral. Mais, rapidement, l'hégémonie d'Athènes se transforme en *archè*• : Athènes intervient dans les affaires intérieures des alliés, elle veut imposer sa monnaie et son système de poids• et mesures, elle se réserve un droit de regard dans la justice des cités, elle envoie des magistrats athéniens

chargés de veiller à ses intérêts, elle s'oppose à toute tentative de quitter la ligue. Cette alliance, qui était devenue l'instrument de l'impérialisme maritime d'Athènes, est dissoute en 404.
La Seconde Confédération athénienne est créée par Athènes en 377 pour lutter contre toute tentative d'agression de la part de Sparte, la cité la plus puissante dans le monde grec au lendemain de la Paix du Roi de 386 ; elle est constituée essentiellement de cités insulaires ou côtières, telles que Chios, Mytilène, Méthymne ou Rhodes, auxquelles s'ajoutent pendant un temps Thèbes et quelques autres États. Athènes s'engage par diverses clauses à respecter strictement la liberté et l'autonomie• des cités ; celles-ci ne seront plus astreintes à verser annuellement un *phoros*, seules des *syntaxeis*•, ou contributions volontaires, seront levées en cas de besoin. Il existe un conseil fédéral permanent, le *synédrion*, qui se réunit à Athènes, mais où les Athéniens, semble-t-il, ne disposent d'aucune voix ; le lien est fait par la *boulè* athénienne, qui présente un projet au *synédrion*, puis, s'il a été accepté, le propose ensuite sous forme de *probouleuma*• à l'*ekklèsia*, qui décide en dernier ressort. Des défections cependant se produisent assez vite et, après la « guerre des alliés » de 357-355, la Seconde Confédération ne fait plus que végéter, jusqu'à sa fin en 338.

SYMMORIE (συμμορία) : Les symmories sont des groupes de contribuables, au nombre de cent, entre lesquels furent répartis les citoyens athéniens pour le paiement de l'*eisphora*• à partir de 378/377 ; on recourut aussi à des symmories, au nombre de vingt, à partir de 357/356, pour un fonctionnement plus sûr de la triérarchie•.

SYMPOLITIE (συμπολιτεία) : La sympolitie est l'union de deux cités, qui accordent réciproquement à leurs citoyens les mêmes avantages.
La sympolitie peut aboutir à l'absorption d'une petite cité par sa voisine plus importante, comme c'est le cas en Arcadie, pour Mantinée qui absorbe Hélisson au début du IVe siècle, ou pour Orchomène qui absorbe Euaimôn vers 370. Dans ces cas, la ville absorbée devient une *kômè*• de la cité.

***Symposion* (συμπόσιον) : banquet•**

SYNÉCISME, SYNŒCISME (συνοικισμός) : Le synœcisme est le regroupement en une seule communauté politique de plusieurs bourgades, des *kômai*•, ou cités, des *poleis*•, qui décident d'« habiter ensemble », sans qu'il y ait nécessairement un transfert de populations. La nouvelle cité, constituée d'un seul corps civique, se dote d'institutions politiques uniques, assemblée du peuple, conseil, magistratures, et adopte une divinité poliade unique. La légende attribue à Thésée le synœcisme d'Athènes, réalisé en fait peut-être aux « siècles obscurs » ou seulement au VIIIe siècle, qui aurait uni à la ville d'Athènes les bourgades de l'Attique, Marathon, Brauron, Thorikos, dont les habitants se trouvèrent citoyens athéniens au même titre que ceux de la ville d'Athènes. Sparte se trouva formée, à la fin du IXe siècle, à partir de quatre bourgades, relativement éloignées les unes des autres, Limnai, Kynosoura, Messoa et Pitanè ; Tégée et Mantinée, en Arcadie, se trouvèrent, elles aussi, constituées par la réunion de plusieurs villages. Le synécisme de Téos et de Lébédos, dans la presqu'île de Smyrne, s'accompagna de la destruction des murailles et des maisons de Lébédos, dont les habitants furent transportés sur le site de Téos.

Un autre type de synœcisme consiste à fonder une cité en créant une ville nouvelle, dans laquelle on transfère une partie de la population d'autres cités ou bourgades : à la fin du Ve siècle, Rhodes résulta du synœcisme des cités de Lindos, Ialysos et Camiros ; Mégalopolis, la capitale de la confédération arcadienne, créée sous l'impulsion d'Épaminondas peu de temps après la bataille de Leuctres, fut une création artificielle, puisqu'elle vit sa population arriver d'une quarantaine de villages d'Arcadie. Dans ce type de synœcisme, on apporte des bourgades d'origine, puisque la fondation ne possède rien en propre, les statues des dieux qui seront ceux de la nouvelle communauté. La démarche inverse, le diœcisme, consiste à démembrer ce qui a été réuni, en dispersant en bourgades la communauté d'une même cité : les Spartiates dispersèrent ainsi en quatre bourgades la population de Mantinée au lendemain de la Paix du Roi.

***Synédrion* (συνέδριον) : conseil•**

SYNÉGORE (συνήγορος) : 1. Dans les procès, à Athènes, le synégore assume le rôle de défenseur de l'accusé, intervenant à titre d'ami : à la différence du logographe•, il se manifeste officiellement et, théoriquement, à titre gracieux. Le synégore parle toujours en second, après l'accusé, dont il vient soutenir la défense ; cette pratique se répand surtout au IVe siècle. **2.** Lorsque des nomothètes• avaient été désignés par le peuple pour procéder à la révision de certaines lois qui étaient remises en cause par l'*ekklèsia*, des synégores étaient choisis en même temps pour assurer la défense de ces lois. **3.** Dix synégores assistaient aussi les logistes• athéniens.

***Syngéneia* (συγγένεια) :** La *syngéneia* signifie la parenté. Cette notion qualifie et fortifie les liens qui unissent métropole et colonie•.
À l'époque impériale, ce sentiment d'appartenance à la même parenté est entretenu par les recherches des érudits de la seconde sophistique•. Les cités ont une vie municipale intense et leur patriotisme est nourri par des légendes de fondation. De ce point de vue-là, les distances importent peu pour chercher des liens de parenté avec de nobles cités de la vieille Grèce.

> On a retrouvé à Argos une inscription qui renouvelle la parenté entre Argos et la ville d'Aigéai en Cilicie. Un citoyen d'Aigéai, Publius Anteius Antiochos, qui vit de 160 à 230 ap. J.-C. environ, s'est vu décerner par Argos le titre de bouleute « et les autres honneurs qui convenaient (ἃς προσῆκεν, l. 13, selon notre lecture) » pour avoir exposé aux Argiens la *syngéneia* qui les unit à la lointaine Aigéai : « il a manifesté par ailleurs son bon naturel et sa perfection dans la culture (*paideia*, παιδεία), et spécialement dans son zèle et ses bonnes dispositions envers sa patrie, nous ayant rendu évidente notre parenté ancestrale avec les Aigéens. Persée, fils de Danaè, a-t-il dit, allant contre les Gorgones (...) arriva en Cilicie (...), apportant la statue de la déesse ancestrale... ». Bien que l'inscription soit lacunaire, on voit qu'Aigéai, comme d'autres villes de Cilicie, se glorifiait d'avoir été mêlée à la légende de l'Argien Persée.

En un sens restreint, la *syngéneia* désigne une subdivision de la tribu, notamment à Mylasa, en Carie.

***Synodos* (σύνοδος) :** La *synodos*, qui a donné en français le mot synode, est une forme d'association privée à caractère religieux, à partir du Ier siècle. Le terme peut aussi désigner une contribution.

***Syntaxis* (σύνταξις) :** Dans la Seconde Confédération maritime athénienne, les cités alliées ne versaient pas de *phoros*•, car ce tribut imposé, dans la Ligue de Délos, avait laissé un très mauvais souvenir ; elles versaient en revanche des *syntaxeis*, des contributions, sur lesquelles nous disposons de peu de renseignements. Ces *syntaxeis* ne semblent pas avoir fait l'objet de taxations aussi autoritaires que le *phoros*, et n'avoir pas été à l'origine d'une administration aussi lourde ; peut-être ne furent-elles levées au début qu'irrégulièrement, en fonction des besoins.

SYRINX (σῦριγξ) : Cet instrument à vent, appelé aussi « flûte de Pan », car le dieu des bergers en aurait été l'inventeur, était composé de sept roseaux attachés les uns aux autres ; ceux-ci étaient d'égale longueur, mais bouchés à l'intérieur sur une distance plus ou moins importante, de manière à obtenir la différenciation des sons.

SYSSITIES (συσσίτια) : À Sparte, repas pris régulièrement en commun par les *Homoioi*•. L'assiduité aux syssities était obligatoire ; seules des circonstances bien particulières, voyage, chasse, sacrifice, pouvaient en dispenser. Chaque Spartiate devait apporter sa quote-part au repas commun, en orge, vin, fromage et figues, faute de quoi il tombait dans la classe des *Hypomeiones*•. Les repas, très frugaux, au cours duquel les Spartiates consommaient le fameux brouet noir, se prenaient par tablées de quinze convives, qui se recrutaient entre eux ; les jeunes Spartiates qui subissaient l'*agôgè*• pouvaient assister à ces repas, qui devaient être pour eux une source d'édification. Cette commensalité masculine, qui tissait entre les participants des liens de compagnonnage qui se vérifiaient à l'assemblée ou sur le champ de bataille, se retrouve en pays dorien, en Crète, où ces repas communs sont appelés « andries » ; mais les citoyens pauvres ont leur place à ces repas, grâce à la participation de l'État.

T

TAGE, *tagos* (ταγός) : Le tage, ou *tagos*, est le principal magistrat en Thessalie. Jusqu'à la main-mise de Philippe II sur la confédération thessalienne en 352-342, le tage est le chef, élu à vie, du *koinon*• thessalien. Il lève l'armée thessalienne et la commande. L'appellation se maintint ensuite pour des magistrats moins importants.

TAXIARQUE, *taxis* (ταξίαρχος, τάξις) : 1. Dans l'armée athénienne, le taxiarque est le commandant d'une *taxis*, un bataillon ; il est subordonné au stratège•. Les hoplites d'une même tribu sont regroupés dans le même bataillon. La *taxis* se divise en compagnies, les loches• (*lochoi*, λόχοι), qui sont commandés par des lochages• (*lochagoi*, λοχαγοί) nommés par le taxiarque. **2.** Dans l'armée macédonienne, la *taxis*, divisée aussi en loches, comprend les pézhétaires• d'un même district. Les armées hellénistiques, héritières de l'armée macédonienne, connaissent aussi les taxiarques.

TECHNITE (τεχνίτης) : Le technite est le possesseur d'une *technè* (τέχνη), d'un art. Les technites dionysiaques sont les membres de compagnies théâtrales qui se constituent en associations à l'époque hellénistique et subsistent jusqu'à la fin de l'époque impériale. Ces associations jouent un grand rôle dans l'hellénisation du monde antique. Elles sont vouées au culte de Dionysos, dont les représentations théâtrales sont une composante essentielle. Leur président, élu chaque année, est prêtre de Dionysos. Ces associations tirent leur nom de leur localisation : les technites résidant à Athènes, les technites qui se réunissent à l'Isthme et à Némée, les technites de l'Ionie et de l'Hellespont. La plus ancienne association, celle des technites d'Athènes, est attestée vers 280.
Les technites regroupent non seulement les acteurs, mais aussi des poètes, des musiciens, des choreutes, des costumiers (*himatiomisthai*, ἱματιομίσθαι), des décorateurs et un personnel d'instructeurs (*didaskaloi*, διδάσκαλοι) et d'assistants (*synagônistai*, συναγωνισταί). Leur origine est panhellénique. Les troupes se déplacent en de longues tournées au gré des célébrations des concours dramatiques. Pour garantir la sécurité de leurs déplacements et les faciliter, les associations de technites cherchent à obtenir l'asylie• et l'atélie•.
Les associations de technites dionysiaques sont rivales entre elles, comme l'indiquent les démêlés des technites de l'Isthme et de Némée avec ceux d'Athènes à la fin du IIe siècle. À l'époque impériale, les différentes associations se regroupent en une organisation internationale contrôlée par l'empereur, dénommée « l'association sacrée des technites dionysiaques stéphanites du monde et de leurs assistants ».

***Téménos* (τέμενος) : sanctuaire•**

TEMPLE : Le temple, ou *naos* (ναός), est la demeure du dieu. En règle, il abrite la statue• de culte de la divinité à laquelle il est consacré. Il n'est cependant pas nécessaire dans tout sanctuaire : l'autel• n'est habituellement pas situé dans le temple, et c'est l'élément indispensable pour la célébration des sacrifices.

Il peut y avoir des statues de culte de divinités différentes dans le même temple quand la présence d'une divinité parèdre est appelée par un mythe particulier : dans l'Héphaïsteion d'Athènes, Athéna était la parèdre d'Héphaïstos, à cause de son intervention dans la légende de la naissance d'Érichthonios, comme l'indique Pausanias (*Description de la Grèce* I, 14, 6).

Il existe plusieurs types de temples, dont la forme architecturale a évolué. Dans un plan courant, le temple se décompose en trois éléments : le *pronaos* à l'avant, la *cella*, appelée aussi *naos*, comme le temple dans son entier, et l'opisthodome à l'arrière. Le temple peut être périptère, c'est-à-dire entièrement entouré d'une colonnade **(fig. 43, a-c)**, ou même diptère, quand il est entouré, comme souvent en Asie Mineure, d'une double colonnade **(d)** ; l'espace laissé libre entre la colonnade et le mur de la *cella* est appelé *péristasis*. Plus simplement, il peut être prostyle, avec une seule rangée de colonnes en façade **(fig. 44)**, amphiprostyle•, avec une rangée de colonnes à l'avant et à l'arrière, ou *in antis*, avec deux colonnes entre les deux extrémités des murs latéraux. Le temple peut aussi être dénué de couverture : il est dans ce cas dit hypèthre, à l'air libre.
Le temple a une fonction cultuelle, mais, le plus souvent, les fidèles ne pénètrent pas dans la *cella* : ils aperçoivent la statue de culte par la porte ouverte, lors des fêtes. Certains temples abritent aussi un oracle. Dans ce cas des aménagements particuliers permettaient le déroulement du cérémonial dans l'*adyton*•, dont

l'accès était interdit aux consultants. Bien que la fouille n'apporte pas d'éléments sur la disposition architecturale de l'*adyton* du temple d'Apollon à Delphes, détruit à l'époque paléo-chrétienne, on peut supposer que la Pythie y avait seule accès, peut-être avec les prêtres du dieu **(fig. 39, n°422)**. D'autres temples comprenaient une salle réservée à certaines pratiques cultuelles derrière la *cella* : le Parthénon de l'Acropole d'Athènes présente un tel dispositif ; la salle ainsi ajoutée y portait aussi le nom de Parthénon **(fig. 43, b)**.

Fig. 43 : Plans de temples.

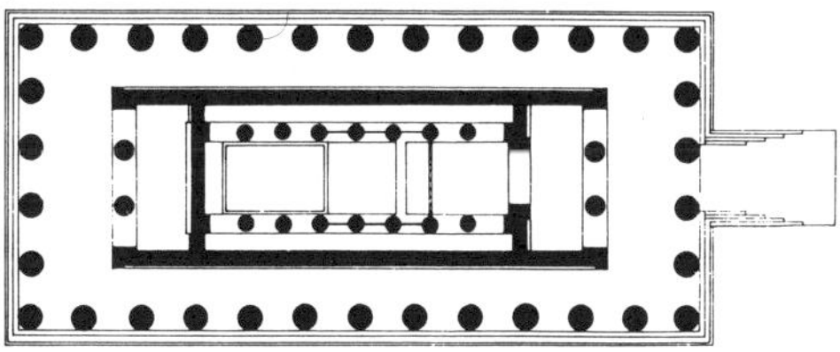

a : Olympie, temple de Zeus (dorique périptère).

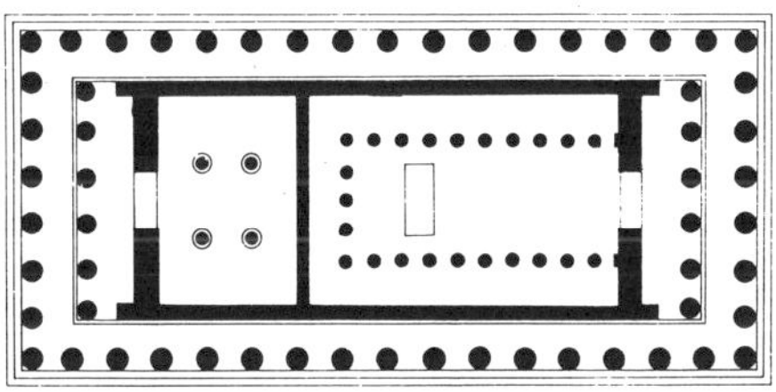

b : Athènes, Parthénon (dorique périptère).

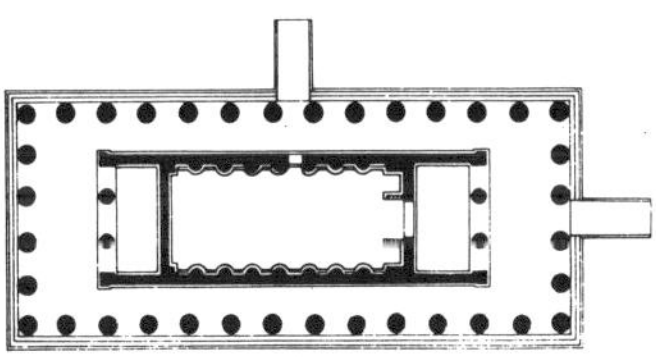

c : Tégée, temple d'Athéna (dorique périptère).

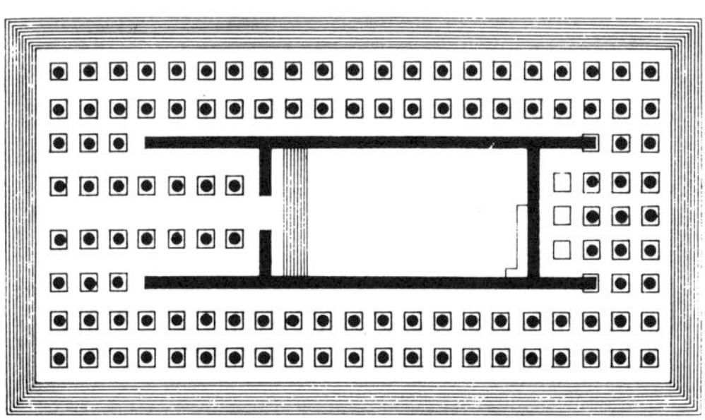

d : Éphèse, temple d'Artémis (ionique diptère, IVe siècle).

Fig. 44 : Delphes, restitution axonométrique du temple en calcaire du sanctuaire d'Athéna Pronaia (dorique prostyle) *(École française d'Athènes).*

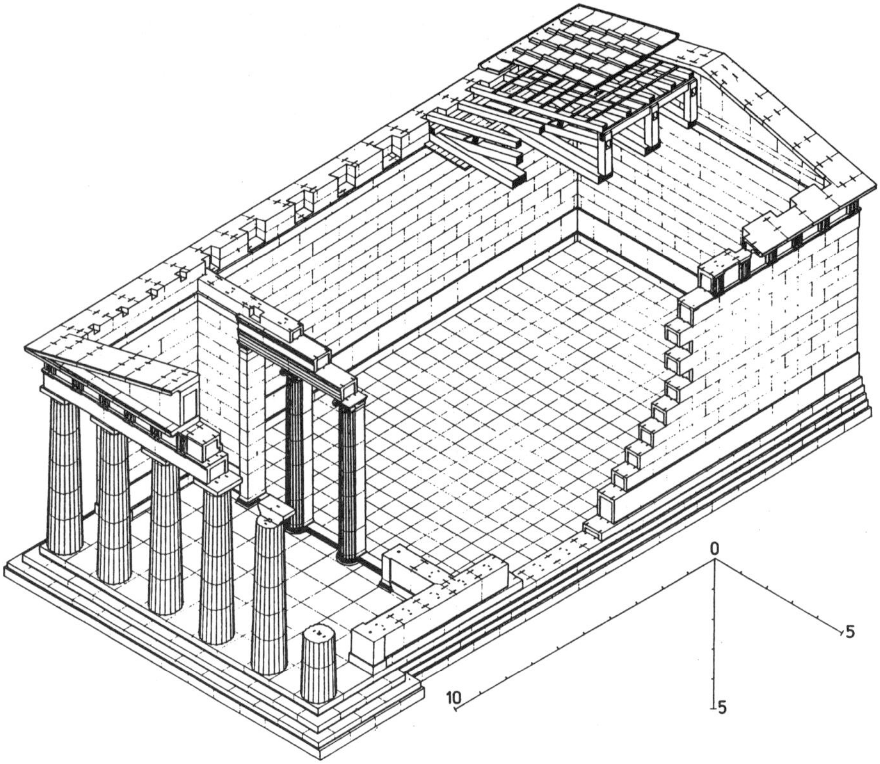

TESTAMENT : La possibilité de disposer de ses biens par testament a été instituée à Athènes par Solon pour l'homme sans enfant, qui peut aussi adopter librement. Les Trente ont, en 404, donné toute liberté en matière de donations. À Sparte au IVe siècle, la loi d'Épitadée permet à tous les citoyens de tester librement.

La donation par disposition testamentaire (*diathèkè*, διαθήκη) n'est pas distinguée à Athènes de la donation entre vifs : les mêmes mots (*dosis*, δόσις ; *dôréa*, δωρεά) sont employés pour ces deux sortes de dons.

Aristote, dans la *Politique* (V, 8, 20), condamne, à la suite de Platon, la donation entre vifs ou par testament : « les héritages doivent se transmettre non par donation (κατὰ δόσιν), mais d'après la naissance (κατὰ γένος), et le même homme ne doit pas recueillir plus d'un héritage : de cette manière, les fortunes pourront être mieux égalisées et ceux qui sont sans ressources parviendront à l'aisance en plus grand nombre. »

Le testament désigne un héritier, qui reçoit l'héritage (*dosis*), et il peut aussi prévoir des légataires, qui reçoivent chacun un legs particulier (*dôréa*). Le testament pouvait désigner les tuteurs des héritiers mineurs (voir *kyrios*•), prévoir l'affranchissement• d'esclaves. Des témoins sont indispensables et le testament est confié à un particulier ou un magistrat.

Thambos **(θάμβος) :** C'est le sentiment du sacré, dont l'approche inspire la crainte. Ce sentiment complexe est exprimé en grec par le terme *thambos*, qui traduit la terreur sacrée ressentie à l'approche de quelque personne, de quelque objet chargé d'une force surnaturelle, ou de toute rupture apparente de l'ordre du monde, de tout prodige. Ces prodiges (*térata* au pluriel) sont perçus comme l'irruption du sacré dans l'ordre habituel des choses.

Ainsi, lors de l'expédition de Sicile, en 413, une éclipse de lune interrompt la retraite de l'armée athénienne (voir Thucydide, *La guerre du Péloponnèse* VIII, 50). Sans chercher à connaître la cause de ce phénomène, le général en chef Nicias, réputé pour sa piété, est arrêté par la crainte devant un phénomène interprété comme surnaturel.

THÉÂTRE (θέατρον) : Le théâtre grec nous est connu par des pièces de théâtre, des écrits théoriques, des documents figurés et des vestiges archéologiques **(fig. 45-46)**. Cependant certaines évolutions du théâtre restent difficiles à dater.

Fig. 45 : Athènes, plan du théâtre de Dionysos à l'époque de Périclès *(d'après H. C. Baldry).*

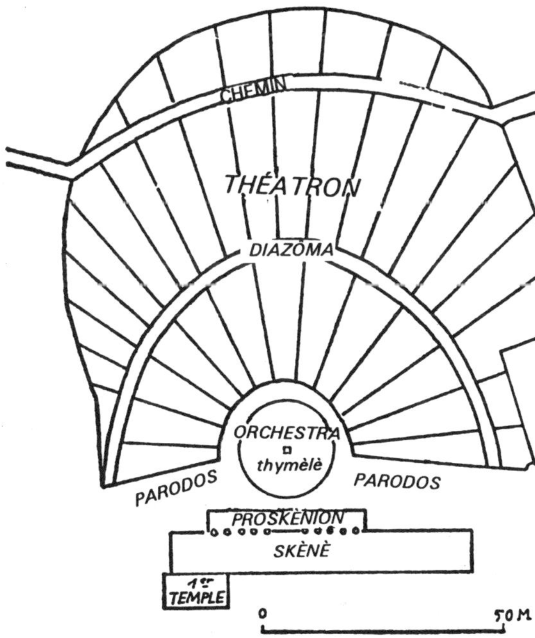

Le théâtre est d'abord un lieu, qui comprend des gradins (le *théatron*, au sens restreint, ou *koilon*) centrés sur une place circulaire (l'*orchestra*) derrière laquelle se dresse la scène. Les spectateurs s'asseyaient à l'époque classique sur des gradins en bois dans le *théatron*, « le lieu d'où l'on regarde », aménagé sur le flanc d'une colline, avant qu'à l'époque hellénistique, les gradins soient en pierre ; un passage (le *diazôma*) coupait à l'horizontale le *théatron*, pour permettre la circulation ; des escaliers rayonnants divisaient le *théatron*. Les sièges d'honneur sont placés au premier rang, réservés à ceux qui ont le privilège de la proédrie•. Au centre de la place circulaire de l'*orchestra*, le lieu où danse le chœur•, se trouve l'autel de Dionysos, la *thymélè* ; des passages latéraux (les *parodoi*) donnent accès à l'*orchestra*. La *skènè* est d'abord le baraquement où les acteurs• changeaient de costume, l'équivalent de nos coulisses ; c'est aussi l'endroit où se dressait le décor de fond. Devant la *skènè* les acteurs jouent sur une estrade surélevée par rapport à l'*orchestra* (le *logeion*, « l'endroit d'où l'on parle »).
Le théâtre est aussi un sanctuaire de Dionysos : il comprend un autel du dieu du théâtre, la *thymélè*, au centre de l'*orchestra* ; il est proche à Athènes d'un temple de Dionysos **(fig. 1, n°22)**. Les spectacles qui y sont représentés ont lieu lors de fêtes religieuses : à Athènes, les Grandes Dionysies sont une fête panhellénique, qui comprend des représentations de dithyrambes•, de tragédies•, de drames satyriques• et de comédies•.

Fig. 46 : Épidaure, plan du théâtre.

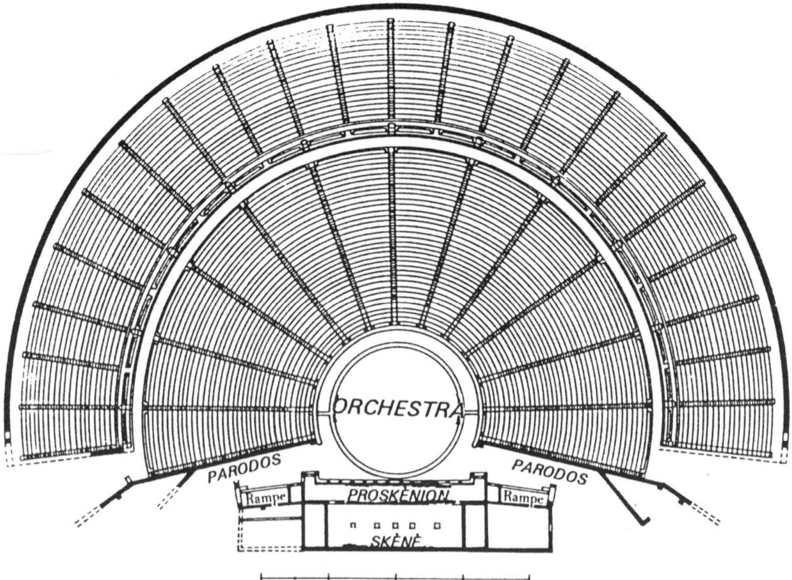

Avec cette fonction religieuse, le théâtre a aussi une fonction civique. À Athènes, la chorégie• est une liturgie• périodique. La cité a aussi institué le *théôrikon*•, caisse des spectacles destinée à l'origine à indemniser les citoyens qui assistaient aux spectacles lors des fêtes théâtrales. Les concours• théâtraux reposent sur la participation de toute la cité : l'archonte éponyme désignait les principaux chorèges ; les dix juges qui devaient décerner les prix étaient tirés au sort sur la liste des candidats sélectionnés par la *boulè* dans les dix tribus athéniennes. Le principal concours théâtral était à Athènes choisi pour proclamer les honneurs• décernés par la cité et pour présenter au peuple, à l'époque de la ligue de Délos, l'excédent du tribut, le *phoros*•, qui était alors versé par les alliés.
À l'époque hellénistique, le théâtre garde une grande importance dans un monde grec élargi grâce à la conquête d'Alexandre. Les technites• dionysiaques contribuent à la diffusion des pièces du répertoire classique, qui véhiculent les valeurs classiques.

***Thémis* (θέμις) :** La *thémis* est la coutume et, par dérivation naturelle, la justice, le droit sacré : le terme est précisément employé dans les lois• sacrées sous forme négative pour exprimer l'interdit. Le mot peut, dans Homère, désigner l'activité judiciaire, le tribunal. Dans la société archaïque dominée par les *génè*, la *thémis* exprime les règles de la morale familiale complétées, vis à vis de l'étranger, par des prescriptions religieuses comme celles que dicte l'hospitalité, la *xénia*•.

THÉOGONIE (θεογονία) : La théogonie présente la naissance et la généalogie des dieux, tandis que la cosmogonie retrace la naissance des éléments naturels. Ce genre ordonne la matière des mythes de la religion grecque.

Hésiode, à la fin du VIIIe siècle, compose le long poème de la *Théogonie*, qui énumère trois générations des dieux, celle de Ciel ou Ouranos, celle de Cronos (Ouranides), celle de Zeus (Cronides ou Olympiens). On trouve dans la *Théogonie* une généalogie des dieux accompagnée d'une cosmogonie ; aux vers 116-138, du Chaos sortent Gaia et Ouranos (la Terre et le Ciel), parents des Titans. Ce passage dénote une pensée mythique anthropomorphique, dans laquelle les puissances primordiales elles-mêmes ont un comportement humain.

L'élaboration de généalogies mythiques amorce aussi l'intérêt pour l'histoire au VIe siècle, dans l'école de Milet. La théogonie orphique est connue par plusieurs versions.

THÉORE, THÉORIE (θεωρός, θεωρία) : 1. Les théores sont des ambassadeurs sacrés, nommés par une cité pour une mission déterminée. Ils forment une théorie, ou ambassade sacrée. Ils peuvent représenter leur cité à une fête, par exemple celle des Ptolémaia d'Alexandrie qui est fondée et déclarée isolympique au début du règne de Ptolémée II. Les théores peuvent aussi visiter différentes cités pour leur annoncer la célébration d'une fête, c'est-à-dire en faire l'épangélie (ἐπαγγελία), les convier à y participer et leur demander de respecter une trêve sacrée (hiéroménie•), en étant des spondophores•. Ces théores sont reçus par des théorodoques dans les différentes cités qu'ils visitent. Le passage de ces théores permet à chacun de connaître précisément la date de célébration des grands concours, alors que les calendriers• des cités sont très divers.

Une inscription de Delphes dresse, au début du IIe siècle, la liste des villes où un citoyen théorodoque est chargé de recevoir les théores partis de Delphes faire l'annonce des Pythia pentétériques. Cette liste des théorodoques (ou théarodoques, en dialecte dorien) présente les itinéraires normaux du voyage des différentes théories envoyées de Delphes dans le monde grec.

2. Dans certaines cités, les théores sont des magistrats qui ont des attributions religieuses. À partir du troisième quart du VIe siècle, ils sont trois à Thasos, parmi les principaux de l'île avec les archontes ; un catalogue récapitulatif de ces théores fut recopié vers 350 sur un mur du passage dit des théores à Thasos et il fut tenu à jour jusqu'à la période impériale.

***Théôrikon*, THÉORIQUE (θεωρικόν) :** À Athènes, le *théôrikon*, ou théorique, était la caisse des spectacles sur laquelle était prélevée l'indemnité qui, à l'origine, était versée aux citoyens pauvres, afin de leur permettre d'assister aux représentations théâtrales payantes que comportaient certaines grandes fêtes ; par la suite, cette indemnité, considérée comme une sorte d'allocation permettant aux citoyens pauvres de chômer les jours de fêtes, fut versée à toutes les fêtes, même celles qui ne comportaient pas de représentations dramatiques. Périclès aurait été le créateur de cette indemnité, qui existe dès le Ve siècle, mais dont les conditions de fonctionnement ne sont bien connues que pour le IVe siècle. L'institution du *théôrikon* devient très importante au milieu du siècle, avec la loi, votée à l'initiative d'Eubule, qui ordonne que tous les excédents budgétaires soient versés à la caisse des spectacles, devenue un moyen de porter assistance aux citoyens dans le besoin. Le *théôrikon* est alors administré par un collège de dix magistrats, les « préposés au théorique », dont la compétence financière est reconnue par le mode de recrutement, l'élection, et par la durée de leur mandat, quatre ans ; leur président, qui est, en 356, Eubule, en fonction pendant plusieurs années, joue un rôle capital dans la conduite de la cité. C'est tardivement, en raison de l'attachement du peuple à la caisse du *théôrikon*, protégée par la *graphè*• *paranomôn* contre toute proposition d'un orateur• de lui retirer les excédents budgétaires, que Démosthène obtient, au début de 339, que tous les excédents soient versés, en temps de guerre, non plus à la caisse des spectacles, mais à la caisse militaire, le *stratiôtikon*, créée en 349/348. La caisse des spectacles subsistera jusqu'à l'époque hellénistique.

THESMOPHYLAQUE (θεσμοφύλαξ) : Les thesmophylaques sont parmi les principaux magistrats de nombreuses cités, notamment à Élis dans le Péloponnèse. Ils sont, à proprement parler, les gardiens du *thesmos* (θεσμός), la règle ou l'ordre établi par des lois• humaines fondamentales, comme les nomophylaques• le sont du *nomos*. Leurs attributions varient d'une cité à l'autre. Ils sont surtout connus à Alexandrie d'Égypte : ils enregistrent les titres de gage et sont à la tête du service chargé des saisies de justice.

THESMOTHÈTE (θεσμοθέτης) : archonte•

THÈTE (θής) : Membres de la quatrième et dernière classe censitaire définie par Solon à Athènes, les thètes récoltent par an moins de deux-cents médimnes de grain ou moins de deux-cents métrètes d'huile ou de vin. À l'époque classique, les thètes ont accès à l'*ekklèsia*•, à la *boulè*•, aux tribunaux• populaires et aux magistratures inférieures ; le *misthos*• leur permet de prendre sur leur temps de travail pour remplir leur devoir civique. Le thète ne peut servir à l'armée comme hoplite• ; il sert comme fantassin léger et, surtout, comme rameur sur la flotte, et son rôle, après Salamine, est primordial dans la thalassocratie athénienne qu'est la Ligue de Délos : le petit peuple, auquel appartiennent les thètes, bénéficie largement de l'emprise athénienne sur les cités alliées. Beaucoup de thètes sont établis par Athènes au Ve siècle comme clérouques• sur des terres confisquées aux alliés ; ils passent alors dans la classe censitaire des zeugites•. Avec la constitution censitaire imposée par Antipater en 322, puis la domination de Démétrios de Phalère à partir de 317, les thètes qui ne choisissent pas l'exil ne jouent plus aucun rôle politique dans la cité.

THIASE (θίασος) : À l'origine, le terme n'aurait pas eu de valeur cultuelle précise à Athènes : le thiase était un groupement formé à l'intérieur d'une phratrie•. Au IVe siècle le thiase devient une association cultuelle. Ce type d'association se rencontre en Attique, dans les îles de la mer Égée, sur le littoral de l'Asie Mineure et sur le pourtour de la mer Noire. Les écoles philosophiques prennent la forme de collèges cultuels : au Lycée d'Aristote, le thiase célèbre le culte des Muses.
Le thiase mythique est formé par les satyres• et les ménades• qui entourent Dionysos. À l'époque hellénistique, l'appellation de thiase est choisie par les technites• dionysiaques, qui se vouent au culte de Dionysos.

***Tholos* (θόλος) :** Nom qui était donné à un édifice circulaire : le prytanée• d'Athènes, situé sur l'*agora*•, était une *tholos* **(fig. 4)**. Aujourd'hui, on nomme aussi *tholos* l'édifice circulaire du sanctuaire d'Athéna Pronaia à Delphes **(fig. 47)**, et la *thymélè* du sanctuaire d'Asclépios à Épidaure. Le nom enfin de « tombe à *tholos* » est donné à des tombeaux mycéniens monumentaux, comme le Trésor d'Atrée à Mycènes, qui possèdent un couloir d'accès et une chambre funéraire de plan circulaire, à voûte en encorbellement.

Fig. 47 : Delphes, restitution de la *tholos* de Marmaria
(d'après J.-F. Bommelaer).

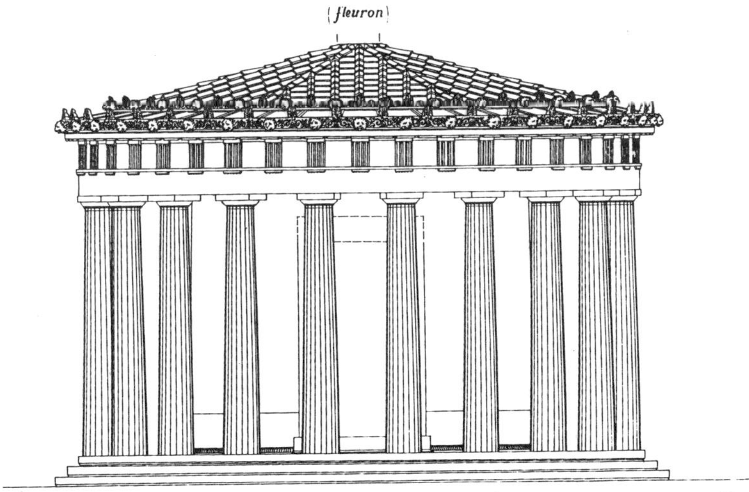

THYMÉLIQUE (θυμελικός) : Les concours musicaux prennent au IIIe siècle l'appellation de thyméliques par opposition aux concours dramatiques, qui sont scéniques. Les musiciens en effet se plaçaient dans l'*orchestra* à côté de la *thymélè*, l'autel de Dionysos, tandis que les acteurs montaient sur le *logeion*, devant la *skènè* (voir théâtre•).

THYRSE (θύρσος) : Branche entourée de feuilles de vigne et de lierre et surmontée d'une pomme de pin, portée par les ménades•.

TIMBRE AMPHORIQUE : On emploie l'expression « timbre amphorique » pour désigner l'empreinte d'un cachet qui était apposé sur l'une ou les deux anses, ou encore sur le col des amphores• destinées à contenir du vin, de l'huile ou d'autres produits, comme des poissons en saumure. La pratique du timbrage n'est pas répandue dans tout le monde grec : seules une quarantaine de cités l'ont connue, entre le début du Ve siècle et la fin du Ier siècle. Les systèmes de timbrage sont surtout connus pour les cités de Cnide, de Rhodes, de Sinope et de Thasos. Trois sortes d'indications peuvent se rencontrer sur les timbres, sans être forcément toutes trois présentes sur un même timbre : l'ethnique, ou nom du peuple, un ou plusieurs noms propres et un ou plusieurs symboles ou emblèmes. D'autres indications peuvent s'ajouter : noms de mois, nombres d'années, noms de magistratures, quelquefois noms d'activité professionnelle.

Thasos a connu trois systèmes principaux de timbrage. Dans la première moitié du Ve siècle, un « proto-timbrage » consiste en un simple emblème ; des années 395 à 335, le timbrage « ancien » présente un ou des emblèmes avec une légende qui mentionne habituellement un magistrat, un fabricant et un ethnique ; ensuite, jusqu'au cours du IIe siècle, le timbrage « récent » garde les mentions du magistrat et de l'ethnique, sans le nom du fabricant, qui est représenté par son emblème annuel.

On s'est interrogé sur la finalité de ce timbrage. Était-il contrôlé par la cité ou laissé à l'initiative des fabricants ? Concernait-il le contenant ou le contenu de l'amphore ? Il était en tout cas destiné à des contrôleurs spécialisés à cause de sa complexité et de la difficulté du déchiffrement liée souvent à la mauvaise impression des timbres.

TOMBE : Il existe plusieurs types de tombes : les tombes à ciste•, à fosse, plus grandes que les précédentes et creusées au fond d'un puits ou d'une fosse, les tombes à chambre, taillées dans le rocher, avec un couloir d'accès et une chambre funéraire en général rectangulaire, les tombes à *tholos*•. La tombe peut être signalée par un tumulus, tertre funéraire. Voir funérailles•.

TRAGÉDIE (τραγῳδία) : La tragédie, dont le nom signifie littéralement « chant du bouc », tire vraisemblablement son origine, d'après Aristote dans la *Poétique*, du dithyrambe•, chant choral exécuté en l'honneur de Dionysos. La naissance même de la tragédie est associée au poète Arion de Méthymne, qui aurait, au VIIe siècle, donné une forme littéraire au dithyrambe, ou, selon une autre tradition, à l'Athénien Thespis, qui aurait permis la progression du drame grâce à l'introduction, face au chœur•, du premier acteur• ; un second acteur fut ensuite introduit par Eschyle, et un troisième par Sophocle. La plus ancienne pièce qui soit conservée, *Les Perses* d'Eschyle, fut jouée en 472 : le genre tragique était alors parfaitement constitué à Athènes, puisque la première représentation tragique aurait été donnée aux Grandes Dionysies de 534 et que des noms de poètes tragiques plus anciens, comme Pratinas et Phrynichos, sont parvenus jusqu'à nous.

Les tragédies, comme les comédies•, étaient jouées uniquement à l'occasion de fêtes• religieuses consacrées à Dionysos, lors des concours• des Grandes Dionysies, à partir de 534, et des Lénéennes, à partir de 442 environ. Grâce à la caisse des spectacles, le *théôrikon*•, tout citoyen était en mesure de verser le prix de sa place. Chaque poète présentait trois tragédies, liées par leurs sujets, qui formaient une trilogie — comme celle de l'*Orestie* d'Eschyle — et un drame satyrique•. Les tragédies, à l'exception des pièces d'Eschyle qui purent être rejouées après sa mort, n'étaient visibles qu'une seule fois, lors des grands concours ; faisait exception la fête des Dionysies rurales, où des pièces connues pouvaient être reprises dans les dèmes. À partir de 386, les tragédies anciennes purent être reprises à côté des pièces nouvelles.
L'organisation des concours dramatiques était placée sous le contrôle de la cité : l'archonte• éponyme lors des Grandes Dionysies, l'archonte roi lors des Lénéennes, désignaient trois poètes admis à concourir et attribuaient à chacun l'acteur principal, le protagoniste, qui dirigeait les deux autres acteurs; le chorège• devait entraîner le chœur à ses frais. Les pièces étaient ensuite classées par un jury de citoyens ; outre le poète, le meilleur acteur et le meilleur chorège étaient distingués.
Dans toute tragédie les chants du chœur, que dirigeait le coryphée, alternaient avec les dialogues des acteurs. Le rôle dévolu au chœur, considérable dans les tragédies les plus anciennes, comme celles d'Eschyle, eut tendance à décliner, alors que l'augmentation du nombre des acteurs permettait l'enrichissement de l'action ; au début du IVe siècle, le chœur n'avait plus qu'une importance mineure dans la tragédie.
Les sujets des pièces étaient presque toujours — on citera cependant les exceptions connues de *La Prise de Milet* de Phrynichos, des *Perses* d'Eschyle — empruntés à la mythologie, et particulièrement au cycle troyen. Seules quelques pièces des trois grands tragiques du Ve siècle athénien, Eschyle (525-456), Sophocle (vers 496-406) et Euripide (vers 485-406), sont parvenues jusqu'à nous; mais le genre tragique, illustré avant eux, fut encore enrichi au IVe siècle d'œuvres nouvelles, perdues pour nous, avant de s'étioler, avec le changement du contexte politique, au IIIe siècle.

TRAITÉ : Un traité n'est pas signé, mais fait l'objet d'un serment• prêté par les représentants des parties. Les clauses du traité (*synthèkai*, συνθῆκαι) sont souvent transcrites sur pierre ou sur bronze, avant l'énoncé du serment. Un exemplaire est fréquemment déposé dans un sanctuaire panhellénique.

Le traité qui mit un terme, à la fin du Ve siècle sans doute, aux hostilités entre Thasos et sa colonie Néapolis fut arbitré par Paros et reçut la sanction d'Apollon à Delphes. Un exemplaire fut exposé dans chacune des deux cités contractantes, un autre le fut à Paros et un dernier exemplaire fut exposé à Delphes. On a retrouvé le bas-relief mutilé qui ornait la stèle exposée à Delphes, sans doute dans le sanctuaire d'Athéna à Marmaria ; Zeus garant des serments et Héraclès, qui a introduit le culte d'Apollon Pythien à Paros, tous deux assis, encadrent deux figures disparues, debout et de plus petite échelle ; d'après les traces d'arrachement, on restituera deux divinités poliades qui se serraient la main dans une scène de *dexiôsis*, sans doute Apollon pythien pour Thasos et la Parthénos pour Néapolis.

TRÉPIED (τρίπους) : Le trépied, support à trois pieds en métal, généralement en bronze, soutenant un chaudron, est d'abord un ustensile courant ; il est utilisé dans la vie quotidienne, et c'est dans des chaudrons supportés par des trépieds que l'on fait bouillir la viande des sacrifices•. Mais le trépied est aussi un objet à valeur symbolique, fréquemment attribué comme récompense dans des concours• ou offert aux dieux. À Athènes, le chorège• vainqueur dans les concours de représentations dramatiques reçoit un trépied, qu'il dédie ensuite à Dionysos en signe de reconnaissance : telle est l'origine de la rue des Trépieds, où le monument de Lysicrate conserve le souvenir de ces trépieds agonistiques. Le trépied est aussi une offrande fréquemment dédiée dans les sanctuaires : ainsi, au VIIIe siècle, de nombreux trépieds en bronze furent offerts à Zeus dans son sanctuaire d'Olympie. Mais c'est dans le culte d'Apollon, vénéré comme dieu de la mantique•, que le trépied occupe une place à part, et demeurée inexpliquée : le dieu est souvent représenté assis sur un trépied, et, à Delphes, la Pythie, lorsqu'elle est inspirée par le dieu et rend les oracles•, est assise sur un trépied ; par suite, les trépieds sont des offrandes tout indiquées pour le dieu, comme ceux qui constituèrent la voie des trépieds au Ptoïon, en Béotie, ou celui qui fut dressé, offrande panhellénique•, au sommet d'une colonne serpentine en or, dans le sanctuaire de Delphes, après la victoire de Platées remportée sur les Perses **(fig. 39, n°407)**.

TRÉSOR (θησαυρός) : 1. Caisse des temples, des cités, des confédérations. **2.** En un autre sens, dans les grands sanctuaires panhelléniques•, petits édifices construits par des cités pour abriter leurs offrandes précieuses et celles de leurs citoyens. Ces trésors comprenaient une pièce qui correspondait au *naos* du temple• et une entrée qui correspondait au *pronaos* ; mais les dimensions très réduites faisaient de ces édifices des « temples » miniatures, cependant que leur fonction était uniquement de conserver des offrandes de prix, un « trésor », et non d'abriter la statue divine, comme le temple. Les cités recherchaient une place bien en vue pour leurs trésors, toujours très soignés, puisqu'ils étaient comme une « vitrine » pour les autres cités : la Voie sacrée de Delphes était bordée de ces édifices, parmi lesquels on citera le trésor des Athéniens **(fig. 39, n°223)**, dorique•, dont les métopes• montrent les exploits d'Héraclès et ceux de Thésée, ou encore le trésor ionique• de Siphnos **(n°122)**, avec ses caryatides• et sa longue frise• sculptée. Les cités d'outre-mer étaient nombreuses à honorer par leurs trésors les grands sanctuaires de Grèce propre, comme Marseille dans le sanctuaire d'Athéna Pronaia à Delphes, Géla, Sybaris ou Syracuse dans le sanctuaire de Zeus à Olympie **(fig. 41)**. **3.** Un trésor monétaire comprend un nombre variable de monnaies•, dont la date d'enfouissement peut apporter des renseignements précieux pour la chronologie.

TRIBU : La tribu (*phylè*, φυλή) désigne une subdivision du corps civique dans le monde grec. Athènes offre deux répartitions successives de ses citoyens en tribus : quatre d'abord, comme dans toutes les cités ioniennes, puis dix créées par la réforme de Clisthène en 508/7 **(fig. 48)**.

> Hérodote (*Histoires* V, 66) décrit ainsi la nouvelle répartition opérée par Clisthène : « Il répartit ensuite les Athéniens, qui formaient quatre tribus, en dix tribus, en changeant les éponymies des enfants d'Ion, Géléon, Aigikoreus, Argadès et Hoplès, et en trouvant des éponymies d'autres héros, qui étaient du pays, sauf Ajax, qu'il ajouta alors qu'il était étranger, en considérant que c'était un voisin et un allié. »

Fig. 48 : Les divisions clisthéniennes de l'Attique *(Éd. Will).*

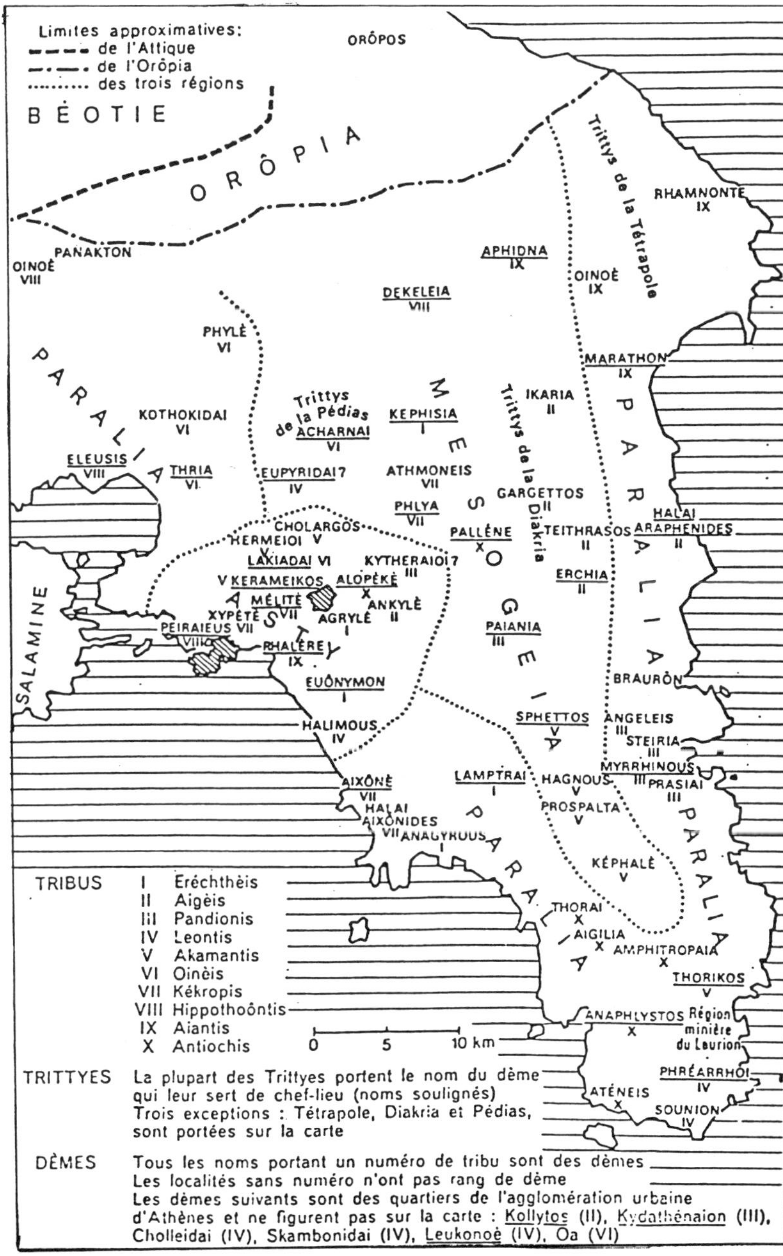

© *Le Monde grec et l'Orient*, tome I, Edcuard Will, PUF, 1975.

Les noms des dix héros éponymes des tribus auraient été choisis par la Pythie de Delphes sur une liste de cent noms de héros archégètes•. Certains des héros ainsi désignés sont illustres (comme les rois mythiques d'Athènes Érechthée et Égée père de Thésée, ou le grand Ajax, fils de Télamon, roi de Salamine dans l'*Iliade*), d'autres obscurs, soit dans l'ordre officiel : 1. Érechthée pour la tribu Érechtheis ; 2. Égée pour l'Aigeis ; 3. Pandion pour la Pandionis ; 4. Léon pour la Léontis ; 5. Akamas pour l'Akamantis ; 6. Oineus pour l'Oineis ; 7. Cécrops pour la Kékropis ; 8. Hippothoon pour l'Hippothoontis ; 9. Ajax pour l'Aiantis ; 10. Antiochos pour l'Antiochis.

La répartition clisthénienne des citoyens en dix tribus traduit la volonté de réunir l'ensemble du corps civique d'Athènes. Les tribus ont en effet des subdivisions, les trittyes•, qui leur permettent de regrouper des citoyens des trois régions de l'Attique. La répartition en tribus trouve aussi une traduction à la guerre : les dix stratèges• sont créés peu après la réforme de Clisthène à raison d'un par tribu ; la bataille de Marathon en 490 offre la vision de l'Athènes de Clisthène au combat, avec les hoplites répartis suivant leur appartenance aux dix tribus.

L'importance des tribus pour les citoyens est manifestée notamment lors des funérailles• des morts pour la patrie : les restes des soldats morts sont alors regroupés par tribu ; leur éloge funèbre est prononcé devant eux : ainsi fit Périclès, à la fin de la première campagne de la guerre du Péloponnèse en 430, dont l'« Oraison funèbre » est présentée par l'historien Thucydide comme un plaidoyer à la gloire de la démocratie et de sa politique impérialiste. Après ces funérailles officielles, les corps reposent groupés par tribu et les noms des citoyens morts sont gravés dans le marbre selon l'ordre immuable des mêmes tribus. On a ainsi retrouvé le tumulus des soldats morts devant les Perses à Marathon en 490, regroupés par tribu.

L'importance civique des dix héros éponymes est aussi manifestée par deux monuments de l'Athènes classique. Sur l'*agora*•, place qui est au centre de la vie civique, une base présentait les dix statues de ces héros **(fig. 4)** ; c'est devant cette base des héros éponymes, sous leur protection, qu'étaient affichés les décrets votés dans les assemblées du peuple. Sur l'Acropole•, le temple d'Athéna Parthénos, ou Parthénon, présentait dans la frise continue qui fait le tour du bâtiment les dix héros à une place privilégiée, de part et d'autre de l'assemblée des dieux vers laquelle converge la procession des Grandes Panathénées figurée en bas-relief **(fig. 18)** : sur la frise, les héros éponymes apparaissent comme les intermédiaires entre le monde des mortels et celui des Olympiens.

À l'époque hellénistique, les Athéniens ajoutent au nombre des héros éponymes des rois : en 307 sont créées les tribus Antigonis et Démétrias pour honorer Antigone le Borgne et Démétrios Poliorcète, qui avait libéré Athènes de la tyrannie de Démétrios de Phalère ; ces deux tribus sont supprimées en 200, alors que le roi de Pergame Attale Ier devient éponyme d'une tribu Attalis et qu'il existe depuis 224/3 une tribu Ptolémaïs créée en l'honneur de Ptolémée III.

Les douze tribus, depuis 307/6, se succèdent dans un ordre immuable à la prytanie•, mais un tirage au sort désigne la tribu qui inaugure l'année en exerçant la première prytanie.

Dans les cités doriennes, il existe traditionnellement trois tribus. On retrouve à Sparte ces tribus dans l'armée qui, au VIIe siècle, était formée en trois corps de bataille, les Pamphyloi, les Dymanes et les Hylleis. À Argos, une quatrième tribu, celle des Hyrnathioi, s'ajoute aux trois doriennes, peut-être lors d'une réforme de la répartition des citoyens vers le milieu du Ve siècle.

TRIBUNAL : L'organisation des tribunaux varie suivant la constitution des cités. Athènes, à l'époque classique, garde quelques tribunaux d'origine aristocratique, comme ceux de l'Aréopage• ou des éphètes•, mais l'essentiel des pouvoirs judiciaires y est passé à l'Héliée•.
Deux grandes catégories de causes sont soumises aux tribunaux : celles qui ressortissent à la *dikè*• et celles qui ressortissent à la *graphè*•. Dans une *dikè*, la sommation à comparaître devant un magistrat est assignée directement par le plaignant ; dans une *graphè*, la dénonciation est portée d'ordinaire devant le conseil• ou l'*ekklèsia*• par eisangélie•. Dans une *dikè*, l'instruction est faite par le magistrat, qui préside le tribunal. Après avoir entendu l'accusation et la défense, qui plaident directement ou avec l'aide d'un synégore• et dont le temps de parole est compté grâce à la clepsydre•, les juges se prononcent d'abord sur la question de la culpabilité en déposant dans une urne leur jeton de vote. S'il y a condamnation, le tribunal fixe la peine, après avoir entendu les propositions des deux parties. Le vote est sans appel.

TRIBUT : ***phoros*•**

TRIÉRARCHIE (τριηραρχία) : Liturgie• exceptionnelle, qui n'était imposée qu'en temps de guerre, aux citoyens athéniens de la première classe censitaire, les pentacosiomédimnes•. L'État fournissait la coque et les agrès de la trière•, et payait l'équipage ; le triérarque, qui commandait pendant une année le navire sous les ordres d'un stratège•, devait recruter l'équipage et armer le navire, et était responsable de l'entretien courant et des réparations ; au bout d'une année, il devait remettre le navire en parfait état. Cette charge devint si lourde que ceux à qui elle incombait prirent l'habitude, à partir de la guerre du Péloponnèse et pendant la première moitié du IVe siècle, où les expéditions maritimes se suivaient sans répit, de s'associer à deux, puis davantage, pour étaler la dépense et partager les frais : cette association privée était appelée « syntriérarchie ». En 357/356, au début de la guerre des alliés, Périandros créa vingt symmories• triérarchiques de soixante personnes, qui représentaient des fortunes égales les unes aux autres : cette loi, qui faisait de la triérarchie un impôt, comme l'*eisphora*•, visait à alléger le poids qui retombait sur les plus riches en le répartissant sur un plus grand nombre de citoyens. Démosthène, en 340, s'intéressant à cette question essentielle, mais difficile à résoudre, de la flotte de guerre athénienne, et jugeant le système établi par la loi de Périandros défectueux par sa lourdeur et son injustice, fit abroger cette loi et porter à nouveau le poids de la triérarchie sur un petit nombre, les 300 plus riches citoyens ; une nouvelle réforme eut lieu peu après à l'initiative d'Eschine.

TRIÈRE (τριήρης) : La trière est le navire de guerre par excellence de la marine• grecque à partir de la fin de la période archaïque, où elle remplace la pentécontore, navire à cinquante rameurs disposés sur deux rangs. La trière présente l'avantage d'être rapide, car elle est mue par des rameurs disposés sur trois rangs superposés (thranites en haut, zeugites, ou zygites, au milieu et thalamites en bas) **(fig. 49-50)** et elle est dotée d'un faible tirant d'eau ; elle est aussi rapide à construire : entre 483/2 et 480, Athènes se dota de plus de cent trières supplémentaires sous l'impulsion de Thémistocle, qui, par le vote d'une loi navale, fait affecter à la construction d'une flotte les ressources supplémentaires tirées de la découverte d'un riche filon de plomb argentifère à Maronée en Attique. La contrepartie de cette rapidité de la trière est sa fragilité : la trière manque de stabilité, en particulier lors des tempêtes, car les œuvres mortes émergent sur 2,20 mètres environ, alors que le tirant d'eau est d'un mètre seulement ; la trière ne peut tenir longtemps la mer : dans les règles, elle doit être tirée chaque soir au sec.

Fig. 49 : Coupe de la trière athénienne *(d'après L. Basch).*

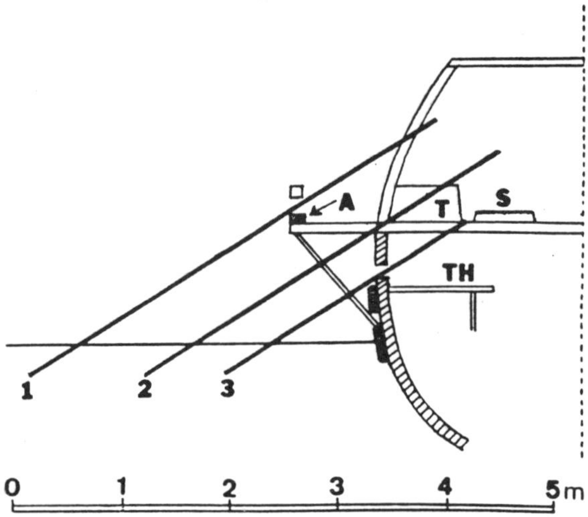

A : apostis.
T : banc du rameur thranite.
S : siège du rameur zeugite.
TH : siège du rameur thalamite.
1 : rame thranite.
2 : rame zeugite.
3 : rame thalamite.

Fig. 50 : Restitution de la trière représentée sur le bas-relief Lenormant *(d'après L. Basch).*

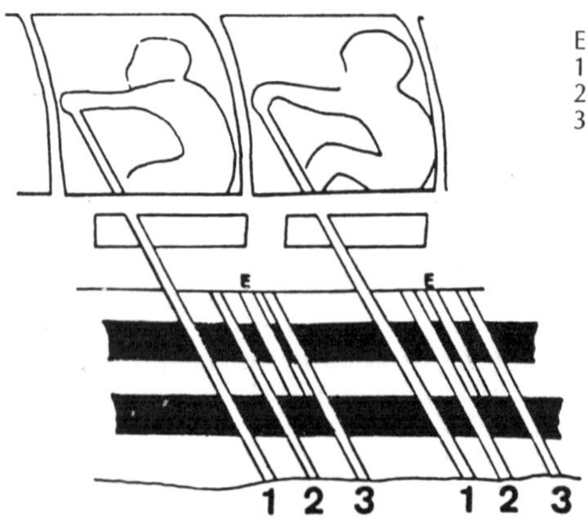

E : étai de l'apostis.
1 : rame thranite.
2 : rame zeugite.
3 : rame thalamite.

L'invention capitale de la trière se place en Ionie, au milieu du VIe siècle. Le succès de ces navires est rapide : dès le début du Ve siècle, les trières remplacent les pentécontores. Ce type de navire disparaît seulement à la fin de l'Antiquité, au Ve siècle après J.-C.

L'essentiel de la navigation repose sur les rameurs. Les trières athéniennes de l'époque classique sont dotées de 170 avirons et d'une réserve de 30 (62 pour les thranites, 54 pour les zeugites et 54 pour les thalamites) ; les avirons ont une longueur de 4,17 à 4,40 m, les plus longs placés au milieu dans le sens longitudinal. La trière est aussi dotée d'une grand-voile carrée, hissée sur le grand mât quand le vent est favorable, en-dehors des batailles. Les trières athéniennes, entre le début du Ve siècle et les années 330, ont aussi un mât qui porte la voile appelée *akateion* : cette voile pouvait être hissée pour fuir rapidement lors d'une bataille.
Un bon entraînement des rameurs est indispensable pour manœuvrer la trière. Ce sont à Athènes des citoyens, de la classe des thètes•, ou des métèques•, motivés et dévoués à la défense de la cité.

Les manœuvres du *diekplous* et du *périplous* sont rappelées par Thucydide dans le récit de la bataille navale qui oppose en 429 l'escadre athénienne des vingt trières commandées par Phormion à l'escadre péloponnésienne (*La guerre du Péloponnèse* II, 83-84) : « Les Péloponnésiens formèrent leurs unités en un cercle aussi grand qu'ils pouvaient le faire sans prêter aux percées (*diekplous*), avec, dehors, la proue, et la poupe au-dedans ; les embarcations légères qui les accompagnaient trouvèrent place à l'intérieur, ainsi que cinq trières particulièrement aptes à manœuvrer : elles étaient ainsi tout près pour surgir à l'appui des autres là où pourrait donner l'adversaire. Cependant les Athéniens, rangés sur une seule file, tournaient en cercle autour d'eux (*périplous*) et les enfermaient dans un espace réduit, en ne cessant de les longer au plus près et en suggérant l'impression d'une attaque imminente. — En fait, Phormion les avait avertis de ne pas engager le combat avant qu'il n'eût, en personne, donné le signal. D'après ses prévisions, en effet, l'ordre observé par l'adversaire ne serait pas gardé comme il pouvait l'être sur terre : les navires se heurteraient les uns aux autres, tandis que les embarcations légères créeraient du désordre ; et, si le vent se mettait à souffler du golfe, comme il s'y attendait justement en tournant en cercle et comme cela se produisait habituellement vers l'aurore, ils ne connaîtraient pas un instant de paix. »

Pour offrir davantage de résistance, certaines trières, dites cataphractes, ou cuirassées, sont dotées de fargues fixes qui ferment l'intervalle entre le bord extérieur de l'apostis et le pont de combat, protégeant ainsi les thranites ; les trières dépourvues de cette protection sont dites aphractes. La trière embarque, en plus des 170 rameurs, un état-major composé de 7 personnes, y compris le triérarque, qui assume la triérarchie• ; on recense aussi des matelots (13 à l'époque classique) et des hoplites• embarqués, les épibates (10 en moyenne à l'époque classique). On voit que la trière se prête mal au transport de troupes ou au convoi de matériel.
Les dimensions de la trière sont en effet réduites : la découverte de cales couvertes au Pirée, à proximité du port militaire de Zéa **(fig. 37)**, permet de reconstituer les dimensions des trières qui y étaient construites (36m x 5m).
Les trières ont joué un grand rôle dans le développement de la puissance d'Athènes à l'époque classique. À la bataille de Salamine en 480, les 378 navires grecs (d'après Hérodote, VIII, 48) mettent en déroute la flotte perse qui devait compter alors environ 600 vaisseaux : dans l'étroit chenal qui sépare l'île de Salamine de l'Attique, les trières éperonnent de nombreux navires ennemis. On peut

ensuite parler d'un impérialisme de la trière, qui renforce l'*archè*• d'Athènes : la flotte athénienne domine la ligue• de Délos ; l'existence d'un empire maritime est indispensable pour disposer de bases navales qui accueillent les trières.

TRITTYE (τριττύς) : Dans la constitution athénienne due à Clisthène (508), la trittye, qui comprend un nombre variable de dèmes•, est le tiers d'une tribu• : chaque tribu est constituée de trois trittyes (une de l'Intérieur, ou *Mésogeia*, une de la Côte, ou *Paralia*, une de la Ville, ou *Asty*) **(fig. 48)**.

TROPHÉE (τρόπαιον) : L'érection d'un trophée sur le champ de bataille consacre le vainqueur : celui-ci suspendait à un tronc d'arbre des armes prises à l'ennemi.

TUMULUS : Le tumulus est un tertre funéraire, tel celui que les Athéniens formèrent dans la plaine de Marathon pour servir de sépulture aux combattants morts en 490.

TUNIQUE : La tunique grecque, à la différence des vêtements crétois et mycéniens cousus et étroitement ajustés, n'était qu'un rectangle de tissu que l'on drapait sur le corps et que l'on ajustait souvent directement au moyen d'une ceinture ou d'agrafes. À l'époque classique, on distingue essentiellement deux types de tuniques, le *péplos* « dorien », car, s'il est répandu dans tout le monde grec, il est en faveur à l'origine surtout dans le Péloponnèse, et le *chiton* « ionien », tenue par excellence des cités grecques d'Asie Mineure et des îles, largement adoptée en Attique depuis le milieu du VIe siècle.
Le *péplos*, réservé aux femmes, est un rectangle de laine, plié par le milieu dans le sens de la longueur et retenu sur les épaules par des agrafes ou fibules **(fig. 51)** ; la hauteur est réglée par le rabat plus ou moins long (*apoptygma*), que forme le tissu replié vers l'extérieur. Le long côté ouvert n'est généralement pas cousu, mais une ceinture peut entourer la taille, placée au-dessous ou au-dessus du rabat ; dans ce dernier cas, il arrive, pour raccourcir encore le vêtement, que l'on tire le tissu par-dessus la ceinture, dissimulant ainsi la taille sous les plis bouffants (*kolpos*). La coutume des jeunes filles spartiates, qui laissaient tomber librement leur *péplos* sans le retenir par une ceinture, dévoilant ainsi le côté droit du corps, leur valait le surnom de *phainomérides*, les « montreuses de cuisses ». L'épaisseur du tissu fait que le *péplos* est un vêtement lourd, caractérisé par ses plis raides : il apparaît ainsi sur les documents figurés. L'étoffe était teinte d'une couleur uniforme, rouge, bleu, jaune, vert, ou autre ; des motifs pouvaient y être tissés. Athéna, la déesse guerrière, était toujours représentée vêtue d'un *péplos* ; lors de la cérémonie des Panathénées, c'est un *péplos*, orné d'une gigantomachie (combat des dieux contre les géants), qui lui était offert par les Athéniens **(fig. 18)**.
Le *chiton*, originaire d'Asie Mineure, se répand au cours du VIe siècle à Athènes, où il est à l'époque classique porté aussi souvent, et parfois en même temps, que le *péplos*. Le *chiton* produit une impression tout autre que le *péplos*, en raison de la nature et de l'agencement de l'étoffe : en lin généralement, de toute façon dans un tissu léger, que l'on garde blanc, il est lui aussi constitué d'une pièce rectangulaire, parfois très large, pliée en son milieu dans le sens de la longueur et retenue sur les épaules par des agrafes ou une couture **(fig. 52)** ; la différence vient de ce que le long côté ouvert est cousu et que les deux bords supérieurs, au-dessus des épaules, ne forment pas de rabat mais peuvent être rapprochés par des agrafes plus ou moins nombreuses, qui donnent ainsi au *chiton* les « manches »,

plus ou moins longues, dont est dépourvu le *péplos* ; une disposition autre du tissu pincé par les agrafes permet de faire disparaître ces « manches ». Une ceinture serre le *chiton* à la taille ; lorsqu'il y en a deux, seule la seconde est visible, la première disparaissant sous les plis bouffants du vêtement. Le *chiton* pouvait être porté seul, ou comme vêtement de dessous, sur lequel était passé le *péplos* plus lourd. Il était porté long par les femmes, sur le corps desquelles il pouvait produire des effets de transparence et de draperie « mouillée », que restituent pour nous certaines sculptures ; les hommes, qui l'avaient porté long, à la mode ionienne, avant les guerres médiques, le portaient court au-dessus du genou, à l'exception de quelques catégories d'entre eux, comme les prêtres, les musiciens ou les acteurs ; les enfants portaient aussi le *chiton*, mais plus court, plus étroit et généralement dépourvu de ceinture.
Pour l'exomide, voir manteau•.

Fig. 51 : *Péplos (d'après S. Descamps-Lequime).*

Fig. 52 : *Chiton (d'après S. Descamps-Lequime).*

***Tychè* (τύχη) :** La notion de *tychè*,- qui s'applique à une force supérieure qui déjoue les calculs des hommes, prend une grande importance à l'époque hellénistique où elle devient une allégorie : les villes, comme Antioche-sur-l'Oronte, ont une *Tychè* qui les personnifie. Chez un historien comme Polybe (vers 202-vers 120), la *tychè*, que l'on peut traduire par la fortune au sens de hasard, est un principe d'explication du cours des événements.

***Tympanon* (τύμπανον) :** Instrument de musique proche du tambourin, utilisé en particulier par les fidèles de Dionysos, les ménades•, et de Cybèle ; la déesse elle-même était souvent représentée assise, tenant un *tympanon*.

TYRAN, TYRANNIE (τύραννος, τυραννίς) : Le qualificatif de « tyran » n'est pas un titre. « Tyran » et « tyrannie » sont les termes les plus forts chez les Grecs pour qualifier le pouvoir absolu, détenu par un seul homme : celui-ci peut porter des titres variés, tels que « roi• », « aisymnète• », lorsque le pouvoir lui est donné par une décision de ses concitoyens, « archonte• », ou d'autres encore. La tyrannie se distingue de la royauté• ordinaire en ce que le roi exerce un pouvoir légitime, alors que le tyran a pris le pouvoir dans la cité souvent illégalement, le garde par la force et l'exerce d'une manière particulière, en s'appuyant non sur une élite, mais sur la masse du peuple, tout en respectant en apparence les institutions existantes, utilisées à son profit. C'est à l'époque classique, alors que la tyrannie est presque partout un régime qui appartient au passé, que le terme prend une valeur péjorative, dans les démocraties comme Athènes ou dans les milieux aristocratiques auxquels se rattachent des théoriciens politiques comme Platon.
La tyrannie apparaît, semble-t-il, dans la seconde moitié du VIIe siècle, et se répand si bien que l'on peut parler, pour le VIe siècle, de la « Grèce des tyrans », car nombre de cités connaissent à un moment ou à l'autre ce régime, en Grèce continentale, en Asie Mineure et dans les îles, ou en Grèce d'Occident ; la tyrannie est un stade, qui n'est pas nécessaire, du développement de la cité, car les formes politiques plus arriérées ne connaissent pas la tyrannie. Plusieurs cités de Grèce continentale connaissent la tyrannie assez tôt, dès le VIIe siècle, précédant celles de Sicile, où règnent des tyrans encore au début du Ve siècle. De manière générale, les difficultés sociales que connaissent les cités, particulièrement la crise agraire, favorisent la prise du pouvoir par le tyran. Celui-ci, souvent issu de l'aristocratie, s'oppose aux nobles, qui gouvernent la cité à leur profit, de manière oligarchique, et s'appuie sur le petit peuple. À Corinthe, l'oligarchie des Bacchiades est renversée, dans la seconde moitié du VIIe siècle, par Cypsélos, auquel succède son fils Périandre, qui règne au début du VIe siècle ; Sicyone est soumise aux Orthagorides, dont le plus célèbre est Clisthène, grand-père maternel du réformateur athénien, jusque vers le milieu du VIe siècle ; Athènes connaît, de 561 à 510, la tyrannie de Pisistrate et de ses fils. À côté de ces dynasties, qui parviennent du reste rarement à se maintenir, se remarquent des tyrans isolés, comme Polycrate à Samos ou Lygdamis à Naxos. Dans les premières décennies du Ve siècle, les tyrans siciliens, dont l'action est, en raison d'un contexte autre, passablement différente de celle des tyrans de Grèce propre, font la grandeur de leurs cités, particulièrement les Deinoménides, Gélon et Hiéron, à Géla et Syracuse, ou Théron à Agrigente.
Les tyrans pratiquent une politique de réformes sociales, en s'appuyant sur le peuple, dont ils satisfont certaines revendications, comme parfois le partage des

terres, contre les nobles, qui peuvent voir leurs biens confisqués et être contraints à l'exil. Ils exécutent des travaux d'urbanisme d'une grande utilité pour la cité, aménageant des places publiques ou procédant à des adductions d'eau, en construisant des fontaines, comme l'Ennéakrounos à Athènes, ou même un aqueduc, comme le fit Polycrate à Samos. La cité s'embellit d'une parure monumentale avec les temples que les tyrans dédient aux dieux : l'acropole d'Athènes se couvre d'édifices et de statues ; à Samos, Polycrate fait construire l'Héraion. Soucieux du rayonnement de leur cité, les tyrans donnent un éclat nouveau aux fêtes religieuses : Pisistrate ajoute des concours à la fête des Panathénées et crée la fête des Grandes Dionysies. Les arts et les lettres sont encouragés, surtout par les plus fastueux des tyrans, Pisistrate et ses fils à Athènes, ou Polycrate à Samos, qui attirent à leur cour des poètes, comme Anacréon, Ibycos ou Simonide. La cité qui est gouvernée par un tyran n'est donc pas repliée sur elle-même : bien au contraire, elle rayonne grâce à une politique active d'alliances, nouées souvent entre tyrans. Athènes manifeste déjà son intérêt pour la région des Détroits, lorsque Pisistrate encourage l'installation de la famille de Miltiade en Chersonèse de Thrace ; Polycrate fait construire une flotte, et sa puissance inquiète les Perses.
Au IVe siècle, la tyrannie refait son apparition, de manière très localisée : les conditions ne sont plus celles de la fin de l'époque archaïque, mais celui que l'on appelle un « tyran » est toujours caractérisé par le pouvoir personnel qu'il exerce, le plus souvent conservé illégalement et appuyé sur le peuple contre l'aristocratie. Syracuse connaît de nouveau la tyrannie avec Denys l'Ancien, qui règne de 405 à 367 et étend son pouvoir sur une bonne partie de la Sicile et de la Grande Grèce, puis avec son fils Denys le Jeune, qui ne se maintient que quelques années, et enfin, après la mort de Timoléon, avec Agathocle, à la fin du siècle. En Grèce propre, à la même époque, les bouleversements politiques permettent l'arrivée au pouvoir dans certaines cités thessaliennes d'un chef qui s'appuie sur le peuple contre les grandes familles, et que l'on qualifie de « tyran » : Jason de Phères, qui fut aussi *tagos*• du *koinon*• thessalien, est le plus célèbre. En Grèce d'Asie, outre la tyrannie d'Hermias d'Atarnée, disciple de Platon, il faut mentionner celle de Cléarchos qui, à Héraclée du Pont, procéda au partage des terres, à l'abolition des dettes et à la libération des esclaves.
Quelques tyrannies enfin, qui n'ont pas d'effet durable, sont connues pour l'époque hellénistique dans des cités de Grèce propre ; une exception est représentée par Nabis qui, à Sparte, à la fin du IIIe et au début du IIe siècle, veut procéder autoritairement à d'importantes réformes sociales.

TYRANNOCTONES (τυραννοκτόνοι) : Les tyrannoctones sont ceux qui ont tué le tyran ; on donne ce nom à Athènes à Harmodios et Aristogiton, qui avaient prévu d'assassiner pour des raisons privées le tyran Hippias, fils de Pisistrate, en 514, et ont tué son frère Hipparque après avoir pensé que leur projet était déjoué. Lorsque la démocratie fut établie en 508/7 par la constitution de Clisthène, Harmodios et Aristogiton se virent décerner à titre posthume les plus grands honneurs• : ils reçurent un groupe statuaire commandé au sculpteur Antènor et exposé sur l'*agora* ; l'aîné de leurs descendants jouit de la *sitèsis* au prytanée, nourriture gratuite aux frais de la cité, et de la proédrie•. Le groupe statuaire d'Antènor fut emporté par les Perses lors du sac d'Athènes en 480 et fut remplacé en 477 par un groupe commandé aux sculpteurs Kritios et Nèsiôtès, que nous connaissons grâce à des copies.

V

VÊTEMENT : ***kausia*• ; manteau• ; pétase• ;** ***pilos*• ; tunique•**

VILLE : ***asty*•**

X

XÉNÉLASIE (ξενηλασία) : Sparte a décidé dans des circonstances exceptionnelles des expulsions d'étrangers, ou xénélasies.

Xénia **(ξενία) :** La *xénia* désigne toute hospitalité accordée à un hôte ; elle s'applique en particulier aux liens qui unissent deux familles de l'aristocratie. Dans le monde homérique, la *xénia* est une institution qui désigne l'ensemble des liens d'hospitalité ; elle implique des droits et obligations très contraignants. Ces coutumes nées à l'âge archaïque restent fortes à l'époque classique. Les liens de *xénia* sont attestés par l'usage du *symbolon*•. Ils s'inscrivent dans l'échange des dons et contre-dons.

Z

ZEUGITE (ζευγίτης) : 1. Membres de la troisième classe censitaire définie par Solon à Athènes, les zeugites, étymologiquement ceux qui possèdent « un attelage de bœufs », récoltent par an au moins deux cents médimnes de grain ou deux cents métrètes d'huile ou de vin (voir poids• et mesures). À partir de 457/6, l'accès à l'archontat leur est ouvert. La stratégie, en revanche, reste réservée aux pentacosiomédimnes•. Dans l'armée, les zeugites servent comme hoplites• : ce sont eux qui s'illustrent à la bataille de Marathon en 490, et qu'on appelle les marathonomaques. **2.** Le nom de zeugites est donné aussi aux rameurs, des thètes• ou des métèques•, disposés sur le rang du milieu dans les trières• **(fig. 49-50)**.

Cartes

Carte 1 : Le monde grec égéen à l'époque classique *(J.-Y.Ottavi).*

Nestos
T H R A C E
Hèbre
Bosphore
Chalcédoine
Byzance
Périnthe
Abdère
Maronée
PROPONTIDE
Ainos
Proconnèse
Thasos
Kardia
CHERSONNÈSE
Samothrace
Cyzique
Daskyleion
AKTÉ
Sestos
Hellespont
Lampsaque
Mt Athos
Imbros
Abydos
Sigée
Lemnos
Ténédos
Mt Ida
Assos
Adramyttion
Méthymne
Antissa
Mytilène
SPORADES
DU NORD
Érésos
Lesbos
Myrina
Iles
Arginuses
Skyros
Kymè
MER
EUBÉE
Phocée
Hermos
Smyrne
Sardes
Chios
Erythrées
Chios
Clazomènes
Téos
Caystre
Colophon
Carystos
Lébédos
Notion
ÉGÉE
Éphèse
Cap
Géraistos
Andros
Marathèsion
Magnésie
Samos
Priène
Méandre
Tenos
Ikaria
Samos
Myonte
C. Mycale
Kéos
Myconos
Milet
Kythnos
Délos
Iasos
Syros
Rhénée
Sériphos
CYCLADES
Léros
Paros
Halicarnasse
Naxos
Siphnos
Kalymnos
Caunos
Cos
Amorgos
Cnide
Sikinos
Ios
Mélos
Symè
Pholégandros
Théra
Astypalaia
Ialysos
Rhodes
Camiros
Lindos
Rhodes
Karpathos
CRÈTE
Eleutherne
Cnossos
Gortyne
Hiérapytna
Phaistos
0
50
100 km

Carte 2 : Sanctuaires de l'époque géométrique *(d'après The Greek Renaissance)*.

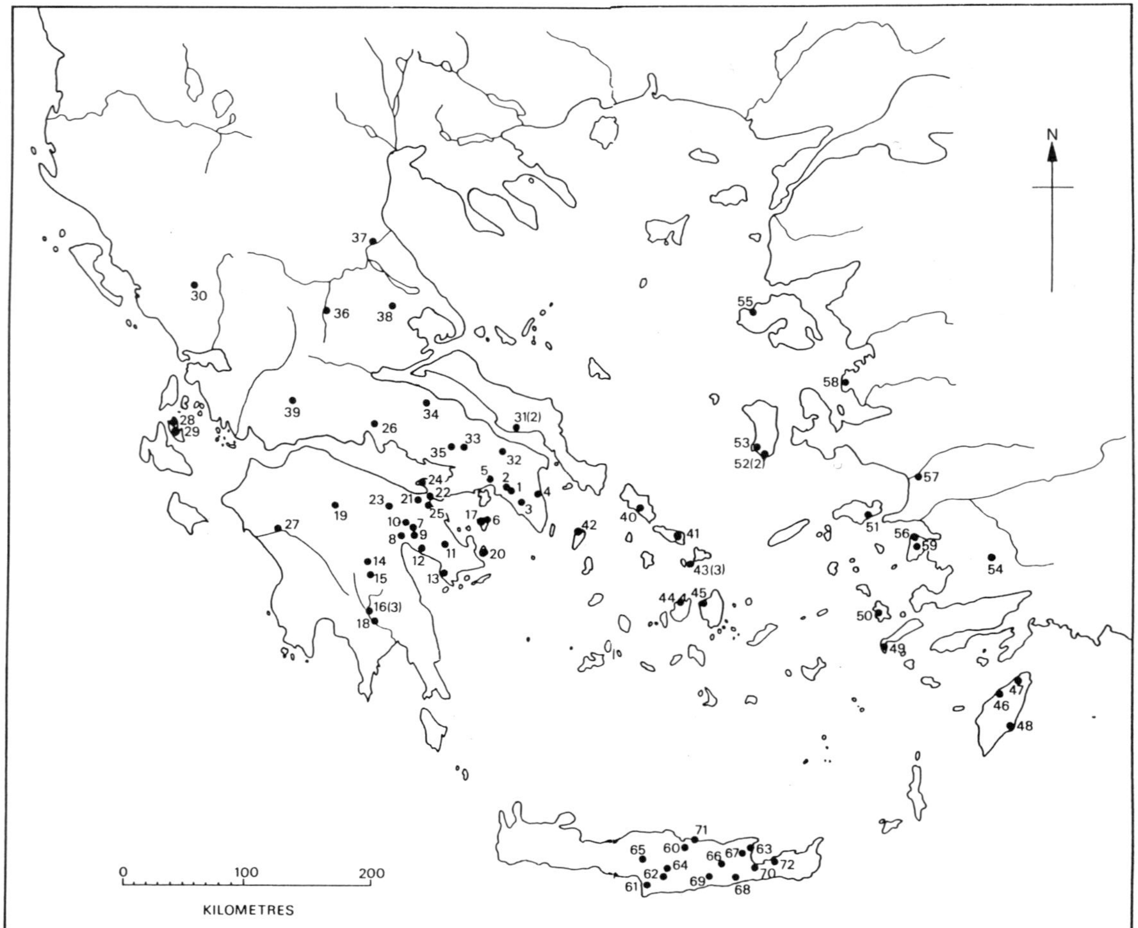

1 Athènes
2 Académie
3 Hymette
4 Brauron
5 Éleusis
6 Aphaia
7 Héraion d'Argos
8 Argos
9 Tirynthe
10 Mycènes
11 Épidaure, Maléatas
12 Asinè
13 Halieis
14 Tégée
15 Mavriki
16 Sparte (3)
17 Égine
18 Amyclées
19 Lousoi
20 Calaurie
21 Corinthe
22 Isthme
23 Némée
24 Pérachora
25 Solygeia
26 Delphes
27 Olympie
28 Polis
29 Aétos
30 Dodone
31 Érétrie (2)
32 Ptoion
33 Thèbes
34 Kalapodi
35 Cabirion
36 Philia
37 Gonnos
38 Phères
39 Thermos
40 Zagora
41 Tinos, Xombourgo
42 Aghia Irini
43 Délos (3)
44 Paros, Délion
45 Naxos
46 Camiros
47 Ialysos
48 Lindos
49 Aspripétra
50 Cos, Calymna
51 Héraion de Samos
52 Emporio (2)
53 Phanai
54 Sinuri
55 Antissa
56 Milet
57 Éphèse
58 Phocée
59 Didymes
60 Cnossos
61 Phaistos
62 Gortyne
63 Olonte
64 Prinias
65 Grotte de l'Ida
66 Grotte de Dictè
67 Dréros
68 Kato Symi
69 Arkades
70 Vrokastro
71 Amnisos
72 Kavousi

Carte 3 : Carte de la colonisation grecque.

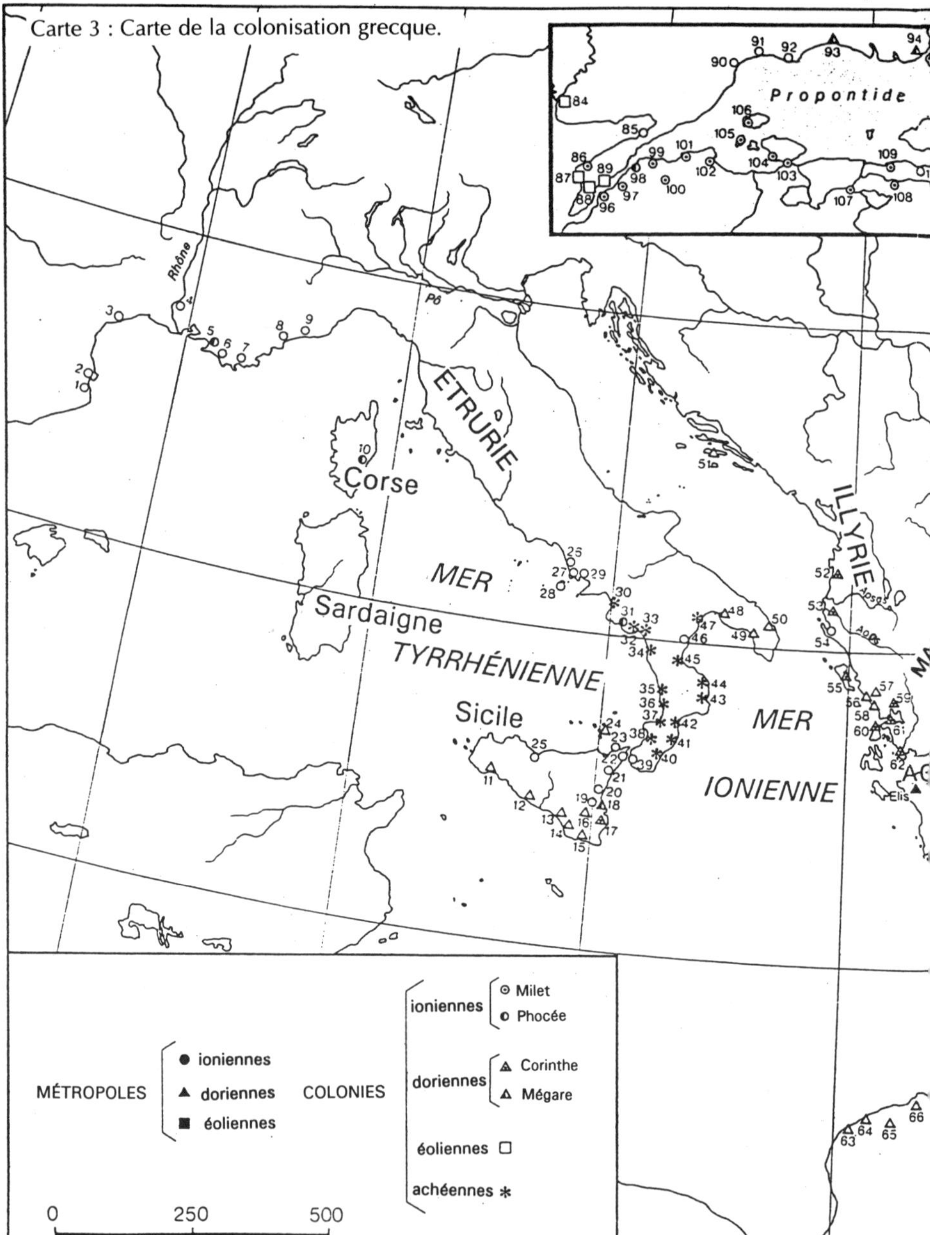

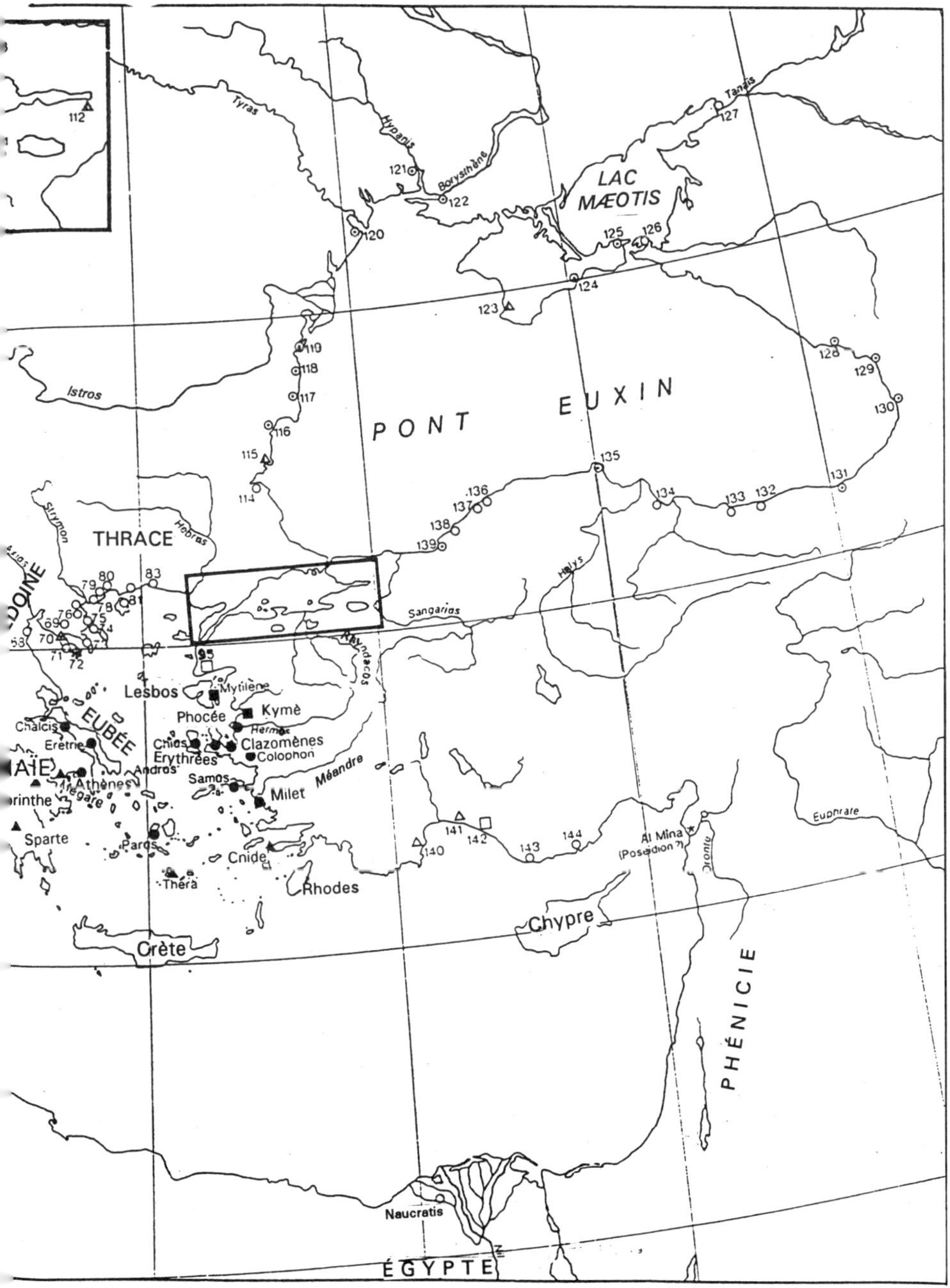

LAC
MÆOTIS
PONT EUXIN
THRACE
Tyras
Hypanis
Borysthène
Tanaïs
Istros
Strymon
Hebros
Halys
Sangarios
Rhyndacos
Méandre
Euphrate
Oronte
Lesbos
Mytilène
Kymè
Phocée
Chalcis
Eretrie
EUBÉE
Chios
Clazomènes
Erythrées
Colophon
Andros
Athènes
Mégare
Samos
Milet
Sparte
Paros
Cnide
Théra
Rhodes
Crète
Chypre
Al Mina
(Poseidion ?)
PHÉNICIE
Naucratis
ÉGYPTE

Index numérique :

1 Emporion
2 Rhodè
3 Agathè
4 Thélinè
5 Massalia
6 Tauroention
7 Olbia
8 Antipolis
9 Nikaia
10 Alalia
11 Sélinonte
12 Agrigente (colonie de Sélinonte)
13 Géla
14 Camarine
15 Kasménai
16 Acrae
17 Syracuse
18 Mégara Hyblaea
19 Léontinoi
20 Catane
21 Naxos
22 Zancle
23 Myles
24 Lipara
25 Himère
26 Cumes
27 Dicéarchie
28 Pithécusses
29 Néapolis
30 Posidonia (Pæstum)
31 Élée
32 Pyxous
33 Skidros
34 Laos
35 Témésa
36 Térina
37 Hipponion
38 Medma
39 Rhègion
40 Locres Épizéphyriennes
41 Caulonia
42 Scyllètion
43 Crotone
44 Pétélia
45 Sybaris
46 Siris
47 Métaponte
48 Tarente
49 Callipolis
50 Hydronton
51 Corcyre la Noire
52 Épidamne
53 Apollonia d'Illyrie
54 Orikon
55 Corcyre
56 Bouchéta
57 Pandosia
58 Élatria
59 Ambracie
60 Leucade
61 Anaktorion
62 Oiniadai
63 Euhespérides
64 Taucheira
65 Barkè
66 Cyrène
67 Apollonia de Cyrénaïque
68 Méthone
69 Olynthe
70 Potidée
71 Mendè
72 Skionè
73 Toronè
74 Sanè
75 Akanthos
76 Stagire
77 Argilos
78 Galepsos
79 Oisymè
80 Néapolis
81 Thasos
82 Abdère
83 Maronée
84 Ainos
85 Cardia
86 Limnai
87 Alopèkonnèsos
88 Madytos
89 Sestos
90 Bisanthè
91 Héraion Teichos
92 Périnthe
93 Sélymbria
94 Byzance
95 Assos
96 Abydos
97 Arisbè
98 Lampsaque
99 Paisos
100 Kolonai
101 Parion
102 Priapos
103 Cyzique
104 Artakè
105 Ophiousa
106 Proconnèse
107 Milétopolis
108 Apollonia du Rhyndacos
109 Daskyleion
110 Myrléa
111 Kios
112 Astakos
113 Chalcédoine
114 Apollonia du Pont
115 Mésembria
116 Odessos
117 Callatis
118 Tomis
119 Istros
120 Tyras
121 Olbia
122 Borysthène
123 Chersonèsos
124 Théodosia
125 Panticapée
126 Phanagoria
127 Tanaïs
128 Pityos
129 Dioscourias
130 Phasis
131 Trapézonte
132 Kérasos
133 Kotyora
134 Amisos
135 Sinope
136 Kytoros
137 Kromna
138 Tion
139 Héraclée du Pont
140 Phasélis
141 Aspendos
142 Sidè
143 Nagidos
144 Kélendéris

Index alphabétique :

Carte 4 : Le monde grec hellénistique (*J.-Y. Ottavi*).

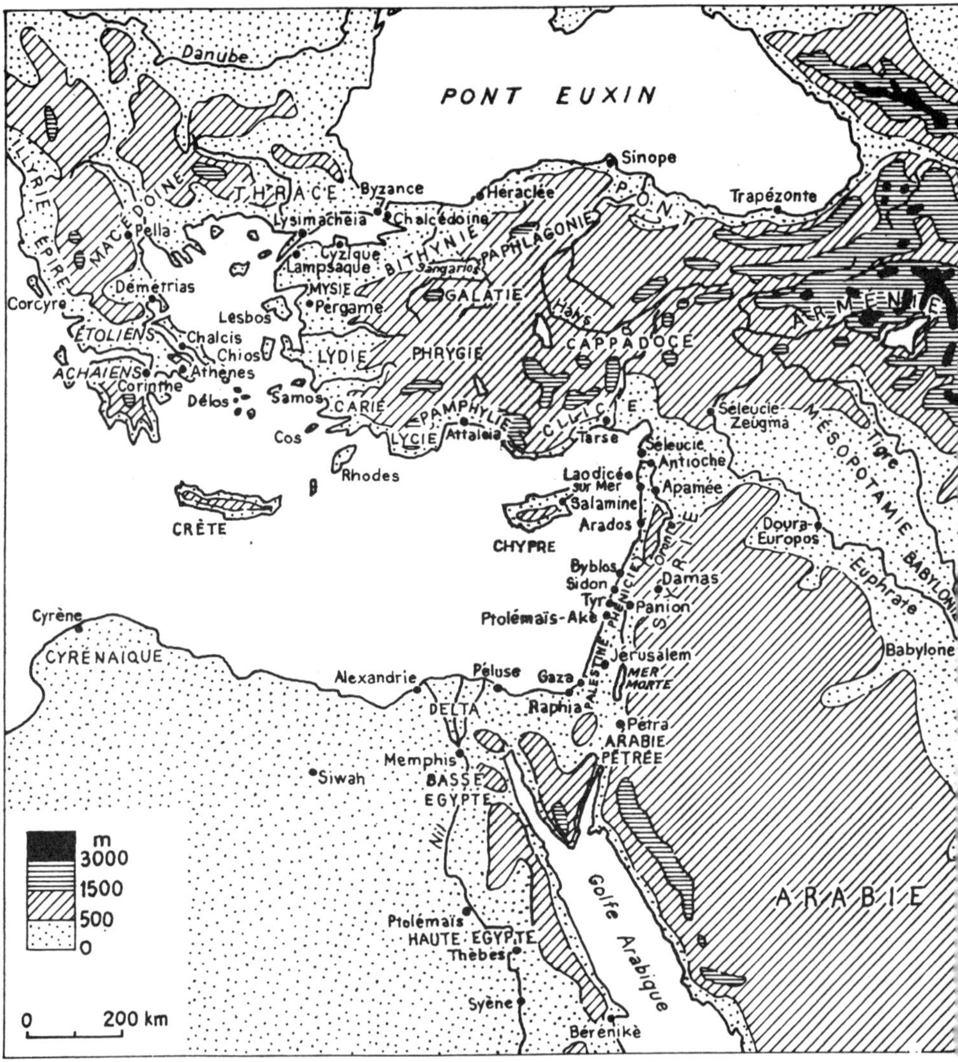

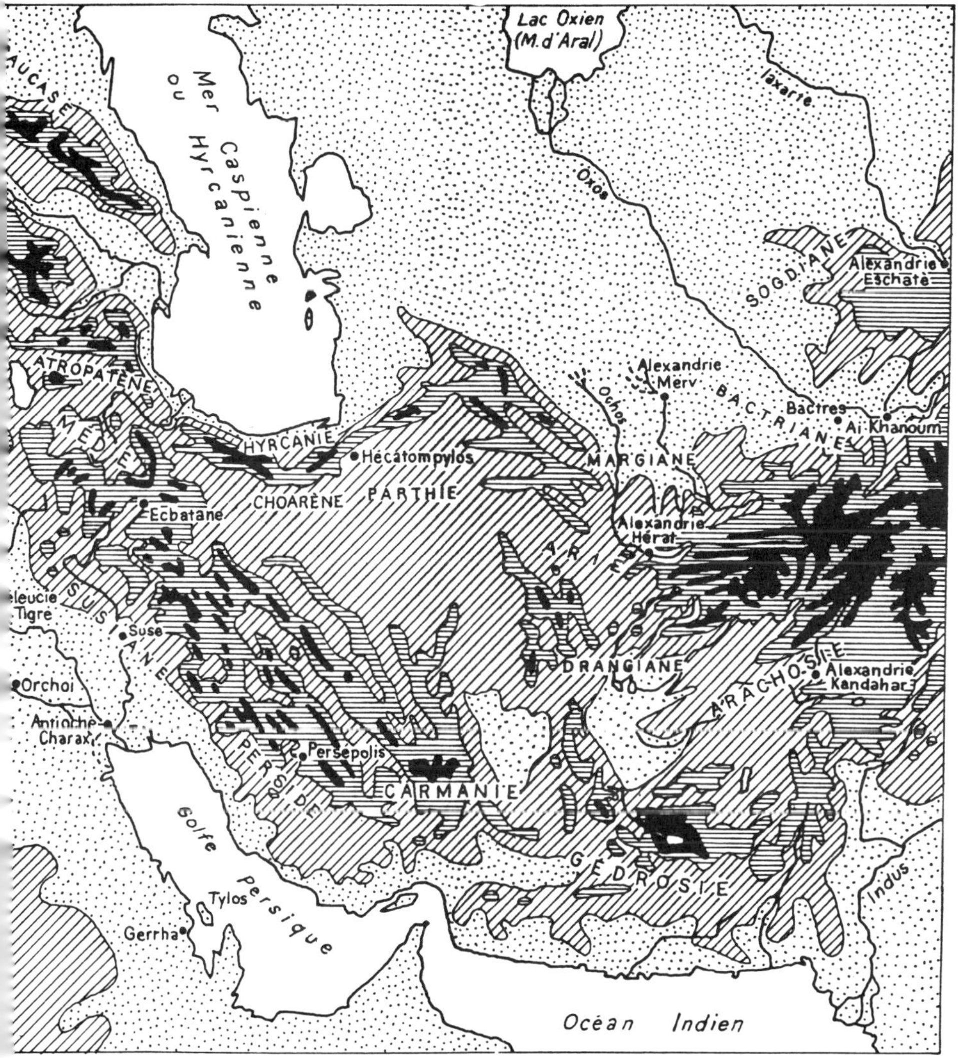

Lac Oxien
(M. d'Aral)
Mer Caspienne
ou Hyrcanienne
Iaxarte
Oxos
SOGDIANE
Alexandrie Eschatè
Alexandrie Merv
Ochos
BACTRIANE
Bactres
Aï Khanoum
MARGIANE
HYRCANIE
Hécatompylos
ATROPATÈNE
MÉDIE
Ecbatane
CHOARÈNE
PARTHIE
Alexandrie Hérat
ARIANE
SUSIANE
Tigre
Suse
Orchoi
Antioche-Charax
DRANGIANE
ARACHOSIE
Alexandrie Kandahar
PERSIDE
Persépolis
CARMANIE
GÉDROSIE
Golfe Persique
Tylos
Gerrha
Indus
Océan Indien

Carte 5 : Béotie (*d'après N. Sigalas, École française d'Athènes*).

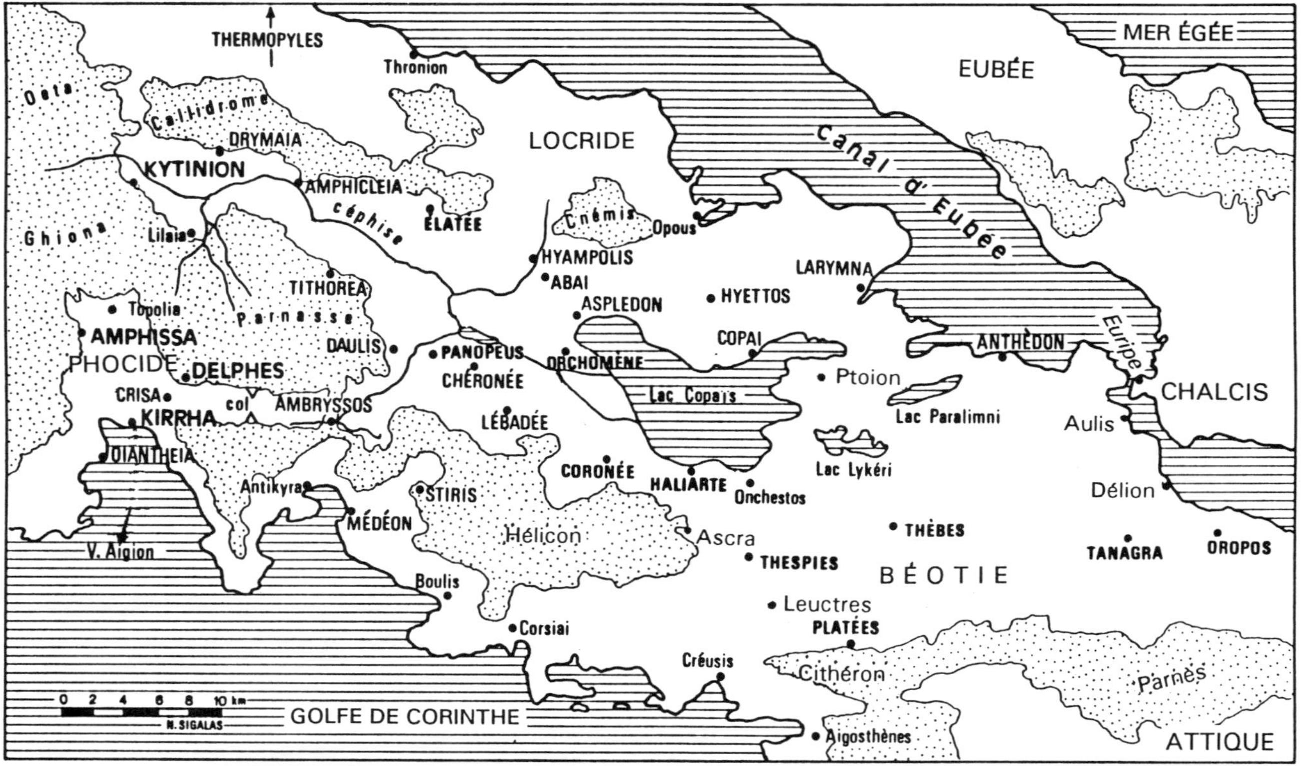

Carte 6 : Crète (*N. Sigalas, École française d'Athènes*).

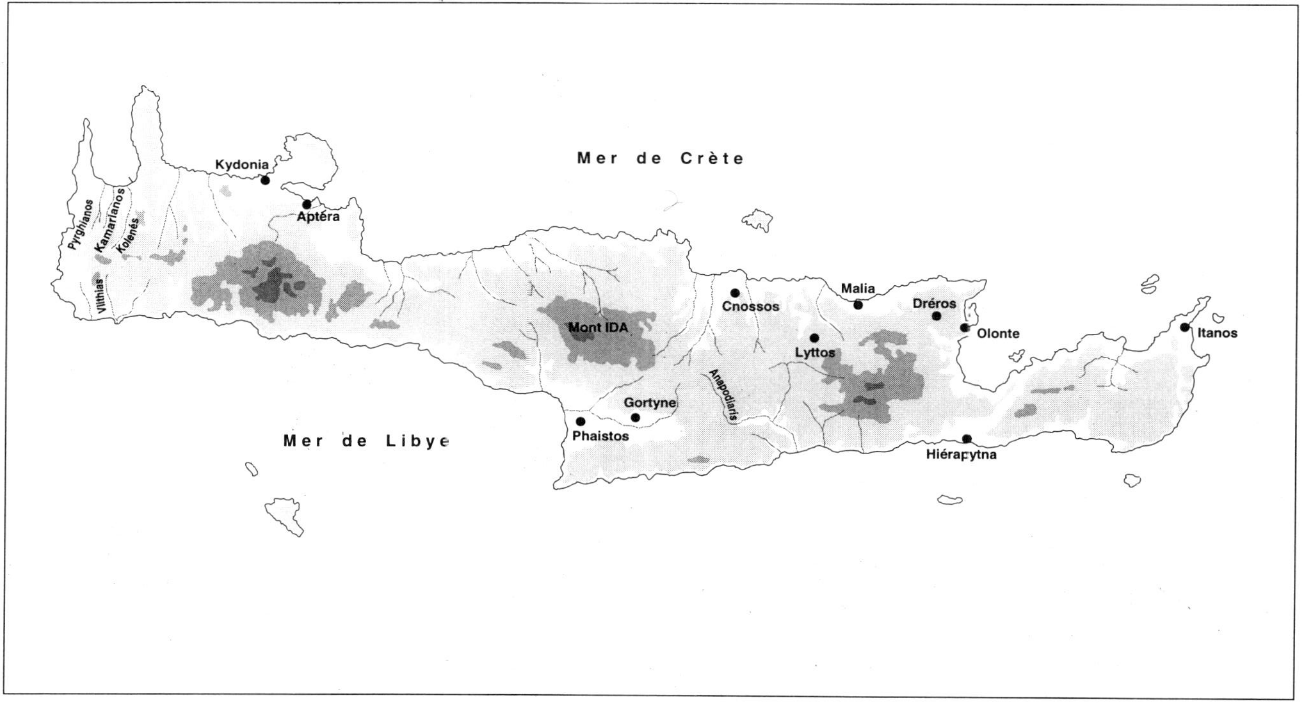

Carte 7 : Grande-Grèce et Sicile (*J.-Y Ottavi*).

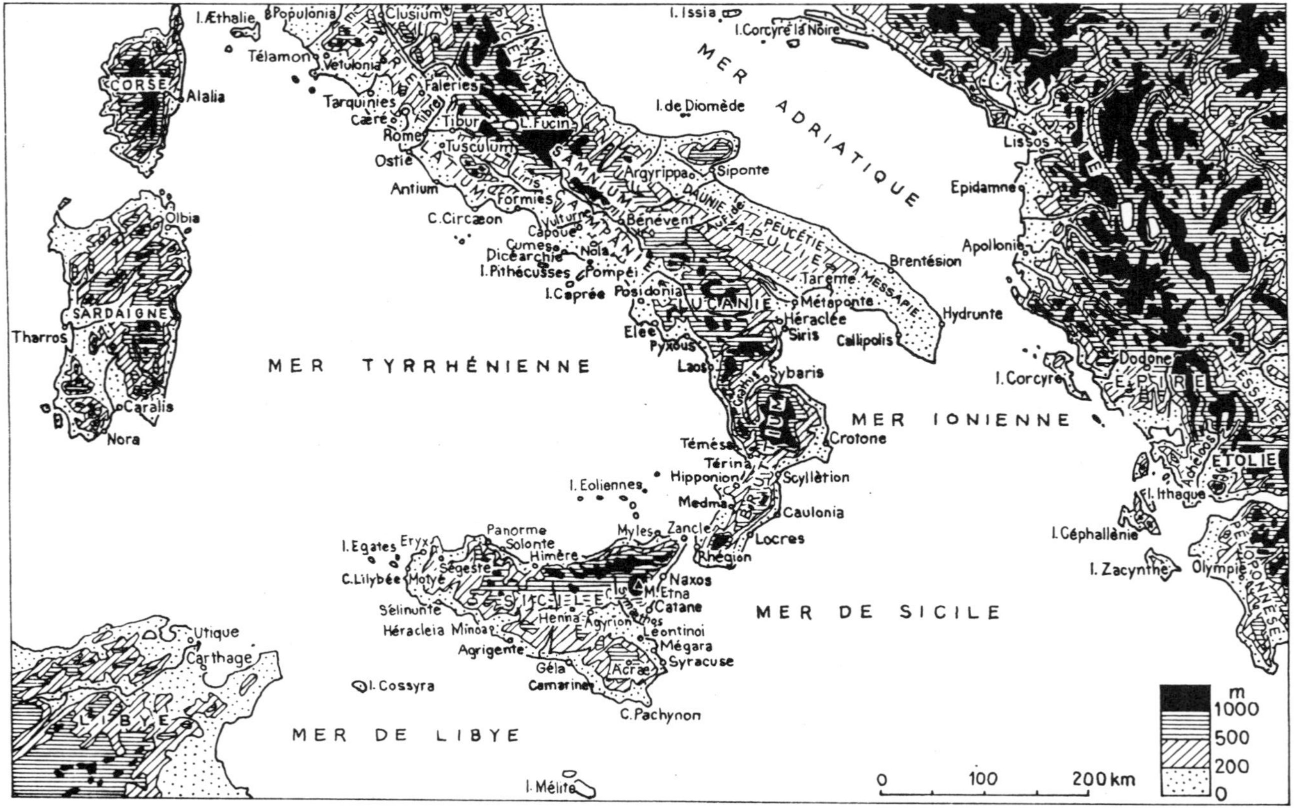

Carte 8 : Asie Mineure (avec la ligne mode-ne du rivage) *(N. Sigalas, École française d'Athènes).*

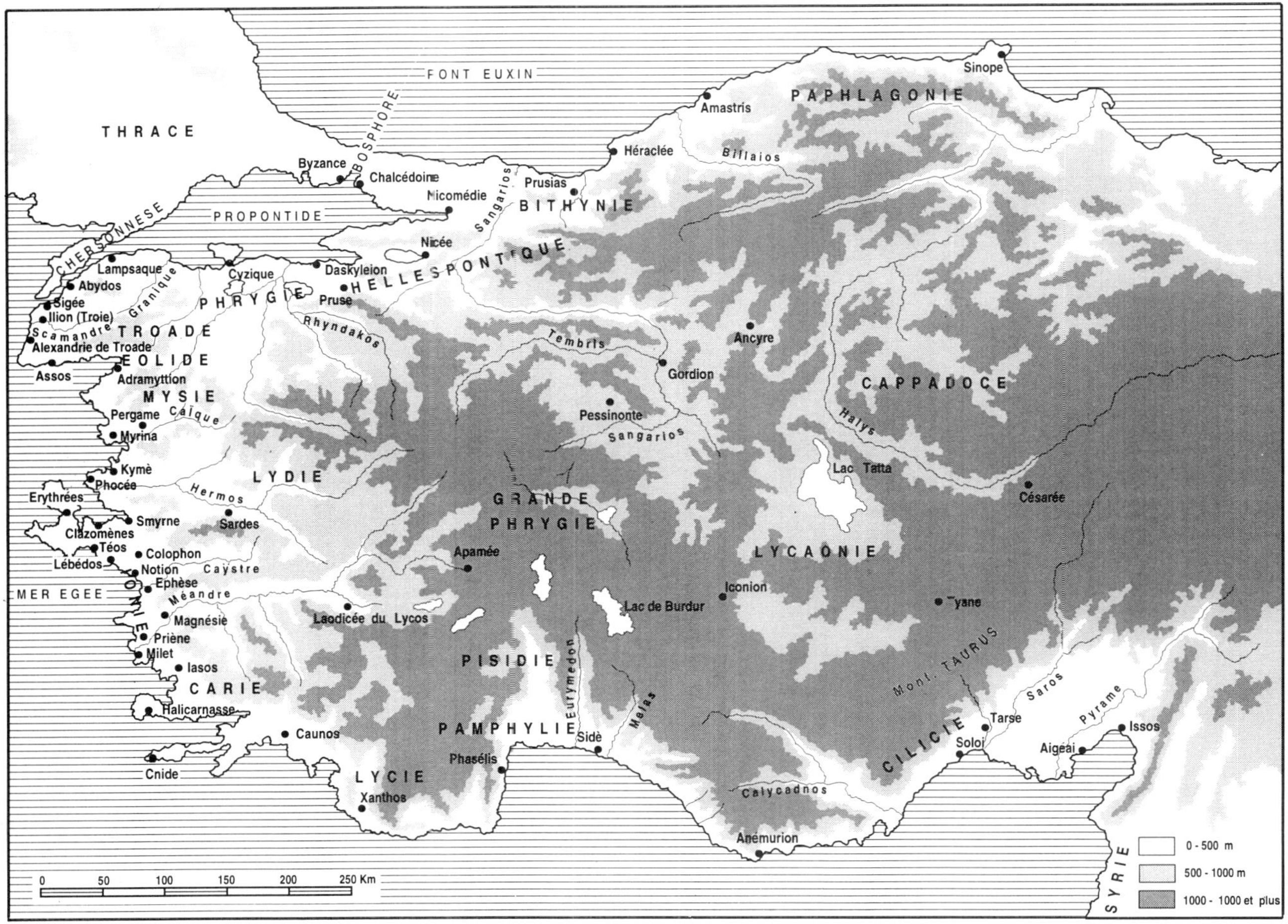

Carte 9 : Région du Pont Euxin

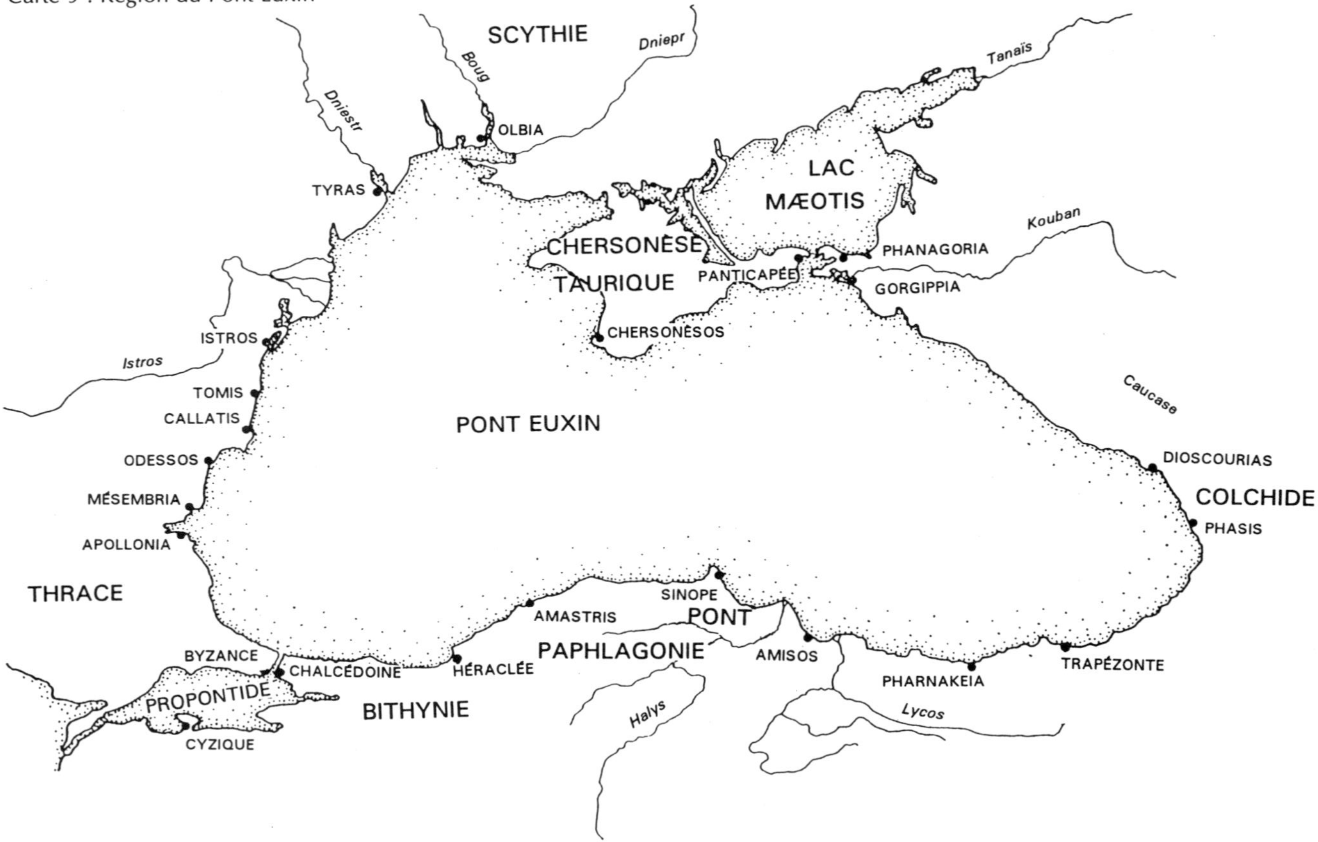

Carte 10 : Lycie *(d'après T. R. Bryce).*

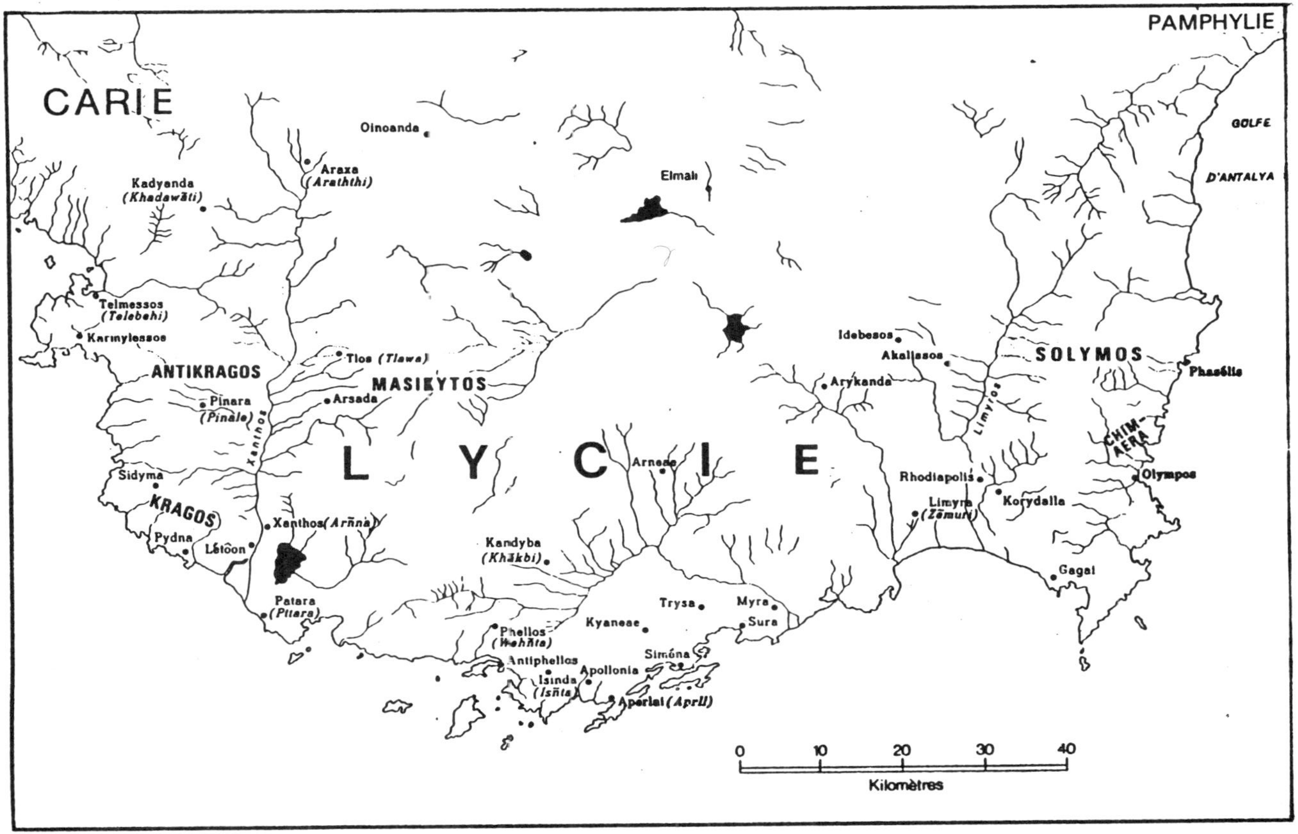

Carte 11 : Chypre (*M. Yon*).

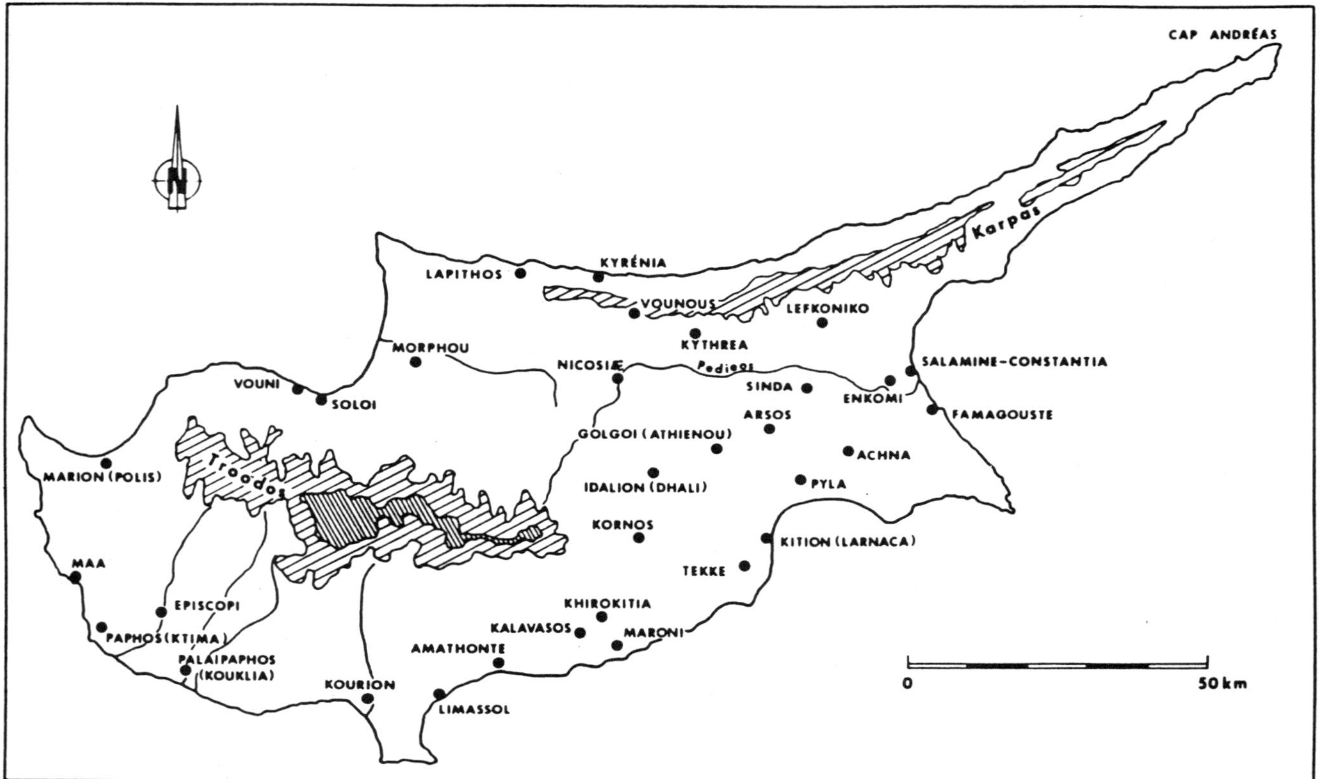

Chronologie

Il est impossible, en l'état actuel de la documentation, de donner des dates absolues avant le VIe siècle. On a donc indiqué, pour le IIe millénaire et le début du Ier, les grandes phases chronologiques, puis les dates approximatives, telles qu'elles sont généralement admises aujourd'hui. Pour certains événements, comme les guerres de Messénie, existent deux chronologies différentes, une chronologie « haute » et une chronologie « basse », qui reposent sur des interprétations différentes des sources : on voit par cet exemple combien la datation des événements de la Grèce géométrique et archaïque peut être sujette à évoluer en fonction des recherches. Certains événements sont datés sur deux années, d'après les archontes éponymes athéniens, qui entraient en charge en juillet et sortaient de charge un an après : la date ainsi exprimée s'applique au second semestre de l'année et au premier semestre de l'année suivante. Rappelons enfin que, par convention, les dates s'entendent avant Jésus-Christ, sauf précision contraire.

3500-1100 environ ► Âge du Bronze
2000-1700 environ ► Premiers palais crétois.
1700-1450 environ ► Seconds palais crétois.
1450-1180 environ ► Palais mycéniens.
Vers 1200 ► Période de troubles.
► Destruction très progressive des palais mycéniens.

1180-900 environ ► « Âges obscurs »
1180-1065 environ ► Fin de la période mycénienne.
1065-1015 environ ► Période submycénienne.
Vers 1050 ► « Migration ionienne » sur la côte d'Asie Mineure.
1015-900 environ ► Époque protogéométrique.
Vers 1000 ► Âge du Fer.
► Tombe de Lefkandi en Eubée.

900-700 environ ► Époque géométrique
900-850 environ ► Géométrique ancien.
850-750 environ ► Géométrique moyen.
Vers 800 (?) ► Réapparition de l'écriture : création de l'alphabet grec, adapté de l'alphabet phénicien.
776 ► Première liste des vainqueurs aux concours panhelléniques à Olympie.
Vers 770 ► Établissement grec à Pithécusses.
► Début de la colonisation grecque.
Vers 750 ► Mise en forme de l'*Iliade* et de l'*Odyssée*.
750-700 environ ► Géométrique récent.
Vers 740 ► Plus anciennes inscriptions connues en alphabet grec.
Vers 740-720 ► 1re guerre de Messénie (chronologie basse : vers 690-670).
Vers 740-680 ► Guerre lélantine.
Vers 700 ► Hésiode.

700-500 environ ► Époque archaïque
700-600 environ ► Époque orientalisante, haut archaïsme
683/682 ► Début de la liste des archontes annuels à Athènes.
Vers 700-680 ► Apparition de la phalange hoplitique (?)
Vers 650-620 ► 2e guerre de Messénie (chronologie basse : de 635-625 à 610-600).

Vers 650-600 ► Premières émissions monétaires en Lydie, puis en Grèce d'Asie.
Vers 635 ► Tentative de Cylon à Athènes.
624-620 ► Dracon législateur à Athènes.
620-550 environ ► Tyrannie des Cypsélides à Corinthe.
600-590 ► Première guerre sacrée.
594/593 ► Archontat de Solon à Athènes.
561 ► Établissement de la tyrannie de Pisistrate à Athènes.
546 ► Prise de Sardes : les cités grecques d'Asie tombent progressivement sous la domination perse.
Vers 537-522 ► Polycrate tyran à Samos.
Vers 530 ► Fermeture de Sparte aux échanges avec l'extérieur.
510 ► Renversement de la tyrannie d'Hippias à Athènes.
508/507 ► Réformes de Clisthène à Athènes.

500 environ-323 ► Époque classique
499-494 ► Révolte de l'Ionie contre les Perses.
492 ► Expédition de Mardonios en Thrace et en Macédoine.
490 ► Première guerre médique.
► Victoire athénienne à Marathon.
487/486 ► Réforme de l'archontat à Athènes.
485-466 ► Tyrannie des Deinoménides à Syracuse.
483 ► Loi navale de Thémistocle à Athènes.
481 ► Congrès des cités grecques coalisées contre les Perses à Corinthe.
480-479 ► Deuxième guerre médique.
480 ► Défaite grecque aux Thermopyles.
► Bataille navale du cap Artémision.
► Prise d'Athènes par les Perses.
► Victoire navale grecque à Salamine.
► Victoire de Gélon de Syracuse sur les Carthaginois à Himère.
479 ► Victoire grecque à Platées.
► Victoire navale grecque au cap Mycale.
478 ► Victoire athénienne à Sestos.
► Création de la Ligue de Délos.

476 ► Victoire de Cimon à Eiôn en Thrace.
474 ► Victoire navale de Hiéron de Syracuse sur les Étrusques à Cumes.
472 ► Représentation à Athènes des *Perses* d'Eschyle.
Vers 471 ► Ostracisme de Thémistocle.
471 ► Révolte de Naxos contre Athènes.
469/468 ► Victoire à l'embouchure de l'Eurymédon remportée par Cimon sur les Perses.
465 ► Révolte de Thasos contre Athènes.
464-455 ► Révolte des hilotes de Messénie contre Sparte : 3e guerre de Messénie.
462/461 ► Réforme d'Éphialte à Athènes.
► Ostracisme de Cimon.
► Rupture de l'alliance d'Athènes avec Sparte et alliance avec Argos.
460 ► Alliance d'Athènes avec Mégare.
► Alliances de Corinthe et d'Égine avec Sparte.
460-457 et 445/4 ► Construction des Longs-Murs entre Athènes et le Pirée.
460-454 ► Expédition athénienne en Égypte.
457 ► Ouverture de l'archontat aux zeugites à Athènes.
► Alliance de Sparte avec Thèbes.
► Victoire spartiate sur les Athéniens à Tanagra ; victoire athénienne sur les Béotiens à Oinophyta.

456 ► Adhésion forcée d'Égine à la Ligue de Délos.
454 ► Transfert à Athènes du trésor de la Ligue de Délos.
451 ► Décret de Périclès sur la citoyenneté athénienne.
450 ► Expédition athénienne à Chypre.
► Mort de Cimon devant Kition.
► Victoire navale athénienne sur les Perses à Salamine de Chypre.
448 ► Paix de Callias.
► Deuxième guerre sacrée.
447/446 Victoire béotienne sur les Athéniens à Coronée.
447-386 ► Première Confédération béotienne.
447-446 ► Révolte de l'Eubée contre Athènes.
447-438 ► Construction du Parthénon.
446 ► Paix de Trente ans entre Sparte et Athènes.
443 ► Fondation de Thourioi, colonie panhellénique.
443-431 ► Réélection annuelle de Périclès à la stratégie.
441-439 ► Révolte de Samos contre Athènes.
437-432 ► Construction des Propylées sur l'acropole d'Athènes.
437 ► Fondation par Athènes d'Amphipolis.
433 ► Alliance d'Athènes et de Corcyre.
Vers 432 ► Décret athénien contre Mégare.
432 ► Révolte de Potidée contre Athènes.
► Déclaration de guerre à Athènes de Sparte et de la Confédération péloponnésienne.

431-404 ►Guerre du Péloponnèse
431-421 ► Guerre d'Archidamos ou guerre de dix ans.
431-427 ► Siège et destruction de Platées par les Péloponnésiens.
429 ► Peste d'Athènes. Mort de Périclès.
428-427 ► Révolte de Mytilène contre Athènes.
425 ► Défaite spartiate à Sphactérie.
► Influence de Cléon à Athènes.
424 ► Expédition de Brasidas en Thrace.
422 ► Morts de Brasidas et de Cléon devant Amphipolis.
421 ► Paix de 50 ans conclue entre Athènes et Sparte, dite paix de Nicias.
418 ► Victoire de Sparte à Mantinée sur Argos et Mantinée, alliées à Athènes.
416 ► Prise de Mélos par les Athéniens.
415-413 ► Expédition de Sicile : désastre pour Athènes.
413-404 ► Guerre de Décélie ; guerre d'Ionie.
413 ► Occupation de Décélie par les Spartiates.
► Défections des alliés d'Athènes en Ionie.
412 ► Traités entre Sparte et la Perse.
411 ► Gouvernement oligarchique des Quatre-Cents à Athènes.
► Alcibiade élu stratège par la flotte athénienne de Samos.
410 ► Rétablissement de la démocratie à Athènes.
409-405 ► Succès carthaginois en Sicile : destruction de Sélinonte, Himère, Agrigente et Géla.
406-367 ► Tyrannie de Denys l'Ancien à Syracuse.
406 ► Victoire navale des Athéniens aux îles Arginuses.
► Procès et exécution des stratèges vainqueurs.
405 ► Défaite des Athéniens à Aigos – Potamos.
404 ► Capitulation d'Athènes.
► Gouvernement oligarchique des Trente.

403 ► Rétablissement de la démocratie à Athènes.
401-399 ► Bataille de Counaxa.
► Retraite des Dix Mille.
400-394 ► Expéditions spartiates en Asie Mineure.
399 ► Procès et mort de Socrate.
Vers 397 ► Conspiration de Cinadon à Sparte.
395-390 ► « Guerre de Corinthe » en Grèce propre.
395-386 ► Opérations militaires qui prolongent la guerre de Corinthe le long de la côte d'Asie.
394 ► Bataille de Cnide. Retrait de Sparte de l'Asie.
► Reconstruction des Longs-Murs à Athènes.
386 ► Paix du Roi ou Paix d'Antalcidas.
382 ► Occupation de la Cadmée thébaine par le Spartiate Phoibidas.
379 ► Libération de Thèbes.
378 ► Coup de main de Sphodrias sur le Pirée.
378/377 ► Seconde Confédération maritime athénienne.
► Reconstitution progressive de la seconde confédération béotienne.
371 ► Paix entre Athènes et Sparte.
► Victoire des Thébains à Leuctres sur les Spartiates.
370-369 ► Campagne d'Épaminondas dans le Péloponnèse : fondation de Mégalopolis, libération de la Messénie.
► Alliance d'Athènes et de Sparte.
367 ► Rescrit de Suse, favorable à Thèbes.
► Denys le Jeune tyran à Syracuse.
362 ► Bataille de Mantinée, mort d'Épaminondas.
359 ► Arrivée au pouvoir de Philippe II en Macédoine.
358 ► Mort d'Artaxerxès II, avènement d'Artaxerxès III Ochos en Perse.
357-355 ► « Guerre des Alliés », défaite d'Athènes.
357-346 ► Dion au pouvoir à Syracuse.
357 ► Occupation d'Amphipolis par Philippe de Macédoine.
356-346 ► Troisième guerre sacrée.
354-346 ► Le parti de la paix avec Eubule au pouvoir à Athènes.
349/348 ► Prise d'Olynthe par Philippe de Macédoine.
346 ► Paix de Philocrate.
► Restauration de Denys le Jeune à Syracuse.
344 ► Installation au pouvoir de Timoléon à Syracuse.
340 ► Sièges de Périnthe et de Byzance par Philippe. Déclaration de guerre d'Athènes à Philippe.
339 ► Quatrième guerre sacrée. Alliance d'Athènes et de Thèbes.
338 ► Assassinat d'Artaxerxès III Ochos.
► Victoire de Philippe à Chéronée.
► Paix de Démade.
337 ► Organisation de la Ligue de Corinthe.
336 ► Débarquement macédonien en Asie Mineure.
► Avènement de Darius III Codoman en Perse.
► Mort de Philippe, avènement d'Alexandre.
► Confirmation de la Ligue de Corinthe avec Alexandre pour *hègémôn*.
335 ► Campagnes thrace et danubienne d'Alexandre.
► Révolte et destruction de Thèbes.
334-323 ► Expédition d'Alexandre.
334 ► Débarquement d'Alexandre en Asie.
► Victoire d'Alexandre au Granique.
333 ► Victoire d'Alexandre à Issos.

332 ► Siège et prise de Tyr.
332-331 hiver ► Alexandre en Égypte.
► Fondation d'Alexandrie ; consultation de l'oracle de Siwah.
331 ► Victoire d'Alexandre à Gaugamèles.
331-330 hiver ► Entrée d'Alexandre dans les capitales perses.
330 ► Défaite de Sparte à Mégalopolis.
► Incendie de Persépolis.
► Assassinat de Darius III par Bessos.
► « Procès » de Philotas, assassinat de Parménion.
330-327 ► Conquête des Hautes Satrapies.
328 ► Affaire de la proscynèse. Conspiration des Pages.
327 ► Mariage d'Alexandre avec Roxane.
327-325 ► Campagne de l'Inde.
324 ► Fuite d'Harpale à Athènes.
► Décret de Suse sur le retour des bannis.
► Noces de Suse.
► Alexandre à Babylone. Sédition d'Opis.
323 ► Condamnation de Démosthène dans l'affaire d'Harpale.
► Mort d'Alexandre.

323-31 ► Époque hellénistique

323-vers150 ► Haute époque hellénistique

323-322 ► Guerre lamiaque. Capitulation d'Athènes.
► Mort de Démosthène.
► Régime oligarchique imposé à Athènes par Antipater.
321 ► Partage de l'empire d'Alexandre à Triparadisos entre les diadoques.
317-307 ► Tyrannie de Démétrios de Phalère à Athènes.
314 ► Délos devient indépendante.
307 ► Prise d'Athènes par Démétrios Poliorcète.
306-305 ► Titre de roi pris par les diadoques.
305-304 ► Siège de Rhodes par Démétrios Poliorcète.
301 ► Bataille d'Ipsos. Mort d'Antigone le Borgne.
300 ► Fondation d'Antioche.
294 ► Prise de la Macédoine par Démétrios Poliorcète.
285-246 ► Ptolémée II Philadelphe roi d'Égypte (associé à son père en 285-283).
283 ► Mort de Ptolémée Ier Sôter.
282 ► Philétairos de Pergame abandonne Lysimaque.
281 ► Défaite à Couroupédion et mort de Lysimaque.
280 ► Assassinat de Séleucos Ier Nicator.
280-275 ► Expédition de Pyrrhus en Italie.
279-278 ► Invasion des Galates en Grèce (arrêtés à Delphes) et en Asie Mineure (par l'Hellespont).
276-239 ► Antigone Gonatas roi de Macédoine.
274-272 ► Première guerre de Syrie.
272 ► Prise de Tarente par les Romains.
270-215 ► Hiéron II roi de Syracuse.
267-262 ► Guerre de Chrémonidès.
264-241 ► Première guerre punique.
263-241 ► Mort de Philétairos ; Eumène Ier dynaste de Pergame.
260-253 ► Deuxième guerre de Syrie.
246-222 ► Ptolémée III Évergète roi d'Égypte.
246-241 ► Troisième guerre de Syrie.
241-197 ► Attale Ier dynaste, puis roi de Pergame.

238 ? ► Victoire d'Attale Ier aux sources du Caïque sur les Galates.
239-229 ► Démétrios II roi de Macédoine.
229-221 ► Antigone Doson roi de Macédoine.
227-222 ► Guerre de Cléomène III, roi réformateur de Sparte.
222 ► Bataille de Sellasie (Antigone Doson).
223-187 ► Antiochos III roi de Syrie.
221-205 ► Ptolémée IV Philopator roi d'Égypte.
221-179 ► Philippe V roi de Macédoine.
221-217 ► Quatrième guerre de Syrie. Bataille de Raphia (Ptolémée IV).
► Guerre des Alliés ; paix de Naupacte.
218-202 ► Deuxième guerre punique.
212-205 ► Expédition (« Anabase ») d'Antiochos III le Grand dans la partie orientale de l'empire séleucide (Hautes Satrapies).
215-205 ► Première guerre de Macédoine ; paix de Phoinikè.
207-186 ► Sécession de la Thébaïde en Égypte.
204-180 ► Ptolémée V roi d'Égypte.
203 ► Traité secret de partage de l'empire lagide entre Antiochos III et Philippe V.
202-198 ► Cinquième guerre de Syrie.
200 ► Bataille de Panion (Antiochos III).
200-197 ► Deuxième guerre de Macédoine ; alliance d'Attale Ier et de Rome.
197 ► Bataille de Cynoscéphales (Flamininus).
197-158 ► Eumène II roi de Pergame.
196 ► Proclamation de la liberté des Grecs par le Romain Flamininus au concours des Isthmia.
195 ► Paix syro-égyptienne.
192-188 ► Guerre antiochique.
189 ► Défaite d'Antiochos III à Magnésie du Sipyle.
188 ► Paix d'Apamée.
180-145 ► Ptolémée VI Philomètor roi d'Égypte, d'abord sous la régence de Cléopatre Ire (180-176).
179-168 ► Persée roi de Macédoine.
175-164 ► Antiochos IV Épiphane roi de Syrie.
171-168 ► Troisième guerre de Macédoine.
170-168 ► Sixième guerre de Syrie, terminée par l'intervention romaine (Popilius Laenas à Éleusis, faubourg d'Alexandrie).
170-163 et 145-116 ► Ptolémée VIII Évergète II Physcon roi d'Égypte, d'abord associé à Ptolémée VI.
168 ► Bataille de Pydna (Paul-Émile).
166 ► Délos devient colonie athénienne et port franc.
163 ► Premier partage du royaume lagide.
159-138 ► Attale II roi de Pergame.

Vers 150-31 ► Basse époque hellénistique
149-148 ► Révolte d'Andriscos en Macédoine.
► Constitution de la province de Macédoine.
149-146 ► Troisième guerre punique ; destruction de Carthage (Scipion Émilien).
147-146 ► Guerre d'Achaïe ; destruction de Corinthe (Mummius).
138-133 ► Attale III roi de Pergame.
133 ► Mort d'Attale III de Pergame, qui lègue son royaume aux Romains.
133-129 ► Guerre d'Aristonicos à Pergame.
► Constitution de la province d'Asie.
129 ► Défaite et mort d'Antiochos VII contre les Parthes.
121-63 ► Mithridate VI Eupator roi du Pont.

89-85 ► Première guerre mithridatique (Sylla).
88 ► Massacre des Italiens installés en Asie ; Délos pillée par Mithridate.
86 ► Prise d'Athènes par Sylla.
80-51 ► Ptolémée XII Aulète roi d'Égypte.
73-70 ► Deuxième guerre mithridatique (Lucullus).
69 ► Délos pillée par les pirates.
67-63 ► Troisième guerre mithridatique (Pompée).
► Fin du royaume séleucide.
51-30 ► Cléopatre VII reine d'Égypte.
48 ► Première guerre civile. Bataille de Pharsale.
► Assassinat de Pompée réfugié en Égypte.
48-47 ► Guerre d'Alexandrie (César).
44 ► César refonde Corinthe comme colonie romaine.
42 ► Deuxième guerre civile.
► Bataille de Philippes (Octave).
34 ► Antoine à Alexandrie.
31 ► Bataille d'Actium (Octave).
30 ► Constitution de la province d'Égypte (préfecture).
27 ► Constitution de la province d'Achaïe.

ARGÉADES (MACÉDOINE)

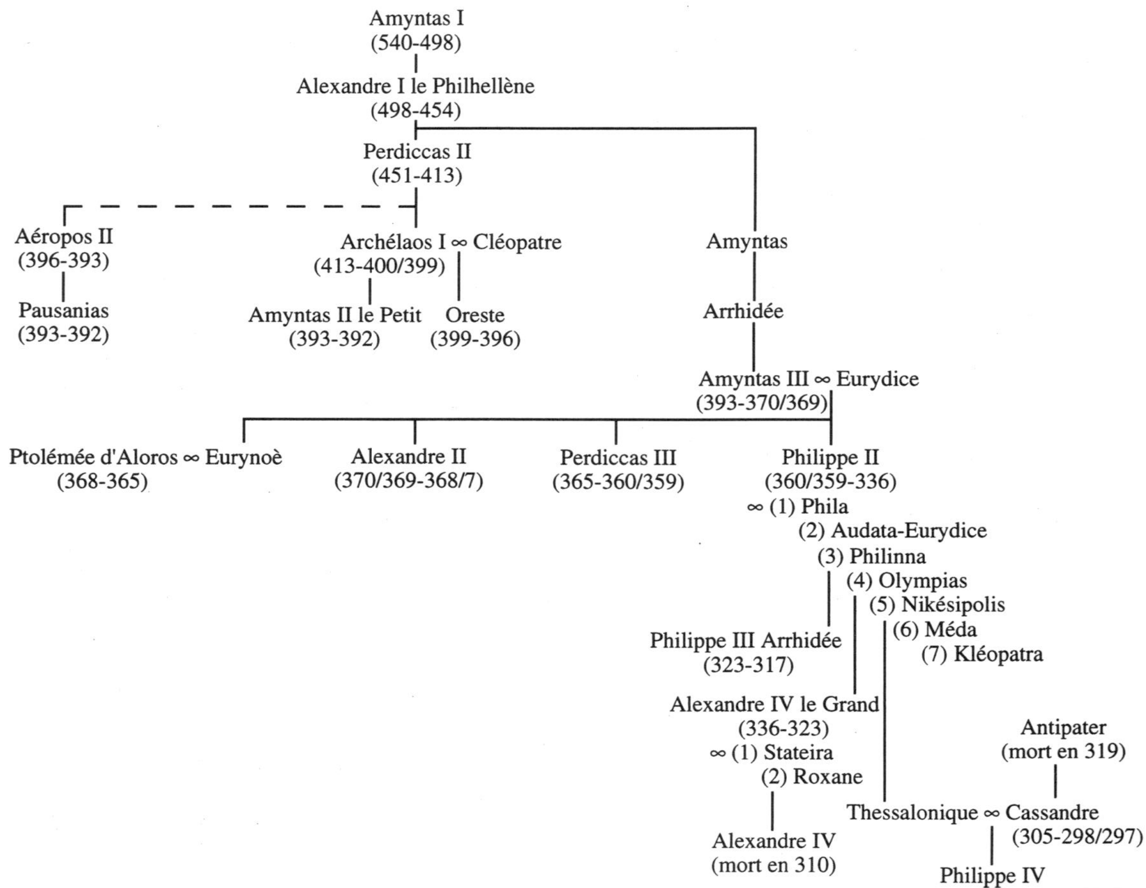

ANTIGONIDES (MACÉDOINE)

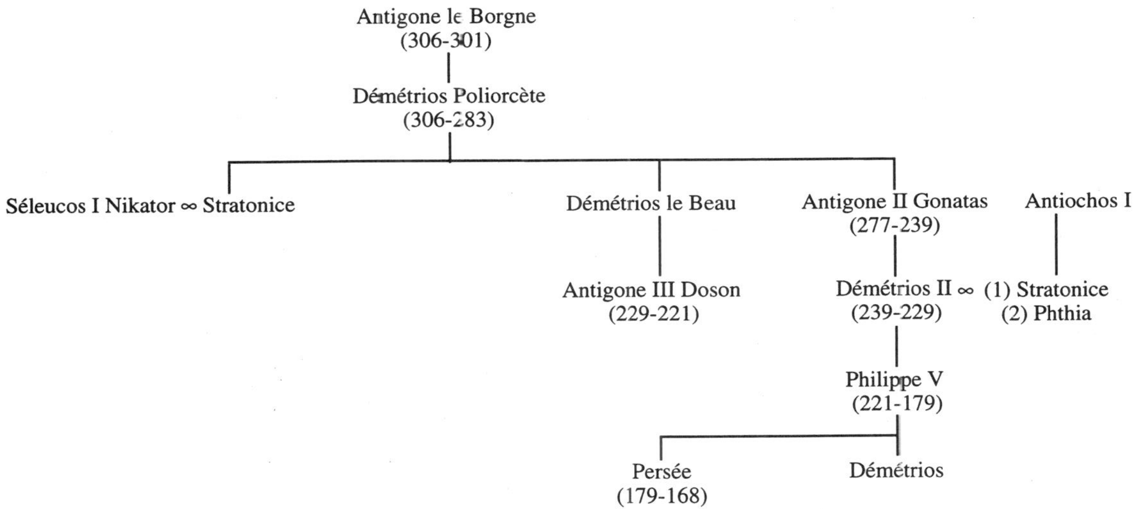

LAGIDES (ÉGYPTE)

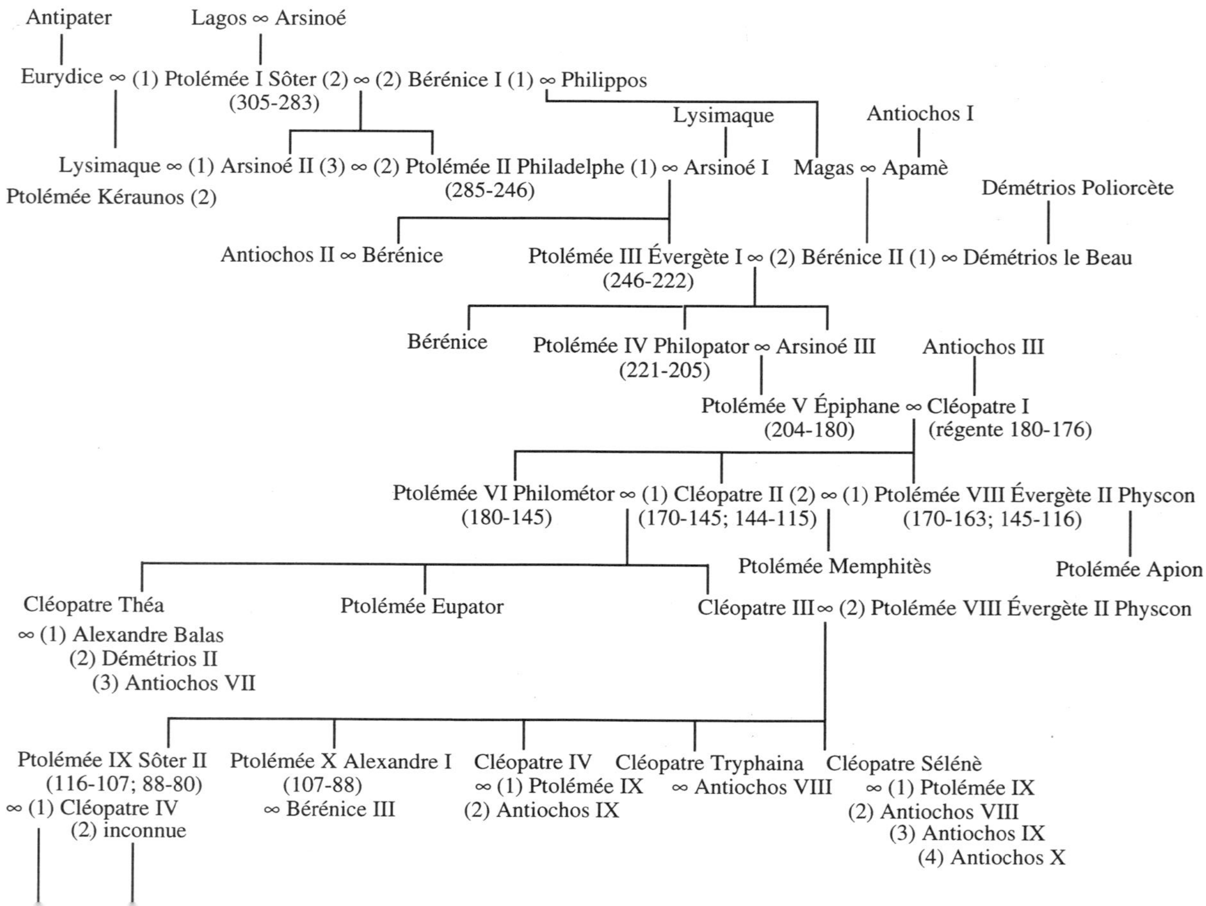

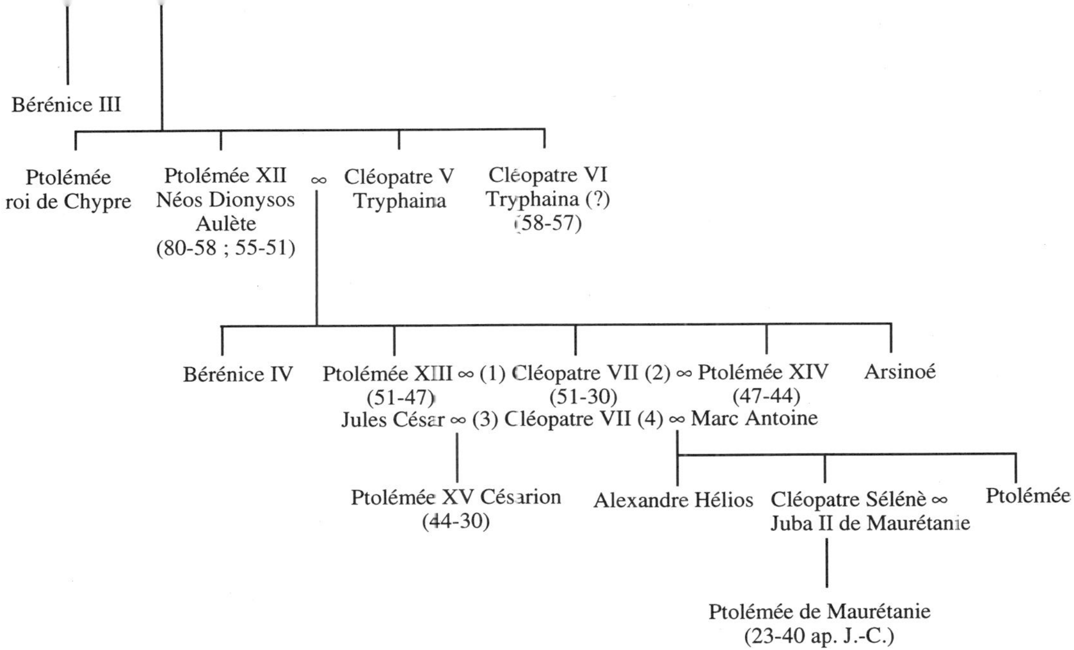
Bérénice III
Ptolémée roi de Chypre
Ptolémée XII Néos Dionysos Aulète (80-58 ; 55-51) ∞ Cléopatre V Tryphaina
Cléopatre VI Tryphaina (?) (58-57)
Bérénice IV
Ptolémée XIII ∞ (1) Cléopatre VII (2) ∞ Ptolémée XIV
(51-47) (51-30) (47-44)
Jules César ∞ (3) Cléopatre VII (4) ∞ Marc Antoine
Arsinoé
Ptolémée XV Césarion (44-30)
Alexandre Hélios
Cléopatre Sélénè ∞ Juba II de Maurétanie
Ptolémée
Ptolémée de Maurétanie (23-40 ap. J.-C.)

SÉLEUCIDES (SYRIE)

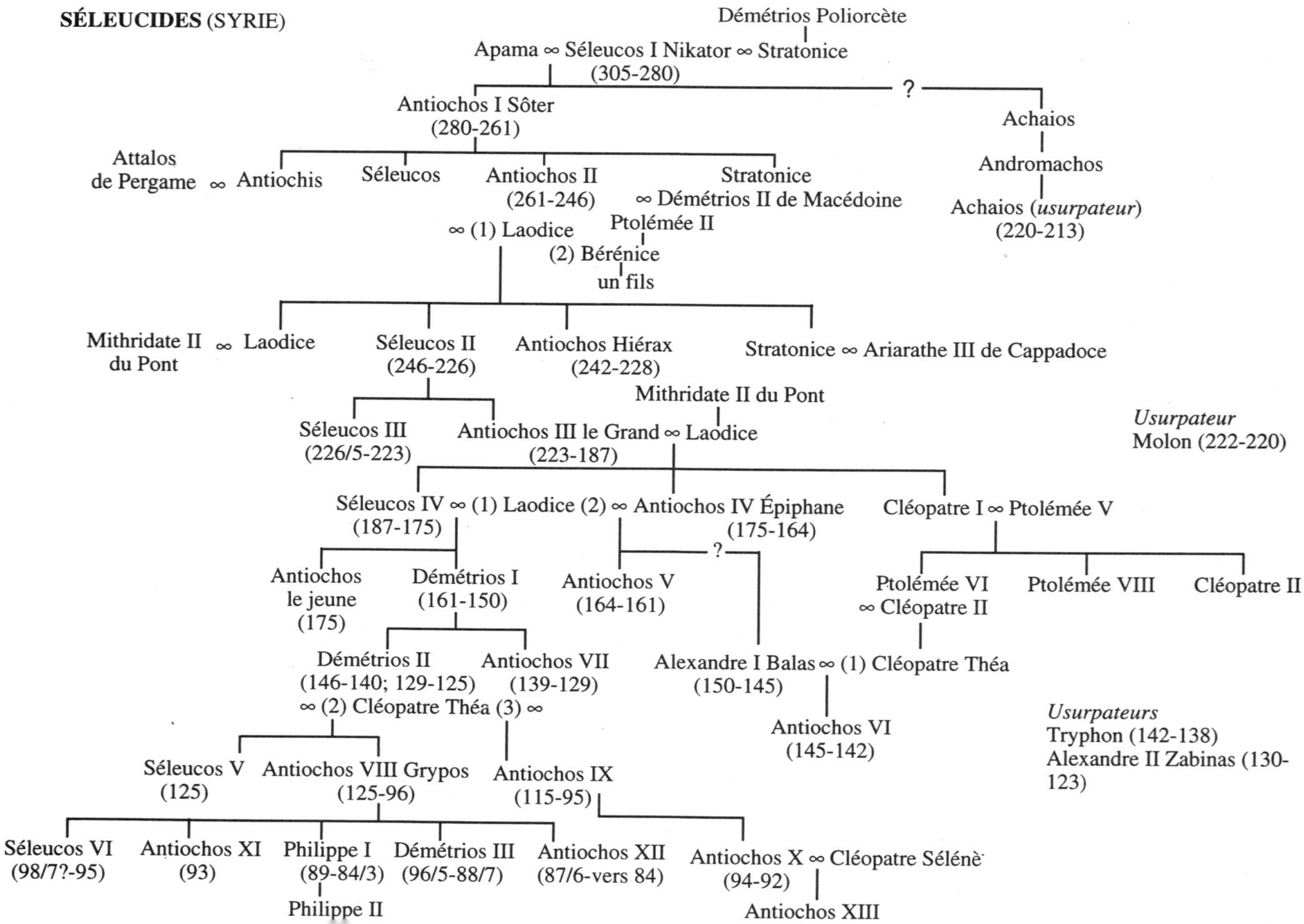

ATTALIDES (PERGAME)

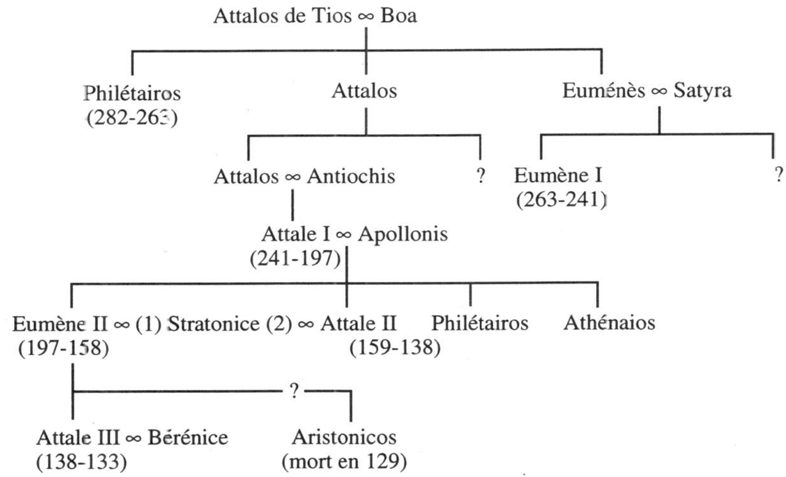

Index Les mots renvoient aux entrées du lexique

Alphabet grec

Noms des lettres	Majuscules	Minuscules	Prononciation
alpha	Α	α	*a* bref ou long
bêta	Β	β	*b*
gamma	Γ	γ	*g* dur
delta	Δ	δ	*d*
epsilonn	Ε	ε	*é* bref
dzêta	Ζ	ζ	*dz*
êta	Η	η	è long
thêta	Θ	θ	*t*
iota	Ι	ι	*i* bref ou long
kappa	Κ	κ	*k*
lambda	Λ	λ	*l*
mu	Μ	μ	*m*
nu	Ν	ν	*n*
xi	Ξ	ξ	*ks*
omicronn	Ο	ο	*o* bref
pi	Π	π	*p*
rhô	Ρ	ρ	*r*
sigma	Σ	σ	*s*
tau	Τ	τ	*t*
upsilonn	Υ	υ	*u* bref ou long
phi	Φ	φ	*ph, f*
khi	Χ	χ	*k*
psi	Ψ	ψ	*ps*
oméga	Ω	ω	*ô* long

Table des figures

(Tous droits réservés)

Imprimé en France
par MAME Imprimeurs à Tours
Dépôt légal Septembre 1998 (N° 98082233)